CONCOURS PROFESSEUR DES ÉCOLES 2022

Céline Sala
Christophe Meunier

Histoire Géographie Enseignement moral et civique

Écrit / admissibilité

DUNOD

Concept de couverture : Domino
Concept de maquette intérieure : Domino

Mise en page : Belle Page

11, rue Paul-Bert, 92240 Malakoff
www.dunod.com

ISBN 978-2-10-082962-0

Table des matières

Partie 1 Présentation de l'épreuve d'application

Partie 3 Enseigner la géographie

Partie 5 Pour aller plus loin

1

Présentation de l'épreuve d'application

1 L'épreuve d'admissibilité au CRPE : quelques conseils méthodologiques

Plan du chapitre

Arrêté du 25 janvier 2021, Annexe I, 3

Le cadre de référence des épreuves est celui des programmes de l'école primaire. Les connaissances attendues des candidats sont celles que nécessite un enseignement maîtrisé de ces programmes. Il est attendu du candidat qu'il maîtrise finement et avec du recul l'ensemble des connaissances, compétences et démarches intellectuelles du socle commun de connaissances, compétences et culture, et les programmes des cycles 1 à 4. Des connaissances et compétences en didactique du français et des mathématiques ainsi que des autres disciplines pour enseigner au niveau primaire sont nécessaires. Les épreuves écrites prennent appui sur un programme publié sur le site internet du ministère chargé de l'éducation nationale.

I. Épreuves d'admissibilité

I. 3. Épreuve écrite d'application.

L'épreuve a pour objectif d'apprécier la capacité du candidat à proposer une démarche d'apprentissage progressive et cohérente. Le candidat a le choix au début de l'épreuve entre trois sujets portant respectivement sur l'un des domaines suivants :

– sciences et technologie ;
– histoire, géographie, enseignement moral et civique ;
– arts.

Le candidat dispose d'un dossier comportant notamment des travaux issus de la recherche et des documents pédagogiques. Le candidat est amené à montrer dans le domaine choisi une maîtrise disciplinaire en lien avec les contenus à enseigner et à appliquer cette maîtrise à la construction ou à l'analyse de démarches d'apprentissage.

Durée : 3 heures ; coefficient 1.

1 Les sujets et leurs formulations

Arrêté du 25 janvier 2021, Annexe I, 3

Histoire, géographie, enseignement moral et civique :
Au titre d'une session, la commission nationale compétente mentionnée à l'article 12 détermine **deux composantes parmi les trois enseignements** suivants : histoire, géographie, enseignement moral et civique.
L'épreuve consiste en la conception et/ou l'analyse d'une ou plusieurs séquences ou séances d'enseignement à l'école primaire (cycle 1 à 3). Elle peut comporter des questions visant à la vérification des connaissances disciplinaires du candidat ;
L'épreuve est notée sur 20. Une note globale égale ou inférieure à 5 est éliminatoire.

Si l'on s'appuie sur les deux exemples de sujets proposés par le ministère de l'Éducation nationale en avril 2021[1], on observe que les sujets comportent deux composantes qui peuvent s'articuler de trois manières possibles :

- Composante Histoire + Composante Géographie
- Composante Histoire + Composante EMC
- Composante Géographie + Composante EMC

La répartition des points entre les deux composantes n'est pas figée. Elle peut être égale entre les deux composantes (10/10) ou bien à l'avantage d'une des deux composantes (13/7).

Pour chacun des sujets, deux axes d'étude sont imposés au candidat (celui des connaissances disciplinaires et celui des capacités didactiques et/ou pédagogiques) selon **3** modalités possibles :

- **Modalité 1 : La séquence problématisée.** À partir d'un ensemble de documents, le candidat est invité à s'interroger sur une notion, à en mesurer les enjeux scientifiques et didactiques / Il propose ensuite une séquence pédagogique dont la progression s'appuie sur des objectifs de séances clairs et des supports précisés.
- **Modalité 2 : L'exploitation adaptée.** À partir d'un ensemble documentaire, le candidat relève les objectifs notionnels pour un programme donné / Il propose une exploitation adaptée d'un des documents du dossier pour un niveau donné.
- **Modalité 3 : La réaction et l'action.** À partir d'un ensemble de documents, le candidat exprime ses connaissances sur un sujet précis / Il est ensuite invité à réagir à une situation de classe donnée pour laquelle il fournit une réponse immédiate et une réponse pédagogique à court ou moyen terme.

1. https://www.devenirenseignant.gouv.fr/cid157873/sujets-zero-2022.html

	Modalité 1 La séquence problématisée	Modalité 2 L'exploitation adaptée	Modalité 3 La réaction et l'action
Axe d'étude 1 Connaissances disciplinaires	À partir d'un ensemble de documents, le candidat est invité à s'interroger sur une notion, à en mesurer les enjeux scientifiques et didactiques	À partir d'un ensemble documentaire, le candidat relève les objectifs notionnels pour un programme donné	À partir d'un ensemble de documents, le candidat exprime ses connaissances sur un sujet précis
cf. sujet corrigé			
Axe d'étude 2 Capacités didactiques et/ou pédagogiques	Il propose ensuite une séquence pédagogique dont la progression s'appuie sur des objectifs de séances clairs et des supports précisés.	Il propose une exploitation adaptée d'un des documents du dossier pour un nouveau donné.	Il est ensuite invité à réagir à une situation de classe donnée pour laquelle il fournit une réponse immédiate et une réponse pédagogique à court ou moyen terme

2 Le dossier documentaire

Les dossiers documentaires qui accompagnent les deux exemples de sujets 0 sont tous les deux composés de 9 documents qui contiennent :

- des extraits des programmes officiels avec une indication sur le cycle et un niveau donné ;
- des documents iconographiques ou textuels pouvant constituer des supports pédagogiques ;
- des extraits de textes scientifiques ou didactiques.

Au vu de leur composition, ces dossiers laissent entendre qu'ils doivent constituer le support fondamental mais non exclusif de toute réflexion scientifique, didactique et pédagogique.

3 Attentes du jury

À la lecture des sujets, il n'est jamais véritablement demandé aux candidats d'exprimer leurs propres connaissances sur un sujet scientifique. On peut donc en conclure qu'on attend d'eux une bonne lecture des documents. Cependant, cette lecture qui doit être analytique et non descriptive doit se faire à la lumière de connaissances, même sommaires mais basiques, sur les sujets scientifiques.

Les attentes scientifiques ne sont en tous les cas pas celles de spécialistes.

Il est donc principalement attendu du candidat :

- des qualités rédactionnelles ;
- des qualités d'analyse documentaire ;
- d'être capable de problématiser, de hiérarchiser des informations et des idées, d'organiser une argumentation ;
- de bien différencier description, explication et argumentation.

L'épreuve écrite d'application est essentiellement un exercice centré sur l'étude de documents. Elle invite le candidat à s'interroger sur les outils de l'enseignant, sur ces ressources et son auto-formation. Par cette étude documentaire, il est demandé au candidat :

- de questionner des documents de natures différentes au regard du sens posé, des enjeux du programme ;
- d'en proposer des exploitations adaptées pour un niveau donné ;
- de l'intégrer dans une démarche générale pour répondre à un objectif posé en début de séquence ou de séance.

Concernant la didactique et la pédagogie, le candidat doit se préparer à répondre à différents questionnements :

- Qu'est-ce qu'un objet d'enseignement ? Comment l'aborder avec des élèves de cycle 1, 2 ou 3 ?
- Quels sont les enjeux didactiques d'une question au programme ?
- Comment construire une problématique de séquence et/ou de séance qui fasse sens pour les élèves ?
- Comment construire sa séquence en lien avec le Socle Commune de Connaissances et de Compétences.

4 Conseils pour les différents types d'exercice

Les 7 pages de ce dossier nécessitent une lecture attentive et efficace sur les trois heures de l'épreuve. Ainsi, il nous est apparu déterminant de bien analyser le sujet et ce qui est demandé au candidat avant de se livrer à une lecture rapide et analytique des documents. Pour ce faire, nous proposons une grille d'analyse différente en fonction des modalités de formulation :

Modalité 1 : La séquence problématisée

Document	Nature	Auteur/source	Questionnement(s) posé(s) par le document
1			

Modalité 2 : L'exploitation adaptée

Document	Nature	Auteur/source	Intérêt du document
1			

Modalité 3 : La réaction et l'action

Document	Nature	Auteur/source	Idée principale du document
1			

5 Conseils pour la préparation

Pour se préparer à cette épreuve, le candidat devra maîtriser les différents enjeux et notions liées à la mise en œuvre des programmes de Cycle 1, 2 et 3. Il ne s'agit pas pour lui de se constituer une culture encyclopédique en histoire, géographie et EMC mais de comprendre ce qu'il doit enseigner dans ces différentes disciplines (didactique de la discipline).

Il devra connaître différents supports d'apprentissages, les avoir éprouvés par des exercices réguliers d'adaptation. Il devra se construire un panel d'outils pédagogiques (travail de groupe, jeu, différenciation, évaluation).

Il devra connaître le Socle Commun des Connaissances et des Compétences et avoir compris comment il pourrait être mis en œuvre dans des classes de différents niveaux.

2 La refondation de l'école et les nouveaux programmes du primaire

Plan du chapitre

La loi d'orientation et de programmation pour la refondation de l'école du 8 juillet 2013[1] a redéfini l'organisation et les objectifs de tous les cycles de l'école primaire. L'esprit de cette dernière réforme est de « favoriser la progressivité des apprentissages » et de renforcer la « continuité pédagogique entre l'école et le collège[2] ». Elle a entraîné la mise en place progressive de nouveaux programmes qui touchent à la fois l'école primaire et le collège.

1 Des cycles de trois ans pour de meilleurs apprentissages

Le décret du 24 juillet 2013 prévoit un découpage des années passées à l'école et au collège en quatre cycles de trois ans :

- **Cycle 1 :** Ce **cycle des apprentissages premiers** réunit les trois niveaux de l'école maternelle (petite, moyenne et grande section). Le Conseil Supérieur des Programmes met l'accent sur les démarches à favoriser pendant ces trois ou quatre[3] premières années d'entrée à l'école, c'est-à-dire l'apprentissage par le jeu, la résolution de problèmes, la mémorisation et l'entraînement. Lors de ce premier cycle, l'enfant devient élève. Il apprend en société pour vivre en société. Il se construit comme individu singulier au sein de ce groupe et s'approprie des repères, des outils pour grandir. Il se familiarise avec le milieu scolaire.

1. Loi n° 2013-595.
2. Décret du 24 juillet 2013, n° 2013-682.
3. Quatre années si l'on accueille dans certains établissements quelques élèves relevant de la Très Petite Section.

- **Cycle 2 :** Le CP, le CE1 et le CE2 sont regroupés dans le **cycle des approfondissements fondamentaux**. Les directives officielles mettent l'accent sur le temps que l'élève doit avoir pour apprendre, sur le respect du rythme de chacun, sur la construction lente et progressive du sens et de l'automatisation, sur l'articulation continue du concret et de l'abstrait. Au cycle 2, « apprendre à l'école, c'est interroger le monde »[1] et tous les domaines d'enseignement doivent y contribuer.
- **Cycle 3 :** Le **cycle de consolidation**, qui regroupe les classes de CM1, CM2 et 6e, « relie désormais les deux dernières années de l'école primaire et la première année du collège, dans un souci renforcé de continuité pédagogique et de cohérence des apprentissages au service de l'acquisition du socle commun de connaissances »[2]. Il s'agira essentiellement d'affermir pour tous les élèves les apprentissages fondamentaux engagés dès le cycle 2 ainsi que de permettre une meilleure transition entre l'école primaire et le collège en assurant une continuité et une progressivité entre les trois années.
- **Cycle 4 :** Les classes de 5e, 4e et 3e se trouvent réunies dans le **cycle des approfondissements.** L'élève est maintenant au collège dans un environnement qu'il connaît, il continue « de se construire des compétences dans les différentes disciplines et dans les parcours transversaux »[3]. Lors de ce cycle, il va être amené à s'approprier la complexité du monde par des activités disciplinaires et interdisciplinaires. L'abstraction et la modélisation sont davantage présentes dans sa formation. Sa créativité est sollicitée à travers un **parcours d'éducation artistique et culturelle.** Il est également amené à s'interroger sur la découverte du monde économique et professionnel et à y construire un parcours individuel d'information et d'orientation.

2 Des programmes davantage axés sur le socle commun des compétences

Comme tous les autres programmes, les programmes du « Questionner l'espace et le temps » en cycle 2 et « d'histoire et de géographie » en cycle 3 sont articulés avec le socle commun de connaissances, de compétences et de culture[4]. Nous avons souhaité regrouper dans un même tableau les contributions essentielles de ces deux questions de programme au socle commun.

1. Projet de programme pour le cycle 2, 9 avril 2015, p. 5.
2. Projet de programme pour le cycle 3, 9 avril 2015, p. 5.
3. Projet de programme pour le cycle 4, 9 avril 2015, p. 3.
4. Nous n'évoquerons pas ici les programmes du cycle 1 qui sont applicables à la rentrée 2015 et qui sont développés dans la partie didactique (cf. chapitre 4).

<table>
<tr><th colspan="3">Domaine 1
Les langages pour penser et communiquer</th></tr>
<tr><th>Cycle 1</th><th>Cycle 2</th><th>Cycle 3</th></tr>
<tr><td>Comprendre, s'exprimer en utilisant la langue française à l'oral et à l'écrit.</td><td>Description, comparaison, à l'oral comme à l'écrit, de phénomènes naturels, de formes et de représentations variées.</td><td>Lecture, compréhension et production de différentes formes d'expression et de représentation.</td></tr>
<tr><td>Comprendre, s'exprimer en utilisant les langages mathématiques, scientifiques et informatiques.</td><td>Familiarisation avec un lexique géographique approprié et précis qui permet la lecture, l'exploitation et la communication de résultats à partir de représentations variées d'objets, de phénomènes et d'expériences simples.</td><td>Le langage géographique permet de résoudre des problèmes, traiter et organiser des données, lire et communiquer des résultats, recourir à des représentations variées d'objets, d'expériences, de phénomènes naturels (schémas, dessins d'observation, maquettes...).</td></tr>
</table>

<table>
<tr><th colspan="2">Domaine 2
Les méthodes et outils pour apprendre</th></tr>
<tr><th>Cycle 2</th><th>Cycle 3</th></tr>
<tr><td>Familiarisation aux techniques de l'information et de la communication pour rechercher l'information, la partager, pour développer de premières explications et argumentations et pour porter un jugement critique.</td><td>Familiarisation avec différentes sources documentaires. Recherche d'informations et interrogation sur l'origine et la pertinence des informations trouvées dans l'univers du numérique.</td></tr>
</table>

<table>
<tr><th colspan="2">Domaine 3
La formation de la personne et du citoyen</th></tr>
<tr><th>Cycle 2</th><th>Cycle 3</th></tr>
<tr><td colspan="2">Construction d'une conscience citoyenne en adoptant une attitude raisonnée fondée sur la connaissance.</td></tr>
</table>

<table>
<tr><th colspan="2">Domaine 4
Les systèmes naturels et les systèmes techniques</th></tr>
<tr><th>Cycle 2</th><th>Cycle 3</th></tr>
<tr><td colspan="2">Formulation de questions, de suppositions, imagination de dispositifs d'exploration et proposition de réponses. Observation fine du réel, investigation permettant d'accéder à la connaissance.</td></tr>
</table>

<table>
<tr><th colspan="2">Domaine 5
Les représentations du monde et l'activité humaine</th></tr>
<tr><th>Cycle 2</th><th>Cycle 3</th></tr>
<tr><td>La notion d'espace. Se repérer dans son environnement proche, s'orienter, se déplacer, le représenter, identifier les grands repères terrestres.</td><td>Structuration dans l'espace. L'enseignement de la géographie aide l'élève à penser le monde. Il lui permet aussi de vivre et d'analyser des expériences spatiales et le conduit à prendre conscience de la dimension géographique de son existence. Il participe donc de la construction de l'élève en tant qu'habitant.</td></tr>
</table>

3 L'histoire à l'école primaire

Plan du chapitre

1 Qu'est-ce que l'histoire ?

a. « C'est la connaissance du passé humain » (Henri-Irénée Marrou)

L'histoire est une connaissance « scientifiquement élaborée du passé », une science humaine à la croisée des sciences sociales, des sciences politiques et économiques. D'ailleurs, étymologiquement le mot *histoire* vient du grec et signifie « **enquête** ». L'historien procède ainsi à une enquête pour connaître le passé, rendue possible par les « traces » qu'il a laissées.

Ces traces sont nommées *sources* et *documents*. Étymologiquement, le terme de document provient du latin (*documentum*) et serait donc celui « qui sert à instruire ». Le document autoriserait donc de restituer le passé. Cependant, une **méthode d'analyse rigoureuse** accompagnant la découverte et la lecture de ces *documents* est nécessaire pour garantir la scientificité à l'écriture de l'histoire. L'histoire s'écrit au présent, à la lumière des questions sur le passé que se posent aujourd'hui les historiens.

b. L'historien questionne les traces du passé

Il ne s'agit pas seulement de collecter des sources de nature différente, il faut surtout les interroger. **Les documents et les sources ne parlent pas d'eux-mêmes.** Ils n'existent que par les questions que pose l'historien en mettant en perspective les sources d'informations et en les recoupant. L'histoire doit être une science problématisée qui remet en question ses propres hypothèses et méthodes. Cette démarche d'investigation suppose de multiplier les sources et de considérer au-delà des seules sources écrites, d'explorer les liens possibles avec les autres sciences humaines et d'élargir la vision de l'historien.

Si jusqu'au début du XIXe siècle, les sources de l'histoire étaient essentiellement des **documents écrits** (les chroniques, mémoires, traités…) aujourd'hui il n'y a aucune production humaine qui ne soit pas considérée comme une source de questionnement potentiel pour l'historien (œuvre d'art, affiche de propagande, une chanson, un film…). Ce large éventail de sources a constitué le cœur du renouvellement de la discipline historique puisque, de fait, de nouveaux sujets d'étude sont apparus : histoire des mentalités, histoire culturelle…

Tout type de source doit cependant être l'objet d'une analyse méthodique. Cet examen critique du document – produit au XIXe siècle par les historiens Charles-Victor Langlois et Charles Seignobos – demeure d'actualité en soumettant le document à un questionnement spécifique : Quelle est la nature du document ? Qui est l'auteur de ce document ? Quelle est la date du document ? Quel est le lieu d'origine du document ?

2 Quel enseignement de l'histoire en classe ?

a. L'évolution des programmes scolaires d'histoire depuis les lois Ferry

La perception de l'histoire en classe a considérablement évolué dans le système scolaire depuis l'école de Jules Ferry notamment à l'école primaire, depuis 2002.

Au XIXe siècle, ce sont les **lois scolaires de Jules Ferry de 1881-1882** qui fondent le socle de l'histoire enseignée à l'école. Elle doit contribuer à **l'unité de la patrie** que la perte de l'Alsace-Lorraine et le traumatisme de la Commune ont fragilisée. L'histoire a une **mission civique**. Cette conception de l'histoire est tenace et il faudra attendre le dernier tiers du XXe siècle pour que les contenus pédagogiques et démarches didactiques soient revisités pour mettre en évidence **l'importance des démarches actives d'apprentissage** et **l'enseignement de l'esprit critique** pour s'approprier des savoirs.

La question de l'enseignement de l'histoire est toujours au cœur des débats qui animent la communauté éducative, tant sur les méthodes que sur les objectifs ou les programmes.

On est cependant loin, en 2021-22, par exemple, de l'enseignement de « **l'histoire-bataille** » où l'on s'intéressait davantage aux Rois qu'au petit peuple et plus près de considérer « l'histoire comme une science ». Les manuels scolaires témoignent d'ailleurs de la perception des historiens qui se sont intéressés aux **traces** laissées par des individus quelconques. L'étude du quotidien et des relations amène davantage vers la perception d'une histoire sociologique et culturelle.

Un **regard véritablement neuf** est effectivement posé sur l'acte d'enseigner l'histoire en cycle 3 par **les programmes du XXIe siècle et leurs *documents d'accompagnement***.

Ces instructions officielles traduisent une évolution, dans l'approche du document-source en histoire, en direction d'une compréhension par les élèves de la nature même de l'histoire et de ses outils. L'histoire, cette « **connaissance par les traces** » (première fois que le terme apparaît) qui, pour l'historien sont des sources ou des documents. C'est pourquoi, le choix des supports d'apprentissages doit se porter sur des documents patrimoniaux variés (ex : les lettres de « poilus » comme *traces* de la Première Guerre mondiale). Pourtant, la recommandation faite au maître d'introduire, dans leurs leçons d'histoire, des documents contemporains des périodes qu'ils font étudier à leurs élèves n'est pas vraiment nouvelle.[1] Les *Instructions Officielles* de 1985 puis celles de 1995 ont contribué à consolider le statut du document dans la leçon d'histoire. De la simple illustration du récit magistral, il est alors devenu le **point de départ d'une démarche pédagogique fondée sur des activités de découverte** et visant au développement, chez l'élève, des méthodes d'organisation du savoir ainsi que d'une certaine forme de vigilance critique. Depuis 2002, en classe de l'école élémentaire, il est préconisé de penser les termes d'une initiation à la pratique documentaire en histoire destinée à **développer, chez l'élève, des aptitudes à la recherche et à la lecture critique**. C'est ainsi, qu'une démarche d'initiation à la pratique documentaire en histoire permet aux élèves de cycle III de « vivre l'histoire » de la Première Guerre mondiale à travers la découverte de traces laissées à une époque donnée, à partir de monuments dans un premier temps puis, de documents d'archives dans un deuxième temps. **Les récentes Instructions Officielles (IO)** précisent que les démarches à adopter en classe, au cours d'une même séance, doivent combiner les apports de l'enseignant (récit, explications données) et l'étude de documents.

b. Les nouveautés dans l'enseignement de l'histoire à l'école primaire au XXIe siècle

L'enseignement de l'histoire semble épouser l'évolution actuelle de l'historiographie en affichant de nouvelles finalités. Ce qui n'est pas sans incidence sur l'histoire à enseigner à l'école primaire. Cette volonté d'actualisation épistémologique ne doit pas dissimuler un second trait caractéristique qui est l'objectif de construire une « culture scolaire commune ». Les caractéristiques nouvelles des directives du XXIe siècle résident dans le fait que l'histoire, la géographie et l'enseignement moral et civique sont considérés comme les piliers désignés de la construction d'une « **culture humaniste** » à travers l'acquisition d'un socle commun de connaissances et compétences. Et, ce concept revient de façon récurrente dans les instructions officielles récentes à travers l'association fréquente de certains mots : patrimoine, héritage, mémoire, culture, identité, citoyen. Cela pose, avant tout, le problème de la **nature des savoirs** de l'histoire enseignée et de ses finalités. Le choix de ces termes exprime probablement une certaine **nostalgie de cette histoire patrimoniale et nationale**, basée essentiellement sur des données factuelles, qui a été l'une des bases de l'école républicaine. Toutefois, ces remarques négligent le fait que la manière de maîtriser ces connaissances a elle aussi évolué : elle est en principe **moins portée sur la mémorisation d'informations successives et plus attentive à la construction de repères culturels et civiques communs.** Voici clairement précisée une des nouvelles missions de l'école **: l'acquisition de repères pour que l'élève comprenne mieux le monde qui l'entoure et puisse se projeter dans l'avenir.**

Autre évolution de ces Instructions Officielles contemporaines – même si l'accent est moins mis dans les plus récentes – c'est la première fois que l'on trouve des références explicites aux **femmes dans les programmes d'histoire de l'école primaire.** Il est vrai que de nombreuses études soulignaient depuis des années l'absence ou la grande discrétion de

1. Déjà, dans les années 1970, pour les activités dites « d'éveil », les maîtres étaient invités à puiser illustration et fondement du propos pédagogique dans les milieux locaux.

la présence des femmes dans les manuels scolaires comme dans les classes, notamment en matière d'histoire[1]. D'ailleurs, dans les programmes de 1995, on ne trouvait aucune référence aux femmes alors qu'il était fait plusieurs fois mention au respect de la personne et aux grands problèmes du monde au rang desquels figurent les droits de l'homme. Parmi les personnages et évènements historiques cités comme majeurs, seules deux femmes apparaissaient alors : Jeanne d'Arc et Marie Curie. En revanche, dans les programmes de 2002, les femmes font leur entrée. Les objectifs du cycle des approfondissements précisent que « chaque étape a été marquée par quelques personnages majeurs (...). On n'oubliera pas pour autant, le rôle de groupes plus anonymes ni celui des femmes dont on soulignera la faible place dans la vie politique. » Les documents d'application du cycle 3 qui accompagnent ces programmes fixent en tant que « groupes anonymes, la place des femmes en histoire ». D'ailleurs, en 2021, pour chacune des six périodes à étudier des personnages et groupes significatifs sont plus particulièrement pointés. Ainsi, trouve-t-on mentionnées les femmes pendant la Première Guerre mondiale, les résistantes pour la Seconde et une piste pour aller plus loin sur le XIXe siècle : une femme artiste, Camille Claudel.

Enfin, dernière nouveauté des Instructions Officielles de ces dernières années, l'on trouve des références explicites aux ***lire, dire et écrire* en Histoire. Les IO** insistent particulièrement sur l'importance de l'histoire dans l'acquisition de la maîtrise de la langue : faire écrire un récit en respectant les contraintes orthographiques, construire collectivement une trace écrite mais aussi la copie en étant exigeant... **Le *Lire, dire et écrire* sont donc dans l'enseignement de l'histoire des outils au service de la construction de connaissances historiques** et le fait de les utiliser les renforcent. Les programmes scolaires contemporains insistent en effet sur la place du *lire, dire, écrire en histoire*, en accordant une place toute particulière à la notion de patrimoine. Les liens entre histoire et écriture sont, soulignent les documents d'application, « anciens et profonds » mais l'environnement médiatique de l'élève rend « plus que jamais nécessaire l'apprentissage d'une forme de lecture particulière [...] où il faut apprendre à l'élève à ne pas se contenter d'un regard habitué mais à avoir un regard chercheur et critique [...] moyen privilégié de découverte et d'étude du patrimoine ».

Savoir lire un document patrimonial implique en effet de **savoir déchiffrer** (lire le code orthographique d'une période) ; **savoir contextualiser** : trier les informations d'un document ; **savoir donner du sens** : comprendre le document patrimonial quelle signification ce document a-t-il dans notre mémoire puisqu'il retrace une mémoire ?

- **LIRE** : lire un texte original implique la découverte de codes orthographiques différents (ex : le roy) ou les modes de la calligraphie (au XVIIIe siècle, on met des majuscules au milieu de phrases).
- **DIRE** : Expérience menée à partir de la **découverte de lettres de soldats allemands afin de « croiser les regards » sur l'horreur de la guerre** en réalisant un bref bilan oral que l'horreur se rencontre dans les deux camps et qu'elle ne connaît pas de frontières.

1. Denise Guillaume, *Le destin des femmes et l'école*, 1999.

- ÉCRIRE : **Réaliser une fiche biographique sur un personnage de l'Histoire (Louis XIV).**

Cela permet à l'élève d'employer le vocabulaire spécifique de l'histoire (ex : « monarchie absolue ») et d'apprendre à rédiger un court paragraphe sur l'histoire d'un personnage significatif du XVIIe siècle. **Écrire suppose avoir compris et donner du sens en étant capable de maîtriser un contenu historique !**

c. Les programmes en application aujourd'hui

- **Au cycle 1** (PS, MS, GS) : L'âge de la maternelle est la période pendant laquelle s'effectue le passage d'un temps personnel et vécu à ce que l'on peut appeler une « prise de conscience » du temps social. Le premier des objectifs de la petite section est de « socialiser » l'enfant c'est-à-dire de lui faire partager le temps et l'espace des autres. Il y a chez chacun de nous un « ego espace » tout comme il existe un temps propre à chaque individu. Les instructions officielles 2015 utilisent l'expression « Explorer le monde » et non le terme *histoire* pour viser la construction de repères temporels et la sensibilisation aux durées : temps courts (avant, après) et temps long (succession des jours de la semaine, mois, saisons). Bien sûr la construction de la notion de temps n'est pas achevée à 6 ans. Elle se poursuivra à l'école élémentaire, s'appuyant sur les bases acquises pour intégrer progressivement des repères de plus en plus lointains et de plus en plus abstraits permettant la chronologie historique.
- **Au cycle 2** (CP, CE1, CE2) : Les instructions officielles 2021 utilisent toujours le domaine « Explorer le monde » – et toujours pas la discipline *histoire* réservée au cycle 3 – pour permettre aux élèves d'acquérir des repères de plus en plus précis dans le temps et des connaissances sur le monde. Ils **maîtrisent le vocabulaire spécifique** adéquat. Ils découvrent **l'importance de la datation** et commencent à **utiliser des frises chronologiques**. Cet apprentissage est conçu comme une étape pour entrer dans l'enseignement de l'histoire proprement dit au cycle 3.
- **Au cycle 3** (CM1, CM2, 6e) : Il est clairement fait mention de la discipline *histoire*. L'étude est organisée selon un découpage chronologique découpé en périodes historiques et par niveau d'enseignement. Ces programmes sont conçus en étroite relation avec le Socle Commun de connaissances et de compétences. Des propositions de progression et des modalités de mise en œuvre pédagogiques ont été publiées par le ministère de l'Éducation nationale en juillet 2020.

4 La géographie à l'école primaire

Plan de Chapitre

Pour préparer l'oral, le candidat doit s'attendre à être interrogé sur plusieurs domaines :

- la justification de ces choix didactiques et pédagogiques ;
- ses connaissances scientifiques sur le sujet choisi ;
- ses connaissances du développement de l'enfant ;
- ses connaissances sur l'épistémologie de la géographie.

Nous proposons donc ici d'aborder quelques points essentiels concernant les évolutions de l'enseignement de la géographie à l'école primaire. Ce rapide survol historiographique et épistémologique a pour but de compléter les connaissances actuelles de la discipline.

1 Avant 1880, une géographie scolaire positiviste et utilitaire

La géographie, qui est essentiellement enseignée dans les écoles puis les lycées militaires, devient une discipline de l'école primaire à la fin du Second Empire (article 16 de la loi Duruy du 10 avril 1867) :

> Article 16. – Les éléments de l'histoire et de la géographie de la France sont ajoutés aux matières obligatoires de l'enseignement primaire.

Après la débâcle de 1870 et l'avènement de la IIIe République, l'enseignement de l'histoire et de la géographie à l'école primaire est renforcé et ce, suite à l'étude menée par Émile Levasseur en 1872 dans les écoles de France[1].

1. Pierre-Émile Levasseur, *L'Étude de l'enseignement de la géographie*, 1872.

Cette géographie enseignée est subdivisée en quatre rubriques distinctes[1] :

- La « géographie mathématique », constituée par la topographie et la cartographie.
- La « géographie astronomique ou physique », constituée par la géophysique et la physique du globe.
- La « géographie historique ou politique », constituée pour expliquer certains découpages territoriaux ou administratifs historiques.
- La « géographie descriptive des contrées du globe », constituée d'une énumération de données démographiques, toponymiques, des principaux types de production agricole et industrielle.

Il s'agit avant tout d'une géographie descriptive s'employant à constituer un inventaire raisonné, objectif, vérifié sur place (positiviste). Son but est utilitaire et nationaliste : le maître doit insister sur la configuration « harmonieuse » de la France, sa diversité bénéfique, mise à profit par un peuple travailleur et ingénieux.

2 Entre 1880 et 1950, une géographie « classique » et scientifique

En réaction à cette géographie descriptive, cumulative et littéraire, Paul Vidal de la Blache, professeur à l'École normale supérieure, élabore dans les années 1880 un projet de « géographie scientifique » qui cherche à expliquer les faits observés, à établir des relations logiques entre les différents éléments présents à la surface de la Terre.

Pour Vidal de la Blache, « la géographie est science des lieux et non pas science des hommes ». Les hommes et leurs activités n'intéressent la géographie que dans la mesure où ils transforment la surface de la Terre et y laissent des traces.

La méthode préconisée par la géographie vidalienne est inductive. Le point de départ de l'étude géographique est l'observation d'une partie du réel. Les éléments visibles sont repérés, localisés, décrits avec précision, nommés, comparés, placés dans des classifications (taxonomies). De ce cas observé, on remonte ainsi à des causes, des explications à portée générale.

Dans cette géographie classique, la recherche de la causalité a souvent conduit au **déterminisme** : les éléments physiques étant le plus souvent les déterminants alors que l'humain et le social représentait le déterminé. C'est dans ce cadre que la géographie classique expliquait la répartition des hommes et leurs activités essentiellement par des facteurs physiques.

Les objets de la géographie vidalienne sont ainsi le paysage (ensemble des éléments perçus à la surface de la Terre par un observateur) ; le milieu naturel (ensemble des éléments physiques, chimiques et biologiques présents et actifs en un lieu) qui rend possible plusieurs utilisations par l'homme (**possibilisme**) ; le site naturel ; le lieu et la région.

1. Voir Louis Vivien de Saint-Martin, « De l'état des sciences géographiques et de l'enseignement de la géographie en France et en Allemagne », *L'Année géographique*, 1863, 2e année, p. 18.

DÉFINITION

Pour Vidal de la Blache, la **région** est une partie d'un territoire national assez vaste (>10 000 km² au moins) qui se distingue du reste du territoire par un ou plusieurs critères naturels, économiques, historiques, paysagers, administratifs ou d'influence urbaine.

La géographie vidalienne s'est imposée et développée pendant près d'un siècle sous la forme d'une géographie régionale étudiée selon un plan stéréotypé, qui présente d'abord le cadre naturel et les conditions imposées par le milieu, évoque ensuite le peuplement, les activités agricoles et les aménagements qui en résultent, puis l'artisanat et l'industrie dans les villes et les échanges.

3 La « nouvelle géographie » des années 1950-1990

Durant les années 1950-1960, la France est touchée par d'importantes mutations : croissance économique soutenue, urbanisation grandissante, développement des transports, baby-boom, immigration. L'influence anglo-saxonne est également de plus en plus importante tant au point économique que culturel et scientifique.

Un renouvellement de la géographie se produit alors, influencé par les programmes des universités américaines et britanniques. La fièvre nationaliste s'est apaisée et les sociétés industrialisées demandent plus aux géographes des connaissances en économie et en organisation sociale pour expliquer et répondre aux contextes nouveaux.

Ainsi, Pierre George, figure marquante de la géographie des années 1950-1970, propose-t-il une démarche socio-économique d'inspiration marxiste. Il insiste sur le rôle des structures économiques et sociales et des modes de production dans l'explication des espaces géographiques au détriment des genres de vie et des facteurs naturels.

Une géographie « humaine » orientée vers l'étude de l'organisation spatiale se distingue alors de la géographie « physique » orientée vers l'étude des phénomènes naturels.

La Nouvelle Géographie (*New Geography* popularisée par Peter Gould en 1968) se définit comme un courant néopositiviste basé sur la recherche de lois générales, de structures, de modèles théoriques. La démarche proposée change de celle proposée par la géographie classique : il s'agit d'une démarche hypothético-déductive. On part d'hypothèses générales sur l'organisation d'un espace, puis on en tire par déduction des modèles théoriques avant d'aller sur le terrain pour vérifier si ces modèles correspondent à la réalité.

DÉFINITION

Le **structuralisme** est un courant des sciences humaines qui s'inspire des recherches en linguistiques (Ferdinand de Saussure en 1916) et en sociologie (Émile Durkheim en 1898) pour appréhender la réalité sociale comme un ensemble formel de relations (structure systémique). La Nouvelle Géographie, comme l'École des *Annales* en histoire (Marc Bloch, Lucien Febvre), appartient à ce courant de pensée.

Les géographes de la Nouvelle Géographie adoptent une démarche systémique afin d'appréhender les relations complexes caractérisant les espaces. Ces nouvelles approches invitent à inventer de nouvelles représentations de l'espace. Roger Brunet propose en 1980 une modélisation en s'inspirant des travaux de Robert Ferras : la **chorématique**.

DÉFINITION

La **chorématique** est une méthode de modélisation d'un espace donné en utilisant des représentations schématiques (**chorèmes**) destinées à donner une idée de l'organisation des structures spatiales majeures de cet espace.
Pour Roger Brunet, la **chorématique** est un « alphabet de l'espace » dont chaque **chorème** est une « structure élémentaire ».

En 1968, la Nouvelle Géographie est partout conquérante, mais comme l'indique Paul Claval[1], quatre ans plus tard, elle passe de mode. On lui reproche d'ignorer l'initiative humaine, le sens des lieux, les minorités, les femmes.

4 Une géographie postmoderniste depuis les années 1990

En 1966, soucieuse de présenter à ses étudiants le structuralisme qui fait rage en Europe et qui marque de son empreinte toute la Nouvelle Géographie, l'université John-Hopkins de Baltimore organise un symposium où interviennent une douzaine d'invités français « associés » à la mouvance structuraliste parmi lesquels figurent Jacques Lacan, Roland Barthes, Jacques Derrida. Ces derniers, à la suite de Derrida, n'hésitent pas à critiquer cette science triomphante qui « tente de passer au-delà de l'homme et de l'humanisme ». Ils invitent à labourer de nouveaux champs de la diversité : l'énonciation minoritaire, les usages culturels, la sexualité, le genre… Ce que les Anglo-saxons ne tardent pas à nommer les *French Theories* fait opérer un véritable « tournant culturel » qui voit l'apparition de nouvelles études géographiques : *postcolonial studies, radical studies, subaltern studies, gender studies…*

DÉFINITION

Les ***postmodern studies*** forment l'ensemble des sciences anglo-saxonnes influencées par la *French Theory* poststructuraliste (Jacques Derrida, Michel de Certeau, Michel Foucault, Gilles Deleuze). Les *postcolonial studies* s'intéressent au discours de la colonisation vu par les peuples colonisés ; les *radical studies* et les *subaltern studies* aux minorités ; les *gender studies* au genre…

1. Paul Claval, *Histoire de la géographie*, PUF, 1995.

Ce tournant touche la géographie française dans les années 1970. Il s'exprime à travers différents courants sociaux, culturels, politiques, urbains :

- Les géographes du courant « social » entendent s'impliquer dans l'analyse du rôle de l'espace dans l'organisation sociale. Il s'agit là d'affirmer le caractère social de l'espace (produit par les sociétés) et de se concentrer sur les inégalités, les phénomènes de ségrégation. (*cf.* Guy Di Méo).
- Les géographes du courant « culturel » défendent une approche plus psychologique ou subjective de la notion d'espace qui n'existe pas en dehors des représentations que s'en font les individus. On parle ici d'un « espace subjectif », produit par les pratiques et les représentations des acteurs géographiques, forcément socialement et culturellement très différentes (*cf.* Antoine S. Bailly, Armand Frémont).
- Les géographes du courant « géopolitique » posent la question des liens entre l'espace et le pouvoir. Yves Lacoste, en 1976, montre l'ancienneté du savoir géographique au service des pouvoirs militaire, politique et économique.

Ces différents courants ont contribué à ouvrir de nombreuses perspectives et de nouveaux objets de recherche : la géographie urbaine (Jacques Lévy), la géographie du tourisme (Rémy Knafou). Ils ont questionné l'espace vécu, l'appropriation des espaces par les individus ou les groupes sociaux autour des notions de territoire, d'acteurs.

La géographie physique qui s'est individualisée dans les années 1930, s'oriente aujourd'hui vers une géographie environnementaliste. Elle a pour but d'étudier le cadre de vie naturel des sociétés humaines à la surface de la Terre en utilisant les moyens et les méthodes des sciences naturelles (géologie, météorologie, botanique, pédologie, hydrologie). La géomorphologie étudie les formes du relief, la climatologie les climats, la biogéographie la végétation, la faune et les sols. En 1978, Georges Bertrand organise la géographie physique autour d'un nouveau concept : le **géosystème**.

DÉFINITION

Un **géosystème** est un système qui met en relation les différents éléments présents à la surface de la Terre en un lieu, qu'ils soient biotiques, abiotiques et anthropiques.

Des préoccupations environnementales, les géographes physiciens sont passés après 2000 aux réflexions sur le développement durable.

La démarche proposée par les différents courants de la géographie contemporaine à la géographie scolaire est redevenue essentiellement inductive. Elle demande de passer par des études de cas pour en tirer de grands principes généraux qu'il appartient à l'enseignant de nuancer.

5 L'enseignement moral et civique à l'école primaire

Plan du chapitre

Pour préparer l'écrit, le candidat doit s'attendre à être interrogé sur plusieurs domaines :

- la justification de ces choix didactiques et pédagogiques ;
- ses connaissances scientifiques sur le sujet choisi ;
- ses connaissances du développement de l'enfant ;
- ses connaissances sur l'épistémologie de la géographie.

Nous proposons donc ici d'aborder quelques points essentiels concernant les évolutions de l'enseignement moral et civique à l'école primaire. Ce rapide survol historiographique et épistémologique a pour but de compléter les connaissances actuelles de la discipline.

1 1881-1882 : l'Instruction civique dans l'École républicaine de Jules Ferry

Le duc de Broglie considère que l'instruction civique, « c'est l'amour de la Révolution française à l'état obligatoire » (10 juin 1881). Il considère que l'instruction civique permet d'apprendre aux élèves, futurs citoyens, les valeurs qui régissent notre nation et qui résultent de la Révolution française. Cela fait partie d'une autre mission de l'École républicaine qui est de véhiculer des connaissances (savoirs, expériences et valeurs des générations précédentes) et ainsi de lier les jeunes générations aux anciennes grâce aux valeurs communes

a. Au temps des « hussards » noirs[1] de l'École de la République…

Pour les Républicains tels Jules Ferry, l'origine des valeurs républicaines réside dans la Révolution française. Et plus particulièrement en référence à la *Déclaration des droits de l'homme et du citoyen* (1789) où ces valeurs sont directement ou indirectement convoquées. Ces trois valeurs sont les valeurs fondamentales de la République française qui en fondent même la devise : *Liberté*, *Égalité* et *Fraternité*.

La **Liberté** comprend la liberté de pensée, d'expression et de circulation qui permet à chaque citoyen de choisir et de se prononcer sur le Gouvernement qui le dirigera. De plus, il décide comment il veut organiser le monde politique et la forme du contrat social (J.-J. Rousseau). Cette valeur comprend aussi la sûreté qui empêche l'emprisonnement arbitraire. Ensuite, l'**Égalité** devant la loi, qui résulte de l'abolition des privilèges[2], est un droit important car il consacre à chacun la même place dans la société et impose le refus de toute discrimination. Enfin la **Fraternité** désigne le sentiment d'appartenir à une même famille, ici on parlera de fraternité nationale pour une patrie – qui est par définition le pays des ancêtres, le pays où nous sommes nés.

Dans un premier discours en 1881 au congrès pédagogique, **Jules Ferry** énonce que la « politique nationale » est « celle de la Révolution de 1789 », et que les instituteurs doivent « la faire entrer sous les formes et les voies voulues dans l'esprit des jeunes enfants ». Autrement dit, **le but de l'instruction civique est de transmettre l'héritage de la Révolution et notamment des valeurs fondamentales comme la Liberté, l'Égalité ou la Fraternité.** Toutefois, cet enseignement ne doit ni se transformer en endoctrinement, ni favoriser un parti politique.

Cet enseignement civique se doit d'être au-dessus de toutes les luttes politiques ; il doit seulement mettre en avant le régime républicain. Jules Ferry ajoute que « les instituteurs sont fils de 1789 » et que « leur devoir est de faire aimer la République » et la patrie. Ainsi le rôle des instituteurs est de pérenniser les valeurs qui fondent ce régime politique et garantir la reproduction de ce modèle. Pour cela, il est important que les citoyens connaissent le fonctionnement des institutions et les valeurs qui les fondent, ce qui les rend autonomes dans leur choix lors des élections. Dans un discours de 1885, Jules Ferry énonce l'importance du suffrage universel qui grâce à l'instruction a évolué et permet le vote éclairé des citoyens, un vote en faveur de la République. En effet, la République française est un régime démocratique qui se définit comme le gouvernement du peuple pour le peuple. C'est donc le peuple qui choisit son mode de gouvernement, d'où l'importance que les citoyens adhérents aux valeurs républicaines. C'est cette adhésion qui

1. Un « **Hussard noir** » est le surnom donné aux instituteurs sous la IIIe République. Ce surnom vient, d'abord, de la couleur noire et austère des vêtements des instituteurs issus des Écoles Normales créées selon la loi Guizot de 1833 pour les hommes puis la loi Bert de 1879 pour les femmes dans chaque département. L'institution bannit, en effet, toute ornementation et tout superflu. Mais d'autre part, et c'est là peut-être le plus important, de ces Écoles Normales sortaient des instituteurs qui, s'ils étaient tous habillés dans les mêmes tons, avaient surtout reçu une véritable mission républicaine : instruire la population française.
2. Assemblée constituante, *Abolition des privilèges*, nuit du 4 août 1789.

crée les conditions d'existence de la démocratie et de la République. Rappelons que la République vient du latin « *res publica* » qui signifie la chose commune. Ce terme était employé par les anciens philosophes Cicéron, Platon ou Bodin pour désigner un État régit par des lois. Actuellement, elle désigne une association politique fondée sur la libre adhésion des personnes à un idéal partagé.

De plus, l'autre objectif de cet enseignement est de faire comprendre aux citoyens que la République est le meilleur régime, la meilleure organisation. Ainsi, les citoyens voteront pour les républicains[1].

En définitive, **l'instruction civique va permettre de souder la nation dans le sens où cet enseignement transmettra des valeurs communes aux citoyens et futurs citoyens.** Elle doit ainsi contribuer à façonner une identité nationale chez chaque élève et créer, de cette manière, de nouveaux petits français patriotes et respectueux du nouvel ordre. La République est ainsi consolidée et légitimée. Toutefois, dautres adversités vont fragiliser la jeune République. En réponse à ces obstacles, le patriotisme et la mise en avant de symboles forts vont être mis en uvre à lécole primaire.

b. … où le patriotisme est la clef de voûte

Sous la IIIe République, dès 1875, face aux tensions intérieures (menaces politiques) et extérieures (guerre franco-allemande), les républicains déclarent comme essentielles les valeurs patriotiques afin d'unifier la nation.

Selon C. Bouglé (1901) : « l'amour de la patrie est naturel et nécessaire » car « la primauté de la patrie est garantie par l'opinion et l'instruction publique ». Ainsi « la nation est en droit de demander le sacrifice suprême de la personnalité »[2]. Autrement dit, afin de se légitimer et de s'imposer, **la IIIe République prône le patriotisme.** En effet, le but est de faire naître chez toutes les générations un sentiment national commun, une identité commune qui sera génératrice de volonté et de force nationale pour combattre les deux maux qui fragilisent la jeune République : les menaces monarchiques qui veulent la renverser et la défaite contre l'empire prussien qui a engendré la perte de l'Alsace-Lorraine.

Afin de contrer toute adversité, la jeune République va mettre en place diverses « contre-attaques ». Tout d'abord, elle va s'appuyer sur l'école. Influencé par le positivisme, **Jules Ferry**, alors ministre de l'Instruction civique, **entend créer une unité morale**. Pour cela il va mettre en place des programmes qui comportent des **disciplines spécifiques à ce dessein**, telles que **l'Instruction civique** et l'histoire-géographie. L'école sera porteuse d'un message qui est : « la patrie conduit à l'humanité, la République qui est héritière de la Révolution incarne le progrès humain et que la guerre de revanche à laquelle il faut travailler assurera le triomphe de ce progrès »[3].

Ainsi, le patriotisme va devenir la nouvelle « religion ». Nous savons que **les programmes de 1882 vont remplacer l'instruction religieuse par de l'instruction civique** afin de former de bons citoyens patriotes, qui aiment leur nation et leur patrie et qui sont prêts à se

1. R. Debray, *La République expliquée à ma fille*, Seuil, 1998, p. 14.
2. C. Bouglé, *Patrie : La Grande Encyclopédie*, vol. 27, 1901, p. 99-101.
3. A. Philippe, *Le patriotisme à l'école en France et en Allemagne, 1871-1914, Essai d'étude comparatiste.*

sacrifier pour elles. Rappelons que la nation est un ensemble de personnes conscientes de son unité (histoire et culture), vivant sur un territoire commun et constituant une entité politique. Quant à la patrie, c'est le pays des Pères, des ancêtres et celui où nous sommes nés.

c. … ancré dans des symboles républicains

Enfin, **durant cette décennie (1870 à 1884), les symboles de la République vont se mettre en place**. En effet les symboles représentent concrètement une notion abstraite et sont le moyen de marquer les esprits. La devise qui rappelle les valeurs fondamentales de la République est tout d'abord évoquée par Robespierre en 1790 mais son projet ne sera pas retenu. Elle est officiellement reconnue sous la IIIe République en 1880 et apparaît sur tous les frontons des bâtiments publics.

Le drapeau tricolore qui devient officiel sous la monarchie de Juillet est mis en avant durant la IIIe République comme le montre la grande cérémonie de commémoration du 14 juillet 1880 : le président Jules Grévy remet les drapeaux de la République aux régiments.[1] Concernant le chant *La Marseillaise* qui représente le combat pour la Liberté, elle devient l'hymne national en 1879.

Enfin, nous pouvons citer l'allégorie de Marianne qui apparaît dans les années 1880 pour symboliser la victoire de la République sur les monarchistes entre autres. Ces symboles connus de tous et mis en avant dans les programmes scolaires comme connaissances essentielles à apprendre pour les écoliers, contribuent à l'unité nationale. Par conséquent la République est consolidée. Autrement dit, comme l'explique l'historien Maurice Agulhon « le temps du combat a fait place à celui de la puissance établie »[2]. Après de nombreuses luttes politiques, la République va être proclamée en 1884 « gouvernement définitif de la France ».

Ainsi **l'instruction civique contribue à la mise en place définitive du régime républicain** en le légitimant grâce à l'instruction des citoyens afin qu'ils deviennent « éclairés » et ne votent plus pour un candidat monarchiste comme en 1848 et 1871. Il ne faut pas oublier que l'instruction civique n'a pas été mise en œuvre pour cette seule mission.

d. … et au service de la patrie républicaine

L'instruction civique devient également un instrument de revanche contre la défaite de Sedan (1870). Comme le préconisent les instructions officielles, les instituteurs doivent diffuser les valeurs patriotiques grâce aux disciplines comme l'instruction civique et l'histoire-géographie. En effet, la France garde un souvenir amer de sa défaite contre l'empire prussien en 1870, d'autant plus que la France a perdu une partie de son territoire : l'Alsace-Lorraine.

Dans un premier temps (1870-1889), l'école va diffuser des idées patriotiques qui finiront par dégénérer en haine contre l'Allemagne dans le but d'une revanche et de

1. J.-M. Lambin, *Histoire* 1re ES, L, S, Hachette Éducation, 2007, p. 31.
2. J.-F. Sirinelli, M. Agulhon, *Marianne au pouvoir. L'imagerie et la symbolique républicaine de 1880 à 1914*, Flammarion, 1992.

récupérer le territoire confisqué. Ce patriotisme exacerbé aura pour but le dévouement total du citoyen à la République. Cet enseignement a été considéré comme un enseignement militant touchant tous les enfants de 9 à 13 ans et qui préparait à la revanche. On voulait que les futurs citoyens soient prêts à se sacrifier pour la gloire de la France et pour cette guerre. Cela se traduit par la glorification de la France et des maximes sur l'amour de celle-ci[1] qui sont une parfaite illustration des attentes républicaines, comme le préconisait Ernest Lavisse dans son œuvre : *Questions d'enseignement national*[2].

Dans un deuxième temps, ce patriotisme sera plus pacifiste suite à la commémoration du centenaire de la Révolution française en 1889. Cette forme de patriotisme fondé sur les souvenirs du passé et la méfiance réciproque, est remise en cause suite à l'évolution de la société au niveau politique et économique. La société se fonde sur le rationalisme, traduit par l'Exposition universelle de 1900, sur des mouvements antipatriotiques et antimilitaristes influencés par l'homme politique Gustave Hervé. Dorénavant la nouvelle génération de républicains prône le patriotisme « réfléchi »[3] comme l'explique l'historien français Jacques Droz. Autrement dit, on veut montrer aux élèves, qui n'ont pas vécu la guerre de 1870, une autre perception des sentiments patriotiques qui sont, désormais, en accord avec « la morale des temps modernes » qui s'inscrit dans l'idée de la *Déclaration de droits de l'homme et du citoyen*, qui fait la gloire de la France.

Ainsi **l'instruction civique** est au service d'une cause patriotique dans le but de défendre la patrie et de retrouver celle perdue (comprenant l'Alsace-Lorraine et surtout la grandeur de la France). **Au début plutôt agressif, il devient pacifiste. L'enseignement de l'instruction civique peut être considéré comme un vecteur de diffusion des idées et de la morale républicaine au service de la patrie républicaine.** Mais quels en sont concrètement les contenus ?

2 1882-1970 : de l'instruction civique et de la morale

Il était important pour la République d'instruire ses citoyens et futurs citoyens afin de pérenniser et de légitimer le nouveau régime. Dans cette perspective, une discipline a été mise en place : l'instruction civique.
Elle a été d'ailleurs comparée par Paul Bert à une « une religion de la Patrie »[4]. Dans les programmes de 1882 et de 1887, **l'instruction morale et civique concerne uniquement les écoles primaires**. Elle est donc destinée à tous les enfants de France jusqu'à 13 ans et est assurée par les « hussards noirs de la République ». Dans son discours

1. G. Bruno, *Le tour de France par deux enfants*, Belin, 1877.
2. E. Lavisse, *Questions d'enseignement national*, Librairie classique Colin et Cie, 1885.
3. J. Droz, *Les relations franco-allemandes intellectuelles de 1871 à 1914*, Centre de documentation universitaire Paris V, 1966, p. 14.
4. S. Kotovtchikhine, « Paul Bert et l'instruction publique. La religion de la patrie », *Communication et langages*, vol. 127, n° 1, 2001, p. 124-126.

du 16 août 1886, René Goblet affirme que l'instruction civique et morale doit être « un enseignement mieux compris et plus étendu de l'histoire et de la géographie, auxquelles s'ajoutent des notions de droit usuel et d'économie politique, qui développent les jeunes intelligences et, en y gravant les connaissances indispensables à tous les hommes, les prémunissent contre les dangers de l'ignorance et de l'utopie ». L'instruction civique et morale est divisée en deux enseignements qui sont interdépendants : la morale et l'instruction civique.
La IIIe République a mis en place une discipline à part entière pour former les futurs citoyens. En effet, vu l'enjeu, il était important de donner des leçons spécifiques ainsi qu'un créneau horaire à cette formation.
Toutefois, l'instruction civique a connu des évolutions durant ces deux siècles. On peut distinguer trois périodes : la IIIe République et l'Entre-deux-guerres, l'occupation et la libération et enfin le tournant des années 1960.

a. Sous la IIIe République et l'entre-deux-guerres

Les textes de l'époque de Jules Ferry insistent fortement sur le projet de formation civique des écoliers qui sera l'un des piliers de cette école comme l'énonce cet extrait d'une lettre aux instituteurs de Jules Ferry : « M. l'instituteur… des diverses obligations qu'il vous impose, celle assurément qui vous tient le plus à cœur, celle qui vous apporte le plus lourd surcroît de travail, c'est la mission qui vous est confiée de donner aux élèves l'éducation morale et l'instruction civique ». De plus la loi du 28 mars 1882, place cet enseignement au premier rang du programme obligatoire de l'école pour les raisons invoquées précédemment.

Nous savons que le projet de Jules Ferry était de donner une formation civique et morale au plus grand nombre, en passant par l'apprentissage des règles de vie mais aussi le culte de la République (*cf.* manuel Lavisse où les maîtres-mots sont : patrie et devoirs) à travers l'apprentissage de l'hymne national *La Marseillaise* ainsi que les valeurs de la République. De plus cet apprentissage porte sur des notions administratives (impôts, communes, armée, force publique, l'État et ses différents pouvoirs) et sur les règles du fonctionnement politique. Il était accompagné de leçons de morale. Ainsi les leçons d'instruction civique concernent la patrie et le citoyen (devoirs et droits). Ce dernier en connaissant les institutions peut exercer ses devoirs (*cf.* A-1). **L'arrêté du 18 février 1887** fixe l'organisation de l'enseignement : « Il y aura chaque jour, dans les deux premiers cours, une leçon qui, sous forme d'entretien familier ou au moyen d'une lecture appropriée, sera consacrée à l'instruction morale ». Ensuite, un **arrêté du 23 février 1923** donne la répartition hebdomadaire des enseignements, et précise que « les leçons de morale, pour la section préparatoire (6-7 ans) sont de simples dialogues, des contes moraux, des biographies d'hommes illustres et la formation aux bonnes habitudes ». **Pour le cours élémentaire (7-9 ans),** « ce sont des entretiens familiers, des récits, des fables, contes moraux, des lectures avec explications ». **Au cours moyen (de 9 à 11 ans)**, « ce sont des lectures et des entretiens sur les principales valeurs individuelles (tempérance, amour du travail, sincérité, modestie, courage, tolérance, bonté…) et sur les principaux devoirs de la vie sociale (la famille, la patrie) ». Enfin pour **le cours supérieur (de 11 à 13 ans)**, on parle d'instruction morale et civique. Elle aborde les études suivantes : la conscience et le caractère, l'éducation de soi-même, les divers aspects de la justice et de la solidarité mais aussi les notions sur l'organisation politique, administrative et judiciaire de la France, le citoyen, ses droits et ses devoirs.

On remarquera qu'en 1923, le mot « morale » a été ajouté à « instruction civique » pour les 11-13 ans.

Ainsi les instructions officielles de 1923 rappellent les finalités de l'enseignement primaire qui sont de former l'homme et le citoyen de demain : « La nécessité de l'instruction morale et civique est évidente dans une démocratie où, par le suffrage universel, la conduite des affaires publiques et le sort de la nation dépendent des sentiments, de la conscience et des lumières de tous. [...] Cet enseignement a un double objet : apprendre aux enfants à connaître leur pays, le leur faire aimer, tout en leur donnant un bon jugement politique ».

b. Sous l'occupation en 1940 et à la libération en 1945

En 1940, la défaite est un fait inéluctable et incontestable. Le régime de Vichy s'installe et remet en cause l'institution scolaire et ses instituteurs qui n'ont pas su mobiliser leurs élèves, leur transmettre l'esprit du sacrifice et du patriotisme. **L'instruction civique devient l'instrument privilégié de la propagande officielle qui diffuse une idéologie imprégnée de cléricalisme.** Le 6 décembre 1940, les devoirs envers Dieu sont rétablis dans les programmes. Le régime de Vichy remplace la devise républicaine « *Liberté, Égalité, Fraternité* » par la devise « *Travail, Famille, Patrie* » et les cours d'instruction civique par des leçons de morale.

Dès la fin de la Seconde Guerre mondiale, l'instruction civique est à nouveau au service de la République. Elle va reprendre tout son sens avec la volonté d'éduquer les élèves afin de ne plus voir se reproduire les atrocités de la guerre et les crimes contre l'humanité.

Comme l'énonce le ministère de l'Éducation nationale : « On voit en définitive à quoi tend l'enseignement proposé : former des esprits libres et des caractères droits, conscients des fonctions qu'ils ont exercées à la fois comme citoyen et comme travailleurs, en un mot de former de vrais démocrates »[1]. **La finalité est à la fois morale et politique** afin d'éviter les dérives comportementales et politiques des années de guerre telle que la collaboration, jugée peu civique et immorale par de nombreux Français. Cet enseignement devient une discipline à part entière avec des horaires spécifiques.

De 1882 à 1956, nous pouvons observer, une continuité dans l'élaboration de cet enseignement. Le contenu pédagogique de ces textes est construit de telle sorte qu'ils reprennent les contenus des textes précédents tout en les complétant et les précisant. Suite à des changements profonds dans la société, l'enseignement de l'instruction civique va se modifier.

1. Ministère de l'Éducation nationale, *BO* du 30 août 1945.

c. Les années 1960-1970 : vers la disparition de l'instruction civique

L'instruction civique tombe en désuétude pour disparaître dans les années 1970. En effet, les objectifs de Jules Ferry et de la IIIe République sont atteints : la République est acceptée et elle est le « gouvernement définitif de la France » comme le consacre le préambule de la Constitution de 1958 « *La France est une République* ».

De plus, **c'est l'époque des Trente Glorieuses**, qui se définit par une forte croissance économique qui touche tous les secteurs, qui se traduit aussi par le plein-emploi et un taux d'accroissement naturel élevé grâce au « *Baby-boom* ». On parle dorénavant de société de consommation, et ses valeurs ont tendance à surpasser les valeurs traditionnelles. **La France cherche son unité ailleurs.** La société française s'ouvre vers l'Europe et le monde et entre dans la société de consommation et subit d'importants bouleversements économiques et sociaux. Les préoccupations changent, l'économie prime sur le politique.

3 1970-2008 : vers l'éducation civique…

a. 1970 : L'heure des doutes

Dans les années 1970, l'instruction civique devient une discipline d'éveil. La France se trouve dans un cadre de croissance économique qui reconnaît le pluralisme des valeurs ; « L'école aurait dû former des citoyens destinés à vivre dans une société ouverte dont le cadre national avait volé en éclat sous la pression de l'internationalisation croissante de l'économie »[1]. Or ce n'est pas le cas, **l'évolution rapide de la société entraîne des décalages importants entre exigence du comportement civique et des valeurs triomphantes d'une société fondée sur les valeurs de la société de consommation qui règnent en maître**.

Par conséquent, **certains enseignants éprouvent des réticences à enseigner des valeurs dans lesquelles ils ne reconnaissent pas** tels que l'hymne national, le drapeau et le patriotisme. Ceci s'explique aussi par les événements qui se déroulaient durant la seconde moitié du XXe siècle et qui progressivement ont mis à mal l'éducation civique et ses valeurs.

Tout d'abord, la décolonisation (1945-1962) qui engendre la fin de la grandeur et de la fierté de la France à travers son empire colonial. Ensuite les événements de mai 1968 vont se traduire par **la négation de certaines valeurs patriotiques et de l'identité nationale**.

De plus, ces deux événements majeurs mettent en avant le fossé qui existe entre les valeurs traditionnelles basées sur l'autorité paternelle et l'obéissance, et les valeurs d'une société en pleine mutation dont le slogan est « il est interdit d'interdire » (société qui prône la liberté au sens large).

1. P. Giolitto, *Enseigner l'éducation civique à l'école*, Hachette, 1995.

Un autre facteur peut expliquer ce manque d'attrait pour l'éducation civique : la vague d'immigration des années 1970 qui entraîne le multiculturalisme. Ce nouveau phénomène n'est pas pris en compte par les instructions officielles de l'éducation civique. Par conséquent, les connaissances enseignées et apprises par les élèves sur cette société des années 1970 sont incomplètes voire erronées.

L'école perd peu à peu sa mission de ciment de la nation et devient le lieu d'épanouissement de l'enfant[1]. Ainsi, le bien-fondé de l'éducation civique et morale telle que Jules Ferry l'a conçue est remis en question suite à ces nombreuses critiques concernant son contenu, son objectif et les valeurs dispensées. Son **enseignement en tant que discipline spécifique est supprimé en 1968** alors qu'Edgard Faure est ministre de l'Éducation nationale.

Toutefois, des interrogations concernant la place des valeurs et leurs transmissions apparaissent. Le politique décide donc d'en faire une discipline transversale et de l'inclure dans l'ensemble des disciplines de l'école primaire. Par la suite, les programmes définiront la place de cet enseignement à l'école (dont la désignation changera plusieurs fois).

En mai 1974, René Haby, nommé ministre de l'éducation, présente une loi, votée le 11 juillet 1975, en vue de la modernisation du système éducatif français.

L'objectif est de rendre les jeunes plus attentifs au monde qui les entoure. Pour René Haby, **former un citoyen ce n'est pas lui apprendre à connaître et aimer sa patrie, c'est seulement lui apprendre à vivre en communauté et à entretenir de bonnes relations avec ses proches.** À cette époque l'école a pour mission de transmettre des valeurs de « vivre ensemble ».

« On peut aussi espérer que la réforme proposée concourra à une meilleure compréhension pour chaque jeune français des fondements de la vie sociale et aidera à ancrer solidement dans les générations nouvelles les notions de liberté, de dignité, de responsabilité individuelle, dans lesquelles s'enracine notre société démocratique et libérale »[2].

Selon cette réforme l'objectif est de préparer les jeunes à vivre dans leur société par son acceptation. Il n'est plus question de fonder la société et le régime républicain. Par conséquent, il n'y a eu aucune opposition à la suppression de l'instruction civique comme discipline spécifique.

Ainsi, **des disciplines d'éveil apparaissent comme : l'histoire, la géographie,** la biologie et la physique ou encore **l'instruction civique.** Elles sont placées dans un bloc horaire unique comme l'énoncent les programmes de la fin des années 1980.

Dans les programmes de 1977, le ministère annonce « l'éducation civique mérite en raison de son importance et de son caractère que lui soit réservé un texte particulier ». Les objectifs y sont définis telle que l'adaptation de l'enfant à la vie sociale et à la vie de classe[3]. Et **les instructions de 1978 suppriment la leçon de morale quotidienne.**

1. C. Nique, C. Lelievre, *La république n'éduquera plus : la fin du mythe Ferry*, Plon, 1993.
2. R. Haby, *La réforme du système éducatif*, Brochure du ministère de l'Éducation nationale. Chapitre « former des citoyens », 1977.
3. Ministère de l'Éducation nationale, *BO* n° 12 du 31 mars 1977.

b. 1980 : L'heure du retour de l'éducation civique

Dans les années 1980, s'opère un retour nécessaire. Le chômage survient avec ses conséquences sociales, accompagné de nouvelles interrogations sur l'identité nationale et la laïcité. Après l'engagement de Christian Beullac, en 1975, pour réintroduire « une éducation morale et civique » fondée sur l'instruction, un rapport de la commission d'experts chargés par François Mitterrand (président de la République) est publié en décembre 1982. Ce **rapport, en 1982, dresse le bilan de l'état de la France, et critique « l'inexistence d'une formation civique »**[1].

Quelques années après ce constat, **Jean-Pierre Chevènement restaure alors l'éducation civique à l'école primaire.** Le 22 avril 1985[2]. Selon lui, « le sens civique, c'est le souci du bien public, de l'intérêt général et du destin collectif indispensable aujourd'hui pour faire face à la crise et endiguer le flot montant des revendications particulières et des corporatismes. Le rôle de l'éducation civique à l'école, inscrite à nouveau dans les programmes dès la prochaine rentrée, est précisément d'amener les enfants à connaître le fonctionnement et les lois de la communauté dans laquelle ils vivent, et à laquelle ils sont liés par des droits mais aussi des devoirs »[3].

Concernant cette réintégration, la majorité des représentants du corps enseignant votent contre, dénonçant le retour en arrière et l'archaïsme et la menace d'enrôlement des consciences. Néanmoins, le politique a bien compris la nécessité de remettre une telle matière à l'école, commençant à voir les effets néfastes de cette absence d'éducation civique durant près de vingt ans.

Le ministère de l'Éducation nationale publie des nouveaux programmes en 1985. Ils préconisent que : « L'éducation civique est une pièce maîtresse de l'éducation dans un État républicain, garant des libertés. Elle a pour objectif de développer chez l'élève le sens de l'intérêt général, le respect de la loi, l'amour de la République. Pour cela, doit être éclairé, c'est-à-dire instruit des droits et devoirs que le citoyen exerce pleinement à sa majorité » et si « On naît citoyen ; on devient citoyen éclairé [...]. L'éducation civique apprend à l'enfant qu'il ne vit pas seul, qu'il procède d'une histoire, qu'il a des droits reconnus mais aussi des devoirs. Éminemment morale, l'éducation civique développe l'honnêteté, le courage, le refus des racismes, l'amour de la République »[4].

Ainsi, les programmes concernant l'éducation civique sont clairement définis et comportent deux thèmes : « vers une citoyenneté responsable » et « la vie civique dans la société ». Cela permet d'éduquer la pratique et d'enseigner des savoirs concernant les institutions et leurs fonctionnements.

1. L. Schwartz (dir.), *La France en mai 1981. Commission du bilan : l'enseignement et développement scientifique*, La Documentation française, 1981.
2. Extrait d'un texte publié sur le site de la vie sociale et citoyenne : http://www.vielocale-viepublique.fr, *Chronologie et mémoires politiques.*
3. J.-P. Chevènement, *Apprendre à entreprendre*, Le Livre de Poche, 1985, p. 224-225.
4. Ministère de l'Éducation nationale, Arrêté du 15 mai 1985. *Instruction et programmes de l'école primaire.*

Ces programmes sont la réaction à la crise de valeurs qui s'est amorcée depuis les années 1960. Les symboles de la République sont pris en compte dans ces programmes scolaires qui préconisent :

- « Cours préparatoire : Les symboles de la République : Marianne, le drapeau tricolore, *La Marseillaise*, le 14 juillet ».
- « Cours élémentaire : La patrie : unité et identité nationales et la devise républicaine : "*Liberté, Égalité, Fraternité*" ».
- « Cours moyen : Le citoyen et la République ».

L'importance d'un enseignement conséquent en éducation civique repose sur le principe suivant : la connaissance des valeurs fonde une pratique citoyenne respectant celles-ci. Toutefois il ne faut pas oublier, que la société moderne post-industrielle favorise les valeurs individualistes contre celles de la collectivité qui est la juxtaposition de groupes ayant des intérêts différents.

c. 1990 : L'heure de « l'éducation à la citoyenneté »

Dans les années 1980-1990, suite à la prise de conscience sur les méfaits d'une carence en terme d'éducation civique, celle-ci revient au premier plan dans les programmes. Cet enseignement a pour objectif de donner une formation démocratique (respect des droits de l'homme, découverte des autres cultures). Désormais l'éducation civique se retrouve dans de nombreux textes officiels.

Dans la loi d'orientation de 1989[1] : « le droit à l'éducation est garanti à chacun afin de lui permettre d'exercer sa citoyenneté ». Rappelons que par définition la citoyenneté est le fait pour une personne, pour une famille ou pour un groupe, d'être reconnu comme membre d'une cité (aujourd'hui d'un État) nourrissant un projet commun auquel il souhaite prendre une part active.

Ensuite dans les programmes de 1995[2], l'éducation civique a pour objectif la connaissance des institutions, de leur fonctionnement et de la vie démocratique. À la rentrée de 1996, apparaît une nouvelle terminologie, on parle désormais d'« **éducation à la citoyenneté** ». Cela montre bien l'importance accordée à la citoyenneté et au civisme. Le processus va se poursuivre en 1997, avec la mise en place des initiatives citoyennes[3] pour favoriser la pratique de la citoyenneté, de la civilité. De même l'action continue dans ce sens avec les programmes de 1999[4] qui insistent sur les civilités : « l'un des objectifs principaux de l éducation civique est de revaloriser la civilité et la politique ». On pourrait penser que les symboles ont été évincés de ces programmes qui portent surtout sur le civisme et les valeurs, pourtant dans les programmes de 1999 apparaît : « La République française comme tous les pays du monde est représentée par un certain nombre de symboles : le drapeau tricolore, l'hymne national (*La Marseillaise*), la fête

1. Ministère de l'Éducation nationale, Loi d'orientation n° 89-486 du 10 juillet *1989.*
2. Ministère de l'Éducation nationale, Arrêté du 22 novembre 1995, *BO* n° 48 du 28 décembre 1995.
3. Ministère de l'Éducation nationale, *BO* n° 40 du 13 novembre 1997.
4. Ministère de l'Éducation nationale, *BO* spécial n° 7 du 26 août 1999.

nationale (le 14 juillet), Marianne. La plupart de ces symboles ont leur origine dans la Révolution de 1789. Ils ne peuvent être compris par les élèves que si on leur en explique l'origine historique ».

Ainsi, les programmes de 1985 et 1995 sont consacrés à l'éducation à la citoyenneté comme moyen de faire face aux violences sociales et scolaires. Pour cela, le politique met en avant deux dimensions : l'éducation civique pour la connaissance des institutions et leurs fonctionnements et l'éducation au civisme pour l'apprentissage des valeurs : valeurs de la République et universelle (justice, équité, solidarité, tolérance) et les codes sociaux.

d. ... où l'éducation prime sur l'instruction

Avec le retour de cette discipline dans les programmes de l'école primaire, un tournant important s'amorce et de nombreux changements apparaissent telle que la désignation de cet enseignement : une éducation aux valeurs.

En 1985[1], apparaît dans les programmes de l'école primaire un changement significatif. En effet, « **l'instruction civique** » **devient** « **éducation civique** ». En devenant « éducation », l'enseignement ne se limite plus à transmission de savoirs mais insiste sur la vocation éducative de l'école et de son ouverture vers l'extérieur.

Selon le dictionnaire Larousse, instruire signifie « donner des connaissances, des savoirs » alors qu'éduquer signifie « former quelqu'un en développant, en épanouissant sa personnalité et en lui faisant acquérir les usages de la société ».

Dans les programmes de 1985, il est bien question de véhiculer des valeurs et des façons de faire pour se préparer à vivre dans une société donnée, de permettre à l'élève d'affronter sa vie personnelle, de la gérer en étant que citoyen responsable dans la société dans laquelle il évolue, et d'être capable de réfléchir pour pouvoir éventuellement construire une nouvelle société.

Autre changement, dans ces programmes, **il ne s'agit plus de former le bon citoyen patriote mais bien de former un citoyen responsable grâce aux valeurs civiques**. Autrement dit, l'éducation civique doit enseigner des comportements et des valeurs (qui permettent d'agir de telle ou telle façon) nécessaires à la vie en société comme énoncé ci-dessus.

Ensuite, l'importance à accorder au respect dans ses différentes formes est fortement soulignée : respect de la personne, respect mutuel entre élèves et personnels de la cité scolaire, respect de la fonction et respect du travail, le sens de l'effort, l'égalité, la solidarité notamment. Il est donc question de mettre l'accent sur le civisme et la façon de se comporter en société. Nous pouvons énoncer que l'école reste l'un des derniers repères moraux.

Enfin, une nouveauté apparaît dans les programmes de 2002 : le débat. À la lecture de ces instructions, l'éducation civique pour le cycle 3 ou « le vivre ensemble » pour le cycle 2 est définie comme une discipline transversale.

Autrement dit, **l'éducation civique peut être abordée à travers toutes les disciplines**. Par exemple, en histoire, on encourage d'aborder *La Marseillaise* en lien avec la période de la Révolution française.

1. Ministère de l'Éducation nationale, Arrêté du 15 mai 1985, *Instruction et programmes de l'école primaire*.

De plus, cette discipline retrouve des horaires spécifiques (30 minutes pour « le vivre ensemble » et une heure pour l'éducation civique répartie dans tous les champs disciplinaires). Quant au débat, il sera mis en œuvre au **cycle 3**, 30 minutes par jour. Ce **débat** est important, il est « la libre confrontation des opinions, dans un aimable désordre qui laisse à chacun la liberté de trouver son chemin et de construire sa pensée, sans avoir à faire constamment preuve de rigueur et d'autocritique. Cette forme de la conversation, indispensable à l'évolution des représentations sociales ». Ensuite, **l'élève aborde différentes formes de participation à la citoyenneté : le vote, être responsable, s'affirmer en tant que sujet d'une collectivité et notamment de la classe**. Il étudiera aussi « les valeurs universelles sur lesquelles on ne peut transiger » et sera amené à s'ouvrir sur l'Europe. Les symboles de la République ne sont pas oubliés. À la fin du **cycle 2**, les compétences attendues sont : « avoir compris et retenu les principaux symboles de la nation et de la République »[1]. L'élève doit les avoir compris, autrement dit il doit connaître le sens de ces symboles.

Ainsi, l'éducation civique est indissociable de la République car elle permet de donner un projet commun à l'ensemble de la société par le vecteur de l'école. Tous les regards convergent vers ce même but quelle que soit la période historique considérée. Durant ces dernières décennies, l'éducation civique qui avait quasiment disparu, fait son retour mais sous une autre forme.

Les programmes de l'école primaire qui se sont succédé parlent d'éducation aux valeurs et au civisme, **nous ne sommes plus dans « l'éducation à un comportement » mais dans l'instruction** (qui signifie donner à apprendre que des savoirs et des connaissances).

Aujourd'hui nous constatons peu de liens avec le patriotisme ; ce dernier étant l'un des sujets de la remise en cause de cet enseignement dans les années 1970. Notons que dans le système éducatif contemporain, **la question de l'éducation civique est essentielle car la citoyenneté se complexifie**.

4 2008-2022 : de l'Instruction civique remise à l'honneur à l'Enseignement moral et civique

a. L'instruction civique et morale : nouvel enseignement civique et moral à part entière

« Fondements de notre société et de notre éducation, les notions de devoir et de droit reprennent pleinement leur place à l'école en tant que savoirs et objets d'enseignement ». Telles sont définies les bases de ce nouvel enseignement en 2012, par le directeur général de l'Enseignement Scolaire, Jean-Michel Blanquer[2].

---

1. Ministère de l'Éducation nationale, *BO* HS n° 1 du 14 février 2002, *Programmes d'enseignement de l'école primaire.*
2. J.-M. Blanquer, *L'instruction morale à l'école*, SCEREN, 2012, p. 5. La consultation de cet ouvrage synthétique et bien renseigné semble essentielle pour une préparation solide à l'épreuve du CRPE.

Il semble que l'esprit qui préside à la rédaction de ces nouveaux textes ministériels en 2008 est **qu'il existe des règles communes à chacun et des idées de nature universelle que l'École, lieu de transmission et première étape de la vie collective, se doit de transmettre**. La tâche qui incombe aux enseignants est alors ambitieuse et ne peut donc être écartée : chaque élève de l'école du XXIe siècle doit se voir offrir l'accès à cette sagesse constituante de ce patrimoine de l'humanité, aux liens qui existent entre liberté personnelle et contraintes sociales, à la responsabilité de ses actes et de son comportement, au respect des valeurs partagées et à l'importance de la politesse et du respect d'autrui…

L'objectif est bien ici de **dispenser des connaissances et de conduire les élèves à la réflexion sur des situations diverses afin qu'ils fassent leurs, les principes étudiés** : l'appui sur des maximes morales et beaucoup d'exemples pris dans la réalité de l'existence doivent permettre de former le jugement des élèves.

Le rôle de l'enseignant y est réaffirmé dans une position centrale : il joue une mission essentielle dans cet apprentissage en ouvrant aux élèves un temps de parole structuré et rassurant tout en accompagnant l'élève vers une pensée claire. C'est à lui qu'incombe la **mission d'installer les règles et les valeurs dans la bienveillance, certes mais également dans la fermeté et la persévérance**. Ces deux dernières notions sont réaffirmées avec force et vigueur car il semble, pour les rédacteurs de ces textes, que ce n'est qu'avec cette obstination que les comportements au sein de l'école et de la cité évolueront.

La circulaire du 25 août 2011 consacrée à l'instruction civique et morale a permis de donner tout leur sens aux objectifs de cet enseignement inscrit dans les programmes de l'école primaire.

Cette circulaire définit la nature de la morale enseignée et propose des pistes pédagogiques pour répondre aux besoins des enseignants. En visant, sous cette forme, l'explicitation d'un domaine d'enseignement, elle constitue une exception.

Pour ses rédacteurs, il s'agit de redonner vie à un enseignement qui a perdu de sa substance au cours de l'histoire. La morale définie par cette circulaire, la morale commune présentée comme celle dont nous avons besoin pour vivre en société, peut et doit s'enseigner.

Oui, l'institution attend de l'instruction morale qu'elle dote « chaque élève d'usages sociaux de référence » et qu'elle lui permette, dans un second temps, « l'exercice du jugement moral ».

En 2011, il est rappelé « qu'il ne s'agit pas de philosopher à l'école primaire mais de transmettre des valeurs essentielles dans un cadre défini par les textes en vigueur ».

Aujourd'hui, c'est donc une approche renouvelée qui est à l'œuvre : elle associe instruction civique et instruction morale dans la formation de l'élève, mais elle ne les confond pas. Il s'agit donc de bien les caractériser afin que les élèves puissent se construire et se situer dans un monde de plus en plus complexe.

b. L'Enseignement moral et civique, un enseignement avec un horaire dédié mais transversal (2015-2022)

L'enseignement moral et civique poursuit aujourd'hui à l'école trois finalités qui sont intimement liées entre elles.

- **Respecter autrui :** La morale enseignée à l'école est une **morale laïque et civique** en lien étroit avec les principes et les valeurs de la citoyenneté républicaine et démocratique. L'adjectif « moral » de l'enseignement moral et civique renvoie au projet d'une appropriation par l'élève de principes garantissant le respect d'autrui. Cette morale repose sur la conscience de la dignité et de l'intégrité de la personne humaine, qu'il s'agisse de soi ou des autres, et nécessite l'existence d'un cadre définissant les droits et devoirs de chacun. Respecter autrui, c'est respecter sa liberté, le considérer comme égal à soi en dignité, développer avec lui des relations de fraternité. C'est aussi respecter ses convictions philosophiques et religieuses, ce que permet la laïcité.
- **Acquérir et partager les valeurs de la République :** Le Code de l'éducation affirme « qu'outre la transmission des connaissances, la Nation fixe comme mission première à l'école de faire partager aux élèves les valeurs de la République » (article L 111-1). Cette mission est réaffirmée dans le socle commun de connaissances, de compétences et de culture : « L'École a une responsabilité particulière dans la formation de l'élève en tant que personne et futur citoyen. Dans une démarche de coéducation, elle ne se substitue pas aux familles, mais elle a pour tâche de transmettre aux jeunes les valeurs fondamentales et les principes inscrits dans la Constitution de notre pays ». Les valeurs et principes de la République fondent le pacte républicain garant de la cohésion nationale, en même temps qu'ils protègent la liberté de chaque citoyen. Les transmettre et les faire partager est une œuvre d'intégration républicaine ; ces valeurs et principes relient la France à la communauté des nations démocratiques, à l'échelle européenne comme à l'échelle mondiale. Les quatre valeurs et principes majeurs de la République française sont la liberté, l'égalité, la fraternité et la laïcité. S'en déduisent la solidarité, l'égalité entre les hommes et les femmes, ainsi que le refus de toutes les formes de discriminations. L'enseignement moral et civique porte sur ces principes et valeurs, qui sont nécessaires à la vie commune dans une société démocratique et constituent un bien commun s'actualisant au fil des débats dont se nourrit la République.
- **Construire une culture civique :** La conception républicaine de la citoyenneté insiste à la fois sur l'autonomie du citoyen et sur son appartenance à la communauté politique formée autour des valeurs et principes de la République. Elle signale l'importance de la loi et du droit, tout en étant ouverte à l'éthique de la discussion qui caractérise l'espace démocratique. Elle trouve son expression dans le socle commun de connaissances, de compétences et de culture, selon lequel l'École « permet à l'élève d'acquérir la capacité à juger par lui-même, en même temps que le sentiment d'appartenance à la société. Ce faisant, elle permet à l'élève de développer dans les situations concrètes de la vie scolaire son aptitude à vivre de manière autonome, à participer activement à l'amélioration de la vie commune et à préparer son engagement en tant que citoyen ».

La culture civique portée par l'enseignement moral et civique articule quatre domaines : la sensibilité, la règle et le droit, le jugement, l'engagement.

- **La culture de la sensibilité** permet d'identifier et d'exprimer ce que l'on ressent, comme de comprendre ce que ressentent les autres. Elle permet de se mettre à la place de l'autre. *Bulletin officiel* n° 30 du 26-7-2018.
- **La culture de la règle** et du droit unit le respect des règles de la vie commune et la compréhension du sens de ces règles. Elle conduit progressivement à une culture juridique et suppose la connaissance de la loi.
- **La culture du jugement** est une culture du discernement. Sur le plan éthique, le jugement s'exerce à partir d'une compréhension des enjeux et des éventuels conflits de valeurs ; sur le plan intellectuel, il s'agit de développer l'esprit critique des élèves, et en particulier de leur apprendre à s'informer de manière éclairée.
- **La culture de l'engagement** favorise l'action collective, la prise de responsabilités et l'initiative. Elle développe chez l'élève le sens de la responsabilité par rapport à lui-même et par rapport aux autres et à la nation. Cette culture civique irrigue l'ensemble des enseignements, elle est au cœur de la vie de l'école et de l'établissement, elle est portée par certaines des actions qui mettent les élèves au contact de la société.

c. Modalités pratiques et méthodes de l'enseignement moral et civique

L'enseignement moral et civique articule des valeurs, des savoirs (littéraires, scientifiques, historiques, juridiques, etc.) et des pratiques. Il requiert l'acquisition de connaissances et de compétences dans les quatre domaines de la culture civique et donne lieu à des traces écrites et à une évaluation.

L'enseignement moral et civique s'effectue, chaque fois que possible, à partir de l'analyse de **situations concrètes**. La discussion réglée et le débat argumenté ont une place de premier choix pour permettre aux élèves de comprendre, d'éprouver et de mettre en perspective les valeurs qui régissent notre société démocratique. Ils comportent une prise d'informations selon les modalités choisies par le professeur, un échange d'arguments dans un cadre défini et un retour sur les acquis permettant une trace écrite ou une formalisation.

L'enseignement moral et civique se prête particulièrement aux travaux qui placent les élèves en **situation de coopération et de mutualisation** favorisant les échanges d'arguments et la confrontation des idées.

L'enseignant exerce sa responsabilité pédagogique dans les choix de mise en œuvre en les adaptant à ses objectifs et à ses élèves. L'enseignement moral et civique dispose réglementairement d'un horaire dédié permettant une mise en œuvre pédagogique au service de ses finalités.

6 Un exemple de sujet corrigé

Plan du chapitre

Le sujet corrigé est un des deux sujets 0 publiés le 6 avril 2021 sur le site devenirenseignant.gouv.fr.

1 Analyse du sujet

Sujet 0

Composante géographie (13 points)

1. Présentez et analysez les documents 1 à 6 du dossier documentaire dans une synthèse problématisée et argumentée.

Cette synthèse fera état des principaux enjeux scientifiques et didactiques soulevés par les documents, et précisera notamment ce que recouvrent la notion d'« habiter » dans le champ scientifique et son application dans le champ scolaire.

2. Élaborez une séquence d'apprentissage progressive et cohérente portant sur le thème 2 du programme de géographie de CM1.

La présentation de cette séquence précisera notamment les compétences travaillées, les objectifs de chaque séance et les documents ou types de documents mobilisés. Ceux-ci pourront être choisis dans le dossier documentaire ou provenir d'autres sources.

Composante histoire (7 points)

3. Quels objectifs notionnels relatifs au thème 2 du programme d'histoire de CM1 : « Le temps des rois », les documents 7 à 9 du dossier documentaire permettent-ils de travailler ?

4. Vous décidez d'exploiter le document 9 en classe : quels choix opérez-vous pour conduire cette exploitation ?

La **composante géographie** propose un sujet de type « Séquence problématisée » (*cf.* chapitre 1). On y a souligné un certain nombre de mots ou d'expressions qui renvoient à des tâches précises :

- **Présenter les documents 1 à 6** : Cette présentation doit relever les auteurs et les sources, les contextualiser afin de dégager d'éventuels points de vue ou d'éventuelles intentions. L'idée serait d'éviter de se livrer à une énumération mais plutôt à une présentation organisée soit part thèmes, soit par types, soit par point de vue.
- **Analyser les documents 1 à 6** : L'analyse comparée des 6 documents impose une grille d'analyse. Nous proposons ici la grille correspondant au sujet de type « Séquence problématisée » (*cf.* chapitre 1).
- **Synthèse problématisée et argumentée** : À partir de l'analyse des documents et des connaissances personnelles du candidat, il est demandé une production écrite répondant à une problématique posée par le candidat, organisée et justifiée par des exemples pris dans les documents ou par des connaissances référencées (auteurs, ouvrages).
- **Élaborez une séquence progressive** : Une séquence progressive est à entendre au sens pédagogique, à savoir une leçon découpée en plusieurs séances. Le candidat doit donc fournir une problématique générale de séquence répondant aux instructions officielles (doc. 1), un découpage en un nombre de séances à justifier qui permettent de répondre à la problématique de séquence.
- **Compétences travaillées** : Elles sont définies dans les programmes pour chaque entrée de cycle. Elles sont de trois ordres : des connaissances (savoir), des capacités (savoir-faire) et des attitudes (savoir-être).
- **Objectifs de séance** : Chaque séance doit également comporter un objectif clair qui est une déclinaison de l'objectif général de la séquence.
- **Documents ou types de documents mobilisés** : Il convient d'indiquer 1 à 2 documents ou types de documents qui seraient exploités en classe et qui permettraient de répondre à l'objectif de chaque séance. La précision en termes de documents ne semble pas attendue mais peut présenter une plus-value ainsi que l'explicitation succincte de son exploitation (pour quoi faire).

La **composante histoire** propose, quant à elle, un sujet de type « Exploitation adaptée » (*cf.* chapitre 1). On y a également souligné un certain nombre de mots ou d'expressions qui renvoient à des tâches précises :

- **Objectifs notionnels** : Il s'agit de relever les notions explicites ou implicites qui apparaissent à la lecture d'un extrait de programme et qui doivent être didactisées. Le sujet ne le dit pas mais il semble important d'apporter à la notion explicitée la définition qui en sera donnée aux élèves.
- **Exploiter le document 9** : L'exploitation d'un document implique à en proposer une intégration dans une séance, à en fixer le ou les objectifs et à en préciser les modalités (mise en activité des élèves autour du document donné).

2 Lecture du dossier documentaire

2.1. Composante géographie

DOCUMENTS 1 À 6

- **Document 1 :** Extraits du programme d'enseignement du cycle de consolidation (*BOEN* n° 31 du 30 juillet 2020) :
  - texte introductif sur la notion d'habiter ;
  - démarches et contenus d'enseignement du thème 2 de la classe de CM1 : « Se loger, travailler, se cultiver, avoir des loisirs en France ».
- **Document 2 :** Extraits de Fabienne Raffin et Jérôme Bouchereau, « L'habiter, présentation de la construction d'un concept sur la durée de la scolarité », portail pédagogique de l'académie de Nantes, « histoire-géographie-citoyenneté » :
  - https://www.pedagogie.ac-nantes.fr/histoire-geographie-citoyennete/enseignement/sequences/habiter-974496.kjsp
- **Document 3 :** Extraits de Guy Di Méo, « Les quais réaménagés de Bordeaux : la reconquête d'un espace urbain par les femmes », dans Kamala Marius et Yves Raibaud (dir.), *Genre et Construction de la Géographie*, Maison des sciences de l'homme d'Aquitaine, Pessac, 2013, p. 73-93 :
  - https://books.openedition.org/msha/4744?lang=fr
- **Document 4 :** Photographies de places à Bordeaux :
  - Une place dans le quartier des Chartrons : https://www.bordeaux-tourisme.com/quartier/chartrons.html ;
  - La place de la Victoire : https://aquitainefrance.wordpress.com;
  - La place de la Bourse et les quais de la Garonne : https://www.les-bons-plans-bordeaux.com/transformation-de-bordeaux-1-siecle.
- **Document 5 :** Bordeaux, le centre et l'agglomération :
  - carte extraite de Cécilia Comelli, « Quelle incidence du genre sur la vie nocturne des étudiants bordelais ? », dans Kamala Marius et Yves Raibaud (dir.), *Genre et Construction de la Géographie*, Maison des sciences de l'homme d'Aquitaine, Pessac, 2013, p. 109-125, fig. 1.
- **Document 6 :** Extrait de Carte valorisant l'ensemble du territoire de Bordeaux Métropole, maîtrise d'ouvrage : Office de tourisme de Bordeaux Métropole, conception/illustration Guillaumit/deux degrés :
  - https://www.deuxdegres.net/references/carte-bordeaux-metropole.

a. Présentation des documents

On peut classer les documents en deux catégories :

- La première réunit les documents 1 et 2 et apporte un éclairage didactique et scientifique sur la notion d'habiter. Il s'agit du texte de cadrage institutionnel des programmes et d'une lecture épistémologique de la notion d'habiter diffusée par deux enseignants du Second degré sur le portail académique de Nantes.

- La seconde réunit les documents 3 à 6 et permettent une étude de cas sur la pratique de certains espaces publics (place et quais de Garonne) à Bordeaux. On trouve un texte scientifique sur la pratique genrée de ces espaces par un spécialiste de la géographie sociale, Guy Di Méo ; quatre photographies de places bordelaises situées à différents endroits de la métropole girondine ; une carte permettant de situer ces lieux et une autre carte touristique de la métropole bordelaise invitant à une pratique touristique.

b. Analyse des documents

Document	Nature	Auteur/source	Questionnement(s) posé(s) par le document
1	Extrait du programme	Éducation nationale	• La notion d'habiter pour mieux comprendre ce qu'est la géographie et pourquoi l'enseigner et s'approprier ses méthodes, découverte, analyse, compréhension, ses outils (cartes, photographies, SIG) • Observer les façons dont les hommes organisent et pratiquent leurs espaces de vie à toutes les échelles
2	Mise au point scientifique sur un portail pour enseignants	Enseignants-formateurs	• Le concept d'habiter a renouvelé la géographie (O. Lazzarotti) : quels changements ? • Le concept d'habiter est un projet civique et éducatif : l'homme acteur de sa propre géographie
3	Extrait d'un ouvrage collectif : *Genre et la construction de la Géographie*	Guy Di Méo, géographe, spécialiste de géographie sociale	• Quelles sont les représentations d'un même lieu selon différents habitants ? • Existe-t-il un habiter genré ?
4	Photographies	Sites touristiques	• Trois lieux publics dans Bordeaux, trois habiter différents : de quoi dépendent-ils ? mobilités, pratiques, infrastructures, projets urbains
5	Carte de localisation	Cécilia Comelli dans l'ouvrage *Genre et la construction de la Géographie*	• (Localisation des trois espaces publics vus plus haut)
6	Carte touristique de la métropole bordelaise	Office de tourisme de Bordeaux Métropole	• Activités de loisirs et culturels dans la Métropole bordelaise

2.2. Composante histoire

DOCUMENTS 7 À 9

- **Document 7 :** Extraits du programme d'enseignement du cycle de consolidation (*BOEN* n° 31 du 30 juillet 2020) :
  - démarches et contenus d'enseignement du thème 2 de la classe de CM1 : « Le temps des rois ».
- **Document 8 :** Carte du royaume de France de François Ier à Louis XIV :
  - https://www.lelivrescolaire.fr/page/15110289.
- **Document 9 :** Huile sur toile d'Adam-François Van der Meulen (1632-1690), Entrée solennelle de Louis XIV et de Marie-Thérèse à Douai, été 1667. 63 cm x 81 cm :
  - https://histoire-image.org/fr/entree-solennelle-louis-xiv-marie-therese-douai-8-juillet-1667 ;
  - Compléments d'informations précisant le contexte de réalisation de l'œuvre : guerre de Dévolution (1667-1668).

a. Présentation des documents

Les trois documents proposés dans la composante histoire ont en commun de traiter un point évoqué dans le programme d'histoire du CM1 (doc. 7) : la construction territoriale du royaume de France (doc. 8) et plus particulièrement la politique expansionniste de Louis XIV (doc. 9).

b. Analyse des documents

Document	Nature	Auteur/source	Notions abordées par les documents
1	Extrait du programme – démarches du thème 2 de CM1	Éducation nationale	• pouvoir royal • royaume de France et construction territoriale • société féodale / monarchie absolue • empire colonial • histoire politique, économique et sociale
2	Carte de l'expansion du royaume de France	Lelivrescolaire.fr	• royaume de France • construction territoriale • contestation
3	Tableau de l'entrée solennelle de Louis XIV et la reine à Douai, le 23 août 1667	Adam-François Van der Meulen (1632-1690)	• construction territoriale • autorité royale • pouvoir militaire

3 Rédaction de la première composante

Introduction

Cette introduction présentera les différents documents et en fera découler une problématique.

Exemple

Les documents 1 à 6 peuvent être classés en deux catégories. D'une part, les documents 1 et 2, composés d'extraits du programme officiel de géographie de cycle 3, des repères et contenus d'enseignement du thème 2 de CM1 ainsi que d'extraits d'un texte de mise au point scientifique adressé aux enseignants de primaire et écrit par des formateurs disciplinaires, apportent un regard épistémologique et didactique sur la notion d'habiter. D'autre part, les documents 3 à 6 présentent une possible étude de cas sur les pratiques spatiales de quelques lieux bordelais. On trouve un extrait d'un texte scientifique sur les pratiques urbaines et les représentations de quelques lieux publics par des Bordelaises ; trois photographies de ces lieux publics et une carte pour les localiser ; enfin une carte touristique est lieux de culture et de loisirs à Bordeaux.
Ce dossier documentaire nous amène à nous interroger sur les enjeux scientifiques et didactiques de la notion d'habiter qui constitue la notion centrale du programme de géographie du cycle 3.

Synthèse argumentée

Le corps du texte produit par le candidat comportera :

Exemple

- **Les enjeux scientifiques** : La notion d'habiter est une notion introduite par le philosophe Martin Heidegger dans les années 1950. Ce dernier la définit comme la manière des humains d'être sur Terre. Reprise par les géographes dans les années 1990, elle permet d'étudier les diverses pratiques de l'espace, les diverses représentations et organisation de l'espace et la manière dont les hommes mettent relations différents espaces pratiqués entre eux, propres à chaque être humain (signature géographique). Pratiquer l'espace, c'est s'y loger, y avoir des loisirs, des activités et s'y déplacer. Organiser l'espace, c'est l'arranger ou l'aménager pour répondre à des idées préconçues de l'espace dans lequel on veut vivre (représentations) ou simplement à des fonctions utiles et nécessaires. Mettre en relations des espaces, c'est être mobile à différentes échelles ou connecté de manière virtuelle ou physique. Pour le géographe Olivier Lazzarotti, habiter est une condition géographique de l'homme. Il met l'habiter au centre d'un triangle mettant en interrelation espaces, habitants et co-habitants. Étudier l'habiter inscrit la géographie dans des dimensions sociales, culturelles, économiques et environnementales.
- **Le renouveau de la géographie** : Pour Olivier Lazzarotti, la notion d'habiter est une « révolution géographique » dans la mesure où, pense-t-il, elle a permis de renouveler la géographie. La Nouvelle géographie des années 1970-1980 avait placé les lieux et les espaces des sociétés au centre de la recherche géographique. La notion d'habiter

déplace ce « point de départ » vers les pratiques des hommes. Comme on a pu le voir précédemment, étudier l'habiter installe la géographie au carrefour d'un certain nombre de sciences telles que la sociologie (Di Méo), l'économie, l'anthropologie, la philosophie (Berque) ouvrant la voie à de nouveaux champs d'investigation : le culturel (mentalités, représentations), le genre (Raibaud), les mobilités (Kauffmann). La géographie de l'habiter renouvelle également le regard porté sur certains sujets devenus premiers aujourd'hui : l'urbain (Lévy, Lussault), le périurbain (Vannier, Cailly) ou le rural (Jean).

- **Les enjeux didactiques** : Par capillarité, la didactique de la géographie se trouve impactée par ce changement de paradigme. L'enseignement de la géographie devient un « projet civique et éducatif ». L'élève, comme citoyen en formation, est envisagé comme futur « acteur de sa propre géographie ». Ainsi, Olivier Lazzarotti propose-t-il un questionnement qui pourrait s'imposer à chaque leçon de géographie et qui mettrait au premier plan les individus dans leur espace : Qui ? Comment ? (pratiques, paysages) / Où ? (espaces, territoires, lieux) / Avec qui ? Comment ? (cohabitations ou coprésence) / Pourquoi ? Pour quoi ? (espace et temps). S'intéressant à une société d'individus mobiles, la géographie enseignée demande aux élèves de toujours réfléchir sur plusieurs échelles, les invitant à partir de l'espace proche vers les plus grands espaces. Enfin, cette géographie de l'habiter étant au cœur de plusieurs sciences et de plusieurs champs d'étude, elle requiert de travailler plusieurs supports « géographiques » (dans la mesure où ils donnent une image du monde) : les cartes, les paysages, les statistiques mais également les images des espaces (qu'elles soient fictives ou réelles), les témoignages d'habitants, les observations de pratiques.

Proposition de séquence

Le candidat exposera dans un court paragraphe la présentation de sa séquence (objectifs, cadrage temporel et justification de ces choix ou intentions pédagogiques).

Exemple

La séquence d'apprentissage que nous avons souhaité élaborer en géographie porte sur le premier axe du thème 2 : « Se loger, travailler, se cultiver, avoir des loisirs en France ». La séquence en période 3 de l'année de CM1 et comportera 6 séances de cinquante minutes sur « Habiter des espaces urbains ». L'objectif de cette première séquence du thème 2 sera le suivant : Quelles sont les différentes pratiques de l'espace urbain ? L'exemple de Bordeaux.

Exposé de la séquence

Le candidat optera pour une présentation sous la forme d'une grille dans laquelle il indiquera les objectifs pour chaque séance, les documents de travail proposés aux élèves et l'intention pédagogique qui les accompagne ainsi que des pistes de trace écrite.

Exemple

Séance	Titre	Objectifs	Documents
1	Vivre à Bordeaux	Quelles sont les représentations des Bordelais de la vie à Bordeaux ?	• Témoignages d'habitants résidents et de touristes • Campagne publicitaire de l'Office de tourisme (markéting territorial) • carte pour localiser Bordeaux en France
2	Se déplacer à Bordeaux	Comment se déplace-t-on à Bordeaux, qu'on réside à Bordeaux ou qu'on soit de passage ?	• Vidéo sur les moyens de transport à Bordeaux Métropole • Publicité de la SNCF pour la LGV • Carte de l'organisation spatiale de Bordeaux en matière de transports.
3	Se loger et avoir des loisirs à Bordeaux	Tous Bordelais ? Différents quartiers, différentes manières d'être Bordelais ?	4 études de cas confiées à des groupes d'élèves : – un quartier de centre-ville – un quartier périurbain de grands ensembles – un quartier périurbain pavillonnaire – un écoquartier, le quartier Ginko
4	Se loger et avoir des loisirs à Bordeaux	Tous Bordelais ? Différents quartiers, différentes manières d'être Bordelais ?	Mise en commun et institutionnalisation
5	Travailler à Bordeaux	Qui travaille à Bordeaux et où ?	• Images d'une zone industrielle • Texte sur une zone commerciale (*mall*) • Dépliant touristique sur les activités touristiques à Bordeaux
6	Évaluation	Elle se composera de trois exercices : un exercice de localisation, un exercice d'analyse de texte et un exercice d'analyse d'images.	

Compétences travaillées par les élèves

- Construire des repères géographiques.
- Nommer, localiser et caractériser un lieu dans un espace géographique.
- Nommer et localiser Bordeaux et d'autres villes de France.
- Utiliser des cartes à différentes échelles.

Analyser et comprendre un document

- Extraire des informations d'un texte, d'une image, d'une carte pour répondre à des questions.
- Utiliser ses connaissances pour expliquer ou expliciter un document.

Pratiquer différents langages

- Écrire pour construire sa pensée.

- S'exprimer à l'oral pour penser, communiquer et échanger.
- S'approprier et utiliser un lexique spécifique.

Coopérer et mutualiser

- Organiser son travail dans le cadre d'un groupe pour élaborer une tâche commune.

4 Rédaction de la seconde composante

Introduction très courte

Cette introduction présentera la séquence et son cadrage dans l'année scolaire.

Exemple

Le thème 2 d'histoire du programme de CM1 a pour titre « Le temps des rois ». Il est marqué par la figure de quatre rois de l'histoire de France : Louis IX, François Ier, Henri IV et Louis XIV. Il s'agit, à travers le règne de ces personnages historiques, d'aborder le passage de la société féodale à l'absolutisme, la construction territoriale du royaume de France et l'affirmation du pouvoir royal.

Exposé des objectifs notionnels

Le candidat se livrera à une production écrite organisée qui classera les objectifs notionnels par ordre d'importance et en donnera une définition pour les élèves de cycle 3.

Exemple

- De la société féodale à l'absolutisme
- L'affirmation du pouvoir royal
- La construction territoriale du royaume de France

Proposition d'exploitation adaptée d'un document

Le candidat exposera dans un court paragraphe la présentation du document et son exploitation (objectifs, cadrage temporel et justification de ces choix ou intentions pédagogiques).

Exemple

Le document 9, pour lequel nous sommes invités à proposer une exploitation pédagogique, s'intégrera dans une séance sur l'extension du royaume de France sous Louis XIV et l'affirmation du pouvoir du roi. Le document 9 viendra, dans la leçon de CM1, accompagner un premier document introductif qui sera la carte de la construction territoriale du royaume de France. À partir du tableau de Van der Meulen, les élèves aborderont deux modalités d'expansion du domaine royal (les mariages et les conquêtes militaires) ainsi que l'affirmation du pouvoir royal.

Exposé de l'exploitation

Le candidat optera pour une présentation sous la forme d'une image commentée et fléchée avec quelques questions préparatoires.

Exemple

Après avoir fait étudier la carte des extensions territoriales depuis François Ier, l'enseignant projette au tableau le tableau d'Adam-François Van Der Meulen (document 9), un proche de François Lebrun, peintre de la cour. L'enseignant présente le tableau avec l'objectif de montrer les moyens mis en œuvre par les souverains (ici Louis XIV) pour agrandir leur domaine royal. Cet objectif est présenté explicitement aux élèves en même temps que le document.

Quelques questions sont posées par l'enseignant oralement :

1. Quelle est la nature du document ? De quand date-t-il ? Qui en est son auteur ? (Ces réponses sont laissées visibles au-dessous du document projeté).
2. Que représente la scène du tableau d'après vous ? Reconnaissez-vous certains personnages ? (On pense ici au roi et à la reine de France).

L'enseignant présente alors le contexte de réalisation du tableau : il s'agit d'une commande de Louis XIV qui souhaite montrer ses victoires militaires et la manière dont il entend imposer son autorité sur ses sujets. On assiste ici à la reddition de la ville de Calais, héritage revendiqué par Louis XIV au nom de son épouse, héritière du roi d'Espagne.

L'enseignant distribue un croquis du tableau aux élèves qui vont devoir répondre aux questions posées dans les différents cadres qui entourent l'image.

Cadre 1 : Qui est ce personnage ? Comment est-il représenté ?

Cadre 2 : Qui est ce personnage ? Quelle place occupe-t-il dans le tableau ? Pourquoi ?

Cadre 3 : Quelle est cette ville ? À quoi observe-t-on qu'elle vient de se rendre ?

Cadre 5 : Qui sont ces personnages ? Dans quelle position sont-ils représentés ? Pourquoi ?

Cadre 4 : Quelle est la particularité de ce personnage ? Que semble-t-il vouloir nous dire ?

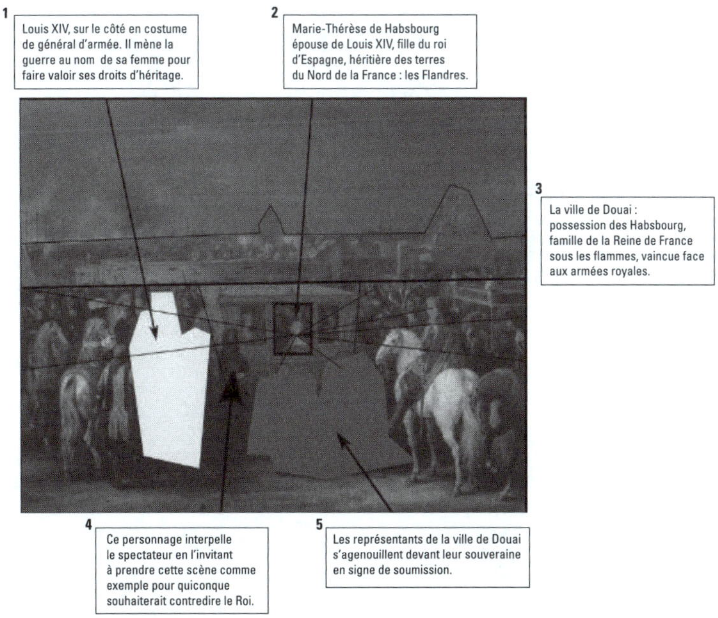

L'enseignant mutualise au tableau le résultat de la recherche des élèves et fait une reprise en posant deux questions de synthèse orale :

- Comment, à travers ce tableau, le roi entend-il montrer son autorité et sa puissance ? On attend ici que les élèves parlent du carrosse doré qui occupe le centre de l'image, l'attitude de soumission des échevins, tous les regards convergeant vers Marie-Thérèse, les lances et la ville en flamme.
- D'après ce tableau, quelles sont les deux manières pour le souverain d'agrandir son royaume ? On attend ici par le mariage et la guerre.

2

Enseigner l'histoire

7 Explorer et questionner le temps aux cycles 1 et 2

Plan du chapitre

Lors des deux cycles qui précèdent celui dit des « approfondissements », l'histoire n'apparaît pas en tant que telle, mais le « cycle des apprentissages premiers » (cycle 1 : Petite, Moyenne et Grande Section) et celui des « apprentissages fondamentaux » (cycle 2 : CP, CE1, CE2) constituent des étapes préparatoires à la discipline historique en aidant l'élève à se structurer progressivement dans le temps social.

Les éléments de ce chapitre ne sont que des pistes de réflexions autorisant une meilleure articulation des savoirs, savoir-faire et savoir-être, des compétences historiques qui se construisent au cours des différents cycles de l'école primaire.

REMARQUE

Les enjeux de la structuration du temps

La structuration du temps nécessite chez l'enfant plusieurs capacités : se situer dans le temps, construire des repères temporels mais aussi ordonner des évènements ; mémoriser quelques repères chronologiques ou utiliser des marqueurs temporels adaptés.

1 Construire le temps : Faire l'expérience du temps

« Qu'est-ce donc que le temps ? Si personne ne m'interroge, je le sais ; si je veux répondre à cette demande, je l'ignore. »

Saint-Augustin, *Confessions*, XI, 14-17, vers 397-401.

Saint Augustin, déjà, mettait en évidence la difficulté à définir une telle notion. Des psychogénéticiens, en passant par des physiciens, ou encore les historiens et jusqu'aux philosophes, tous sont unanimes pour conclure qu'aucune définition exhaustive et précise ne peut être donnée de la notion de temps. De plus, la polysémie du mot dans notre langue peut générer des confusions chez les jeunes élèves. Le français ne différencie pas

« le temps qui passe » et le « temps qu'il fait » alors que par exemple, pour un Anglais, « weather » et « time » définissent des réalités bien distinctes.

La mesure du temps est, en outre, **connotée, culturellement et socialement** (le calendrier grégorien, est rythmé par des fêtes religieuses qui puisent leurs racines dans l'histoire chrétienne). Cette dimension culturelle peut poser problème quand le temps étudié à l'école ne correspond pas à celui vécu dans le cercle familial. L'étude du temps aux cycles 1 et 2 a donc pour objectif d'éclairer cette notion complexe.

1.1 Se structurer dans le temps

« Dans un même temps [...], toutes choses deviennent » écrivait le philosophe Alain.

Le temps suppose **changement** et **permanence**. Cette constatation à laquelle doit arriver progressivement l'élève suppose l'usage de notions essentielles dans la structuration du temps : la **simultanéité** (**synchronie**) et la **succession** (**diachronie**). Ces notions font appel à la mémoire qui classe les événements du passé et permet de prévoir ceux qui sont répétitifs. De façon générale, le temps est représenté sous trois aspects : de manière **cyclique** (jours, saisons...), **linéaire** et **tabulaire** (évolution, irréversibilité). La régularité de certains événements a permis d'établir très tôt une référence de durée et de quantifier le temps.

L'apprentissage du temps repose sur **l'expérience** : l'enfant avance d'expériences en expériences, et construit ainsi, entre 0 et 6 ans, **trois sous-notions nécessaires pour que la structuration du temps** puisse se faire.

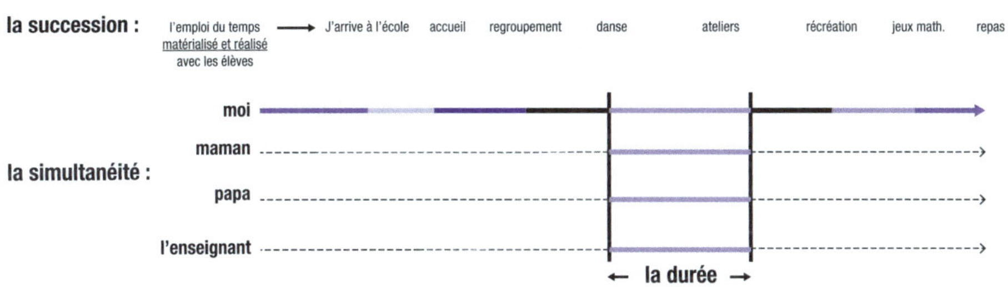

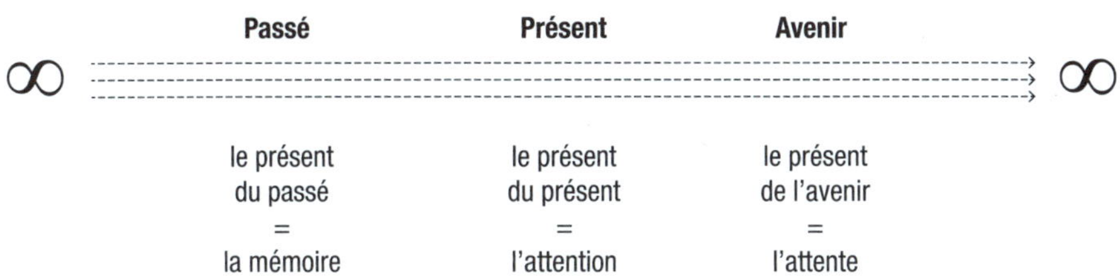

La structuration du temps suppose donc trois actions :

- **La manipulation quotidienne d'outils** : la frise, le cadran, le tableau.
- **Le recours au langage** pour passer du concept quotidien de l'usage et l'expérimentation au concept scientifique formalisé.
- **L'évolution progressive des outils temporels** : de la frise à la chronologie, du cadran à l'horloge, du tableau au calendrier.

a. Pourquoi se structurer dans le temps ?

Objectif

Le psychiatre Éric Berne[1] affirme que la structuration du temps correspond à l'une des trois « **soifs fondamentales** » (stimulation, reconnaissance et structure) qui permettent à l'être humain de satisfaire ses besoins de base. Cette soif de structure stimule notre besoin de limites, de lutter contre l'ennui, de mettre de l'ordre dans nos journées. Cette soif de structure permet aussi à l'enfant de se construire socialement, articulant un temps social et individuel et manipulant des notions aussi spécifiques que la programmation, le processus, l'engagement.

Contexte

En 2006, une étude menée par Caille et Rosenwald[2] sur les inégalités de réussite à l'école élémentaire montrait que 50 % de ces inégalités en fin de cycle 3 étaient dues à des compétences non acquises à l'entrée au CP. Parmi les concepts les moins bien acquis, ceux liés au temps et aux compétences numériques expliqueraient à eux seuls plus de 35 % des inégalités à l'entrée au collège (Suchaut[3], 2003).

b. Comment se structurer dans le temps ?

Le temps est une notion qui réunit plusieurs concepts. Pour Montangero[4], la structuration du temps passe par une représentation de ce temps qui repose sur la distinction entre deux aspects : la **succession** et la **durée**.

Pour Vygotsky comme pour Wallon, l'apprentissage est à concevoir par vagues successives qui procèdent par tuilage. Bruner[5] parle de **morphogenèse spiralaire** et explique que l'enfant n'a pas besoin d'avoir construit et de maîtriser une notion pour pouvoir l'utiliser.

Vygotsky distingue des **concepts quotidiens** (expérimentaux, locaux et isolés) et des **concepts scientifiques** (travaillés à l'école, généraux et constitutifs d'un système). Son approche est donc instrumentale et s'appuie sur des « outils psychologiques ou culturels » ayant recours à des concepts quotidiens. Pour Vygotsky c'est par le **langage** que l'enfant va passer du concept quotidien au concept scientifique.

---

1. E. Berne, *Des Jeux et des Hommes*, Stock, 1975.
2. J.-P. Caille et F. Rosenwald, « Les inégalités de réussite à l'école élémentaire. Construction et évolution », dans *France, portrait social*, INSEE, 2006, p. 115-117.
3. B. Suchaut, « Le rôle de l'école maternelle dans les apprentissages et la scolarité des élèves », dans *Conférence pour l'AGEEM*, Bourges, le 30 janvier 2008
4. J. Mantangero, « Le Développement de la connaissance du temps. Quelques aspects fondamentaux », *Le Journal des Psychologues*, mai 1988, p. 65-68.
5. J. Bruner, *Le Développement de l'enfant. Savoir faire, savoir dire* (1966), PUF, 1981.

Outils

Chaque **outil** est caractérisé par un usage et un fonctionnement opératoire. Lorsque les enfants apprennent à utiliser les outils, cette utilisation entraîne des réorganisations dans leur fonctionnement mental (De Coster[1]).

Pour la structuration du temps, les « instruments psychologiques » sont de deux types : externes (montre, ligne de temps, calendrier annuel…) et internes (comptine des jours, récit des évènements, médiation verbale de la liste des mois…).

Le temps doit être représenté dans la classe dès la Petite Section à travers trois outils qui ont chacun une utilité et un fonctionnement opératoire particulier :

- La représentation linéaire : frise de la journée scolaire par exemple.
- La représentation cyclique : découpage de la journée incluant le temps scolaire.
- La représentation tabulaire : calendrier mensuel.

Les élèves sont invités à manipuler ces trois outils à différents moments de la journée et non seulement à des moments ritualisés dans l'emploi du temps de la classe.

La forme, la complexité et l'usage des outils utilisés en classe évoluent en fonction des niveaux tout au long des cycles 1, 2 et 3.

Un exemple d'emploi du temps, sous forme de frise chronologique, à l'école maternelle

1.2 De la frise à la chronologie

La **frise** est une représentation linéaire du temps qui permet de mettre en relation des événements/repères et des durées de manière simultanée et/ou successive. Son sens de lecture le plus commun est celui qui suit une « flèche du temps » de la gauche vers la droite. Sa forme la plus simple est la ligne qui ne joue qu'avec la séquentialité et la successivité. Sa forme la plus complexe est la chronologie qui a pour objectif de réunir des durées et des événements dans une logique de causalité.

1. L. de Coster, *L'Acquisition et la construction de la notion de temps chez les enfants de 5 à 9 ans : perspective développementale*, Thèse inédite, Université libre de Bruxelles, 2004.

Que recommandent les Instructions Officielles sur la frise ?

La frise chronologique est un support pour garder trace du temps. Dès l'école maternelle, l'élève y est confronté (frise numérique, frise des jours de la semaine, des anniversaires…). Elle facilite une **prise de conscience du temps qui passe** en représentant concrètement une abstraction. Pour autant, faire construire, tracer, fabriquer une frise chronologique ne participe pas à la structuration du temps. En revanche, **compléter cette frise, la manipuler, s'y référer permet à l'élève de se l'approprier et d'en faire non seulement un outil de repérage dans le temps, mais aussi d'appropriation.** À cet effet, l'efficacité de la démarche suppose que **l'outil soit transmis entre les niveaux pour être enrichi et devenir ainsi une mémoire de ce qui a été travaillé.**

Durant le **cycle 1**, la frise portera le **témoignage du temps de l'enfant** (temps vécu) pour aller progressivement, tout au long du **cycle 2**, vers des **temps qui porteront la trace d'événements replacés dans un temps plus long** (un siècle). Ainsi et de manière progressive, cet outil pourra porter la trace de temps vécus par l'enfant, par le groupe classe, par le groupe social (événements d'importance nationale ou en lien avec l'espace proche) pour aller, en classe de **CE2**, vers un **découpage périodisé de l'histoire dans lequel les événements vus en classe seront reportés.** Ainsi, au **cycle 3** les élèves pourront **contextualiser et comprendre des repères historiques communs.** À cet effet, ils prennent conscience que **l'histoire se différencie de la fiction**, fruit du travail de recherche effectué par l'historien.

Source : Eduscol, *Questionner le monde, Le Temps au cycle 2*, 2021

Progression possible…

	Cycle 1	Cycle 2	Cycle 3
Ordonner chronologiquement une suite d'images	++	++	+++
Utiliser des marqueurs temporels adaptés	++	++	+++
Situer des événements vécus les uns par rapport aux autres	++	++	+++
Construire une frise chronologique sur trois générations	-	++	+++
Lire un arbre généalogique simple sur trois générations	-	++	+++
Situer quelques personnages et événements sur une ligne du temps	-	+	++
Placer les grandes périodes historiques dans l'ordre chronologique	-	+	++
Placer les dates limites de chaque période historique	-	-	++
Mesurer la durée relative de chacune des périodes	-	-	+
Placer des dates sur un axe gradué	-	-	+
Placer des durées sur un axe gradué	-	-	+
Sélectionner des événements pour saisir une thématique	-	-	+
Placer des événements et des durées sur un axe gradué construit seul	-	-	+

a. Qu'est-ce qui différencie une frise chronologique d'une chronologie ?

Objectif : Il s'agira donc d'imaginer une progression de cet « outil » temporel qui se propose, dans un premier temps, d'organiser des événements/repères successifs (diachronie) le long d'un axe qui épouse le sens de lecture pratique et usuel (de gauche à droite). L'objectif final est de montrer que cette représentation linéaire du temps peut également servir à expliquer un temps plus ou moins long à propos d'une thématique particulière.

Contexte : Une **frise chronologique** ou ligne du temps est une représentation linéaire d'une succession d'événements positionnés le long d'une flèche[1]. Une **chronologie** est une manière d'appréhender l'histoire par l'événementiel. La chronologie se rapporte à un sujet spécifique et organise des événements selon l'ordre temporel d'occurrence et une logique de causes à effets.

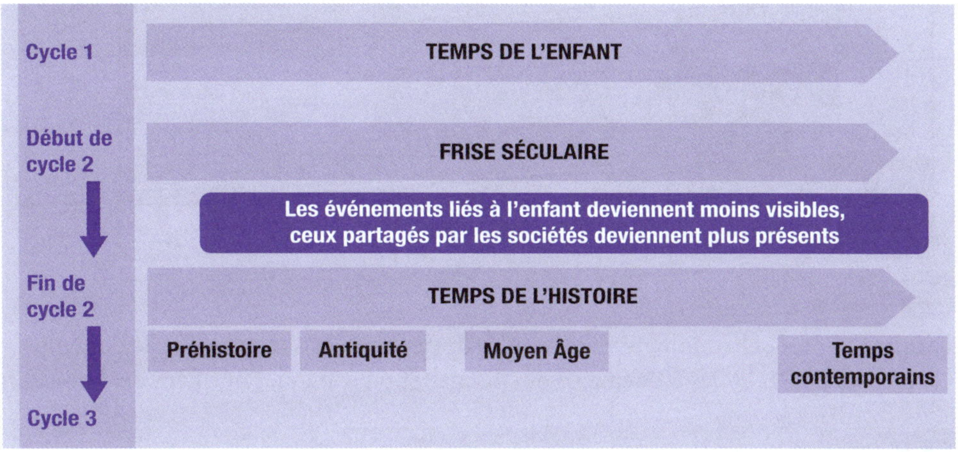

Source : Eduscol.

b. Quelle progression adopter du cycle 1 au cycle 2 ?

La première approche de la **frise** se fait à travers la **séquentialité**. Le recours à des images séquentielles issues de la lecture d'albums, d'histoires ou de la réalité vécue par les élèves (images d'une demi-journée, étapes photographiées d'une activité). Il s'agit alors de placer les différentes images (4 ou 5 en Petite ou Moyenne Section) dans un ordre successif de gauche à droite.

Le travail sur la **généalogie** est une deuxième étape. Il permet de faire manipuler des durées (temps de vie) et des successions (dates de naissance) sur trois générations et d'aborder les notions de simultanéité (synchronie) et de succession (diachronie). On demande à l'élève de découper trois bandes de trois couleurs différentes correspondant à

1. L'expression de « flèche du temps » a été introduite en 1927 par le physicien Arthur Eddington pour décrire le fait que le temps est irréversible et semble s'écouler toujours dans la même direction.

l'âge d'un de ses grands-parents, d'un de ses parents et de lui-même (1 carreau pour 4 ans par exemple). L'extrémité gauche de la bande correspond à la date de naissance (année à faire noter par l'élève) ; l'extrémité droite à l'année présente (*cf.* figure ci-dessous).

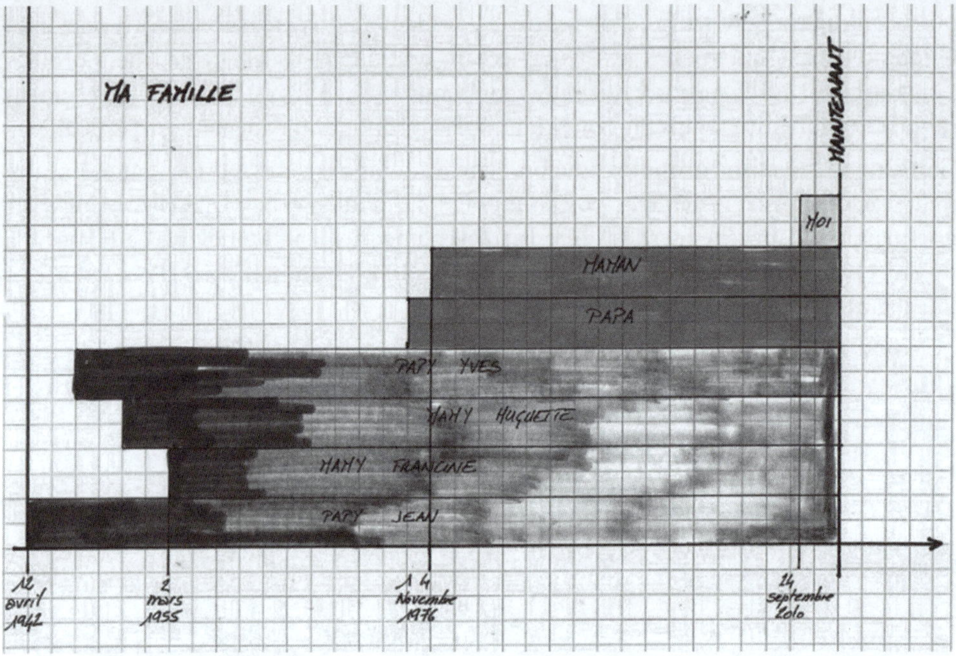

Dernière étape, la **chronologie** va permettre de positionner sur une « flèche du temps » à la fois des durées et des événements qui permettent d'expliquer une période donnée.

À RETENIR

Dès l'école maternelle les élèves **explorent** et **observent** le monde qui les entoure ; au cycle 2, ils vont apprendre à le **questionner** de manière plus précise, par une première **démarche scientifique** et réfléchie.

Les objectifs généraux d'*Explorer* en cycle 1 et *Questionner le monde* en cycle 2 sont donc de :

- permettre aux élèves de **construire des connaissances nécessaires pour décrire et comprendre le monde** qui les entoure et développer leur capacité à raisonner ;
- **contribuer à leur formation de citoyens**. Les apprentissages, repris et approfondis lors des cycles successifs, se poursuivront ensuite tout au long de la scolarité en faisant appel à des idées de plus en plus élaborées, abstraites et complexes.

2 Connaître les programmes de cycles 1 et 2

2.1 Le programme de cycle 1

BO n° 25 du 24 juin 2021

Le temps

Faire l'expérience de l'espace

Dès leur naissance, par leurs activités exploratoires, les enfants perçoivent intuitivement certaines dimensions spatiales et temporelles de leur environnement immédiat. Ces perceptions leur permettent d'acquérir, au sein de leurs milieux de vie, une première série de repères, de développer des attentes et des souvenirs d'un passé récent. Ces connaissances demeurent toutefois implicites et limitées. L'un des objectifs de l'école maternelle est précisément de les amener **progressivement** à considérer le temps et l'espace comme des dimensions relativement indépendantes des activités en cours, et à commencer à les traiter comme telles. Elle cherche également à les amener à dépasser peu à peu leur propre point de vue et à adopter celui d'autrui.

Objectifs visés et éléments de progressivité

Le temps

L'école maternelle vise la construction de repères temporels et la sensibilisation aux durées : temps court (celui d'une activité avec son avant et son après, journée) et temps long (succession des jours dans la semaine et le mois, succession des saisons). L'appréhension du temps très long (temps historique) est plus difficile notamment en ce qui concerne la distinction entre passé proche et passé lointain.

Stabiliser les premiers repères temporels

Pour les plus jeunes, les premiers repères temporels sont associés aux activités récurrentes de la vie quotidienne d'où l'importance d'une organisation régulière et de rituels qui marquent les passages d'un moment à un autre. Ces repères permettent à l'enseignant d'« ancrer » pour les enfants les premiers éléments stables d'une chronologie sommaire et de leur proposer un premier travail d'évocation et d'anticipation en s'appuyant sur des événements proches du moment présent.

Introduire les repères sociaux

À partir de la moyenne section, les repères sociaux sont introduits et utilisés quotidiennement par les enfants pour déterminer les jours de la semaine, pour préciser les événements de la vie scolaire. L'enseignant conduit **progressivement** les enfants à relier entre eux les différents systèmes de repérage, notamment les moments de la journée et les heures pour objectiver les durées et repères utilisés par l'adulte (dans cinq minutes, dans une heure).

Consolider la notion de chronologie

En moyenne section, l'enseignant propose un travail relevant de la construction de la chronologie portant sur des périodes plus larges, notamment la semaine. Il s'appuie pour ce faire sur des événements vécus, dont le déroulement est perceptible par les

enfants et pour lesquels des étapes peuvent être distinguées, ordonnées, reconstituées, complétées. Les activités réalisées en classe favorisent l'acquisition des marques temporelles dans le langage, notamment pour situer un propos par rapport au moment de la parole (hier, aujourd'hui, maintenant, demain, plus tard, etc.), ou l'utilisation des formes des verbes correspondantes. L'enseignant crée les conditions pour que les relations temporelles de succession, d'antériorité, de postériorité, de simultanéité puissent être traduites par les formulations verbales adaptées (avant, après, pendant, bien avant, bien après, en même temps, etc.).
En grande section, des événements choisis en fonction des projets de classe (la disparition des dinosaures, l'apparition de l'écriture, etc.) ou des éléments du patrimoine architectural proche, de la vie des parents et des grands-parents, peuvent être exploités pour mettre en ordre quelques repères communs mais sans souci de prise en compte de la mesure du temps.

Sensibiliser à la notion de durée

La notion de durée commence à se mettre en place **vers quatre ans** de façon subjective. En recourant à des outils et dispositifs qui fournissent une appréciation plus objective, l'enseignant amène les enfants non pas à mesurer le temps à proprement parler, mais à le matérialiser en visualisant son écoulement. Ainsi, les sabliers, les enregistrements d'une comptine ou d'une chanson peuvent permettre une première appréhension d'une durée stable donnée ou la comparaison avec une autre.

Ce qui est attendu en fin d'école maternelle

- Situer des événements vécus les uns par rapport aux autres et en les repérant dans la journée, la semaine, le mois ou une saison.
- Ordonner une suite de photographies ou d'images, pour rendre compte d'une situation vécue ou d'un récit fictif entendu, en marquant de manière exacte succession et simultanéité.
- Utiliser des marqueurs temporels adaptés (puis, pendant, avant, après…) dans des récits, descriptions ou explications.

Comment le mettre en œuvre ?

Les programmes 2021 définissent quatre axes pour « explorer le temps » développés au cours des trois années du cycle 1 : **stabiliser les premiers repères temporels** (activités récurrentes de la vie de classe et les rituels), **introduire les repères sociaux** (calendrier de la semaine, de l'année, la pendule), **consolider la notion de chronologie** (à partir d'événements vécus, de vocabulaire adapté, temps long), **sensibiliser à la notion de durée** (sans mesurer, faire prendre conscience de l'écoulement du temps). Les programmes dessinent ainsi quatre axes pour les trois années du cycle 1 qui sont également **quatre compétences à développer et à évaluer**.

Afin de structurer le temps chez l'enfant de maternelle, l'enseignant doit mettre en place de manière régulière trois actions.

- Il doit **faire manipuler quotidiennement** par les élèves, dès la Petite Section, trois outils qui ont chacun une utilité et un fonctionnement propres : **la frise de journée scolaire** (représentation linéaire du temps), **le découpage de la journée en incluant le temps extra-scolaire** (représentation cyclique du temps) et **le calendrier mensuel** (représentation tabulaire du temps).
- Il doit **faire verbaliser les élèves** pour passer du concept quotidien de l'usage et l'expérimentation au concept scientifique formalisé (*cf.* travaux de Vygotsky).
- Enfin, il doit **faire évoluer les outils temporels** : de la frise à la chronologie, du cadran à l'horloge, du tableau à double entrée au calendrier.

Le travail mené tout au long du cycle 1 permet alors de **valider un certain nombre de compétences** que nous avons voulu lister ici en les classant des plus faciles aux plus compliquées pour de jeunes enfants en notant d'un « + » le niveau où leur apprentissage est le plus recommandé.

Afin de faciliter la mise en place d'une programmation de séances « Explorer le monde » hebdomadaires de 10 à 15 minutes, nous livrons ici un tableau de compétences à viser par sections :

Compétences	PS	MS	GS
Stabiliser les premiers repères temporels			
Situer des moments de la journée sur la frise journalière	++		
Repérer des événements simultanés sur la frise journalière	++		
Se repérer dans la semaine		++	
Repérer des événements sur le calendrier de l'année.			++
Consolider la notion de chronologie			
Utiliser à bon escient avant, après.	++	++	++
Utiliser à bon escient pendant	+	++	++
Utiliser le présent et le passé à bon escient.	++	++	++
Utiliser le futur à bon escient	+	++	++

Compétences	PS	MS	GS
Introduire les repères sociaux			
Replacer 3 images séquentielles dans l'ordre chronologique	++	++	++
Replacer 5 images séquentielles dans l'ordre chronologique	+	++	++
Replacer plus de 5 images séquentielles dans l'ordre chronologique	-	+	++
Ordonner des éléments chronologiquement pour relater un événement	-	++	++
Sensibiliser à la notion de durée			
Utiliser la frise journalière	++	++	++
Utiliser le calendrier mensuel	+	++	++
Utiliser le cadran	+	++	++
Utiliser le calendrier annuel	-	+	++

2.2 Le programme de cycle 2

BO **spécial n° 31 du 30 juillet 2020**

Se situer dans le temps

Cette compétence transversale, indispensable à la structuration cognitive des élèves, se construit à partir d'une **verbalisation** et de **rituels quotidiens** ainsi que de séquences dédiées, qui installent progressivement des **repères temporels** ainsi qu'un **langage précis**.

Attendus de fin de cycle

- Se repérer dans le temps et mesurer des durées
- Repérer et situer quelques événements dans un temps long

Connaissances et compétences associées	Exemples de situations, d'activités et de ressources pour l'élève
Se repérer dans le temps et le mesurer	
Identifier les rythmes cycliques du temps. • Lire l'heure et les dates. • L'alternance jour/nuit. • Le caractère cyclique des jours, des semaines, des mois, des saisons. • La journée est divisée en heures. • La semaine est divisée en jours.	• Calendriers pour marquer les repères temporels (année, mois, semaine, jour). • « Roue des jours » pour mettre en évidence le caractère cyclique des jours de la semaine. • Emploi du temps d'une journée. • Horloge, pendule pour appréhender quelques repères de codification du temps. • Cadran solaire.
Comparer, estimer, mesurer des durées. • Unités de mesure usuelles de durées : jour, semaine, heure, minute, seconde, mois, année, siècle, millénaire • Relations entre ces unités.	• Ce travail est mené en lien avec les mathématiques. • Utiliser un sablier, des horloges et des montres à aiguilles et à affichage digital, un chronomètre.
Situer des événements les uns par rapport aux autres. • Les événements quotidiens, hebdomadaires, récurrents, et leur positionnement les uns par rapport aux autres. • Continuité et succession, antériorité et postériorité, simultanéité.	• Calendriers pour repérer et situer sur le mois puis l'année, des dates particulières personnelles ou historiques. • Les frises chronologiques pour repérer et situer des événements sur un temps donné (avant, après, pendant, au fil du temps, il y a tant de jours, de mois, d'années, etc.). • Situation temporelle d'événements dans un récit.

Connaissances et compétences associées	Exemples de situations, d'activités et de ressources pour l'élève
Repérer et situer quelques événements dans un temps long	
Prendre conscience que le temps qui passe est irréversible. • Le temps des parents. • Les générations vivantes et la mémoire familiale. • L'évolution des sociétés à travers des modes de vie (alimentation, habitat, vêtements, outils, guerre, déplacements, etc.) et des techniques à diverses époques.	• Éphéméride pour appréhender l'irréversibilité du temps. • Élaborer et utiliser des calendriers et/ou des frises à différentes échelles temporelles (chronologiques, générationnelles, historiques). • Situer sur une frise chronologique simple des événements vécus ou non dans la classe, l'école, le quartier, la ville, le pays, le monde.
Repérer des périodes de l'histoire du monde occidental et de la France en particulier, quelques grandes dates et personnages clés. • Quelques personnages et dates.	• Ressources locales (monuments, architecture, etc.), récits, témoignages, films vus comme des éléments d'enquête.

Repères de progressivité

Les rythmes cycliques sont étudiés dès **le CP** en continuité du travail amorcé en classe maternelle. Les outils de représentation du temps, calendrier, frise, etc. sont utilisés tout au long du cycle. Le repérage des grandes périodes historiques se travaille au **CE2. Au CE2**, on commence l'étude du temps long et de l'espace géographique terrestre à travers quelques événements, personnages et modes de vie caractéristiques des principales périodes de l'histoire de la France et du monde occidental et à travers quelques milieux géographiques caractéristiques.

Comment le mettre en œuvre ?

Le temps de l'histoire au cycle 2

Si l'apprentissage du caractère cyclique du temps a été abordé dès le cycle 1, il est important que les élèves puissent prendre conscience que cette forme de temporalité, qui répond à un **besoin social**, ne doit pas empêcher la **prise de conscience du caractère irréversible du temps**.

En effet, **le temps de l'histoire est par définition un temps révolu, passé** ; c'est sans doute par cette prise de conscience que le lien entre l'étude du temps et la découverte de l'histoire s'établit, au cycle 2, dans l'articulation entre le présent et le passé.

Aux enjeux de la compréhension de la **succession des générations** et de leur inscription sur un territoire s'ajoutent la découverte de la **différence entre le récit de fiction** ou celui **des origines et des croyances** où la preuve fait la différence en identifiant des FAITS HISTORIQUES.

En ce sens, **le temps de l'histoire en cycle 2 devient un enjeu majeur dans la construction de la personne** : l'élève apprend progressivement à distinguer l'histoire des histoires, exemple de distinction entre savoir et croyance.

Quelques précisions sur le temps et l'histoire

Il importera au cycle 2 de partir **d'enquêtes** dans l'entourage proche des élèves (CP), puis à une échelle plus large (CE1 et CE2), afin de mettre en perspective la notion de chronologie, qui présidera à la compréhension de l'émergence de faits pour les inscrire dans un temps historique.

Le temps et le développement de l'enfant

Les étapes de la construction du temps chez l'enfant suivent le schéma suivant :

- **Le temps** est d'abord un **temps vécu** sur un mode affectif. Jusqu'à deux ans, l'enfant vit dans l'immédiateté.
- À l'école maternelle, il commence à organiser de nombreux repères qui lui seront utiles, à saisir les usages du temps social au cycle 2, le **temps perçu**, pour mieux appréhender le concept de temps et sa mesure. Cette construction suppose progressivité et régularité. À cet effet, il est important d'associer dans les apprentissages, d'une part, l'usage des outils sociaux pour situer les événements (heure, jour…) dans leur régularité et d'autre part, ceux qui permettent de les classer les uns par rapport aux autres et de les situer dans le temps (diachronie).
- Cela permet de poser progressivement les bases d'une première chronologie et ainsi d'associer une succession d'événements (**temps conçu**).

À RETENIR

Cela implique que les séances mises en œuvre permettent aux élèves d'acquérir les clefs pour structurer le temps mais aussi pour se situer progressivement dans un temps historique plus long.

On peut se représenter l'appréhension du temps par l'enfant de la manière suivante :

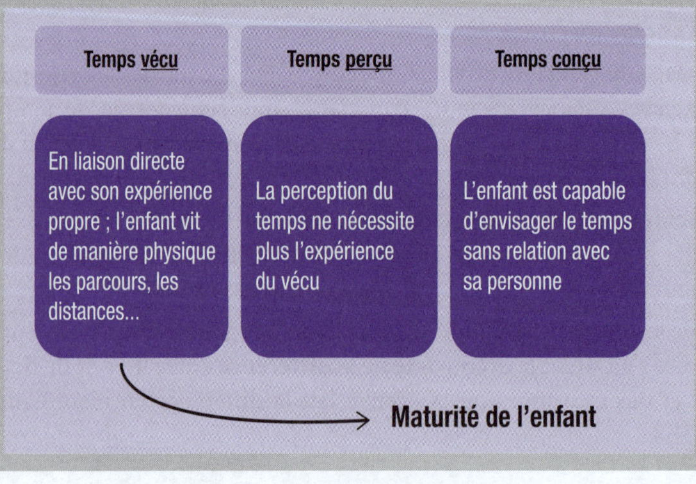

Si **le langage** est la priorité du cycle 1, il continue d'occuper une **place centrale au cycle 2** notamment pour développer les compétences linguistiques appropriées à la **prise de conscience et à la maîtrise du temps**. Ainsi, les adverbes temporels (aujourd'hui, demain…), le vocabulaire du temps conventionnel, le temps des verbes, les noms (date, jour…), les **adjectifs** (vieux, jeunes…), les prépositions (avant, après…), les conjonctions (quand, lorsque…), ont déjà été travaillés en maternelle.

Certains connecteurs qui sont des indicateurs temporels du langage permettent aux élèves de mettre en mot et de raconter des éléments de la vie quotidienne (passée et future) puis, progressivement, de se situer dans un temps historique plus long. Ils doivent être réactivés, diversifiés et utilisés fréquemment pour que les élèves les maîtrisent de manière active.

On ajoutera qu'à travers la **littérature de jeunesse** ou la découverte d'**œuvres artistiques**, par exemple, l'élève est confronté à un **nouveau lexique** lié à l'histoire (Roi, châteaux, etc.). Ce lexique, qui s'enrichit peu à peu, sera essentiel lorsqu'il commencera à aborder les **traces du passé**.

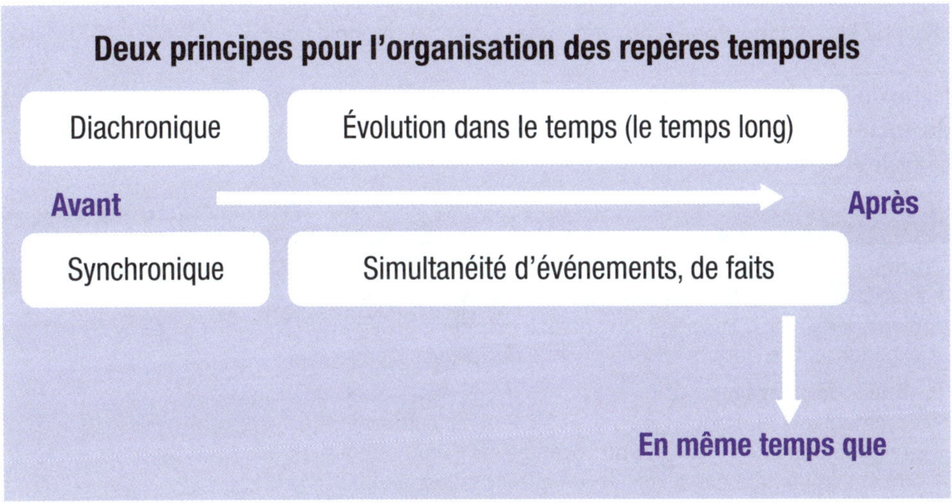

Repères de progressivité au cycle 2

- **Au CP** – Les élèves observent et comparent leur mode de vie à celui de leurs parents et de leurs grands-parents.
- **Au CE1** – Les élèves étudient l'évolution des modes de vie et des évènements remarquables à l'échelle de trois à quatre générations.
- **Au CE2** – Les élèves découvrent et comparent les modes de vie de quelques personnages, grands et petits, femmes et hommes (une paysanne, un artisan, une ouvrière, un soldat, un écrivain, une savante, un musicien, une puissante…), appréhendent quelques grands faits de quelques périodes historiques.

Progression pour le cycle 2 : « Repérer et situer quelques événements dans un temps long »

À partir du programme du cycle 2, lister les compétences requises en fin de cycle. Puis, décomposer en verbes d'action ce que chaque compétence nécessite. Enfin, choisir un échéancier sur les trois années du cycle. En voici un exemple :

	CP	CE1	CE2
Utiliser une représentation cyclique du temps	++	++	++
Utiliser une frise du temps	++	++	++
Utiliser un calendrier	++	++	++
Situer sur une frise simple des événements vécus	+	++	++
Situer sur un calendrier des événements vécus	+	++	++
Élaborer un calendrier	-	+	++
Élaborer une frise chronologique d'événements historiques	-	+	++
Repérer les grandes périodes historiques sur une frise chronologique	-	+	++

La fin du CE2 correspond à la fin du cycle des apprentissages fondamentaux et au **palier 1 du Socle commun des compétences et de culture**. Voici ici les items évaluables pendant ce cycle :

Compétences travaillées	Domaines
Pratiquer des démarches scientifiques • Pratiquer, avec l'aide des professeurs, quelques moments d'une démarche d'investigation : questionnement, observation, expérience, description, raisonnement, conclusion.	4
Pratiquer des langages • Communiquer en français, à l'oral et à l'écrit, en cultivant précision, syntaxe et richesse du vocabulaire. • Lire et comprendre des textes documentaires illustrés. • Extraire d'un texte ou d'une ressource documentaire une information qui répond à un besoin, une question. • Restituer les résultats des observations sous forme orale ou d'écrits variés (notes, listes, dessins, voire tableaux).	1
Mobiliser des outils numériques • Découvrir des outils numériques pour dessiner, communiquer, rechercher et restituer des informations simples.	2
Se situer dans le temps • Construire des repères temporels : *Se repérer dans le temps et comparer des durées, repérer et situer quelques évènements dans un temps long.*	5

3 Exemples de mise en œuvre...

Dans la mesure où la structuration du temps en cycle 1 et en cycle 2 est une compétence interdisciplinaire, le Ministère recommande sur EDUSCOL l'utilisation d'albums de littérature de jeunesse :

3.1 Se repérer dans le temps avec *Le petit voleur de temps* de Nathalie Minne

a. Présentation de l'album

Le petit voleur de temps de Nathalie Minne chez Casterman, paru en septembre 2014.

« Avant, le petit voleur de temps n'avait pas conscience des secondes, des minutes, des heures. De l'aube au crépuscule, ses journées s'étiraient, toutes simples, toujours pareilles. Puis il rencontre une petite fille, et là, le temps prend un tout autre sens. Lundi, mardi, mercredi, jeudi… tant de jours à compter avant de la revoir enfin ! Parviendra-t-il à voler des minutes pour la retrouver et passer du temps à ses côtés ? Un temps précieux qui n'appartiendra qu'à eux deux. »

Figure 1 : Couverture de *Le petit voleur de temps*, Nathalie Minne, Casterman, 2014.

b. Proposition de séquence

Objectif

Amener les élèves à passer d'un temps ressenti à un temps mesuré.

Compétences travaillées

- Passer d'un temps ressenti à un temps mesuré.
- Passer d'une durée intuitive à une durée mesurée.
- Savoir pourquoi on a besoin de mesurer le temps.

Compétences langagières

- Écouter pour comprendre un texte lu.
- Comprendre un texte plus complexe (repérage dans le temps de l'histoire).
- Contrôler sa compréhension.
- Comprendre et mémoriser le lexique et les expressions liés à l'album.
- Pratiquer avec efficacité les formes de discours attendues - notamment raconter et expliquer.

Intérêt de l'album Le petit voleur de temps ?

La lecture de cet album permet aux élèves de s'identifier au personnage pour passer d'un temps ressenti à un temps objectivé. Il permet d'introduire le besoin de mesurer le temps et de concevoir que des outils du quotidien servent cette mesure.

Il permet aussi de s'approprier un vocabulaire pour passer d'un temps ressenti vers un temps mesuré qui, peu à peu, s'inscrira dans un temps de plus en plus long.

Lecture de l'album Le petit voleur de temps

Avant de lire l'album, l'enseignant(e) permet aux élèves de prendre comme repère le lundi, point de départ du récit. Durant la lecture, il utilise le calendrier, outil permettant aux élèves de situer l'action de l'album dans le temps. Au fil de la lecture, l'enseignant(e) fait évoluer deux personnages à l'aide d'aimants qu'un élève vient positionner sur le calendrier au fur et à mesure du déroulement des événements.

À l'aide d'outils qui permettent de mesurer le temps (calendrier, horloge, etc.), les élèves peuvent comprendre le texte lu. En lien avec la séance 2, il s'agit de renforcer la connaissance lexicale liée au temps et de travailler sur les inférences du texte.

Déroulement

La séance est filée sur une semaine environ : l'album peut être relu plusieurs fois afin d'en affiner la compréhension.

L'album est présenté aux élèves : **la couverture est décrite** afin qu'ils puissent émettre des hypothèses sur son contenu. Un élève, dont la lecture est fluide, lit l'histoire à ses camarades. L'enseignant amène les élèves à confronter leur interprétation et à expliquer les implicites du texte ou le lexique lié à la structuration du temps. Il peut alors vérifier leur compréhension.

La séance permet de dégager avec les élèves des connaissances lexicales qui vont permettre de structurer le temps mais aussi de le conceptualiser en passant d'un temps ressenti à un temps mesuré afin de dépasser l'intuition de la durée du temps.

Modalité de travail : les ateliers

Les ateliers permettent une meilleure compréhension de l'album *François et le temps*, déjà lu lors de la séance 1 et préparent à la lecture de l'album *Le petit voleur de temps* dont la compréhension peut se révéler plus résistante.

Des jeux de questions-réponses sont proposés en ateliers :

- jeu des contraires ;
- jeu de repérage dans le temps cyclique ;
- jeu de recherche : expliquer des expressions ou des notions complexes.

Modalités mises en œuvre

Des questions ouvertes et fermées sont proposées sur des cartes préparées par l'enseignant(e). Afin de ne pas déstabiliser les élèves, la réponse aux questions fermées est indiquée sur la carte. Il ne s'agit pas ici d'attendre immédiatement la bonne réponse mais plutôt de permettre aux élèves de se questionner et d'échanger.

Il convient après ce temps d'ateliers de regrouper les élèves et de leur permettre d'échanger sur la situation de recherche vécue et de proposer un temps de synthèse collectif pour savoir ce que les élèves ont appris.

PHASE 1 : Phase de recherche

Les ateliers 1, 2 et 3 peuvent être proposés en autonomie, en s'appuyant sur un élève bon lecteur.

ATELIER 1 Jeu des contraires
***Consigne** : trouve les contraires* • 1- avant / 2- après • 3- un court instant / 4- un long moment • 5- plus court / 6- plus long • 7- vieux films / 8- films récents • 9- temps perdu / 10- temps gagné • 11- être en avance / 12- être en retard • 13- jamais / 14- toujours • 15- tôt / 16- tard • 17- minutes vides / 18- minutes pleines • 19- vieil homme / 20- jeune homme • 21- ralentir / 22- accélérer • 23- se souvenir / 24- oublier • 25- le jour / 26- la nuit • 27- vite / 28- lent • 29- lentement / 30- rapidement
ATELIER 2 **Jeu de repérage dans le temps cyclique, les jours de la semaine**
***Consigne** : réussis à te repérer dans la semaine du voleur de temps.* • Quel jour serons-nous après samedi ? • Quel jour serons-nous après jeudi ? • Quel jour étions-nous avant jeudi ? • Quel mois vient après mai ? • Quel mois serons-nous avant janvier ? • Nous sommes mardi. Ils ont rendez-vous jeudi. Combien de nuits vont-ils devoir dormir avant de se revoir ? • Nous sommes mardi. Ils ont rendez-vous jeudi. Combien de jours leur restera-t-il avant de se revoir ? • Combien de jours y a-t-il dans une semaine ? • Si jeudi c'est demain, quel jour sommes-nous ?
ATELIER 3 **Jeu de repérage dans le temps cyclique : jour/nuit, saisons**
***Consigne** : À quel moment cela se passe-t-il si…* 1. … on attend la neige ? 2. … les feuilles tombaient ? 3. … le soleil fuyait et regardait passer les étoiles tourner ? 4. … la lune devient ronde ? 5. … le cerisier fleurit ? 6. … les pommes mûrissent ? 7. … un ours est endormi par le froid ? 8. Combien de temps se passe-t-il pour que les enfants aient l'impression que le soleil tourne autour du grand arbre ?

ATELIER 4 Jeu de recherche : expliquer des notions, des expressions complexes
***Consignes** : essayons de comprendre ensemble des questions et des consignes pour réfléchir.* Remarque pour l'enseignant(e) : certaines sont plus complexes, il s'agit de s'adapter aux compétences langagières des élèves. L'enseignant(e) peut étayer en demandant à l'élève qui a tiré une carte de proposer un exemple, un contre-exemple.
1. Que veut dire « urgent » ? 2. Que veut dire « Tu nous as manqué » ? 3. Que veut dire « être en retard » ? 4. Que veut dire « se souvenir » ? 5. Que veut dire « se projeter dans le temps » ? 6. Que veut dire « programmer » ? 7. Que peut vouloir dire « compter les heures qui tournent » ? 8. Que peut vouloir dire « le temps gagné ne se rend pas » ? 9. Que peut vouloir dire « voler quelques minutes à ses rêves » ? 10. Explique pourquoi, selon toi, « la musique c'est comme du temps » ? 11. Que peut vouloir dire « les secondes battaient comme le cœur d'un ours endormi par le froid de l'hiver » ? 12. Que peut vouloir dire « voler du temps à chaque jour pour l'avoir pour eux tout seuls » ?

3.2 Se repérer dans le temps avec d'autres albums de littérature de jeunesse

Un exemple de **séquence en CE1**[1]

L'évolution de l'école à l'échelle de trois générations

En référence aux repères de progressivité, pour la **classe de CE1**, où les élèves doivent étudier l'évolution des modes de vie et des évènements remarquables à l'échelle de trois à quatre générations cette séquence se construit donc autour de **l'évolution de l'école à travers trois générations.**1

L'étude du temps des grands-parents permet d'aborder la **notion de temps long et historique**, en attisant la curiosité des élèves. **Comparer son mode de vie d'écolier à celui de ses grands-parents** leur permet de comprendre que le **temps est irréversible** et **source de changement**. Ce sujet fait partie intégrante du **patrimoine culturel français** tout en sensibilisant les élèves à **l'intérêt de la mémoire historique et collective**.

Cette **découverte des traces de passé** peut être faite à partir d'un album de littérature de jeunesse, qui comporte une place importante dans l'acquisition d'un vocabulaire spécifique, et met en place des images significatives pour les élèves.

Cette séquence répond aux attentes du **Socle commun de connaissances, de compétences et de culture** : **Domaine 1 :** Les langages pour penser et communiquer	• Comprendre, s'exprimer en utilisant la langue française à l'oral et à l'écrit. • Participer avec pertinence (en adoptant les règles usuelles de la conversation ; en restant dans le propos) à un échange : questionner, répondre à une interpellation, exprimer une position personnelle (accord ou désaccord, avis, point de vue...), apporter un complément...
Domaine 2 : Les méthodes et outils pour apprendre	• Organiser son travail personnel : Mettre en œuvre les méthodes apprises et mobiliser les ressources découvertes en classe pour travailler seul. • Coopérer avec les pairs : Mener à bien une activité en dialogue avec d'autres.
Domaine 3 : La formation de la personne et du citoyen	• Exprimer et justifier un avis ou un point de vue personnel dans un échange où d'autres peuvent faire de même.
Domaine 5 : Les représentations du monde et l'activité humaine	• Se repérer dans le temps et comparer des durées. • Se repérer et situer quelques évènements dans un temps long. • Comparer quelques modes de vie des hommes et des femmes, et quelques représentations du monde.

Pré-requis : Avoir abordé la notion du temps au CP (passé-présent-futur).

Problématique : Comment a évolué l'école à travers les générations ?

1. Séquence pédagogique élaborée et mise en œuvre par Vanessa G., Académie de Montpellier, Perpignan.

Séances/Titres	Activités
SÉANCE 1 : **Découverte des générations**	Lecture d'un album et comprendre un arbre généalogique.
SÉANCE 2 (détaillée) : **L'école au temps des grands-parents**	Présentation d'anciens objets d'écoliers et d'anciennes photos de classes les confronter avec une lettre d'une écolière des années 50.
SÉANCE 3 : **Comparer l'école d'autrefois et d'aujourd'hui à travers la frise chronologique**	Classer les différents objets dans au sein d'une frise chronologique opposant les deux générations.
SÉANCE 4 : **Les jeux d'autrefois *vs* les nouveaux**	Reproduction « moderne » du tableau de Bruegel par les élèves.
SÉANCE 5 : **Évaluation sommative**	

SÉANCE 1/5

Discipline : Questionner le monde

Titre : Découverte des générations

Niveau : CE1

Temps : 50 minutes

Connaissances	Capacités	Attitudes
• Savoir que les générations se succèdent. • Comprendre le fonctionnement d'un arbre généalogique.	Être capable de situer des personnes les unes par rapport aux autres en lisant et en construisant un arbre généalogique.	• Travailler en autonomie. • Respecter les idées et le travail de ses camarades.
Dispositifs	**Phases**	**Supports**
Collectif **Oral** (5 min)	**Situation problème** Questionner les élèves sur le thème de la famille et recueillir ces éléments au tableau.	
Collectif **Oral** **Individuel** (25 min)	**Recherche** • Lecture par le PE d'un album de jeunesse. • Questionnement sur les personnages et leurs liens familiaux. • Distribution d'images illustrant les personnages. ***Consigne*** : « Sur votre bureau, classer les personnages en faisant des groupes, des couples de vos choix ». *À votre avis, qui va avec qui ? Et pourquoi ?*	• Album *Je suis petite ...mais mon arbre est grand !* • Images des personnages.

Dispositifs	Phases	Supports
Collectif **Oral** (5 min)	**Mise en commun** Présentation des productions intéressantes, triées en amont.	• Productions d'élèves.
Individuel (5 min)	**Phase de recherche** • Distribution d'un arbre généalogique vierge. • Faire placer les étiquettes des personnages.	• Arbre généalogique vierge/ Images des personnages.
Collectif **Oral** (5 min)	**Mise en commun** • Présentation et discussion des différentes mises en forme obtenues. • Un élève propose une mise en forme correcte et explique que celle-ci configure un arbre généalogique.	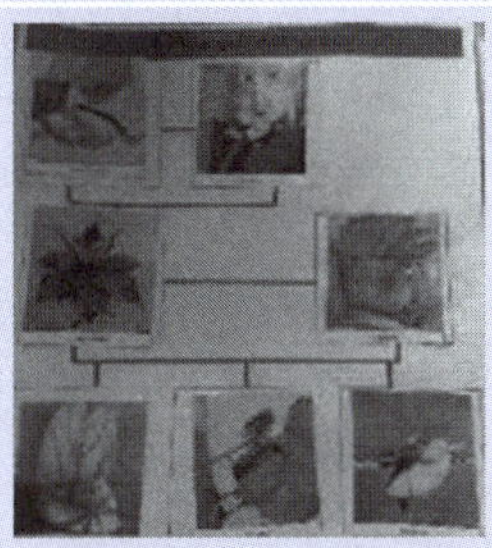
Individuel **Écrit** (5 min)	**Institutionnalisation** • Reproduction en collant les étiquettes au bon endroit. • Trace écrite élaborée par les élèves sous la responsabilité de l'enseignant, qui juge de sa pertinence. • Trace attendue : l'arbre généalogique permet de représenter les différentes générations d'une famille.	• Arbre généalogique vierge (TBI). • Images des personnages.

SÉANCE 2/5

Discipline : Questionner le monde

Titre : L'école du temps des grands-parents

Niveau : CE1

Temps : 50 minutes

Connaissances	Capacités	Attitudes
• Connaître les objets, l'organisation et les tenues vestimentaires de l'école d'autrefois. • Se familiariser avec le lexique de l'école d'autrefois	• Savoir lire et relever les informations importantes d'un document. • Réaliser une carte mentale.	• Respecter le matériel. • S'exprimer à l'oral pour questionner, échanger et communiquer.

Dispositifs	Phases	Supports
Rappel (3 min)	Rappel du travail sur l'arbre généalogique : comprendre que nos grands-parents sont nés avant nous et que le temps a passé.	
Collectif **Oral** (10 min)	**Situation problème** • Présentation de divers objets de l'école d'autrefois et projection de photographies de salle de classe (faire passer les objets dans les mains de chaque élève et affichage de ces derniers au tableau en dimension A3). • Présentation de photos de classes de l'école d'autrefois ***Consignes*** : Analyser la photo de classe (tous ont une blouse et il n'y a que des garçons). *À votre avis à quoi servent ces objets et comment s'appellent-ils ?*	• Objets anciens (livre, plumier, plume, cartable, blouse, encrier, etc.). • Photographies de ces derniers en A3. • Photo de classe ancienne. • Projection de photographies.
Groupe de 2 **Écrit** (20 min)	**Recherche** • Lecture par le PE d'une lettre écrite par une écolière des années 50-60. Celle-ci explicite les noms et les fonctions des objets. • Distribution d'une feuille A4 comportant la photocopie de la lettre ainsi que celle d'une photo de classe des années 50. ***Consignes*** : Relever dans la lettre les noms des objets et recopier les sous les photographies correspondantes. *Comment sont habillés les écoliers ?* **Différenciation** Pour les élèves en difficulté d'écriture : distribution d'étiquettes avec les noms des objets inscrits. Aide aux non-lecteurs : faire un groupe de non-lecteur, relire avec eux la lettre et les guider en posant des questions et en les aidant à lire les mots de vocabulaire sur les étiquettes.	• Feuilles d'activités. • Étiquettes. 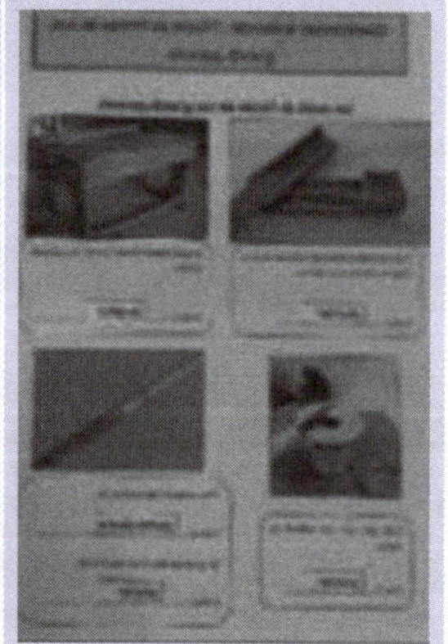

Dispositifs	Phases	Supports
Collectif **Oral** (7 min)	**Mise en commun** • Repérer en amont les groupes ayant associé le bon lexique à chaque image. • Ces derniers viennent présenter leur travail et leurs camarades prennent la correction en autonomie. • Vérification des cahiers par le PE en fin de séance.	
Collectif **Oral/Écrit** (10 min)	**Institutionnalisation** • Carte mentale de « l'école d'autrefois ». • Le PE écrit au tableau les grands axes évoqués : outils de l'élève, la classe, les tenues. • Les élèves créent leurs propres branches sur ce qu'ils ont retenu. **Prolongement** Atelier écriture à la plume	• Carte mentale.

SÉANCE 3/5

Discipline : Questionner le monde

Titre : Comparer l'école d'autrefois et celle d'aujourd'hui à travers une frise chronologique

Niveau : CE1

Temps : 50 minutes

Connaissances	Capacités	Attitudes
• Savoir que les générations se succèdent. • Connaître les différences entre l'école d'hier et d'aujourd'hui. • Savoir trier et organiser les objets de l'école de nos grands-parents avec les Nôtres.	• Extraire des informations d'un document. • Être capable de situer des objets les uns par rapport aux autres sur une frise chronologique.	Savoir argumenter son idée.
Dispositifs	**Phases**	**Supports**
Collectif **Oral** (5 min)	**Situation d'accroche** *Quelles sont les différences entre l'école de nos grands-parents et la nôtre ?*	

Dispositifs	Phases	Supports
Individuel **Écrit** (10 min)	**Recherche** Les élèves soulignent les différences qu'ils perçoivent sur la lettre (séance 2).	• Photocopie du témoignage écrit : lettre.
Collectif **Oral** (5 min)	**Mise en commun** Ces différences sont partagées avec l'ensemble de la classe.	
Groupe de 2 **Écrit** (15 min)	**Exercisation** • Distribuer une frise chronologique vierge, divisée en trois périodes intitulée : La génération de nos grands-parents, de nos parents et ma génération. • Explication de l'utilité de la frise. ***Consigne*** : placer dans chaque période les objets correspondants.	Frise chronologique. Images objets (Prédécoupées).
Collectif **Oral** (5 min)	Mise en commun au TBI.	
Collectif **Oral/Écrit** (10 min)	**Institutionnalisation** • Coller la frise obtenue. • En dessous une trace écrite est élaborée individuellement sous la surveillance du PE. • Chaque élève doit écrire ce qu'il a retenu sur la frise chronologique. **DIFFÉRENCIATION** : dictée à l'adulte.	• Frise chronologique. • Cahier du jour.

SÉANCE 4/5

Discipline : Questionner le monde / Art visuel

Titre : Les jeux d'autrefois *vs* les nouveaux

Niveau : CE1

Temps : 60 minutes

Connaissances	Capacités	Attitudes
Connaître et comparer les jeux d'hier et d'aujourd'hui.	• Décrire une œuvre artistique. • Mettre en œuvre un projet artistique.	Coopérer dans un projet artistique.

Dispositifs	Phases	Supports
Collectif **Oral** (5 min)	**Situation d'accroche** Présentation du tableau de Bruegel *Jeux d'enfants*. ***Consigne*** : *Que font les enfants ? À quoi jouent-ils ?*	• Projection TBI. • Distribution photocopie individuelle.
Groupe de 2 **Écrit** (10 min)	**Recherche** Analyse du tableau en associant les jeux avec leur nom.	• Vignettes scènes des activités.
Collectif **Oral** (5 min)	**Mise en commun** Correction au TBI.	
Groupe de 3/4 (30 min)	**Mise en scène d'une version « moderne » du tableau** • Par groupe de 3 ou 4 les élèves présentent un jeu dans la cour. Le PE les guide et les photographie. • Découpage/collage des photos (par groupe de 4) sur une feuille A1. • Affichage des œuvres artistiques dans la salle de classe et une photocopie pour chaque élève.	• Appareil photo. • Feuille A1 (blanche ou de couleur). • Photographies. • Colle/Ciseau.
Individuel **Écrit** (10 min)	**Institutionnalisation** Compléter notre carte mentale en ajoutant les jeux de l'école d'autrefois.	

SÉANCE 5/5

Discipline : Questionner le monde

Titre : Évaluation sommative

Niveau : CE1

Temps : 40-50 minutes

Déroulement	Différenciations
Les consignes seront lues préalablement par l'enseignant afin de s'assurer que tous les élèves les saisissent. Dans le cas contraire, les élèves pourront poser des questions.	• Pour les élèves qui ont des difficultés d'écriture, ils disposeront d'étiquettes qu'ils devront coller au bon endroit pour les exercices 1 et 2. • Pour l'exercice 4 : possibilité de dessins. • Un groupe de non-lecteurs sera créé afin de répondre à leur besoin. L'enseignant relira donc les consignes.

Exercice 1	Exercice 2	Exercice 3	Exercice 4
Savoir interpréter un arbre généalogique.	Connaissance du vocabulaire des outils d'écoliers.	Savoir trier et classer des anciens objets d'écoliers avec ceux d'aujourd'hui.	Savoir citer les noms ou dessiner quelques jeux de l'époque de nos grands-parents.

Évaluation continue : Une fiche d'autoévaluation spécifique à la séquence est distribuée à chaque élève. Elle est individuellement complétée au fil des séances. Les élèves doivent donc mesurer leur degré d'acquisition d'une compétence. De ce fait, chaque élève peut revenir sur la compétence et valoriser son échelon. Au terme de la séquence, le PE relève ces fiches nominatives et s'y appuie pour procéder à l'évaluation sommative. Une case « validation » sera présente pour chaque compétence. L'enseignant.e validera ou pas l'auto-évaluation de l'élève. De plus, les compétences indiquées seront les mêmes que celles de l'évaluation sommative.

L'histoire en classe de CM1 ?

Trois thèmes distincts qui s'enchaînent dans une chronologie discontinue.

- Une temporalité qui s'étend de la préhistoire au début de l'époque contemporaine.
- Une échelle : la France.
- Une cohérence : la construction politique du territoire français.

Les trois thèmes de la classe de CM1 :

	Thème 1 : Et avant la France ?	Thème 2 : Le temps des Rois	Thème 3 : Le temps de la Révolution et du Premier Empire
REPÈRES ANNUELS DE PROGRAMMATION	• Quelles traces d'une occupation ancienne du territoire français ? • Celtes, Gaulois, Grecs et Romains : quels héritages des mondes anciens ? • Les grands mouvements et déplacements de populations (IVe-Xe siècles). • Clovis et Charlemagne, Mérovingiens et Carolingiens dans la continuité de l'empire romain.	• Louis IX, le « roi chrétien » au XIIIe siècle. • François Ier, un protecteur des Arts et des Lettres à la Renaissance. • Henri IV et l'édit de Nantes. • Louis XIV, le roi Soleil à Versailles.	• De l'année 1789 à l'exécution du roi : Louis XVI, la Révolution, la Nation. • Napoléon Bonaparte, du général à l'Empereur, de la Révolution à l'Empire.

	Thème 1 : Et avant la France ?	Thème 2 : Le temps des Rois	Thème 3 : Le temps de la Révolution et du Premier Empire
PISTES POSSIBLES D'EXPLOITATION EN CM1	• Utiliser les ressources locales étudiées au cycle 2 pour travailler sur les traces préhistoriques puis historiques.	• Un travail à partir de grandes figures royales : démarche de l'étude de cas.	• Étudier la Révolution comme une rupture. • Donner des repères clés.
	• Centrer l'étude sur le territoire des Gaules, terre de colonisation et de migrations.	• Une dimension territoriale forte : le territoire français, la première colonisation.	• Première approche de la démarche des causes/conséquences.
	• Insister sur la continuité entre Empire romain, Mérovingiens et Carolingiens.	• Une part importante de l'histoire des religions en France.	• Étudier Napoléon dans son rapport à la Révolution (prise de pouvoir et consolidation des acquis).

8 Et avant la France ?

Plan du chapitre

Histoire

1 Ce que dit le programme

Repères annuels de programmation	Démarches et contenus d'enseignement
Quelles traces d'une occupation ancienne du territoire français ?	À partir de l'exploration des espaces familiers des élèves déjà réalisée au cycle 2, on identifie des **traces spécifiques de la préhistoire et de l'histoire de leur environnement proche**, pour situer ces traces dans le temps et construire des repères historiques qui leur sont liés. On **confronte rapidement ces traces proches** à des traces préhistoriques et historiques différentes relevées dans un autre lieu en France, pour montrer l'ancienneté du peuplement et la pluralité des héritages.
Celtes, Gaulois, Grecs et Romains : quels héritages des mondes anciens ?	On se centrera ensuite sur les Gaules, caractérisées par le brassage de leurs populations et les contacts entre Celtes, Gaulois et civilisations méditerranéennes. L'histoire de la colonisation romaine des Gaules ne doit pas faire oublier que la **civilisation gauloise**, dont on garde des traces matérielles, ne connaît pas de rupture brusque. Les **apports de la romanité** sont néanmoins nombreux : villes, routes, religion chrétienne (mais aussi judaïsme) en sont des exemples.
Les grands mouvements et déplacements de populations (IVe-Xe siècles).	On n'oublie pas d'expliquer aux élèves qu'à partir du IVe siècle, des **peuples venus de l'est**, notamment les Francs et les Wisigoths s'installent sur plusieurs siècles dans l'empire romain d'Occident, qui s'effondre définitivement vers la fin du Ve siècle.
Clovis et Charlemagne, Mérovingiens et carolingiens dans la continuité de l'empire romain	**Clovis, roi des Francs**, est l'occasion de revisiter les relations entre les peuples dits barbares et l'empire romain, de montrer la **continuité entre mondes romain et mérovingien**, dont atteste le geste politique de son baptême. **Charlemagne**, couronné empereur en 800, roi des Francs et des Lombards, reconstitue un empire romain et chrétien.

1.1 Place du thème dans la scolarité

Au cycle 2, les élèves ont identifié des repères personnels, du temps vécu au temps des parents et des grands-parents (CP-CE1). Ils ont ensuite identifié ceux du temps long constitué d'évènements partagés (CE2), caractérisant la périodisation académique de l'histoire (préhistoire, antiquité, Moyen Âge, époque moderne, époque contemporaine).

Ce premier thème du **cycle 3** poursuit la construction du temps long tout en permettant aux élèves d'entrer dans le questionnement historique : quand ? quoi ? pourquoi ? comment le sait-on ?

Les repères et les méthodes construits au CM1 seront précieux en classe de 6e.

Au cycle 4, Charlemagne et le monde carolingien seront de nouveau abordés en classe de 5e.

1.2 Principaux objectifs didactiques

On cherchera de manière prioritaire à faire comprendre aux élèves que l'occupation de l'espace correspondant aujourd'hui au territoire français est ancienne et qu'il en reste des traces et des héritages.

Ce thème est particulièrement propice à un travail sur la construction de repères temporels et spatiaux et sur l'apprentissage du temps long.

Ce thème doit s'appuyer autant que faire se peut sur l'exploitation de documents produits par les sources archéologiques ou littéraires.

Il n'est pas question de donner aux élèves un récit détaillé de la longue histoire de l'humanité mais bien davantage de questionner des exemples de traces.

1.3 Compétence(s) à privilégier

Ce thème permet de travailler particulièrement les compétences « raisonner, justifier une démarche et des choix effectués », et « comprendre un document », puisqu'il s'agit de saisir la cohérence du projet républicain et de comprendre la portée des symboles républicains. La compétence « pratiquer différents langages en histoire et en géographie » sera également précieuse pour ce qui concerne l'expression orale, le troisième sous-thème appelant tout spécialement une expression forte des élèves.

2 Combattre les idées reçues

2.1 Les dinosaures sont-ils des animaux préhistoriques ?

Non. Les dinosaures et les premiers grands mammifères apparaissent avant la préhistoire, au Trias, il y a 200 millions d'années et disparaissent au Jurassique, il y a environ 65 millions d'années. La préhistoire débute avec l'apparition de l'homme (il y a 7 millions d'années) et se termine avec les premiers documents écrits (3 000 ans av. J.-C.).

2.2 L'Homme descend-il du singe ?

Ce sont les détracteurs de Charles Darwin qui lui prête la théorie selon laquelle l'homme descendrait du singe. Dans *L'Origine des espèces*, paru en 1859, le naturaliste anglais affirme que l'homme et le singe ont des origines communes. Il n'existe pas d'ancêtre de l'humanité ni d'évolution linéaire. Les paléontologues parlent aujourd'hui d'évolution buissonnante. Lucy, découverte en 1973 par Yves Copens, ou Toumaï découvert 2001 par Michel Brunet, font partie de différents groupes d'hominidés. De la même manière, l'homo sapiens n'est pas le descendant de l'homo erectus mais une évolution parallèle qui aurait pris le pas sur ce dernier.

2.3 Les dolmens sont-ils gaulois ?

Non. Il s'agit ici d'une légende que l'on doit, entre autres, à Théophile-Malo de la Tour d'Auvergne, militaire et pseudo-historien de la Bretagne. En 1976, il publie *Les Origines gauloises* dans lequel il déclare à propos des dolmens : « C'est sur de tels autels, où l'art ne disputait presque rien à la nature, que les Gaulois, au rapport de Diodore de Sicile, juraient leurs traités, et que les druides, leurs prêtres, sacrifiaient à la divinité, choisissant le plus souvent des hommes pour victimes ». Il faut attendre les années 1950 et 1970 pour que les datations au carbone 14 des ossements retrouvés sous des dolmens pour pouvoir affirmer que le mégalithisme a commencé en Bretagne et dans le centre-ouest de la France vers 4 500 av. J.-C. et semble disparaître vers 1 200 avant J.-C.

2.4 La romanisation a-t-elle existé ?

Oui, si on veut. Le concept de romanisation fait l'objet de débats entre historiens. Pierre Le Roux, dans un article des *Annales ESC* de 2004, remet en cause cette « soumission d'une société et d'un territoire conquis aux formes d'organisation voulues par Rome ». En effet, cette soumission ne touche véritablement que les élites et suscite de nombreuses résistances à certains endroits. En outre, la culture gauloise reste très présente ce qui aboutit à la naissance d'une civilisation mixte gallo-romaine. Pour Christian Goudineau (2000), l'acculturation est cependant bien présente dans un monde romain caractérisé par son éclectisme et sa variété.

3 Ce qu'il faut savoir

3.1 La structuration chronologique de la préhistoire au Moyen Âge

Le thème 1 doit permettre aux élèves d'aborder trois périodes : la préhistoire, l'Antiquité et le Moyen Âge. La préhistoire peut être décomposée en deux grandes périodes : le paléolithique et le néolithique. La première période commence avec l'apparition de l'espèce Homme (il y a 7 millions d'années avec Toumaï) et se termine avec l'apparition de l'agriculture et de l'élevage (il y a environ 10 000 ans). La seconde, le néolithique, se caractérise par cinq éléments interdépendants : le polissage de la pierre, l'agriculture, l'élevage la sédentarisation et la céramique. Les préhistoriens parlent de « révolution néolithique ». Cette seconde période préhistorique prend fin avec l'apparition de l'écriture, vers 3 000 av. J.-C. Commence alors la période de l'Antiquité. En France, cette période commence vers –600, au moment où la civilisation phocéenne, maîtrisant l'écrit, installe une colonie à Massalia, les Gaulois ne possédant pas l'écriture. L'Antiquité s'achève avec la chute de l'Empire romain vers 476 et l'abdication du dernier empereur romain d'Occident, Romulus Augustus au profit d'Odoacre, chef des Hérules, peuple germanique. La chute de l'Empire romain d'Occident signe le début du Moyen Âge. Ce découpage des périodes historiques semble marqué par des coupures franches cependant il n'en est rien. Cette périodisation est l'héritage des archivistes des Archives Nationales qui, en 1801, fixent le découpage en quatre périodes et leurs limites de manière canonique. Ce découpage est dès le milieu du XIXe siècle remis en question par les historiens.

3.2 Qui sont les Gaulois ?

Les Gaulois (*Galli*, en latin) sont des Celtes (*keltoi*, en grec), peuples migrants indo-européens. Venus d'Allemagne au IIe millénaire av. J.-C., ils s'installent en Europe centrale et occidentale vers –750 (période de Hallstatt) et dans toute la France vers –450 (période de La Tène). En Gaule, ils forment un ensemble de près de 80 peuples indépendants, partageant la même culture (religion, mode de vie) mais souvent rivaux.

3.3 Qui sont les Francs ?

Les Francs, comme les Alamans, sont une ligue de peuples germaniques (les Chamaves, les Chattuaires, les Bructères, les Saliens etc.) formées au début du IIIe siècle le long du Rhin, sous la pression d'autres peuples migrants à l'est et des frontières de l'Empire romain à l'ouest. Ce sont avant tout des guerriers qui élisent un chef de guerre. Vers 254, les Francs débutent leurs incursions sur le sol romain. Ils envahissent d'abord la baie de Somme, le Cotentin, le Morbihan. Jusqu'au IVe siècle, les incursions franques sont systématiquement repoussées par les Romains.

3.4 Qui est Clovis ?

On ne sait à peu près rien de Clovis si ce n'est quelques épisodes de sa vie qui nous sont parvenus par des sources postérieures (Grégoire de Tours, au VIe siècle), porteuses d'une très forte charge symbolique. Né vers 466, fils de Childéric Ier, roi des Francs saliens de Tournai, il succède à son père vers 480. Il parvient à s'imposer comme le plus puissant des rois francs, annexant le royaume wisigoth, alaman. Il absorbe ainsi les autres chefferies franques dans un seul royaume qui recouvre la quasi-totalité des Gaules. C'est avec son baptême, en 496 ou en 505, que le roi franc entre dans la mémoire collective. Après sa victoire contre les Alamans, il se convertit avec 3 000 de ses guerriers. Grégoire de Tours décrit l'événement un siècle plus tard et fait de ce baptême un symbole qui transforme un groupe de barbares en un royaume chrétien.

3.5 Qui est Charlemagne ?

Charles le Grand est couronné roi des Francs en 768, après la mort de son père Pépin le Bref. Sa vie nous est connue par quelques hagiographes qui s'occupent de sa propagande : Éginhard, Alcuin d'York, Notker le Bègue, moine de Saint-Gall. Roi guerrier, il agrandit le royaume franc par une série de campagnes militaires contre les Saxons, les Lombards, les musulmans. Le 25 décembre 800, il se fait couronner empereur d'Occident des mains du pape Léon III dont il est le protecteur. Il organise l'empire en mettant en place une administration centralisée depuis Aix-la-Chapelle. Pour former les administrateurs, il promulgue en 789 un texte qui exige la fondation d'écoles et de centres de correction des textes sacrés dans chaque monastère et chaque évêché. Au XIVe siècle, une tradition intègre Charlemagne aux Neuf Preux, les héros de l'idéal chevaleresque (Hector, Alexandre, César, Josué, David, Judas Maccabée, Arthur, Charlemagne et Godefroi de Bouillon).

Quelques repères chronologiques	Quelques mots de vocabulaire
• Arrivée des Celtes en Gaule : -1 200 av. J.-C. • Bataille d'Alésia : 52 av. J.-C. • Baptême de Clovis : 496 • Couronnement de Charlemagne : 800	• Nomade • Sédentaire • Monothéisme/polythéisme • Religion

Histoire

4 Ce qu'il faut comprendre

4.1 Comment on écrit l'histoire

Ce premier thème du programme d'histoire du cycle 3 est l'occasion de montrer aux élèves comment s'opère l'écriture historique. Il doit leur permettre de distinguer la science historique (affaire de connaissances) des légendes et mythes (affaire de croyances). Pour s'écrire, l'histoire a besoin de sources croisées, d'interprétations (hypothèses). Les sources sont ainsi très variées : elles sont archéologiques, textuelles, iconographiques et architecturales. Les connaissances historiques sont toujours soumises à de nouvelles trouvailles, de nouvelles sources ou de nouvelles interprétations.

4.2 Comment les peuples préhistoriques se sont sédentarisés

Les archéologues sont aujourd'hui d'accord pour dire qu'il existe un lien entre sédentarisation et naissance de l'agriculture sans pouvoir affirmer toutefois quel est entre les deux événements celui qui détermine l'autre. Ils observent qu'entre –12 000 et –7 500, de petites communautés humaines commencent à se grouper dans des villages permanents. Elles y développent l'agriculture et l'élevage en complément de la chasse et de la cueillette. Elles développent les arts du feu (poterie et métallurgie). Les historiens parlent de « révolution néolithique » : les hommes passant du statut de prédateurs nomades à celui de producteurs sédentaires.

4.3 Ce qu'est une civilisation

Dans ce premier thème, les élèves vont découvrir au moins trois civilisations (les Gaulois, les Romains, les Francs…). Depuis les années 2000, les scientifiques (historiens, anthropologues…) préfèrent parler de **culture** plutôt que de **civilisation**, terme galvaudé dans les années où la colonisation tendait à imposer la civilisation colonisatrice comme seule civilisation possible. Pour les anthropologues, une civilisation est l'ensemble des traits qui caractérisent une société donnée. Elle possède 5 critères primaires : sédentarisation, spécialisation du travail, concentration d'un surplus de production, hiérarchisation de la société et organisation politique. De manière secondaire, une civilisation se caractérise également par des aménagements publics monumentaux, des réalisations artistiques, une écriture, une langue, des connaissances scientifiques.

4.4 Comment s'est développé le sentiment religieux

Au Paléolithique, l'Homme se perçoit comme immergé dans la nature dont il n'est qu'un simple élément au même titre que les animaux, le ciel ou les végétaux. Au Néolithique, alors que l'Homme affirme sa domestication de la nature, il s'en détache progressivement : il ne semble plus se considérer comme une simple composante mais une entité distincte qui interagit avec elle. De ce l'on perçoit de la religion néolithique c'est qu'elle célèbre les valeurs de la fécondité et de la force. Ainsi, les nombreuses figurines féminines renvoient à un symbole de la fertilité. La figure du bovin, également très présente, renvoie quant à elle à la force et à la domestication.

4.5 Les apports de la culture gauloise

Les Gaulois sont plutôt des ruraux. Ils combinent élevage, culture des céréales et des légumes. Ils ont recours à des techniques souvent plus avancées que celles des Romains, inventant la charrue, la moissonneuse rudimentaire, la faux et la meule rotative. Ils stockent du foin et peuvent ainsi garder leur bétail en hiver. Les Celtes sont des experts dans l'architecture du bois. Leurs connaissances connaîtront des résurgences durant le haut Moyen Âge où l'on trouve des villages entiers de maisons bâties sur des poteaux plantés.

4.6 Les apports de la culture grecque

Les premiers contacts entre Celtes et Grecs remontent à -600. Sur les terres d'une tribu celto-ligure s'installent des Grecs venus de la cité de Phocée en Asie Mineure : c'est la fondation de Massalia. De ce port de commerce partent des colons phocéens pour fonder de nouvelles colonies comme Agde.

4.7 Les apports de la culture romaine

Pendant 460 ans, les Romains imposent en Gaule de nouvelles structures politiques et administratives. Ils redessinent les paysages parcourus par de grandes routes et parsemées de *villas* (grands domaines agricoles). La moitié des préfectures françaises actuelles sont des villes fondées par les Romains. On y retrouve les traces de nombreux monuments (arènes, théâtres, thermes). La langue française est en grande partie une langue d'origine latine. Les élites gauloises s'appliquent à imiter leurs vainqueurs. Certains spécialistes peuvent parler pour elles de romanisation de la culture gauloise.

4.8 Les apports des peuples dits « barbares »

En décembre 406, les Vandales, les Suèves et les Alains franchissent le Rhin et mènent des raids en Gaule, ravageant tout sur leur passage. « La Gaule tout entière a brûlé comme une torche », écrit Sidoine Apollinaire au ve siècle. Les Burgondes, les Alamans et les Francs les suivent quelques années plus tard. L'héritage des invasions barbares est difficile à estimer dans la mesure où les barbares vivaient déjà selon les normes de l'empire romain. Les invasions n'ont pas été une véritable collision entre deux mondes radicalement différents. Il faut davantage voir cet événement comme une fusion de populations qui partageaient déjà beaucoup. La présence barbare se retrouve dans l'onomastique (étymologie des prénoms et noms comme Robert, Thierry...), dans la toponymie (étymologie des noms de lieux).

Deux exemples de **mise en œuvre**

Étudier les traces du passé à partir de trouvailles archéologiques

L'exemple de Pincevent – Le site préhistorique de Pincevent se trouve sur la commune de La Grande-Paroisse en Seine-et-Marne. Une grande partie des fouilles a été conduite par l'équipe d'André Leroi-Gourhan entre 1964 et 1985. Le site de Pincevent a été occupé il y a environ 12 300 ans, à plusieurs reprises, par des hommes du Magdalénien (dernière phase du Paléolithique supérieur, entre 17 000 et 12 000 ans avant notre ère).

L'exercice présenté ci-dessous est un exercice qui s'inscrit dans une **démarche inductive**. L'enseignant place les élèves dans la situation d'un archéologue à qui on aurait fourni les rapports de fouilles pour les interpréter. L'objectif de l'exercice est que les élèves, en répondant aux questions et en recherchant dans le document fourni, puissent caractériser le mode de vie des habitants de Pincevent, pris comme un exemple d'habitants du Paléolithique.

Il appartiendra à l'enseignant, lors d'une phase de **mutualisation** et d'**institutionnalisation**, d'apporter le nom de cette période de la préhistoire (Paléolithique) et sa datation (il y a 12 000 ans).

Document 1 Relevé du chantier de fouilles de Pincevent

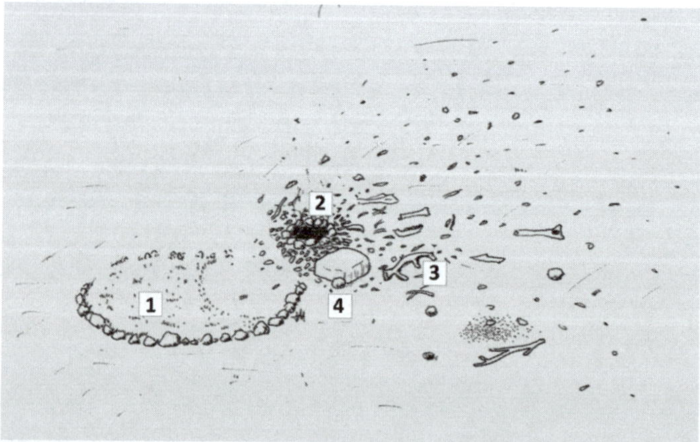

1. Traces de fourure
2. Traces d'un foyer
3. Débris d'os de rennes
4. Polissoir et percuteur en pierre

À partir du premier document fourni aux élèves, l'élève est placé en situation de recherche. Les questions posées par l'enseignant l'amènent à trouver la nature du document, à repérer certains détails et prélever certaines informations qu'il devra interpréter : Quelle est la nature du document ? Coloriez la surface de l'habitation et le foyer. Quels étaient les animaux chassés par les chasseurs de Pincevent ? D'après votre réponse, quel était le climat à Pincevent il y a 12 300 ans ? D'après-vous quel était le mode de vie des chasseurs de Pincevent ? Justifiez votre réponse.

Étudier un événement historique : le baptême de Clovis

Croiser des sources iconographique et textuelle : Extrait de l'*Histoire des Francs* de Grégoire de Tours et plaque d'ivoire exposée au musée de Picardie à Amiens.

Grégoire de Tours, ou plus exactement Georges Florent Grégoire, est né à Clermont ou à Riom en 538 dans une famille aristocratique arverne. Il devient évêque de Tours en 573, ville dans laquelle il meurt en 594. Dans les dix livres de son *Histoire des Francs*, écrite entre 574 et sa mort, il met l'accent sur les bienfaits de la conversion des Francs et notamment sur celle de Clovis. Cette œuvre fait de Grégoire de Tours le père d'une « histoire nationale » des Francs. La description du baptême de Clovis intervient au Livre 2 qui s'étend de la mort de saint Martin à celle de Clovis.

Document 1 **Baptême de Clovis (Grégoire de Tours, *Histoire des Francs*)**

« XXXI. Alors la reine fait venir en cachette saint Rémi, évêque de la ville de Reims, le priant de faire croître chez le roi « la parole du salut ». Le pontife l'ayant fait venir en secret, commence à faire naître en lui qu'il devait croire au vrai Dieu, créateur du ciel et de la terre et abandonner les idoles, qui ne peuvent être utiles ni à lui, ni aux autres. Mais ce dernier dit : "Je t'ai écouté volontiers, très saint Père, toutefois, il reste une chose ; c'est que le peuple qui me suit ne veut pas délaisser ses dieux ; mais je vais l'entretenir conformément à ta parole". Il se rendit donc au milieu des siens, et, avant même qu'il eût pris la parole, la puissance de Dieu l'ayant devancé, tout le peuple s'écria en même temps : "Les dieux mortels nous les rejetons, pieux roi, et c'est Dieu immortel que prêche Rémi que nous sommes prêts à suivre". Ces nouvelles sont portées au prélat qui, rempli d'une grande joie, fit préparer la piscine. Les rues sont ombragées de tentures de couleur, les églises ornées de courtines blanches ; le baptistère apprêté, des parfums sont répandus, des cierges odoriférants brillent ; tout le temple du baptistère est imprégné d'une odeur divine et Dieu y comble les assistants d'une telle grâce qu'ils se croient transportés au milieu des parfums du paradis. Ce fut le roi, qui, le premier, demanda à être baptisé par le pontife. Il s'avance, nouveau Constantin, vers la piscine, pour effacer la maladie d'une vielle lèpre et pour effacer avec une eau fraîche les sordides taches anciennement acquises. Lorsqu'il fut entré pour le baptême, le saint de Dieu l'interpella d'une voix éloquente en ces termes : "Dépose humblement tes colliers, ô Sicambre, adore ce que tu as brûlé, brûle ce que tu as adoré". […] Ainsi donc, le roi, ayant confessé le Dieu tout-puissant dans sa Trinité, fut baptisé au nom du Père et du Fils et du Saint-Esprit et oint du saint chrême avec le signe de la croix du Christ. Plus de trois mille hommes de son armée furent également baptisés. »

Cette plaque de reliure en ivoire a été réalisée à Reims dans le premier quart du IXe siècle. Elle servait vraisemblablement à orner la reliure d'un manuscrit rémois relatif à la vie de saint Rémi. Elle est conservée, aujourd'hui, au musée de Picardie à Reims. Elle représente Clovis dans les fonts baptismaux, baptisé par Rémi, évêque de Reims. On y reconnaît, de gauche à droite : Clothilde, l'épouse de Clovis, un moine, Clovis dans la cuve baptismale surmontée par une colombe apportant la Sainte Ampoule et Rémi. Cette scène est la dernière bande d'un triptyque relatant des épisodes de la vie de saint Rémi. La scène fait allusion au miracle de la Sainte Ampoule qui serait apparue lors du baptême, portée par une colombe. Cet épisode n'est pas mentionné chez Grégoire de Tours car la légende est née chez Hincmar, évêque de Reims au début du IXe siècle.

Document 1 **Baptême de Clovis (Plaque d'ivoire du IXe siècle)**

Étape 1

Étude du document 1, le texte de Grégoire de Tours a été adapté pour des élèves de CM1. Cette adaptation n'excède pas 6 lignes et coupe de nombreuses fois le texte original afin de conduire les élèves aux informations essentielles que l'enseignant a choisies de souligner. La référence du texte est précisée en dessous de l'adaptation et une première série de questions portera sur le repérage de la source afin de faire prendre conscience aux élèves que tout document est sourcé.

Dans cette adaptation, on veut montrer aux élèves l'écriture d'un fait historique qui devient événement à visée symbolique. Il faut faire découvrir aux élèves qui parle (un membre de l'Église) et quand (près de 70 ans après les faits). Les interroger sur la possible remise en cause de ce qui est écrit et sur ce qui fait symbole.

> « Ce fut le roi, qui, le premier, demanda à être baptisé par l'évêque saint Rémi de Reims. Il s'avance vers la piscine. Lorsqu'il fut entré pour le baptême, le saint de Dieu l'interpella d'une voix éloquente en ces termes : « Dépose humblement tes colliers, adore ce que tu as brûlé, brûle ce que tu as adoré ». Ainsi donc, le roi fut baptisé et oint du saint chrême avec le signe de la croix du Christ. Plus de trois mille hommes de son armée furent également baptisés. »
>
> D'après Grégoire de Tours, *Histoire des Francs*, VIe siècle après J.-C.

Quelle est la nature du texte ? Qui en est l'auteur et quand l'a-t-il écrit ? Quelle scène est décrite dans cet extrait ? Comment expliquer la phrase soulignée ? Quelle conséquence a cette scène sur l'ensemble du peuple franc ?

Étape 2

Comparaison du contenu du texte avec la plaque en ivoire réalisée au IXe siècle, soit près de trois siècles après les faits. Faire remarquer la présence d'une colombe et de la Sainte Ampoule. Qu'est-ce que cet élément ajoute à la scène du baptême ? Repérer sur l'image les différents protagonistes du texte. Qui est la femme à gauche de l'image ?

Un exemple de **séquence pédagogique** dans une classe

Le thème 1 du programme de CM1 peut être traité en deux séquences (chacune sur une période). Dans cet exemple nous avons décidé de présenter une seule séquence portant sur les premières traces humaines de la préhistoire aux Grandes Invasions.

séance	Titre	connaissances	capacités/attitudes
1	**Des premières traces de chasseurs à Pincevent**	Les traces de feu, de campement, les fragments d'os et de silex retrouvés à Pincevent permettent de dire que les hommes qui vivaient là il y a 12 000 ans, au Paléolithique, étaient des chasseurs-cueilleurs nomades.	• Analyse de croquis. • Observation. • Interprétation.
2	**Des premières traces d'agriculteurs**	Des populations venues du centre de l'Europe ont occupé le site du lac de Chalain (Jura) au Néolithique, il y a 8 000 ans. Ils étaient sédentaires et vivaient de l'agriculture.	• Analyse de croquis. • Observation. • Interprétation.
3	**Les Turons des ancêtres gaulois**	Les Turons étaient un peuple de Gaulois vivant sur le territoire de la Touraine il y a 1 200 ans. Ils vivaient de l'élevage et de l'agriculture. Ils ont construit plusieurs oppida le long de la Loire pour se protéger des attaques romaines et gauloises.	• Analyse d'images. • Analyse de carte. • Observation.

séance	Titre	connaissances	capacités/attitudes
4	**Les Romains sont dans la plaine**	Après la défaite des Gaulois conduits par Vercingétorix à Alésia en -52, les Romains prennent possession de la Gaule. Ils construisent des cités où ils implantent le mode de vie romain : théâtre, amphithéâtre, thermes…	• Analyse d'images. • Analyse de vidéo. • Observation.
5	**Les traces des grandes invasions en Touraine**	À partir d'une image de remparts construits pour contrer « grandes invasions » ainsi que d'un texte présentant cette grande migration du IIIe-IVe siècles, les élèves découvrent ce vaste courant migratoire qui a mis fin à l'Empire romain et qui a installé en Gaule une nouvelle société de guerriers.	• Analyse d'images. • Analyse de texte. • Observation.

89

9 Le temps des rois

Plan du chapitre

1 Ce que dit le programme

Repères annuels de programmation	Démarches et contenus d'enseignement
Louis IX, le « roi chrétien » au XIIIe siècle François Ier, un protecteur des Arts et des Lettres à la Renaissance Henri IV et l'édit de Nantes Louis XIV, le roi Soleil à Versailles	Comme l'objectif du cycle 3 est de construire quelques premiers grands repères de l'histoire de France, l'étude de la monarchie capétienne se concentre sur **le pouvoir royal, ses permanences** et sur **la construction territoriale du royaume de France**, y compris via des jeux d'alliance, dont la mention permet de présenter aux élèves **quelques figures féminines importantes** : Aliénor d'Aquitaine, Anne de Bretagne, Catherine de Médicis. Les élèves découvrent ainsi **des éléments essentiels de la société féodale** et du patrimoine français et sont amenés à s'interroger sur les liens du Royaume de France avec d'autres acteurs et d'autres espaces. On inscrit dans le déroulé de ce thème **une présentation de la formation du premier empire colonial** français, porté par le pouvoir royal, et dont le peuplement repose notamment sur le déplacement d'Africains réduits en esclavage. Les figures royales étudiées permettent de présenter aux élèves **quelques traits majeurs de l'histoire politique**, mais aussi des **questions économiques et sociales et celles liées aux violences** telles que les croisades, les guerres de religion et le régicide.

1.1 Comment enseigner le thème « Le temps de rois » en classe de CM1[1] ?

- Une notion centrale : la construction de l'État royal et du territoire national.
- Quatre figures royales comme repères incontournables.
- Une histoire politique et religieuse.

1. Source : ressources d'accompagnement EDUSCOL des nouveaux programmes de cycle 3

→ À articuler autour d'une problématique générale : **Comment les rois ont-ils façonné le royaume de France ?**

1.2 Place du thème dans la scolarité

Les programmes des classes **de CM1 et CM2** construisent des repères temporels de la préhistoire à aujourd'hui, qui invitent à situer les faits dans une période donnée, en donnant les moyens intellectuels et visuels de la reconnaître et de la situer par rapport à d'autres. « Le temps des rois » est la deuxième étape dans l'élaboration des repères historiques que le cycle 3 entreprend d'aborder dans la longue durée.

Au **cycle 4**, les élèves aborderont « l'affirmation de l'État monarchique dans le Royaume des Capétiens et des Valois » dans le thème 2 de la classe de 5e : « Société, Église et pouvoir politique dans l'Occident féodal (XIe-XVIe siècles) » ; Ils retrouveront trois des souverains envisagés « Du Prince de la Renaissance au roi absolu (François Ier, Henri IV, Louis XIV) » dans le thème 3 de cette classe de 5e, intitulé « Transformations de l'Europe et ouverture sur le monde aux XVIe et XVIIe siècles ».

1.3 Principaux objectifs

On cherchera de manière prioritaire à faire COMPRENDRE à l'élève :

- Ce qu'est une monarchie.
- Comment la France a évolué durant la période monarchique.

1.4 Compétence(s) à privilégier

Si toutes les compétences peuvent être mobilisées au cours de la séquence en fonction des objectifs d'apprentissage définis par le professeur, le thème invite à travailler plus particulièrement certaines d'entre elles, à ce moment du parcours des élèves. On se concentrera ainsi sur certains items constitutifs des compétences : « se repérer dans le temps et dans l'espace », « comprendre un document », « pratiquer différents langages ».

1.5 Mise en œuvre du thème dans la classe

On pourra donner une idée de l'évolution du territoire français en montrant des cartes du royaume aux époques des différents souverains : ses limites évoluent, mais aussi sa structure. Le domaine royal, dont le roi est le seigneur, apparaît ainsi accru avec chacun des quatre souverains. À partir d'Henri IV, il s'identifie au royaume de France.

Cette présentation peut être faite au préalable, en situant ces rois sur un axe chronologique, ou au fur et à mesure de la présentation de chacun d'entre eux.

a. Louis IX, le « roi chrétien » au XIIIe siècle

Une représentation du sacre de Louis IX et une présentation de la Sainte-Chapelle peuvent donner une idée du **lien entre la royauté et le catholicisme au XIIIe siècle**.

Les **croisades** pourront être abordées à partir d'une représentation du siège de Damiette.

La question de la justice est centrale pour comprendre à la fois le rôle du pouvoir royal et son rapport avec la noblesse. À partir de l'étude d'un épisode de confrontation entre roi et seigneurs autour de la question de la justice, les élèves pourront à la fois découvrir les enjeux de pouvoir et de contrôle du territoire et l'organisation de la société marquée par des inégalités juridiques. Le procès d'Enguerrand de Coucy est l'un des épisodes les plus connus du règne de Louis IX. Ce comte de Soissons fut condamné à une très forte amende, à accomplir un pèlerinage et à construire trois chapelles expiatoires pour avoir pendu sans procès trois jeunes nobles qui chassaient sur ses terres. Cet épisode pourra être traité à partir d'une enluminure tirée de *Vie et miracles de Saint-Louis* et d'un texte adapté de la *chronique de Guillaume de Nangis.*

b. François Ier, un protecteur des Arts et des Lettres à la Renaissance

Le château de Fontainebleau et les châteaux de la Loire – en particulier le château de Chambord – permettent de saisir l'importance des constructions royales, leurs nouveaux usages et de mettre en contact roi, artistes et humanistes, à travers la figure de Léonard de Vinci par exemple. Présenter un de ces châteaux permet de faire saisir le **rapport entre le pouvoir royal et les arts**, ainsi que l'itinérance de la cour. La conception du château de Chambord, avec son double escalier, doit beaucoup aux idées architecturales de Léonard de Vinci, qui a séjourné à Amboise à partir de 1519. Pouvant être ré-évoquée au cycle 4, la rencontre entre le penseur-artiste et le souverain permet une double présentation de la Renaissance et des nouvelles ambitions du pouvoir royal.

c. Henri IV et l'édit de Nantes

Le programme d'EMC du cycle 3 recommande d'aborder le thème de la tolérance, dans la rubrique « respecter autrui et accepter les différences », en lien avec le programme d'histoire. L'étude de l'édit de Nantes, « édit de tolérance », rentre dans cette perspective, en permettant de faire comprendre que cette **tolérance a été imposée par le pouvoir royal pour mettre fin à un conflit sanglant**. Il s'agit aussi, à partir d'une discussion en classe sur les dispositions de l'édit et d'une évocation de son devenir, de montrer que nous ne sommes venus que très lentement à l'idée que nous avons aujourd'hui de la tolérance.

d. Louis XIV, le roi Soleil à Versailles

Le château de Versailles constitue une entrée privilégiée dans le sous-thème. On y célèbre la grandeur du roi, et la **vie de Cour** la met en spectacle tout en canalisant la noblesse française. Le site du château de Versailles offre de nombreuses ressources qui permettent d'en donner une vision précise et concrète. On peut partir de Versailles pour élargir ensuite le regard des élèves sur l'ensemble du **royaume**, sur **l'Europe** et sur **le premier empire colonial français**, ce qui permet d'aborder la question de la **traite et de l'esclavage**.

1.6 Principaux repères chronologiques à construire

- La fin du Moyen Âge et le début des temps modernes.
- La Renaissance.
- Les guerres de religion.

1.7 Quels sont les écueils à éviter ?

- Proposer un catalogue des biographies des quatre rois mentionnés dans les programmes ou des quatre périodes concernées par leur règne sans étudier les permanences et sans les mettre en relation.
- Perdre les élèves dans une trop longue liste de dates (règnes des rois, événements précis, construction de bâtiments…).

2 Combattre les idées reçues

2.1 « Monarchie absolue » et « absolutisme » sont-ils synonymes ?

« **Absolu** » : mot très ancien qui provient du latin, signifie « libre de tout lien, libre de toute sujétion humaine, ou encore délié des lois ». Ce mot a pris le sens d'« intégral », de « complet », de « catégorique ».

« **Absolutisme** » : mot du XIXe siècle créé pour résumer et stigmatiser le pouvoir d'un monarque solitaire ; il a souvent une connotation négative. L'absolutisme n'est ni un « despotisme » (bien que l'on parle parfois de « despotisme éclairé »), ni une tyrannie, ni même un « totalitarisme » avant l'heure (notion du XXe siècle et inconnue aux siècles précédents).

2.2 Quelles sont les véritables bornes chronologiques de la monarchie absolue ?

Les dates qui fixent des limites sont toujours discutables. Souvent il existe des accords plus ou moins unanimes, qui constituent des consensus à connaître. Les historiens font généralement commencer la monarchie absolue avec le règne de **François Ier** (1515-1547) autrement dit la période de la Renaissance, de l'Humanisme et de la Réforme protestante [Ne pas oublier que l'État monarchique s'est progressivement renforcé entre le XIIe siècle et la fin du Moyen Âge]. L'apogée de l'absolutisme correspond au règne personnel de **Louis XIV**. La monarchie absolue prend fin dans le courant du mois de juin 1789 à partir du moment où la souveraineté appartient à la Nation. **Louis XVI** a été le dernier monarque absolu.

2.3 Est-ce que la monarchie absolue est restée figée durant le XVIe, XVIIe et XVIIIe siècles ?

C'est sous **François Ier** et Henri II, dans la 1re moitié du XVIe siècle, que l'absolutisme s'affirme et se renforce en même temps que l'appareil de l'État (=administration). Dans la seconde moitié du XVIe siècle, guerres de religion et guerres civiles affaiblissent la monarchie et l'État. Henri III et plus encore Henri IV redressent la situation. **Henri IV** (1589-1610), à la fin de ce siècle tragique, restaure le pouvoir de la monarchie. Le renforcement se poursuit sous le règne de **Louis XIII** (1610-1643) malgré les révoltes populaires contre les impôts et la résistance des Grands nobles. C'est l'époque de **Richelieu** et de **Mazarin,** les deux principaux ministres du règne de Louis XIII et du début du règne de Louis XIV (1651-1715). Après la mort de Mazarin (1661), **Louis XIV** décida (il avait 22 ans) de gouverner seul par l'intermédiaire de ses ministres et d'une administration centralisée. L'absolutisme louis-quatorzien se résume dans la formule célèbre : « Un roi, Une loi, Une foi ». De 1715 à 1774, l'absolutisme entre dans une longue et profonde crise malgré les velléités autoritaires de quelques ministres de **Louis XV** (mort en 1774). Sous Louis XVI, les réformes de l'État monarchique échouent. De 1783 à 1789, la monarchie et le roi sont incapables de résoudre la profonde crise politique qui secoue le pays. Le roi et ses ministres décident de convoquer les Etats-Généraux pour tenter de sortir le pays de la crise.

2.4 Quel est le rôle du château de Versailles ?

Le château de Versailles, monument exceptionnel, est devenu la résidence officielle de Louis XIV et de la cour à partir de 1682. On peut voir dans ce palais :

Un manifeste et un miroir de la monarchie absolue ou encore un lieu de représentation du pouvoir et du monarque

Versailles est en effet un somptueux « livre » de pierre et d'images (par ex. dans la fameuse Galerie des Glaces), un produit du pouvoir. Ce palais se donne comme le microcosme du monde dont le souverain (le Roi-soleil) s'est voulu le maître et l'ordonnateur symbolique. Par les dimensions extérieures du palais et son architecture, par les jardins, Louis XIV recherchait avant toute chose un effet d'ensemble **spectaculaire** (frapper les esprits) que les artistes (architectes, peintres, sculpteurs) se sont appliqué à produire et qui firent de Versailles « une énorme entreprise à la gloire du roi ».

Un instrument politique de gouvernement et de la grandeur du prince

La Cour (4 000 à 5 000 nobles environ, cette aristocratie représente 2 à 3 % seulement de la noblesse française) vit à Versailles selon une stricte et rigide « étiquette » imposée par le Roi. Elle est à la fois un **outil politique de domination sociale, un instrument de discipline des aristocrates et une « mécanique** » réglée sur l'emploi du temps du roi.

La masse des courtisans se partage les multiples charges et services de la cour, sources d'honneur et de profit. Ainsi, ils deviennent les agents d'un véritable culte monarchique : la vue du roi, la faveur du roi et le désir du roi en sont les éléments fondamentaux. Ce système est également fondé sur la manipulation des courtisans à partir d'un jeu de jalousies, d'amour-propre, de devoirs réciproques, de compétition que le roi, seul gestionnaire des faveurs et des pensions, pouvait d'un geste, d'un silence, perturber voire supprimer.

Par ce système de cour, l'aristocratie était « tenue », autrement dit « domestiquée ». Mais cette domestication fut à la fois consentie et désirée par cette haute noblesse autrefois frondeuse. **En conclusion, Versailles fut donc bien un puissant instrument de pouvoir et de domination, un monument construit à la gloire du Roi et de l'État. C'est aujourd'hui un des monuments les plus visités en France.**

3 Ce que les élèves doivent savoir

- Des **dates** : la guerre de Cent Ans, l'édit de Nantes (1598).
- Du **vocabulaire** : fief, vassal, monarchie absolue.
- Des **personnages** : Louis IX, François Ier, Aliénor d'Aquitaine, Anne de Bretagne, Catherine de Médicis, Henri IV, Louis XIV.

4 Ce que les élèves doivent comprendre

4.1 Les caractéristiques de la monarchie absolue

C'est l'appellation traditionnelle d'un système politique dans lequel **l'affirmation du pouvoir royal** s'accompagne de la **construction de l'État** qu'il faut entendre comme « la fonction politique d'une société dont le rôle est de diriger et de réguler »[1]. **La souveraineté**, c'est-à-dire « la pleine puissance » indivisible, est concentrée entre les mains du roi et il l'exerce grâce à un **appareil administratif** qui s'étoffe et se complexifie. L'autorité qui réside dans sa personne est définie par **les pouvoirs** qu'il détient (commander, juger, dire la loi). Le royaume s'agrandit et la domination sur **le territoire** s'accroît. **Les sujets** doivent l'obéissance. **La société** est structurée **en ordres**, clergé, noblesse et tiers état ; aux trois fonctions médiévales héritées (« ceux qui prient, ceux qui combattent, ceux qui travaillent ») se sont articulées les relations fiscales établies avec la monarchie. Le principe des **privilèges** fait intrinsèquement partie de l'organisation sociale, il est associé à la notion de « libertés » : le roi est perçu comme le garant de cet ordre-là.

La monarchie absolue correspond aussi à **une période** d'environ trois siècles (XVIe-XVIIIe) marquée par la « **modernité** » qu'il faut entendre comme « un potentiel de mutations en rupture avec l'ordre féodal »[2]. « **Absolu** » a été utilisé par les contemporains et le terme est ainsi exempt de tout soupçon d'anachronisme. En référence au latin et au droit romain, il signifie que le roi est « délié des lois » c'est-à-dire qu'il est pleinement indépendant et que son pouvoir ne peut supporter dans sa sphère d'exercice aucune autre prétention d'autorité, menace que représentent toujours l'Empire et surtout la Papauté. La délégation immédiate du pouvoir – « Dieu établit les rois comme ses ministres et règne par eux sur les peuples » Bossuet – est le fondement de **la théorie du droit divin**. En revanche, le néologisme « **absolutisme** » appartient à la catégorie des concepts inventée après que la réalité qu'ils désignent eut disparu (1797).

Il peut cependant entraîner une confusion avec d'autres concepts du vocabulaire politique : tyrannie ou despotisme. **La monarchie absolue n'est pas un pouvoir sans bornes et sans limites**. Le roi a des devoirs, il doit rendre des comptes à Dieu et respecter les biens et les libertés (privilèges) de ses sujets. Il doit obéir à ses propres lois. Il est soumis aux « **lois fondamentales** » du royaume, non écrites et coutumières.

Si le roi est le seul maître, qu'en est-il de la réalité de son pouvoir et de ses pratiques ? En effet, les recherches récentes des historiens ont voulu comprendre le fonctionnement réel du pouvoir en interrogeant toutes les **sources** possibles et en rompant avec les récits convenus d'histoire politique. Finalement étudier la monarchie française à l'époque moderne renvoie aux enjeux historiques d'une période, fait réfléchir à la figure écrasante du **Roi Soleil** et conduit à s'interroger sur la manière dont la société acceptait ce pouvoir.

4.2 L'apogée de la monarchie absolue sous Louis XIV : 1661-1715

C'est le règne personnel de Louis XIV qui sert encore aujourd'hui de figure de proue à ce système de gouvernement qu'est la monarchie absolue. C'est à ce titre que les intitulés des programmes en vigueur du cycle 3 et du cycle central du collège insistent sur **la figure du Roi Soleil et sur Versailles**, haut-lieu et miroir de l'absolutisme. Le règne de Louis XIV, c'est aussi toute un ensemble de référents culturels qui appartiennent à la culture patrimoniale française : la devise impérieuse « *Nec pluribus impar* » (c'est-à-dire « supérieur au reste des hommes »), le symbole du soleil, la galerie des Glaces, les jardins à la française, le classicisme, la civilité de cour, le théâtre de Molière et de Racine, les discours de Bossuet, le « colbertisme », la « frontière de fer » conçue par Vauban, les guerres fréquentes victorieuses puis difficiles et épuisantes, la fameuse « **prépondérance française** ».

Louis XIV a mené une politique religieuse en conformité avec **la théorie du droit divin**. À l'égard des protestants, il pratique l'intolérance : après une période de brimades (les dragonnades), il **révoque l'édit de Nantes en 1685**. Son autorité dans le royaume est indissociable de l'unité de la foi. De même, il est particulièrement hostile aux **jansénistes** (catholiques qui ont des conceptions différentes de la doctrine officielle en ce qui concerne la Grâce) et finit par détruire Port-Royal, monastère de religieuses jansénistes. En 1682, La Déclaration des Quatre articles affiche sa **politique gallicane**, favorable à une Église de France indépendante. Il se considère donc comme le lieutenant de Dieu, responsable du salut de ses sujets, défenseur de l'unité de la foi et sauveur de la chrétienté

De même le protocole et le cérémonial de la cour de Louis XIV célèbrent sa fonction et sa personne. Le château est une pure exaltation du Roi Soleil. Son éclat en fait tout un symbole en Europe. Versailles devient la capitale puisque la Cour se sédentarise (1682) et qu'une partie des bâtiments est consacrée aux bureaux de l'État. Il réorganise son Conseil qui forme la structure de l'appareil d'État (les quatre grands Conseils, d'en Haut, des dépêches, des Finances et des Parties) et fait pleinement ce qu'il appelle son « métier de roi ». Dès **la mort de Mazarin** (9 mars 1661), il a manifesté sa volonté de ne plus prendre de premier ministre et de décider seul.

Le **réseau des intendants** se met en place dans toutes les généralités en 1689. Ce sont des commis qui disposent de missions étendues (justice, police, finances). Ils entretiennent une étroite correspondance avec les secrétaires d'État et avec le Contrôleur général des finances et renforcent partout l'autorité royale. Le « besoin de connaître » pour commander accompagne les ruptures philosophiques et scientifiques opérées par Descartes et Galilée. Le projet de cartographier le royaume aboutit aux **cartes de Cassini** présentées à Louis XV. Les grandes Ordonnances de **Colbert** dans le domaine économique fixent une réglementation stricte concernant par exemple la production des toiles, et s'accompagne de la création d'un corps d'inspecteurs dont la composition et le travail ont été récemment étudiés. La découverte de concertations préalables et la tâche conséquente dévolue aux agents de la monarchie nuancent un étatisme et une centralisation qui ont parfois été exaltés ou stigmatisés. Le « colbertisme » est en fait un **mercantilisme**.

De plus, la monarchie absolue est inscrite dans **la mémoire française**. Les enquêtes sur les héros de l'histoire de France montrent que le Roi Soleil fait toujours partie des tous premiers. Voltaire dans *Le Siècle de Louis XIV* (1751) a construit une vision hagiographique, le « Grand Siècle », le « Grand Roi » qui a été reprise jusqu'au XXe siècle. Elle s'est en quelque sorte engrammée dans « l'inconscient collectif » des Français par le biais de **l'histoire scolaire** de la IIIe République, et de son manuel phare, ***Le Petit Lavisse***.

Les recherches de la « nouvelle histoire » sur la conjoncture économique et sur les crises démographiques ont écorné l'image du Grand Siècle. A. Viala dénonce le mythe toujours vivant d'un Louis XIV et d'un Colbert protecteurs et inspirateurs des Arts : « redire la grandeur du **classicisme** c'est aussi, et pas toujours en pleine conscience d'ailleurs redire la grandeur de la France : il y a là un effet de patriotisme culturel. On n'en finit pas de rêver sur les splendeurs du Roi Soleil ». J. Cornette s'interroge sur l'objectivité des historiens du Grand Siècle : n'ont-ils pas été aveuglés et abusés par les ors de Versailles et par les représentations que le roi a voulu donner de lui-même et de la monarchie. En réponse à sa question : « est-il possible encore d'écrire sur Louis XIV ? », il répond : « nous savons trop sur Louis, un Louis omniprésent, **un "roi de gloire"** encombrant au point de parasiter toute écriture, toute réflexion neuve ou indépendante, transformant nombre d'historiens du règne en involontaires courtisans ». **La propagande royale** agit toujours, son analyse reste un défi stimulant. Une approche trop descriptive de la monarchie absolue renoue avec l'intemporalité du mythe qu'ont voulu construire Louis XIV et les Bourbons. Finalement oublier l'historicité de cette monarchie, c'est adhérer à son projet. Même les cérémonies royales ont été transformées.

L'Histoire est une passion française et c'est par elle, pour partie, que se fondent la mémoire et la **citoyenneté**. Le thème de la «Monarchie absolue» est un jalon de cet objectif : « en France, l'État a précédé et créé **la nation** ». Il sert aussi de perspective pour comprendre la rupture décisive de la Révolution, parfois au risque de perspectives téléologiques : le système politique de l'Ancien Régime n'est vu qu'à travers ce qui marque sa fin.

4.3 La société d'Ancien Régime face au pouvoir royal

Les **cahiers de doléances**, rédigés à l'occasion de la convocation des **États-Généraux** de 1789, constituent une enquête d'opinion à l'échelle du royaume. Ces derniers témoignent d'une dévotion monarchique. **L'analphabétisme** concerne cependant la majorité des habitants du royaume. Aussi, il est difficile de reconstituer leurs conceptions et leurs convictions. En fait, une véritable adhésion populaire a été générée par **des « expressions cérémonielles du pouvoir** » issues du Moyen Âge (sacre, funérailles, entrées royales dans les « bonnes villes »...), mais aussi par un corpus de croyances (roi guérisseur ou thaumaturge, roi justicier, père du peuple depuis Louis XII...) ou encore par un ensemble de symboles et d'insignes (couronne fermée, sceptre, main de justice, épée, anneau, manteau fleurdelisé ...). Après avoir été oint d'huile miraculeuse (la Sainte Ampoule) lors du

Histoire

sacre à Reims, il peut **guérir les écrouelles** (ganglions tuberculeux). Il répète ce rituel tout au long de son règne, lors des grandes fêtes religieuses, Pâques, Toussaint, Noël… Cette sorte de liturgie qui fondait la religion monarchique attirait des foules : elle était annoncée par les avis des officiers, les sermons des prêtres et la rumeur publique.

Des **révoltes paysannes** très fréquentes au XVIe et XVIIe siècles ont permis d'établir des invariants et des rythmes : les impôts et la conjoncture économique sont à l'origine de ces « émotions ». P. Goubert s'est livré à cet exercice qui consiste à repérer ce qu'est la monarchie absolue pour un « Français moyen » de l'époque. Il met en évidence le contrat tacite qui fait du roi le justicier suprême, le bon père de famille, l'ultime recours des malheureux. Ni le roi ni la monarchie ne sont fondamentalement contestés.

La **gloire du roi associée à celle de Dieu** connaît un apogée au XVIIe siècle. Cela mobilise la communauté municipale et l'essentiel des citadins. Alors que les grands voyages sont rares, la religion monarchique est inscrite dans l'horizon quotidien et constitue le levier principal de sa diffusion dans les « bonnes villes ».

Une nouvelle cérémonie, le **lit de justice,** apparaît au cours du règne de François Ier et rencontre un vif engouement. Il est utilisé comme moyen de gouvernement. Le roi, sa famille et son entourage s'imposent solennellement dans le parlement (au XIVe siècle le roi venait rendre la justice dans un lit d'apparat) pour obtenir l'obéissance. Le Parlement de Paris qui dispose du **droit de remontrances** est ainsi obligé d'enregistrer l'édit du roi puisque sa présence retire aux parlementaires le pouvoir de justice qui leur a été délégué. Mais l'impact de l'événement sur les élites évolue : acceptée et respectée car elle associe au prestige du pouvoir royal jusqu'au XVIIe siècle, elle est de plus en plus critiquée avec **les Lumières** car les conceptions théoriques du pouvoir changent.

Les **Grands du Royaume (nobles)** sont persuadés que leur fonction naturelle est le conseil du roi. Jusqu'en 1661, ils luttent pour maintenir leur présence et se révoltent régulièrement (La Fronde). Les *Mémoires* de Saint-Simon traduisent les frustrations accumulées sous le règne de Louis XIV : la beauté de ses textes ne doit pas faire oublier son point de vue. Si les révoltes nobiliaires disparaissent, c'est aussi que le système de prélèvement des impôts enrichit la grande noblesse (les revenus des princes de Condé avec le pouvoir royal sont multipliés par cent en trois décennies grâce à leur participation aux affaires royales), ce qui contredit le stéréotype d'une noblesse appauvrie, domestiquée et « réduite à l'obéissance ».

La **diversité régionale** est un frein à la monarchie absolue. En effet, **les provinces** qui ont été progressivement agrégées au royaume ont préservé leurs privilèges. La monarchie a toujours affirmé son respect des particularismes puisqu'elle s'est présentée et pensée comme un conservatoire des « libertés », des coutumes et des franchises. Mais les institutions régionales (les « États » pour les provinces périphériques) ont été vidées de leur contenu réel par les interventions répétées des intendants. L'**achat d'une charge** qui permet d'entrer dans la **noblesse de robe** est une consécration sociale. Les parlementaires et officiers du roi à la veille de la Révolution formulent pourtant les critiques les plus virulentes. Les contradictions de la monarchie absolue sont à l'œuvre tout en sonnant le glas de la fin de l'ancien Régime.

Un exemple de **mise en œuvre**

Le portrait de Louis XIV par H. Rigaud (1701)

Source : Wikimedia Commons.

Histoire

Il s'agit du portrait que **Hyacinthe Rigaud**[1], peintre officiel de la cour, fait de Louis XIV en 1701. Originaire de Perpignan, sa spécialité est de peindre d'après nature pour être le plus proche possible de la réalité. H. Rigaud en général s'occupe du visage. Ses collaborateurs du reste.

Le tableau : **un document-source** (conservé à Versailles) : huile sur toile de 2,77 mètres sur 1,94. Ce tableau, une toile de 2,77 m de haut, est une **commande du roi alors âgé de plus de soixante-dix ans**. Sa mère et son épouse sont originaires d'Espagne, et il veut l'envoyer à son petit-fils, Philippe V, qui vient de s'installer sur le trône d'Espagne. Mais ébloui par le travail du peintre, Louis XIV décide de garder le tableau à Paris, l'Espagne recevant une copie.

Description du portrait

Ce **portrait du roi** en costume d'apparat est **l'image que le roi veut donner de lui**, un **roi puissant**, dont **l'autorité s'enracine dans des symboles** comme la **fleur de lys** et le **manteau d'hermine**, et dont la légitimité est reconnue par **le sacre**. Ce tableau obéit à une géométrie rigoureuse. Le roi, au centre, porte le costume du sacre, un ample manteau en velours semé de fleurs de lys d'or et doublé d'hermine ; dessous, une culotte bouffante

1. Hyacinthe Rigaud (1659-1743) : né en 1659 dans le centre-ville de Perpignan où il passa son enfance, le jeune Rigaud eu très rapidement un don inné pour la peinture. Il partit faire quelques années d'études à Montpellier dans le but de parfaire ses quelques connaissances, puis monta sur Paris. Il acquit rapidement une réputation de portraitiste au sein de la haute bourgeoisie, ce qui l'amena tout naturellement à intégrer la cour du roi pour travailler dans son entourage. Les raisons de son succès furent qu'il sût comprendre les désirs de ses modèles, la mode étant aux grands tableaux décrivant des personnages expressifs avant tout. Sa notoriété allant croissant, il eu comme clients de nombreux ambassadeurs et autres personnes d'influence. Il atteint le sommet de son succès avec le portrait de Louis XIV en 1701 devenu célèbre par son panache.

rappelle l'ordre du Saint-Esprit, fondé par Henri III en 1578. Les attributs du pouvoir royal[1] sont représentés avec une grande fidélité, le roi ayant donné l'ordre de les confier au peintre à l'abbaye de Saint-Denis. La liberté de l'artiste se manifeste dans le décor fait d'étoffes et de rideaux somptueux qui occupent l'espace et accentuent la noblesse du personnage. Le portrait de Louis XIV en costume d'apparat pourrait illustrer ce propos de Saint-Simon qui ne l'aimait pas : « Il était né bon et juste, et Dieu lui avait donné assez pour être un bon roi, et peut-être même un assez grand roi ».

Analyse du tableau

Il s'agit d'une reproduction plus grande que nature (le roi mesure un peu plus de 2 mètres sur le tableau, en réalité 1 m 60). Le tableau fut accroché dans la chambre du roi, au premier étage du château de Versailles, puis dans la salle du Trône en 1702. Les courtisans ne devaient jamais tourner le dos au tableau (outrage équivalent à celui de tourner le dos au Roi lui-même…).

Ce **portrait à la gloire du roi** permet d'éclairer la notion sous **l'angle politique**, mais aussi **économique et social**.

Le peintre met en avant :

Le pouvoir absolu du roi à travers les attributs régaliens

Les symboles de la monarchie (les *regalia*) :

- **La fleur de lys** fondement féodal : roi, chef de la noblesse.
- **Le manteau bleu** semé de fleurs de lys d'or et doublé d'hermine mouchetée. La superposition sur la tunique et la dalmatique faisaient du roi l'équivalent d'un évêque. Roi de **droit divin.**
- **L'épée du sacre** (épée du roi chevalier, remise avec les éperons) ; le roi est protecteur de l'Église et du royaume ; « Joyeuse » : comporte des éléments du XIe et XIIe siècles, remaniés postérieurement.
- **Chevalier, chef des armées, protecteur. Noblesse.**
- **Le sceptre** (tenu à l'envers) : bâton de commandement, signe de puissance du roi. Celui-ci est surmonté d'une fleur de lys et est très court. Certains sceptres peuvent être plus long et terminés par l'effigie de Charlemagne. Lors du sacre le roi tient le sceptre dans la main droite et tient dans la main gauche la **main de justice**. Ici elle est posée à côté de la couronne. fondement romain : roi, juge suprême. Dit la loi.

Commandement, pouvoir politique

- **La couronne** : il s'agit ici d'une couronne fermée par des arches, sur le modèle de la couronne impériale, pour rappeler depuis la renaissance que le roi n'est pas inférieur à l'empereur. La couronne du sacre est différente : elle est ouverte et surmontée d'une coiffe conique rouge.
- **Puissance, protecteur de l'État.**
- **Les attributs du roi sont à l'abbaye de Saint-Denis.**

Le suzerain

- **Collier et plaque de l'ordre du Saint-Esprit** (croix avec une colombe) fondé par Henri III en 1578, pour ressouder la noblesse autour de son souverain. Fondement religieux : sacre, hérédité membres.

1. Couronne, sceptre, main de justice, manteau bleu azur à fleurs de lys d'or doublé d'hermine.

L'Absolutisme

À travers le luxe du décor à l'antique (draperies, marbres, colonnes), richesse des habits : **le roi représente l'État**. Impression que la puissance repose sur la prospérité économique de l'État.

L'aspect social de l'absolutisme

- **Le roi est au sommet de la hiérarchie**, il donne le ton à la noblesse qu'il dirige et domine : ses vêtements d'apparat sont les vêtements officiels à la cour. Les gestes du roi deviennent institutionnels. → **Élégance** et **raffinement du costume et de l'attitude**, art du paraître sont les missions de la noblesse, fleuron du royaume.
- Dans ce cadre officiel, H. Rigaud a donné une touche humaine, plutôt dramatique : l'attitude hautaine du roi impose le respect, l'attitude campée impose l'admiration devant un corps jeune. Cependant, le visage contraste avec la mise en scène : celui d'un vieillard de 70 ans (ridé, joues tombantes, double menton) **désacralisation de l'absolutisme** : ce roi qui se prend pour Dieu *nec pluribus impar* (« au-dessus de tous les hommes ») qui se surnomme « roi soleil » n'est qu'un homme.

Le roi et son temps : la vie à la cour ; le portrait d'apparat

- **Le roi premier gentilhomme du royaume initie les modes :** perruque, chaussure à boucle et hauts talons rouges ; bas de soie, culottes, jabots et poignets de dentelles.
- Pas d'artifice antiquisant comme dans les tableaux de jeunesse de Louis XIV le roi est représenté en **vêtements de Cour** : l'époque est perçue comme aussi prestigieuse que l'Antiquité. La gloire du roi est suffisante pour qu'il n'ait plus besoin d'être identifié à Alexandre, Apollon ou Jupiter.
- **Le roi danseur :** jambes fines et musclées (probablement celles d'un jeune modèle) ; roi passionné par les ballets ; n'hésitait pas dans sa jeunesse à se donner en spectacle. Pas en avant, main sur la hanche, le roi semble esquisser un pas de danse
- **La fin du règne :** visage vieilli (63 ans) ; le peintre est sans indulgence et ne cache pas les atteintes de l'âge : lèvres fermées (le roi était édenté), rides creusées, contour des yeux, contours empâtés. Portrait d'un roi vieillissant, au faîte de sa puissance ; autorité majesté
- **Le portrait d'apparat :** Né en 1659 à Perpignan, Rigaud se fixe à Paris en 1681 et devient le spécialiste du portrait. Il peint tous les grands personnages de la cour. Rendu des draperies, des froissés. Contrastes de la lumière. Fait vivre les heures de gloire de la Cour, son luxe, son opulence. Pensionné par Louis XIV, H. Rigaud est l'artiste officiel. (plus de 400 représentations de Louis XIV – encore existantes – ont été répertoriées).

L'utilisation du document dans cette perspective se fera associée à d'autres documents qui rendent compte de la vie à la Cour.

En bref… L'œuvre réalisée 47 ans après le sacre (1654) reprend les vêtements et ornements que le roi portait à 16 ans. Mais il manque des éléments : les éperons, les bottines, la tunique et la dalmatique (chasuble des diacres). Le roi n'est donc pas vraiment en costume de sacre et les symboles du pouvoir absolu représentés comme des accessoires ne sont pas au centre du tableau.

La composition du tableau démontre la liberté de l'artiste. Ce sont des décors fait d'étoffes et de rideaux somptueux. Louis XIV occupe l'espace, ce qui accentue la grandeur du personnage.

Quelles activités pédagogiques dans une classe de CM1 ?

Il s'agit ici, dans une classe de CM1, d'approfondir **le concept de pouvoir politique**, ici la monarchie absolue, au cœur de ce point du programme. **De comprendre en quoi peut-on dire que le règne de Louis XIV, constitue l'apogée de ce type de pouvoir politique, en mettant en avant à la fois les permanences et les évolutions, impulsées par ce roi.**

Quelles compétences dans l'École du socle ?

Connaissances	• Reconnaître la nature du pouvoir monarchique : un pouvoir absolu mais non sans limites. Pouvoir de droit divin mais qui implique le respect des « lois fondamentales », • Comprendre ce qu'est la monarchie absolue, portée à son paroxysme par Louis XIV, l'absolutisme avec la cour comme moyen de gouvernement et Versailles comme moyen de propagande.
Capacités	• Analyser et comprendre un document iconographique. Se familiariser à la lecture de documents iconographiques, et notamment l'étude d'un portrait officiel, celui de Louis XIV par H. Rigaud. • Intérêt de croiser documents iconographiques et textes. Ces documents sont des supports d'apprentissage et de mémorisation. Ils servent aussi à l'évaluation. • Écrire et pratiquer l'oral en classe d'histoire
Attitudes	• Coopérer, mutualiser les compétences de chacun : travailler en groupe, produire en groupe, travailler en commun pour faciliter les apprentissages individuels.
Liens interdisciplinaires	• « Lire, dire et écrire » en français. • Arts Visuels.
Vocabulaire	• Monarchie absolue. • Absolutisme.

Quelles activités réalisables en classe ?

Étudier une peinture d'histoire : le portrait officiel de Louis XIV par H. Rigaud avec d'autres représentations de monarques (ex : Saint-Louis)

Une étude à plusieurs niveaux peut être réalisée visant à définir **les caractéristiques du pouvoir monarchique**.

Décrire le personnage

- Dans quelle attitude le roi est-il représenté ?
- Identifie six symboles de la royauté représentés par le peintre sur la personne du Roi et sur le coussin situé à gauche du tableau.

Décrire le décor

- Relève les éléments du décor.
- Quels sont ceux en rapport avec la fonction royale ? À quoi servent les autres ?

Interpréter la composition du tableau

- Classe les symboles du pouvoir (religieux, politique, militaire).
- Que cherche à exprimer l'attitude du Roi ?

Pour cette activité, chaque élève dispose du doc. 1 croisé avec une reproduction du portrait de Saint-Louis rétroprojétée.

L'objectif est que les élèves opèrent des comparaisons, identifient les attributs, les nomment et les désignent : reconnaître un roi, un pouvoir absolu, l'absolutisme.

- Repérer les symboles du pouvoir monarchique et distinguer ceux qui indiquent le pouvoir politique, religieux ou militaire du roi.
- Repérer les éléments culturels qui traduisent l'absolutisme : décor, mise en scène, luxe, vêtements (mode) : un roi = l'État.

Prolongements possibles

Faire des recherches sur la Toile sur Colbert, son œuvre… ou le Canal du Midi construit par Paul Riquet… ou se rendre avec les élèves dans un musée pour observer des peintres classiques.

Étudier l'action d'un personnage politique Louis XIV

[documents utiles : le rôle des intendants, le palais de Versailles (doc. 6), la révocation de l'édit de Nantes et Louis XIV, monarque absolu (doc. 3)].

Consigne à destination des élèves : *Complète le tableau suivant en précisant les mesures et décisions de Louis XIV dans les différents domaines politiques indiqués.*

Domaine	Mesures et décisions de Louis XIV
Religieux	
Économique	
Administratif	
Militaire	
Culturel	

Histoire

Construire un schéma : le pouvoir sous Louis XIV

[ROI]

6 ministres
- **Le chancelier**
- **Le contrôleur**
- **Les 4 secrétaires celui des parties**

4 ministres
- **Le Conseil d'En Haut**
- **Le Conseil des finances**

Un intendant des dépêches, chargé de représenter la loi

Quels liens possibles avec d'autres disciplines enseignées à l'école élémentaire ?

Ce thème est susceptible de nombreux prolongements ž Visite ou étude de monuments, sans négliger les parcs et les jardins, mettant en scène le pouvoir royal de Louis XIV à Louis XVI (Versailles, bien sûr, accessible à partir de plusieurs livres ou cédéroms, mais aussi les portes royales, les places avec les statues équestres (Montpellier), les églises…).

Français

- **DIRE** : Raconter l'histoire du tableau, sa place dans le château (étude de Versailles dans deuxième leçon). Étude d'auteurs du XVIIe siècle (Molière, La Fontaine…). L'étude peut déboucher sur la mise en scène d'extraits, s'accompagner d'une sortie au théâtre ou la projection de films (*Molière* d'Ariane Mnouchkine) ou de pièces de théâtre filmées, de l'écoute d'œuvres de Lully par exemple.
- **LIRE** : un extrait du texte de Louis XIV, *Mémoire pour l'instruction au dauphin*. On lit le texte. On explique les mots. On souligne les mots qui correspondent à l'autorité. On met en relation avec le premier document : le tableau de Louis XIV par H. Rigaud.
- **ÉCRIRE** : Réaliser une fiche biographique sur Louis XIV. Ce travail peut être fait collectivement avec l'aide du maître puis individuellement. Cela permet à l'élève d'employer le vocabulaire spécifique de l'histoire (ex : « monarchie absolue ») et d'apprendre à rédiger un court paragraphe sur l'histoire d'un personnage significatif des Temps modernes.

Arts Visuels

Là, histoire et l'éducation artistique peuvent être mêlées notamment pour la lecture du portrait de H. Rigaud.

- Travailler la technique du tableau, la composition faite par Rigaud : les lignes de force pour souligner l'absolutisme
- C'est un tableau d'histoire mais aussi le témoignage d'une manière de peindre propre à cette époque → évoquer les portraits de rois et de princes réalisés par des peintres officiels à la demande des intéressés, ce qui démontre les liens entre le pouvoir et l'art.

Le réinvestissement de connaissances historiques, en particulier en EMC ou dans le domaine artistique est l'une des compétences communes que les élèves doivent être capables de mettre en œuvre au cycle 3.

10 Le temps de la Révolution et de l'Empire

Plan du chapitre

1 Ce que dit le programme

Repères annuels de programmation	Démarches et contenus d'enseignement
De l'année 1789 à l'exécution du roi : Louis XVI, la Révolution, la Nation. Napoléon Bonaparte, du général à l'Empereur, de la Révolution à l'Empire	La Révolution française marque une rupture fondamentale dans l'ordre monarchique établi et on présente bien Louis XVI comme le dernier roi de l'Ancien Régime. On apportera aux élèves quelques grandes explications des origines économiques, sociales, intellectuelles et politiques de la Révolution. Cette première approche de la période révolutionnaire doit permettre aux élèves de comprendre quelques éléments essentiels du changement et d'en repérer quelques étapes clés (année 1789, abolition de la royauté, proclamation de la première République et exécution du roi). Napoléon Bonaparte, général dans les armées républicaines, prend le pouvoir par la force et est proclamé empereur des Français en 1804, mais il conserve certains des acquis révolutionnaires.

1.1 Pourquoi enseigner le thème « Le temps de la Révolution et de l'Empire » en classe de CM1 ?[1]

- La Révolution est avant tout une rupture.
- Le temps de la Révolution et de l'Empire est étudié dans une continuité.

→ À articuler autour d'une problématique générale : **Comment la période révolutionnaire nous fit-elle entrer dans l'histoire contemporaine ?**

1. Source : ressources d'accompagnement EDUSCOL des nouveaux programmes de cycle 3, *BO* n° 31 du 30 juillet 2020.

1.2 Place du thème dans la scolarité

Le cycle 2 a permis aux élèves d'explorer l'irréversibilité du temps qui passe, les premiers repères personnels (du temps vécu au temps des parents et des grands-parents) ainsi que quelques grandes dates et évènements socialement partagés. Le 3e thème du CM1 s'inscrit dans la continuité de la périodisation historique qui fait passer d'une construction du temps long multiséculaire (« Avant la France » et « Le temps des rois ») à une échelle plus événementielle (le quart de siècle des temps révolutionnaires).

Les élèves retrouveront dans la **classe de CM2**, toujours en cycle 3, l'héritage de la Révolution française dans le thème 1, « Le temps de la République », en particulier dans le premier sous-thème, « 1892 : la République fête ses cent ans ».

Au cycle 4, les élèves retrouveront la Révolution et l'Empire avec le thème 1 de la classe de quatrième « Le XVIIIe siècle, expansions, Lumières et révolutions » ; le thème les replacera alors dans le cadre des mutations du XVIIIe siècle et de l'expansion européenne.

1.3 Principaux objectifs

On cherchera de manière prioritaire à faire COMPRENDRE à l'élève :

- Que la Révolution française constitue une rupture majeure,
- Que le temps de la Révolution et de l'Empire est une époque fondatrice qui ouvre la période contemporaine.

1.4 Compétence(s) à privilégier

Ce thème permet de travailler tout particulièrement la compétence « **comprendre un document** », puisque l'on va se pencher sur des moments fondateurs évoqués à partir de documents comme des œuvres picturales, et sur un texte fondamental, la **Déclaration des droits de l'homme et du citoyen**. Le travail sur des documents comme celui-ci permet en outre de développer les compétences « **raisonner, justifier une démarche et les choix effectués** », et la compétence « **coopérer et mutualiser** » puisque des travaux en commun peuvent être réalisés à cette occasion. Mise en œuvre du thème dans la classe :

Cette première approche pour les élèves du « temps de la Révolution et de l'Empire » doit fournir quelques grands repères, essentiellement des événements et des textes fondateurs (Déclaration des droits de l'homme et du citoyen, Code civil).

a. De l'année 1789 à l'exécution du Roi : Louis XVI, la Révolution, la Nation

L'année 1789, première étape-clef proposée par le programme, permet d'aborder beaucoup de points mettant en avant à la fois la **rupture avec l'Ancien Régime et l'énonciation de grands principes de l'univers politique contemporain**.

Des caricatures classiques montrant le tiers état portant sur son dos la noblesse et le clergé, puis la noblesse et le clergé portant sur leur dos le tiers état peuvent être utilisées pour montrer la manière dont les contemporains ont vécu le changement apporté par l'année 1789, et aborder avec les élèves la question des **causes sociales de la Révolution**.

La **réunion des États-Généraux** peut être abordée dans la perspective de la genèse de la Déclaration des droits de l'homme et du citoyen qui sera longuement étudiée. Le programme d'EMC du cycle 3 indique en effet comme exemple de pratique en classe « Réflexion et débats sur les articles 1, 4, 6, 9, 11 de la Déclaration des droits de l'homme et du citoyen de 1789 ». Ces débats préparés sont l'occasion de faire travailler les élèves en groupes.

L'étude d'une représentation de la prise de la Bastille (que l'on racontera) le 14 juillet 1789 et de la Fête de la Fédération du 14 juillet 1790, sur le Champ de Mars, permettra d'aborder la **nouvelle conception de la nation** qui surgit alors : des citoyens libres et égaux en droit qui s'associent volontairement, et de montrer l'origine de la fête nationale du 14 juillet. Elle permettra également de poser la question de la place du roi Louis XVI face à une nation qui affirme sa souveraineté.

L'étude de la tenue des gardes nationaux et celle de quelques gravures permettront de faire découvrir aux élèves les **symboles révolutionnaires** (cocarde tricolore par exemple) et de montrer qu'ils sont toujours présents dans la symbolique républicaine actuelle.

La figure de Louis XVI permet, par effet de contraste, d'aborder **le passage à la République**, fruit d'un divorce entre le roi et les révolutionnaires. Il s'agit ainsi de faire comprendre que c'est à propos du roi que les révolutionnaires ont commencé à se diviser massivement entre eux, ce qui est une particularité de la période que l'on qualifie de **Terreur.** L'exécution du roi peut faire comprendre la difficile naissance et la difficile existence de la **Première République**. Monarchie constitutionnelle ou République, l'enjeu peut être présenté simplement et correspondre à une des exigences du programme d'EMC, qui est la connaissance du « vocabulaire des institutions », ce qui sera approfondi avec le thème 1 de la classe de CM2, « le temps de la République ».

b. Le temps de la Révolution et de l'Empire

Napoléon Bonaparte pourra être présenté aux élèves en trois temps :

- le coup d'État du 18 Brumaire, évoqué à partir de représentations comme celles que l'on trouve sur le site des musées nationaux pour montrer qu'il s'agit d'un général s'appuyant sur l'armée ;
- une carte de l'Empire français en 1812, au maximum de son extension, qui peut faire comprendre la politique de conquête et la politique dynastique de Napoléon (avec la place de sa fratrie) ;
- des extraits du Code civil de 1804, sur lesquels on peut faire travailler les élèves dans la perspective de l'EMC (sur l'égalité devant la loi, mais aussi le statut des femmes) et de l'étude des textes fondateurs.

1.5 Principaux repères chronologiques à construire

- La fin du Moyen Âge et le début des temps modernes.
- La Renaissance.
- Les guerres de religion.

Histoire

1.6 Quels sont les écueils à éviter ?

- Faire un récit trop détaillé de la Révolution française.
- Ne pas équilibrer l'approche de la période napoléonienne entre continuité et rupture par rapport à la Révolution.
- Susciter une vision partisane ou moralisante des événements.

2 Combattre les idées reçues

La Révolution est bien une période porteuse d'idéaux et d'acquis sociaux malgré les événements sanguinaires qui la jalonnent. Le 14 juillet 1789 est un événement mineur de la Révolution française en matière de liberté et d'égalité. Les idées reçues sur cette période particulièrement riche et dense en évènements sont très nombreuses ! En voici quelques-unes ci-dessous :

2.1 Pourquoi l'année 1789 marque-t-elle une rupture dans l'histoire de France ?

Les dates-clés de l'année 1789, « l'année sans pareille » :

- 5 mai : Séance royale d'ouverture des États-Généraux.
- 17 juin : Le tiers état s'intitule « Assemblée nationale ».
- 20 juin : Serment du Jeu de Paume.
- 9 juillet : proclamation de l'Assemblée nationale constituante.
- 14 juillet : Prise de la Bastille.
- 4 août : Abolition des privilèges.
- 26 août : Vote de la Déclaration des droits de l'homme et du citoyen.
- 11 septembre : Débat à l'Assemblée sur les pouvoirs du roi.
- 5-6 octobre : Marche des Parisiens sur Versailles ; le roi et sa famille ramenés à Paris.
- 2 novembre : Les biens du clergé sont mis à la disposition de la nation.
- décembre : Nouvelle organisation territoriale (création des départements et des municipalités).

a. Introduction

Il n'est pas question ici de revenir longuement sur les causes de la Révolution (1789-1799). Rappelons en schématisant que l'on peut distinguer des *causes lointaines* (le mouvement des « Lumières », l'influence des révolutions anglaise et américaine, la crise de la monarchie absolue, les difficultés économiques et financières) et des *causes plus immédiates* (l'échec des réformes, la révolte des privilégiés, la crise économique et sociale de 1788-89). C'est pour tenter de résoudre toutes ces difficultés que Louis XVI a été contraint de convoquer les États généraux pour le 1er mai 1789. Finalement l'ouverture aura lieu le 5 mai à Versailles : c'est le début de la Révolution. En effet, en l'espace de quelques mois, « entre mai et août, tout l'Ancien Régime s'est effondré. En trois mois, l'espace d'une saison, dans l'été le plus extraordinaire de notre histoire, rien n'est resté de ce que les siècles et les rois, avaient constitué » (François Furet). De ce point de vue l'année 1789 peut être considérée comme **une rupture capitale** marquée, dans un laps de temps très court, par **une triple révolution** :

- **Institutionnelle et juridique** (17 juin 89 = institution de l'Assemblée nationale qui le 7 juillet devient constituante ; Nuit du 4 août 89 = abolition des privilèges et des droits « féodaux » ; 26 août 89 = **Déclaration des droits de l'homme et du citoyen**, véritable machine de guerre dressée contre l'Ancien Régime).
- **Parisienne et urbaine ou municipale** (14 juillet 89 = prise de la Bastille),
- **Paysanne et rurale** (La Grande Peur à partir du 20 juillet).

L'Assemblée nationale constituante entreprend de mettre en place un nouveau régime politique qui sera, deux ans plus tard, sanctionné par la promulgation d'une Constitution le 14 septembre 1791. D'octobre à décembre 89, elle entreprend aussi une réorganisation complète du pays selon les nouveaux principes qui ne sera opérationnelle qu'en 1790. **Une France nouvelle naît alors.**

b. La révolution institutionnelle : Des États-Généraux à l'Assemblée nationale (mai-juillet)

La fiction d'États-Généraux voués à la seule consolidation de la monarchie d'Ancien Régime ne dure que le temps de l'ouverture des cérémonies d'ouverture. Dès les premiers jours, les tensions sont perceptibles entre les députés rangés par ordre. Dès le 5 mai, la désillusion est grande car le roi ne donne pas la possibilité de conduire des réformes. Les tensions vont se cristalliser sur la vérification des pouvoirs des députés, préalable indispensable à tout débat. La question peut sembler secondaire, elle va exacerber les oppositions, puisque se trouve posé le problème de l'unité ou de la diversité des ordres. Faut-il que les députés vérifient ensemble ou par ordre ? Les vœux unitaires du tiers sont contrariés par le roi et les principaux meneurs des deux autres ordres.

Le tiers s'intitule alors « **communes** », s'identifiant clairement à la totalité de la nation, ce qui marginalise les autres ordres. À partir du 12 juin, des curés décident de se joindre au tiers, rompant les divisions institutionnelles. Si bien que le 17 juin, le tiers se proclame **Assemblée nationale,** dans l'attente de la réunion avec les autres ordres et en acceptant l'autorité du roi (sous la forme du « veto »). Mais aussitôt ils assurent que tous les impôts existants sont illégaux. De fait la France est ainsi dotée d'un système parlementaire.

Le roi tente de contrer cette orientation en massant des troupes autour de Versailles et en fermant la salle de réunion du tiers. Le 20 juin, celui-ci réagit de ne pas se séparer avant d'avoir établi une Constitution pour le royaume. Le 23 juin, le roi préside une séance royale, rappelant l'autorité traditionnelle dont il dispose sur ses sujets. Il admet l'essentiel des réformes (dont l'égalité fiscale) mais il maintient la division de la société par ordres et interdit la tenue, sauf exceptions, d'assemblées communes des députés. […] Le tiers refuse ces décisions. Le 27 juin, la majorité du clergé décide de se rallier au tiers, suivi par les nobles. Le 27 juin, le roi invite alors les derniers députés récalcitrants à abandonner leurs positions. Le 7 juillet **l'Assemblée nationale devient constituante,** c'est-à-dire chargée d'élaborer une constitution. Désormais, le pouvoir du roi est maintenant doublé par celui de l'Assemblée.

c. La révolution parisienne et municipale (juillet 1789)

Le roi tente un second coup de force. Il rassemble des troupes autour de Paris et congédie, le 11 juillet, le ministre Necker, perçu comme libéral, au moment où les tensions sociales sont vives dans Paris, travaillé par des rumeurs et des peurs. Des manifestations se heurtent à des soldats le 12 juillet, débouchant sur des scènes d'insurrection le soir du 13 juillet. Le 14 juillet, une foule parisienne à la recherche d'armes et de poudre s'empare de **la Bastille**, prison royale à la frontière d'un faubourg populaire et symbole de l'autorité toute-puissante et de l'arbitraire du roi. Le gouverneur, de Launey, est décapité, après une fusillade qui a duré une journée et fait plus d'une centaine de morts. Le roi accepte les conséquences de ce coup de force interprété comme un soutien à l'Assemblée et reçoit, symboliquement, les clés de la ville de Paris des mains de Bailly, premier maire élu. De son côté l'Assemblée accepte la violence et ne proteste pas lorsque l'intendant de Paris est massacré avec son beau-frère. La nouvelle de la prise de la Bastille (elle devient un symbole) se répand dans toute la France. L'agitation débouche sur **une révolution municipale** : dans de nombreuses villes et bourgades, les patriotes s'emparent du pouvoir.

d. La révolution dans les campagnes : La Grande Peur (mi-juillet - août 1789)

Au moment où s'approche le temps de la récolte, les événements parisiens engendrent dans les campagnes une rumeur (la peur des brigands payés par les aristocrates) accompagnée de scènes de panique et de prises d'armes. Ici et là, des châteaux, des abbayes et parfois des demeures bourgeoises ou seigneuriales, sont mis à sac ou brûlés. La révolution des villes a provoqué la révolution des campagnes.

Cette panique collective qui touche les trois quarts des campagnes françaises est révélatrice des tensions sociales du monde rural ; elle manifeste une puissante poussée politique paysanne en vue d'imposer un changement de l'ordre social. Cette révolution dans les campagnes inquiète les députés pour qui la loi doit triompher du désordre.

e. La révolution des droits (août 1789)

Les troubles dans les campagnes qui menacent les propriétés - nobles ou bourgeoises - poussent les députés à agir vite et dans l'urgence. Dans **la nuit du 4 août**, les députés suppriment les privilèges, proposent l'égalité fiscale entre les ordres, abolissent avec compensation les droits seigneuriaux. Quelques jours plus tard, des décrets précisent ou rectifient les décisions prises durant cette nuit « magique »* : les doits seigneuriaux sont déclarés rachetables, la dîme est totalement abolie sans compensations. Les Français prennent alors conscience qu'ils entrent dans un nouveau régime politique et social. La notion d'« Ancien Régime » naît, à ce moment-là, de cette prise de conscience.

Dans la foulée les députés, qui depuis le début juillet discutent de l'élaboration de la Constitution, décident de promulguer une déclaration des droits. Au terme de débats à la fois philosophiques et politiques, la Déclaration est votée **le 26 août 1789**. En 17 articles, elle met en avant plusieurs principes : égalité devant la loi, souveraineté de la nation, séparation des pouvoirs, liberté d'expression et de croyances, respect de la propriété, etc.

f. La poursuite du mouvement révolutionnaire (septembre-décembre 1789)

La promulgation de la Déclaration des droits de l'homme et du citoyen n'arrête pas la marche de la révolution. Les divisions s'aggravent. Le roi et une partie des députés refusent de souscrire aux innovations du mois d'août. Les débats sur la future constitution sont un bon révélateur de ces clivages politiques. Finalement « la majorité des députés élabore les grandes lignes d'**une monarchie constitutionnelle**, avec une seule chambre de représentants, élus par des électeurs sélectionnés par un cens, laissant au roi la possibilité d'user un veto suspensif ». C'est donc l'autorité de l'Assemblée qui prime. Le roi, dont les pouvoirs sont réduits, refuse de signer les décrets adoptés depuis le 4 août.

Dans ce contexte de crise politique, le peuple de Paris, soumis à la pénurie et à la cherté du pain, se soulève par peur des menées contre-révolutionnaires liées par la reine. On annonce, qu'à Versailles, un banquet de soldats royaux a donné lieu à la profanation de la cocarde tricolore en présence de Marie-Antoinette. Devant l'Hôtel de ville, un cortège se forme. Une foule féminine, plus ou moins manipulée, décide de se rendre à Versailles pour chercher « *le boulanger, la boulangère et le petit mitron* ». Le **5 octobre**, 6 000 à 7 000 manifestants sont devant le château royal. Le **6 octobre**, la foule investit le château, menace directement la reine qui est obligée de se réfugier *in extremis* dans la chambre du roi, massacre des gardes du corps. Le roi cède à la violence et signe les décrets d'août. Les manifestants ramènent, à Paris, la famille royale qui est installée aux Tuileries. L'Assemblée déménage, à proximité, dans la salle du Manège. Désormais, le pouvoir politique est sous la menace du mouvement révolutionnaire parisien.

« La conscience de **vivre en révolution** marque dorénavant tous les Français et les conduit à se situer politiquement. Des marques distinctives (cocarde tricolore notamment) sont requises pour s'identifier. Les partisans de la révolution commencent à se regrouper à « gauche » du président de la Constituante, leurs opposants à « droite ». Un langage politique symbolique s'instaure ».

Du mois d'octobre au mois de décembre 89, l'Assemblée met sur pied un édifice administratif et politique complètement renouvelé qui deviendra opérationnel l'année suivante, une réorganisation qui se veut avant tout fondatrice de l'unité de la France. Le 10 octobre, Louis XVI devient « **roi des Français** ». Le 20 octobre est adopté le suffrage censitaire pour les prochaines élections. Les difficultés financières, toujours persistantes, obligent à trouver des solutions. Le 2 novembre, les biens de l'Église sont mis à la disposition de la nation. L'Assemblée décide en décembre de les vendre sous le nom de « biens nationaux ». Elle entreprend aussi de résoudre la difficile question du rachat des droits seigneuriaux. Les modalités de rachat se heurteront à la contestation paysanne (émeutes et troubles en janvier 1790). À la fin du mois de décembre, sont créés de nouveaux cadres administratifs (départements, districts, communes). L'œuvre de cette réorganisation législative est considérable, elle marque la volonté d'instaurer un nouvel ordre politique dans un cadre légal, un état de droit. Mais la Révolution continue…

2.2 Quels sont les grands principes que la Révolution (1789-1791) a fait triompher ?

Elle fait triompher un régime politique fondé sur une déclaration des droits (la Déclaration des droits de l'homme et du citoyen, citée par la suite DDHC) : « **des droits naturels, inaliénables et sacrés** » [La liberté, la propriété, la sûreté, le droit de résister à l'oppression]. S'y ajoutent : l'égalité des droits et la souveraineté de la nation. La **loi** devient l'expression de la volonté générale, opposée au règne de l'arbitraire.

La DDHC est le préambule de la **constitution** (septembre 1791) qui garantit aux citoyens le respect de leurs droits. C'est l'instauration d'un régime représentatif. La France devient une **monarchie constitutionnelle** (1791-1792).

2.3 Quelle est l'importance de la Déclaration des droits de l'homme et du citoyen (26 août 1789) ?

a. Le texte de la Déclaration des droits de l'homme et du citoyen

« Les représentants du peuple français, constitués en Assemblée nationale, considérant que l'ignorance, l'oubli ou le mépris des droits de l'homme sont les seules causes des malheurs publics et de la corruption des gouvernements, ont résolu d'exposer, dans une déclaration solennelle, les droits naturels, inaliénables et sacrés de l'homme, afin que cette déclaration, constamment présente à tous les membres du corps social, leur rappelle sans cesse leurs droits et leurs devoirs ; afin que les actes du pouvoir législatif et ceux du pouvoir exécutif, pouvant être à chaque instant comparés avec le but de toute institution politique, en soient plus respectés ; afin que les réclamations des citoyens, fondées désormais sur des principes simples et incontestables, tournent toujours au maintien de la Constitution et au bonheur de tous.

En conséquence, l'Assemblée nationale reconnaît et déclare, en présence et sous les auspices de l'Etre Suprême, les droits suivants de l'homme et du citoyen. »

Article premier	Les hommes naissent et demeurent **libres** et **égaux en droits**. Les distinctions sociales ne peuvent être fondées que sur l'utilité commune.
Article 2	Le but de toute association politique est la conservation des droits naturels et imprescriptibles de l'homme. Ces droits sont la **liberté, la propriété, la sûreté et la résistance à l'oppression.**
Article 3	**Le principe de toute souveraineté réside essentiellement dans la Nation.** Nul corps, nul individu ne peut exercer d'autorité qui n'en émane expressément.

Article 4	La **liberté** consiste à pouvoir faire tout ce qui ne nuit pas à autrui : ainsi, l'exercice des droits naturels de chaque homme n'a de bornes que celles qui assurent aux autres membres de la société la jouissance de ces mêmes droits Ces bornes ne peuvent être déterminées que par la loi.
Article 5	La loi n'a le droit de défendre que les actions nuisibles à la société. Tout ce qui n'est pas défendu par la loi ne peut être empêché, et nul ne peut être contraint à faire ce qu'elle n'ordonne pas.
Article 6	**La loi est l'expression de la volonté générale**. Tous les citoyens ont droit de concourir personnellement ou par leurs représentants à sa formation. Elle doit être **la même pour tous**, soit qu'elle protège, soit qu'elle punisse. Tous les citoyens, étant **égaux** à ses yeux, sont **également** admissibles à toutes dignités, places et emplois publics, selon leur capacité et sans autre distinction que celle de leurs vertus et de leurs talents.
Article 7	Nul homme ne peut être accusé, arrêté ou détenu que dans les cas déterminés par la loi et selon les formes qu'elle a prescrites. Ceux qui sollicitent, expédient, exécutent ou font exécuter des ordres arbitraires doivent être punis ; mais tout citoyen appelé ou saisi en vertu de la loi doit obéir à l'instant ; il se rend coupable par la résistance.
Article 8	La loi ne doit établir que des peines strictement et évidemment nécessaires, et nul ne peut être puni qu'en vertu d'une loi établie et promulguée antérieurement au délit, et légalement appliquée.
Article 9	Tout homme étant présumé innocent jusqu'à ce qu'il ait été déclaré coupable, s'il est jugé indispensable de l'arrêter, toute rigueur qui ne serait pas nécessaire pour s'assurer de sa personne doit être sévèrement réprimée par la loi.
Article 10	Nul ne doit être inquiété pour ses opinions, même **religieuses**, pourvu que leur manifestation ne trouble pas l'ordre public établi par la loi.
Article 11	**La libre communication des pensées et des opinions est un des droits les plus précieux de l'homme ; tout citoyen peut donc parler, écrire, imprimer librement, sauf à répondre de l'abus de cette liberté dans les cas déterminés par la loi.**
Article 12	La garantie des droits de l'homme et du citoyen nécessite une force publique ; cette force est donc instituée pour l'avantage de tous, et non pour l'utilité particulière de ceux à qui elle est confiée.
Article 13	Pour l'entretien de la force publique, et pour les dépenses d'administration, une contribution commune est indispensable ; elle doit être **également** répartie entre les citoyens, en raison de leurs facultés.
Article 14	Les citoyens ont le droit de constater, par eux-mêmes ou par leurs représentants, la nécessité de la contribution publique, de la consentir librement, d'en suivre l'emploi, et d'en déterminer la quotité, l'assiette, le recouvrement et la durée.
Article 15	La société a le droit de demander compte à tout agent public de son administration.
Article 16	Toute société dans laquelle la garantie des droits n'est pas assurée ni la séparation des pouvoirs déterminée, n'a point de Constitution.
Article 17	La **propriété** étant un droit inviolable et sacré, nul ne peut en être privé, si ce n'est lorsque la nécessité publique, légalement constatée, l'exige évidemment, et sous la condition d'une juste et préalable indemnité.

b. Ce que condamne la DDHC

Articles	En quoi est-ce une rupture ?
Article 1	Condamnation de la société d'ordres
Article 3	Condamnation de la monarchie de droit divin
Article 6	Condamnation de tous les privilèges
Articles 7 et 17	Condamnation de l'absolutisme sous toutes ses formes
Article 9	Condamnation de l'arbitraire royal (lettres de cachet par ex.)
Article 10	Condamnation de l'intolérance religieuse
Article 16	Condamnation de la confusion des pouvoirs
Article 11	Condamnation des entraves à la liberté de pensées et d'opinions

De **SUJETS** de sa majesté le Roi, les Français deviennent en 1789 des **CITOYENS** : c'est une révolution politique, sociale et culturelle aussi. La **souveraineté** appartient désormais à la Nation.

c. Ce que nous a légué la DDHC

Thèmes	Articles
Liberté	1.4.5.7.8.9.10.11
Égalité	1.6.13
Propriété	17
Souveraineté	3
Loi	6.10
Séparation des pouvoirs	16
Armée	12
Impôts	13
Responsabilité des fonctionnaires	15

Aujourd'hui, on lit dans le « Préambule et article 1er de la Constitution de la Ve République (1958) » : « Le peuple français proclame solennellement **son attachement aux droits de l'homme** et aux principes de la souveraineté nationale tels qu'ils ont été définis par la **Déclaration de 1789, confirmée et complétée par le préambule de la Constitution de 1946.** »

2.4 Napoléon a-t-il terminé ou poursuivi la Révolution ? (fossoyeur ou continuateur de la révolution ?) (Napoléon est-il l'héritier de la Révolution française ?)

a. Napoléon « poursuit » la Révolution en stabilisant la société sur les « masses de granit » (voir question 2) et le règne des notables. Fondé sur la centralisation et l'unification nationales, l'État napoléonien assure **la paix religieuse** (Concordat) et l'ordre. Le **suffrage universel** est maintenu malgré sa mise sous contrôle. **L'égalité civile** est réaffirmée. Les ventes des biens nationaux sont confirmées. Le **Code civil** consacre l'égalité et la liberté civiles, la **liberté d'entreprendre** et la **libre concurrence**.

b. Napoléon a aussi tourné le dos à certains idéaux de 1789 :

- Les **libertés publiques** (expression, opinion) sont mises en sommeil voire bafouées. La société est très encadrée, surveillée, contrôlée. Les ouvriers disposent de peu de libertés. Le livret ouvrier (1803) permet de les surveiller. La liberté de la presse est bafouée.
- **Le régime napoléonien n'est pas républicain** : c'est un régime personnel, despotique et autoritaire ; une dictature « monarchique » et guerrière qui repose sur la concentration des pouvoirs entre les mains de l'Empereur et le contrôle des contre-pouvoirs. Napoléon établit une **noblesse** d'Empire qui côtoie, à la **cour** impériale, l'ancienne noblesse. L'art devient un instrument de propagande et de culte de la personnalité. La religion catholique est mise au service du pouvoir.
- Le Code civil place **la femme** dans une position de mineure.
- Napoléon rétablit l'**esclavage** (1802).

2.5 Quelles bases Napoléon a-t-il données à la société française ?

On appelle ces bases « **les masses de granit** » (expression de Napoléon) :

- **La Banque de France (1800) et le franc germinal** (créé en 1802, émis en **1803**, sa valeur restera stable jusqu'en 1914).
- **Les préfets (1800)** : ils sont agents de la centralisation administrative.
- **Le Concordat (1801)** : signé avec le pape, il rétablit la paix religieuse. Tous les membres du clergé sont payés par l'État et prêtent serment.
- **Les lycées (1802)** : militarisés, ils doivent assurer la formation de la nouvelle élite de l'État. Le **baccalauréat** est instauré en 1809.
- **La légion d'honneur (1802/1804)** : elle récompense les services militaires et civils.
- **Le Code civil (1803-1804)** unifie les lois du pays. Il consacre l'égalité et la liberté civiles, la liberté d'entreprendre et la libre concurrence. Il confirme le pouvoir des hommes (maris et pères) aux dépens des femmes. Même révisé depuis, il est toujours la base de notre droit.

Ces créations ont été, pour la plupart, durables. Certaines ont perduré jusqu'à aujourd'hui.

2.6 Quel bilan politique peut-on dresser de la Révolution et de l'Empire ?

- **Cette période marque la fin de l'Ancien Régime politique** : l'**égalité** des droits et l'égalité devant la loi sont devenues des principes absolus (abolition de la société d'ordres et de privilèges). La **souveraineté politique** appartient à la nation (constitutions écrites) : elle est la source de tout pouvoir et de toute légitimité. Sa volonté s'exprime par la loi. Le catholicisme n'est plus religion d'État. Liberté de conscience. Laïcisation de l'état-civil.
- **L'invention de la démocratie et la naissance du citoyen** : Les sujets sont devenus des **citoyens.** Le droit de vote (censitaire ou pas) est désormais devenu une pratique de légitimation du pouvoir même s'il est seulement et uniquement masculin. Rôle de la représentation politique (assemblées) mais le régime représentatif reste incomplet et subit de nombreuses altérations. Le régime devient progressivement parlementaire. Émergence des « partis » politiques ; rôle de la presse ; débats politiques. Apprentissage de la vie politique qui pose les fondements de la démocratie moderne. Naissance d'une opinion politique.
- **L'émergence de la nation** : les Français prennent conscience d'appartenir à une même communauté civique, à une nation « une et indivisible ». La défense de la Révolution contre les ennemis intérieurs et extérieurs a développé un sentiment patriotique (conscription à partir de 1798) et national. La **Marseillaise**, le **drapeau national**, la devise (liberté, égalité ; puis, fraternité) symbolisent cette France qui est née de 25 années de révolutions et de guerres.

3 Ce que les élèves doivent savoir

- Les **grandes avancées en matière de liberté et d'égalité** dans la « transition révolutionnaire » (1789-1815).
- Des **dates** : 14 juillet, 4 et 26 août 1789, juin 1791, 10 août et 22 septembre 1792, 9 thermidor, 1804 : sacre de Napoléon Ier, 1804-1815.
- Du **vocabulaire** : Abolition des privilèges, les grands principes de la DDHC, la Terreur, les « Masses de granit ».
- Des **personnages** : Louis XVI, Robespierre, Danton, Napoléon Bonaparte.

4 Ce que les élèves doivent comprendre

La Révolution française peut être considérée comme une **rupture** majeure de l'histoire de France. La brièveté relative de l'événement (10 ans) contraste avec l'ampleur des changements que la France a subis durant cette période. L'événement a dépassé le cadre des frontières nationales et a touché la plus grande partie de l'Europe ; mieux, son écho s'est prolongé bien au-delà du « vieux continent ». De fait, on peut considérer avec l'historien

Michel Vovelle que la Révolution « **représente un moment fondateur essentiel, non seulement de notre histoire nationale, mais de celle de l'humanité** ».

4.1 Que faut-il retenir de la Révolution française ?

Si on devait très schématiquement résumer cette période si complexe, on pourrait retenir que la Révolution française c'est :

- **10 années de luttes politiques intenses, souvent violentes et très complexes** caractérisées par trois périodes :
  - la **monarchie constitutionnelle** de 1789 à 1792 ;
  - a **Convention**, marquée par l'exécution de Louis XVI et l'épisode de la Terreur, de 1793 à 1794 ;
  - la **République thermidorienne** de 1794 à 1799 (année du coup d'État de Bonaparte qui met un terme – provisoire – à la période révolutionnaire au sens strict).

Ces luttes politiques opposent, selon des configurations mouvantes : « modérés » (ceux qui veulent arrêter ou stabiliser la Révolution), « radicaux » (ceux qui veulent amplifier les changements) et contre-révolutionnaires (ceux qui s'opposent au mouvement révolutionnaire modéré ou pas).

- **10 années de divisions religieuses** qui vont marquer profondément plusieurs régions françaises (Vendée, sud du Massif Central, etc.) à tel point que la géographie électorale contemporaine porte encore les traces de ces traditions conflictuelles. Le point de départ est la **Constitution civile du clergé** (12 juillet 1790) suivie du décret de l'Assemblée nationale enjoignant aux ecclésiastiques de prêter **serment** de fidélité à la nation, à la loi et au Roi.
- **10 années de bouleversements culturels** qui vont laisser des marques profondes dans les mentalités. La Révolution a « transformé tous les aspects de la vie ». Aussi, elle apparaît comme « **un tournant essentiel dans la formation du Français et peut être de l'homme moderne** ». Ajoutons enfin que le souvenir obsédant, glorieux ou sanglant (la Terreur), de la Révolution se maintiendra pendant tout le XIXe siècle.
- **10 années de guerre** (mais qui se prolongeront encore avec Napoléon jusqu'en 1815) contre une grande partie de l'Europe avec pour conséquence majeure : l'émergence du sentiment national. On ne peut comprendre les origines du nationalisme si l'on ne fait pas référence au choc révolutionnaire.

Toutefois, l'ampleur des changements durant ces dix années ne doit pas faire oublier que la Révolution n'a pas totalement effacé l'Ancien Régime (XVIe-XVIIIe siècles). Beaucoup de traits hérités de cette longue période vont plus ou moins subsister après 89 pour disparaître progressivement dans le courant du XIXe siècle. Rupture donc mais pas « table rase ».

a. Périodisation de la Révolution

Causes et origines de la Révolution[1]

Elles sont très complexes. On lira à ce propos dans l'ouvrage dirigé par J. Cornette (*La monarchie entre renaissance et Révolution.1515-1792*), le stimulant chapitre de Pierre Serna « Comment meurt une monarchie ? 1774-1792 » (p. 355-426). Avec les élèves, tout en évitant de verser dans **une vision téléologique** de l'Histoire, on peut insister sur : le mouvement des « Lumières », l'influence des révolutions anglaise et américaine, la crise de la monarchie absolue, les difficultés économiques et financières depuis le retournement de la conjoncture à partir des années 1770 ; l'échec des réformes fiscales, la révolte des privilégiés, la crise économique et sociale de 1788-89. C'est pour tenter de résoudre toutes ces difficultés que Louis XVI a été contraint de convoquer les États-Généraux pour le 1er mai 1789. Ils se réuniront le 5 du mois.

La rupture de 1789-1791

Elle est **triple**. La Révolution est :

- **Juridique** (17 juin 89 = institution de l'Assemblée nationale).
- **Parisienne et urbaine** (14 juillet = prise de la Bastille) ; (journées des 5 et 6 octobre).
- **Sociale** (La Grande Peur dans les campagnes se transforme en révolution paysanne. Nuit du 4 août = abolition des privilèges et des droits féodaux).

L'Ancien Régime politique et social s'effondre entre mai et août 1789. Le 26 août 89 est votée la **Déclaration des droits de l'homme et du citoyen.**

L'Assemblée nationale constituante entreprend de mettre en place un nouveau régime politique sanctionné par la promulgation d'une **Constitution** le 14 septembre 1791. Cette Assemblée entreprend aussi une réorganisation complète du pays selon les nouveaux principes. Une France nouvelle naît alors.

L'échec de la Monarchie constitutionnelle 1791-1792

La fuite du roi (juin 1791) renforce le courant républicain malgré la volonté de l'Assemblée de mettre en œuvre la monarchie constitutionnelle. Dans son conflit avec l'Assemblée, le roi pratique la « politique du pire » qui conduit la France à s'engager dans la guerre en avril 1792. Les défaites militaires conduisent à une aggravation des tensions et à la révolution du **10 août 1792** qui renverse la monarchie et installe la **République** (*la Première*).

L'expérience républicaine (1792-1799)

Le 20 septembre 92, les Français remportent la victoire de **Valmy** le même jour où se réunit une nouvelle assemblée **la Convention.** La République est proclamée le lendemain. Cette période se subdivise traditionnellement en quatre séquences.

---

1. Sur ce problème qui divise les historiens, on lira de : J.-P. Bertaud *Les causes de la révolution française*, A. Colin, Cursus, 1992 ; de R. Chartier, *Les origines culturelles de la révolution française*, Seuil, 1991. On notera la différence entre « causes » et « origines ».

- Du 2 septembre au 2 juin 1793 : c'est la **Convention girondine**. Elle est marquée par la mort du roi (janvier 93). Mais Girondins et Montagnards s'opposent durement sur la politique à mener.
- Du 2 juin 1793 au 27 juillet 1794 : c'est la **Convention montagnarde**. Les Girondins sont renversés par les Montagnards qui instituent un Gouvernement révolutionnaire pour faire face à une situation dramatique (péril intérieur et extérieur). C'est la période de la **Terreur** (politique, économique et sociale, religieuse, militaire). Les divisions des Montagnards (entre diverses factions) et la lassitude de la population provoquent leur chute le 9 Thermidor (arrestation puis exécution de Robespierre).
- Du 27 juillet 1794 au 26 octobre 1795, c'est la **Convention thermidorienne**. Les Thermidoriens mettent fin à la Terreur et pourchassent les Montagnards. Mais la République est menacée. Les difficultés sociales entraînent des soulèvements populaires durement réprimés. Les royalistes tentent de renverser le régime par la force. Pour sauver leur vie et la République, les Thermidoriens prennent des mesures pour consolider le régime et votent une nouvelle constitution.
- Du 26 octobre 1795 au 9 novembre 1799, c'est le **Directoire**.

C'est un régime faible et instable menacé par une succession de coups d'État de « droite » et de « gauche ». La guerre se poursuit. La France mène une politique d'annexions (Italie). La guerre favorise la montée du pouvoir militaire. C'est ainsi qu'elle favorise les ambitions d'un général victorieux (Italie, Égypte), Bonaparte.

Le coup d'État du 18 Brumaire donne le pouvoir à Bonaparte et met fin au Directoire. Un nouveau régime lui succède : le Consulat.

b. Le bilan de la Révolution

En simplifiant beaucoup, on peut dresser un rapide bilan en ne retenant que trois aspects :

- **Politique** : La souveraineté nationale, la liberté des citoyens, la séparation des pouvoirs sont, avec l'idée de patrie, les nouveaux principes issus de la Révolution.
- **Institutionnel** : La Révolution a créé une administration nouvelle qui sera complétée sous le Consulat et l'Empire. Elle a mis en place de nouvelles institutions financières et judiciaires. Elle a proclamé le libéralisme économique et a organisé un nouvel enseignement.
- **Social** : La Révolution a détruit la société d'Ancien Régime au bénéfice d'une élite « bourgeoise » renouvelée.

4.2 La Révolution française : un chemin vers plus de libertés et d'égalité ?

La Révolution française et le Premier Empire sont traversés par une aspiration à la **liberté** et à l'**égalité. Les documents d'application des programmes scolaires le mettent en évidence en précisant** : « Tout au long du XVIIIe siècle, montent une aspiration à la **liberté**, symbolisée par les combats de Voltaire pour la tolérance, et un certain désir **d'égalité des droits.** [Le phénomène dépasse la France, il concerne l'Angleterre, dès la fin du XVIIe siècle,

Histoire

à travers sa révolution (1688), et la nouvelle nation américaine, à travers sa déclaration d'Indépendance (1776)]. La Révolution française en est l'aboutissement et marque la fin de la « monarchie absolue d'Ancien Régime ». **La Déclaration des droits de l'homme et du citoyen** en est le texte fondamental, mais ne doit pas faire oublier la **Terreur**, exemple, parmi d'autres, de la contradiction entre les principes et la réalité.

Le Premier Empire est un autre exemple de **décalage entre principes et réalités**. Fervent républicain au départ, Bonaparte rétablit à son profit un pouvoir autoritaire sous la forme d'un empire héréditaire (Napoléon Ier). Néanmoins, il respecte et consolide les principales conquêtes de la Révolution en créant le Code civil. À l'extérieur, s'inspirant du souvenir de Charlemagne, il conquiert militairement un immense empire qui englobe plus de la moitié de l'Europe. Cet empire est éphémère.

On pourrait donc avoir des sujets ou des questions renvoyant à cette problématique.

Introduction : Rappeler en quelques mots l'importance de l'année 1789 qui crée une **rupture** sans précédent et instaure une nouvelle France basée sur de nouveaux principes. ***Ont-ils été respectés ?***

Les 3 parties de la réponse seraient donc :

1. L'aspiration à la liberté et à l'égalité. a) Rappel rapide du combat des Lumières. b) Ce que souhaitaient les Français dans les cahiers de doléances : l'égalité fiscale surtout ; l'aspiration à la Liberté n'est pas la préoccupation principale. Les Français dénoncent surtout la lourdeur des impôts ; l'injustice du système seigneurial (droits féodaux, etc.).

2. Les réussites. Il faut entendre par là la mise en application – de 1789 à 1815 – de ces deux grands principes, de ces deux grandes valeurs.

- La **DDHC** : rappeler les principales libertés ; l'égalité juridique et fiscale.
- Les femmes acquièrent l'égalité civile et le droit de demander le divorce (1789-1793).
- Le Code pénal de 1791 garantit le respect des libertés de la personne en cas d'arrestation et de détention.
- La liberté religieuse est retrouvée sous le Premier Empire grâce au Concordat (1801).
- Le suffrage universel instauré en 1793 (au début de la Terreur) puis il est maintenu sous le Premier Empire.
- Le Code civil (1804) confirme certains acquis de la Révolution : liberté d'entreprendre, égalité entre les héritiers lors d'une succession, égalité juridique.
- La loi est la même pour tous et partout.
- La liberté de commerce et d'entreprendre triomphe (loi d'Allarde).
- L'esclavage est aboli en France en 1791.
- L'esclavage est aboli dans les colonies en 1794.

3. Les échecs.

- Après la brève expérience de la Monarchie constitutionnelle (1789-1792) et malgré la Constitution de 1793 (qui était en principe démocratique mais elle n'a jamais été appliquée ! Tout comme la Déclaration des droits de cette même constitution, une déclaration encore plus avancée que celle de 1789), les régimes politiques successifs (de 1792 à 1815) ne peuvent être considérés comme véritablement démocratiques au sens où nous l'entendons aujourd'hui.

- Jusqu'en 1793, le suffrage (masculin) est censitaire. Le droit de vote est refusé aux hommes de couleur libres dans les colonies.
- Les ouvriers sont interdits du droit de grève et de coalition (Loi Le Chapelier). En 1803, le régime leur impose le livret ouvrier.
- Jusqu'en 1794, l'esclavage dans les colonies est maintenu. Napoléon le rétablit.
- La liberté d'entreprise et de travail profite aux plus riches et aux plus capables.
- Sous la **Terreur**, les libertés sont bafouées. La loi sur les suspects (1793) permet d'emprisonner de façon arbitraire toute personne soupçonnée d'être hostile à la révolution. Le bilan de la Terreur est lourd : 17 000 exécutions ; 200 000 victimes du fait de la guerre civile (dont 130 000 Vendéens).
- Sous le 1er Empire, pas de liberté d'opinion et/ou d'expression. Pas de liberté de la presse (censure). Surveillance de l'opinion publique par la police.
- Le Code civil place la femme en situation d'infériorité vis-à-vis du père et du mari, comme si elle était une mineure.
- Malgré leur rôle au cours de la Révolution, les femmes sont privées du droit de vote tout au long de cette période (jusqu'en 1944 !, elles votent – pour la première fois – aux élections municipales de 1945).

Conclusion : La France au terme de cette période – agitée et riche en événements – est une « démocratie » inachevée. Le combat pour la Liberté et l'Égalité sera de longue haleine. Cette longue période témoigne de la « contradiction » ou du « décalage » entre les principes et la réalité.

À RETENIR

Un schéma en forme de bilan

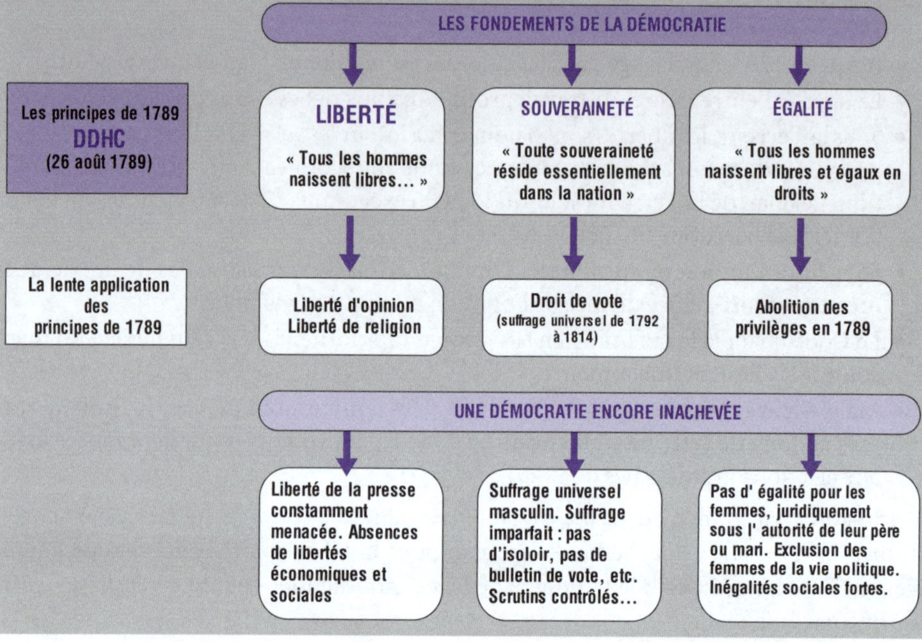

Un exemple de **mise en œuvre**

La Déclaration des droits de l'homme et du citoyen (26 août 1789)

Comme le préconisent les Instructions Officielles de juillet 2020, on privilégiera un texte avec des extraits de la DDHC, texte fondateur. Il ne peut être question de donner la totalité des articles et même certains d'entre eux doivent faire l'objet d'un allègement en CM1, dont en voici une proposition ci-dessus. L'article 1 (première partie) est fondamental. Autres articles retenus : 3 (première partie, simplifiée) ; 6 (première partie, simplifiée) ; 11.

Histoire

a. Problématique

Comprendre que la DDHC est l'un des textes historiques fondateurs de la France contemporaine

Quelles compétences dans l'École du socle ?

Connaissances	• Permettre aux élèves de comprendre l'évolution historique entre l'Ancien Régime et la naissance d'un état démocratique. • Comprendre les bouleversements qu'entraîne la DDHC. Comprendre la notion de privilèges, de droits, de liberté, d'égalité.
Capacités	• « **comprendre un document** » historique, texte fondamental, la *Déclaration des droits de l'homme et du citoyen*. • « raisonner, justifier une démarche et les choix effectués ».
Attitudes	• « **coopérer et mutualiser** » puisque des travaux en commun peuvent être réalisés à cette occasion.

c. Pistes de travail

Description du document patrimonial

Projeter le document aux élèves et laisser quelques minutes d'observation.

Consigne

Quel est le titre du document présenté ? De quoi s'agit-il ? De qui parle-t-on quand on emploie le mot « homme » ?

Les élèves exposent ce qu'ils savent des droits de l'homme. Donner des exemples pour illustrer les observations des élèves. Faire rechercher la définition du mot « citoyen » et proposer au groupe-classe des expressions qui contiennent le mot citoyen. Recherche du mot « citoyen » dans le dictionnaire et lecture de la définition.

Comment cette DDHC est-elle présentée ? La DDHC est un texte fondamental de la Révolution française qui énonce un ensemble de droits naturels individuels et communs, ainsi que les conditions de leur mise en œuvre. C'est avant tout un monument se trouvant à Paris (musée Carnavalet) sur lequel est inscrit la Déclaration. Les élèves identifient les différents symboles qui y figurent :

– À gauche, le peuple français qui se libère des chaînes de l'Ancien Régime, à travers une allégorie (représentation incarnée d'une idée). Le manteau bleu de France avec la fleur de lys, emblème des rois de France ainsi que la couronne.
– L'Être suprême, en haut et à droite, est en pleine lumière. L'allégorie représente la liberté toute récemment acquise.
– La main droite avec un sceptre (*regalia* appartenant jusqu'alors au roi) dirigé vers un triangle lumineux dont l'œil au centre est le symbole de la connaissance et de la conscience alors que la main gauche montre la Déclaration des droits de l'homme.
– La chaîne de feuilles qui réunit tous les citoyens dans la fraternité.

- La pique (arme des sans-culottes parisiens), le bonnet phrygien rouge (symbole de l'affranchissement des esclaves dans la Rome antique), le faisceau formé de multiples baguettes liées (sous la pique) représente l'unité nationale des 83 départements ; Le serpent qui se mord la queue, ou ouroboros, est un symbole d'éternité, d'éternel recommencement et d'autofécondation.
- Au-dessus de la Déclaration : il y a l'œil de la Raison, ou l'œil du Dieu créateur, l'être suprême de Rousseau et Voltaire, rayonnant d'un triangle à la fois biblique et maçonnique.

Analyse du document patrimonial

→ Distribuer le texte de la déclaration avec les articles résumés et simplifiés.

On replace la date de rédaction de la DDHC sur la frise chronologique de la classe. Travail dirigé sur quelques extraits de la DDHC. Le maître lirait chaque article en s'assurant de leur compréhension par les élèves. On propose aux élèves quelques articles simplifiés. Les élèves relèvent dans ces articles ce qui est détruit (la monarchie absolue, la société d'ordres…) et ce qui est nouveau (de nouveaux droits, la même loi pour tous…). Voir tableau ci-dessous.

Articles de la DDHC	Qu'est qui est détruit ?	Qu'est-ce qui est nouveau ?
1 (première partie)	Les privilèges, la société d'ordres.	Un nouveau droit : l'égalité
6 (simplifié)	La monarchie absolue	Tous les citoyens élaborent la loi. Ils sont égaux devant la loi
11	La censure	Liberté d'expression et religieuse
3	La monarchie absolue de droit divin	Le pouvoir vient du peuple

Consigne

Qu'avons-nous appris aujourd'hui en Histoire ?

La Déclaration des droits de l'homme et du citoyen de 1789 est le texte important de la Révolution française. Elle comporte un préambule et 17 articles. Avec ce texte, il n'y a plus de privilèges et des droits nouveaux apparaissent comme la liberté et l'égalité. La déclaration date du 26 août 1789. Les acquis apportés par la Révolution française y sont inscrits. À partir de ce texte, l'Ancien Régime constitue la période précédente. La Déclaration des droits de l'homme et du citoyen est le premier pas en France vers la démocratie, où tous auront les mêmes droits.

d. Mise en évidence des liens avec les autres disciplines enseignées au cycle 3

La maîtrise de la langue au service de l'enseignement de l'Histoire

Parler	Utiliser correctement le lexique spécifique de l'histoire
Lire	Avec l'aide du maître, comprendre un document historique (texte écrit ou document iconographique) ; lire un tableau ; une gravure.
Écrire	Rédiger une courte synthèse à partir des informations notées pendant la séance Rédiger la légende d'un document iconographique Construire une frise chronologique Réaliser un schéma

Les liens avec l'Enseignement moral et civique sont particulièrement forts

Les programmes 2020 précisent : « Identifier et connaître les cadres d'une société démocratique. Connaître le fondement de la loi et les grandes déclarations des droits. Aborder la notion de citoyenneté par des mots simples à différentes échelles. La Déclaration des droits de l'homme et du citoyen de 1789 et la Déclaration universelle des droits de l'homme. »

Les élèves étudient également les « valeurs, textes fondateurs et des symboles de la République française », « notamment la Déclaration des droits de l'homme et du citoyen ». « L'importance de la règle de droit dans l'organisation des relations sociales », en relation avec l'étude de quelques articles de la DDHC. « Les règles d'organisation de la vie publique et de la démocratie : (…) la démocratie représentative (l'élection), l'élaboration de la loi (le parlement) ».

Liens avec les autres disciplines

Lien avec les arts visuels et l'histoire des arts (tableaux d'histoire), chansons populaires du temps de la Révolution.

L'histoire en classe de CM2 ?

- **Une approche chronologique et thématique** : politique (thème 1), économique et sociale (thème 2), internationale (thème 3).
- **Une temporalité** : l'époque contemporaine.
- **Un emboîtement d'échelles** : l'échelle nationale est privilégiée, mais s'ouvre sur l'Europe et le monde au XXe siècle.

Les 3 thèmes de la classe de CM2 :

	Thème 1 : Le temps de la République	Thème 2 : L'âge industriel en France	Thème 3 : La France des guerres mondiales à l'Union européenne
REPÈRES ANNUELS DE PROGRAMMATION	• 1892 : la République fête ses cent ans. • L'école primaire au temps de Jules Ferry. • Des républiques, une démocratie : des libertés, des droits et des devoirs.	• Énergies et machines • Le travail à la mine, à l'usine, au grand magasin. • La ville industrielle. • Le monde rural.	Deux guerres mondiales au XXe siècle. • La construction de l'Union européenne.
PISTES POSSIBLES D'EXPLOITATION EN CM2	• Une étude d'événement : le centenaire de la République. • Une entrée fondée sur l'étude des bâtiments et des programmes de l'école républicaine.	• Une étude basée sur des cas concrets, centrée sur les modes et lieux de production.	• Utilisation des ressources et du patrimoine local. • Une mise en perspective des conflits à l'échelle européenne et mondiale.
	• Un travail sur la conquête des droits et des libertés.	• Deux sujets au choix. • Une forte dimension sociale et paysagère.	• Une approche de la construction européenne par les aspects politiques : la paix en Europe.

11 Le temps de la république

Plan du chapitre

1 Ce que dit le programme

Repères annuels de programmation	Démarches et contenus d'enseignement
• 1892 : la République fête ses cent ans. • L'école primaire au temps de Jules Ferry. • Des républiques, une démocratie : des libertés, des droits et des devoirs.	• L'étude du centenaire de la République célébré en 1892 est mise en perspective pour montrer que les Français ont vécu différentes expériences politiques depuis la Révolution y compris celles ayant suscité conflits et violences (1830, 1848, 1870). Les cérémonies mettent en scène les symboles républicains. On montre aux élèves que pendant cette période s'enclenche également un nouveau processus de colonisation. • À partir des années 1880, l'adhésion à la République se construit en partie par l'école gratuite, laïque et obligatoire. Les bâtiments et les programmes de l'école de la République facilitent l'entrée concrète dans le sujet d'étude. À partir de quelques exemples accessibles, on montre que les libertés (liberté d'expression, liberté de culte...) et les droits (droit de vote, droits des femmes...) en vigueur aujourd'hui, sous la Ve République, sont le fruit d'une conquête et d'une évolution de la démocratie et de la société et qu'ils sont toujours questionnés. On découvre des devoirs des citoyens.

1.1 Pourquoi enseigner le thème « Le temps de la République » en classe de CM2[1] ?

- Une étude centrée sur la République.
- Une forte dimension civique de l'enseignement de l'histoire.

→ **À articuler autour d'une problématique générale : comment les Français se sont-ils unis autour de la République ?**

1. Source : ressources d'accompagnement EDUSCOL des nouveaux programmes de cycle 3.

1.2 Place du thème dans la scolarité

L'étude de ce thème pose des jalons fondamentaux dans la formation du futur citoyen, d'où le lien fort avec le programme d'enseignement moral et civique.

Depuis le début de la scolarité, l'élève se familiarise avec les concepts de république et de démocratie. Ce thème de début d'année de **CM2** donne un contenu concret à cette première sensibilisation et suppose de développer la capacité des élèves à établir des liens entre le vécu auquel ils se réfèrent et les principes fondamentaux abordés. Cet apprentissage s'appuie sur les connaissances acquises à travers le thème 3 de l'année de CM1 sur *la Révolution et l'Empire*.

Au cycle 4, les élèves retrouveront la République, ses origines et ses réalisations dans le thème 3 de la classe de 4e, intitulé *Société, culture et politique dans la France du* XIXe *siècle*.

1.3 Principaux objectifs

On cherchera de manière prioritaire à faire COMPRENDRE à l'élève :

- Quand la France est devenue une République.
- Le rôle qu'y joue l'école.
- Ce qu'est la citoyenneté.

1.4 Compétence(s) à privilégier

Ce thème permet de travailler particulièrement les compétences « **raisonner, justifier une démarche et des choix effectués** », et « **comprendre un document** », puisqu'il s'agit de saisir la cohérence du projet républicain et de comprendre la portée des symboles républicains. La compétence « **pratiquer différents langages en histoire et en géographie** » sera également précieuse pour ce qui concerne l'expression orale, le troisième sous-thème appelant tout spécialement une expression forte des élèves.

1.5 Mise en œuvre du thème dans la classe :

Ce thème invite à mobiliser une démarche hypothético-déductive à partir de traces, situées dans des lieux clairement identifiés, qui éclairent le passé du territoire français et montrent la variété des héritages.

Il n'est donc pas attendu un traitement exhaustif de chaque sous-thème mais une sélection d'exemples caractéristiques, choisis autant que possible dans l'environnement proche des élèves, qui éclairent des moments particuliers de cette longue période. Les repères temporels créés autour de l'étude des exemples pourront être localisés sur une **frise chronologique**, sur une **carte de la région** où se situe l'école des élèves et sur une carte de France. Le professeur pourra également s'appuyer sur la pratique du **récit historique** notamment quand il s'agira de replacer l'exemple étudié dans un contexte historique ou de distinguer l'histoire de la fiction.

1.6 Principaux repères chronologiques à construire

- 1880 : 14 juillet, fête nationale.
- 1881-1882 : les lois scolaires de Jules Ferry.

Histoire

- 1905 : Loi de séparation des Églises et de l'État.
- 1944 : droit de vote des femmes en France.

a. 1892 : la République fête ses cent ans

On pourra partir d'une affiche annonçant les fêtes du centenaire, comme celle proposée sur le site de la Réunion des musées nationaux : on y trouve à la fois une **symbolique républicaine** où les élèves pourront identifier la trace de la Révolution française étudiée en CM1 et l'image d'une république rassurante, garantissant la prospérité. Mais pourquoi la République, qui fait référence à la Révolution française, ne lui a-t-elle pas succédé ? Y a-t-il cent ans que la France est républicaine ? **La longue et difficile marche vers la République** ne pourra être bien sûr qu'évoquée, pour faire passer aux élèves l'idée que les Français se sont longtemps divisés pour savoir sous quel régime ils allaient vivre et qu'ils ont « essayé » différents types de régime entre la chute de Napoléon et le triomphe de la République – par exemple en leur montrant la galerie de portraits des différents souverains du XIXe siècle et en revenant ainsi sur les grandes dates (1830, 1848, 1870). Une affiche de ce type ou toute autre représentation du centenaire de 1892 peut être l'occasion d'étudier avec les élèves les **symboles de la République**, *Comprendre le sens des symboles de la République* étant l'un des objectifs du programme d'EMC.

b. L'école primaire au temps de Jules Ferry

Le programme suggère de comprendre le rôle de l'école dans l'installation du projet républicain en France à la fin du XIXe siècle à travers une double entrée par l'étude des bâtiments, qui permet là encore d'amorcer l'étude des **symboles** et par celle des programmes de 1882, qui peuvent établir **l'aspect laïque de l'enseignement**. Il existe par ailleurs de nombreuses représentations de salles de classe sous la Troisième République, et l'on peut trouver de nombreux documents sur le site du Musée national de l'Éducation. À partir de photographies de salles de classe de l'enseignement primaire, les élèves prennent conscience que **l'école laïque, gratuite et obligatoire** devient un espace de démonstration de la culture républicaine et doit porter les signes distinctifs de la modernité (horloge, cloche, chauffage, tableau noir, cartes, planches, imagerie d'Épinal, pupitre…). Les élèves peuvent être amenés à comparer les rites scolaires qui se développent au cours de cette période et leurs propres habitudes scolaires quotidiennes. Le recours aux sources du patrimoine local mais aussi familial (archives publiques et personnelles) pourrait permettre d'appuyer cette étude (par exemple en se référant à l'histoire de la construction même de l'école à partir de plans d'architecte faisant apparaître, le cas échéant, la séparation des bâtiments filles et garçons… jusqu'à l'instauration de la mixité).

Il s'agirait ainsi de montrer le **caractère évolutif de l'école**. L'élève découvre que si tous les enfants vont à l'école pour la première fois jusqu'à 13 ans, **les programmes scolaires sous la IIIe République sont différents pour les filles** qui apprennent notamment la tenue du ménage et la cuisine par exemple.

L'observation de cartes affichées dans les classes sous la IIIe République peut introduire le thème de la **question coloniale**. Cette question est liée à la problématique d'ensemble parce qu'elle s'est forgée autour de l'idéal républicain d'une grande nation civilisatrice. Les élèves observent que l'empire colonial français au tournant du siècle est vingt fois plus vaste que le territoire national (le deuxième du monde par l'étendue et sa population). On peut montrer ainsi que la présence française et la francophonie sur les continents africain et asiatique sont le résultat d'une nouvelle entreprise coloniale depuis la fin du XIXe siècle.

c. Des républiques, une démocratie : des libertés, des droits, des devoirs

Ce sous-thème est à mettre en corrélation avec le thème « Distinguer son intérêt personnel de l'intérêt collectif » de la rubrique « jugement » du programme d'EMC. On y étudie en particulier **le sens républicain de la nation**, **la devise de la République**, **les libertés fondamentales** et la **laïcité**. La rubrique *engagement* prévoit de faire saisir à l'élève **la solidarité individuelle et collective** mais aussi la **fraternité dans la devise républicaine**… ainsi, au travers de la notion de citoyenneté républicaine associant des droits et des devoirs, on est au cœur même de l'ensemble de cet enseignement.

On pourra choisir ici un thème qui montre la mise en œuvre de valeurs ainsi que l'apparition de nouveaux droits et devoirs. **L'égalité filles-garçons** ou le **droit à l'éducation** constituent des entrées privilégiées, qui peuvent aussi montrer comment l'évolution de la République française s'inscrit dans une évolution plus générale des démocraties (Déclaration universelle des droits de l'homme de 1948, Charte européenne des droits de l'homme…).

Quels sont les écueils à éviter ?

- Établir une liste détaillée des régimes politiques qui se sont succédé.
- Adopter un traitement conceptuel peu à la portée des élèves.
- Présenter une vision idéalisée et statique de la République.

2 Combattre les idées reçues

2.1 République et démocratie sont-ils synonymes ?

Les mots RÉPUBLIQUE et DÉMOCRATIE sont souvent perçus comme des synonymes. Or, il est important de ne pas les confondre et de comprendre ce que chacun recouvre.

DÉMOCRATIE : La démocratie (pouvoir du peuple) désigne un régime politique, et donc la forme de la souveraineté, qui s'oppose à la monarchie (pouvoir d'un seul) et à l'oligarchie (pouvoir de quelques-uns). Elle peut être directe (référendum ou suffrage universel direct) ou indirecte. Elle implique ou présuppose que le citoyen se considère comme une partie de la souveraineté et qu'il exerce cette souveraineté (en participant au suffrage, aux mandats, etc.). En ce sens, elle repose sur l'égalité des droits politiques des citoyens.

RÉPUBLIQUE : La république désigne, en un sens littéral, la « chose publique », c'est-à-dire l'ensemble des activités et des biens que des citoyens ont choisi de mettre en commun. En son sens constitutionnel, la République désigne non pas un régime politique, mais une forme de l'État. Elle renvoie à deux dimensions distinctes : d'abord, le caractère public et ouvert du pouvoir politique, qui pourra être exercé par les citoyens – au contraire des formes monarchique ou impériale ; ensuite, une séparation des pouvoirs, permettant de garantir l'efficacité et la finalité de chacun.

2.2 Qu'entend-on par « école primaire » au temps de Jules Ferry ?

L'école primaire se compose aujourd'hui de l'école maternelle et de l'école élémentaire. De nos jours, l'école élémentaire accueille les enfants de 6 ans à 11 ans prenant le relais de « l'école maternelle » et précédant le secondaire (collège et lycée).

Mais prudence avec les anachronismes ! **L'école primaire, au temps de Jules Ferry, ne représente pas comme aujourd'hui un premier niveau d'enseignement emprunté par tous les enfants avant de poursuivre leurs études**. Sous la III$_{e}$ République, il n'y a d'ailleurs pas de premier et second degrés constitutifs d'un continuum scolaire. L'école primaire est pour la majorité des élèves un temps de scolarisation autonome et à part entière ouvrant la voie à la vie active.

Au début de la IIIe République, cependant, s'opèrent les premiers changements menant au fil des décennies à ce que, peu ou prou, nous connaissons :

- **La loi du 30 octobre 1886 (loi Goblet)** confirme la place de « l'école maternelle » comme premier niveau de l'école primaire mettant officiellement fin aux « salles d'asiles » développées sous le Second Empire. La première inspectrice générale, Pauline Kergomard, souhaite dès 1887 en faire des lieux de « développement naturel » de l'enfant et non des lieux d'instruction.
- **La loi du 28 mars 1882 (loi Ferry)** par son Article 4 stipule que « L'instruction primaire est obligatoire pour les enfants des deux sexes âgés de six ans révolus à treize ans révolus (…) ». Enfin, il existe, pour les petites villes démunies de collège au XIXe siècle, des écoles primaires supérieures (EPS) pour les meilleurs élèves de l'école primaire élémentaire. Peu nombreuses (une quinzaine en France en 1870), l'État met en place pour pallier cette carence des Cours complémentaires (CC) à l'école primaire. Créées dès 1833 (sous Guizot), les EPS sont supprimées en 1941.

Étudier « l'école primaire à l'époque de Jules Ferry » c'est questionner une institution dont la césure maternelle/élémentaire est déjà réelle mais avec une fin de scolarisation des publics un peu plus courte (13 ans) de celle qui a cours de nos jours.

2.3 La République s'enracine-t-elle facilement en France au XIXe siècle ?

Le destin de la République en France n'a pas été scellé facilement et définitivement. Sa naissance fut lente, violente, discontinue – dont le destin fut par exemple interrompu en 1940 mais qui reprit en 1946. C'est toujours un processus en élaboration puisque c'est la nature même de la démocratie.

Quand et comment les idées républicaines se sont-elles enracinées en France (1870-1914) ?

En 1870, les idées républicaines (autrement dit l'attachement aux valeurs de la Révolution de 1789 et aux valeurs des Républiques précédentes notamment celle de 1848) sont **minoritaires** en France. Les républicains sont tout aussi minoritaires sur le plan politique (très peu de députés). Mais, *la défaite de 1870* permet aux républicains de proclamer [à l'Hôtel de Ville de Paris] la République le *4 septembre* alors que le pays est en guerre et que les troupes prussiennes envahissent le Nord-est du pays et se rapprochent de la capitale.

a. De 1870 à 1879, l'enfantement de la République dans la douleur

Durant cette période si particulière, les républicains doivent faire face à plusieurs problèmes :

- La poursuite de la **guerre**. Elle est perdue en janvier 1871 malgré les efforts de Gambetta. La paix est signée en mai 1871 dans la galerie des Glaces du château de Versailles
- L'élection d'une **Assemblée en février 1871** (les républicains ne sont que 200 députés contre 400 monarchistes et 30 bonapartistes. Les Français ont voté pour la paix)
- La **Commune de Paris** (mars 1871-mai 1871). Les Parisiens se soulèvent contre la capitulation et contre le danger d'une restauration monarchique. Ils réclament une **République démocratique et sociale** sur la base de la démocratie directe. Par ses mesures révolutionnaires, la Commune terrifie les monarchistes mais aussi les républicains modérés. Elle est isolée et incomprise par le reste de la France. La répression est terrible. Depuis Versailles, Thiers, chef du pouvoir exécutif, organise la reconquête de Paris pendant la « semaine sanglante » du 21 au 28 mai 1871 (20 000 à 30 000 « communards » fusillés ; des milliers emprisonnés et déportés. Des ouvriers ou des employés pour la plupart).

Les monarchistes, nombreux dans la nouvelle Assemblée élue en février 1871, espèrent la restauration de la monarchie. Mais les profondes divisions entre les deux familles monarchistes (Légitimistes et Orléanistes) empêchent cette restauration. Malgré leurs efforts, **l'influence des républicains progresse dans le pays** dans la plupart des élections partielles.

En 1875, trois lois constitutionnelles établissent la IIIe République. C'est le résultat d'un compromis entre républicains et monarchistes modérés et libéraux (Orléanistes). Le suffrage universel est conservé. Le Président reçoit des pouvoirs importants. Le Parlement est composé de deux chambres : le Sénat et la Chambre des députés. Les élections de 1876 envoient une majorité républicaine à la Chambre des députés tandis que le Sénat reste à majorité royaliste. Après la crise du 13 mai 1877 (dissolution de la chambre des députés par le Président Mac-Mahon, monarchiste), les républicains remportent une nouvelle fois les élections législatives (octobre 1877). Sous l'impulsion de Gambetta qui a mieux que quiconque compris l'importance du vote paysan, une partie du monde rural adhère progressivement au programme républicain, d'où ces succès électoraux.

En 1879, le renouvellement du Sénat entraîne l'arrivée d'une majorité républicaine. Fin janvier 1879, Mac Mahon démissionne. Le parlement réuni en congrès (Sénat + Chambre des députés) élit un républicain de longue date, Jules Grévy. **Désormais, la totalité des pouvoirs est aux mains des républicains.**

b. De 1879 à 1899, la consolidation de la République et l'enracinement des idées républicaines

Après une décennie de luttes politiques, la France entre dans une face de consolidation marquée par les **grandes lois républicaines**. Le « modèle républicain » prend forme dont les valeurs s'incarnent dans deux noms, Jules Ferry et Léon Gambetta, tous deux partisans d'une république modérée (que d'aucuns nomment « opportuniste »).

Les idées républicaines s'enracinent dans le pays parallèlement avec le développement économique (seconde industrialisation) qui entraîne des transformations sociales importantes. Leur enracinement permet au pays de surmonter de graves crises politiques comme celle de l'Affaire Dreyfus.

Les grandes lois libérales favorisent cet enracinement et l'adhésion des Français à la République

- **Liberté d'expression** : loi sur le colportage de 1880, loi sur les réunions et la presse en 1881.
- **Démocratie municipale** : les maires sont désormais élus par les conseillers municipaux (avril 1884).
- **Liberté syndicale** : accordée par la loi Waldeck-Rousseau (1884).
- **Laïcisation de la société** : lois scolaires de Jules Ferry en 1881-1882 ; loi sur le divorce en 1884 ; loi sur la séparation des Églises et de l'État en 1905.

Le rôle idéologique de l'École [ministre de l'Instruction publique de 1879 à 1883]

- Jules Ferry est le principal artisan des réformes scolaires. L'école primaire devient gratuite (juin 1881), obligatoire et laïque (mars 1882) pour tous les enfants de 6 à 13 ans jusqu'au certificat d'études, C'est une véritable « première communion » républicaine !
- La laïcisation et la démocratisation de l'enseignement primaire deviennent une priorité politique pour les républicains. L'école doit former des patriotes et des citoyens responsables, elle a pour but d'inculquer une conscience nationale à des millions de Français majoritairement ruraux. On assiste ainsi à une vaste entreprise de nationalisation des masses. Le *Tour de la France de deux enfants* (1877) et bien d'autres manuels scolaires participent à la républicanisation des esprits. L'école républicaine a été aussi un outil d'émancipation et de promotion sociale (« méritocratie » républicaine).

Les autres vecteurs des idées républicaines

- La **pratique du suffrage universel** (élections municipales et élections législatives).
- La propagande électorale et le « clientélisme » politique (en faveur des républicains).

- Le développement de la presse nationale, régionale et locale.
- L'**alphabétisation** croissante de la population.
- La littérature populaire républicaine.
- **L'armée** (brassage social, « école » du patriotisme républicain).
- Les cercles et cafés républicains (chambrées en Provence).

- Les **organisations de combat** : Franc-maçonnerie, Ligue de l'enseignement (1866), Ligue des patriotes (1882), Libre-Pensée (1800), Ligue des droits de l'homme (1899).

Les valeurs républicaines s'enracinent aussi dans le pays par l'intermédiaire de symboles forts, socle de la culture républicaine

- La IIIe République impose le **drapeau tricolore** comme le drapeau républicain par excellence (inscrit seulement dans la Constitution en 1948). [Il a été adopté en 1830 par le roi Louis-Philippe, maintenu par Lamartine en 1848].
- La **devise trinitaire** (Liberté, Égalité, Fraternité) [inscrite dans la constitution de 1848 et celle de 1958].
- La **Marseillaise** redevient l'hymne national de la France (1879).
- Paris redevient la capitale politique de la France (1879).

- Le **14 juillet** devient la fête nationale (1880). Elle célèbre à la fois la Fête de la Fédération du 14 juillet 1790, symbole d'unité et de concorde nationales, et la prise de la Bastille.
- **La mairie et l'école publique**. Ces deux édifices symbolisent la République au niveau municipal et communal.
- Des **bustes de Marianne** sont un peu partout installés dans les mairies ; des statues de la République et des Grands Hommes (républicains) ornent les places et/ou les fontaines publiques. Cette « statuomanie » se développe vigoureusement après 1877.

À RETENIR

Installée pour la première fois en 1792, **la République ne s'installe définitivement en France** (à l'exception de l'État Français entre 1940 et 1944) **qu'à partir de 1870**. C'est le résultat d'« un long combat de plusieurs générations » qui s'est poursuivi jusqu'aux années 1900. **En 1914, les Français sont pour l'essentiel devenus républicains** [il existe encore des forces politiques hostiles]. La République est devenue aussi une culture qui repose sur un **héritage intellectuel et historique** (Les Lumières ; 1789 ; 1848 ; 1870), sur un idéal politique et social, sur une sociabilité (autrement dit un comportement) faite de rites, de symboles et d'allégories mais aussi d'espérances et de rêves.

3 Ce que les élèves doivent savoir

Des dates

- 1880 : 14 juillet, fête nationale.
- 1881-1882 : les lois scolaires de Jules Ferry.
- 1905 : Loi de séparation des Églises et de l'État.
- 1944 : droit de vote des femmes en France.

Quelques définitions incontournables à connaître sur la République

- **Un régime politique** : la manière dont est organisé le pouvoir dans un pays.
- **Une république** : régime politique dans lequel le chef de l'État n'est pas le seul à détenir le pouvoir qui n'est pas héréditaire. La République se définit donc comme une alternative à la monarchie.
- **Suffrage universel** : droit de vote pour tous, non restreint par des conditions de fortune, de capacité et d'hérédité. Institué en France en 1848, cependant de 1848 à 1944, le suffrage « universel » exclut les femmes, le Clergé et les Algériens. Il est donc uniquement masculin.
- **Une démocratie** : un régime dans lequel l'exercice du pouvoir appartient au peuple.
- **Citoyenneté** : concept juridique et politique qui définit l'ensemble des droits et obligations selon l'appartenance de chacun à une communauté politique. Tout citoyen a donc des droits civils et politiques mais également des devoirs.
- **Laïc, laïque** (adj.) : indépendant des religions et des confessions religieuses.

Une figure historique

- Jules Ferry.

4 Ce que les élèves doivent comprendre

Tout l'enjeu de ce thème 1 « LE TEMPS DE LA RÉPUBLIQUE » est de comprendre pour les élèves comment les Français ont fini par s'unir autour de la République au cours du XIXe siècle. Cette étude se mène en trois grands chapitres, d'après les Instructions officielles.

- 1892 : la République fête ses cent ans.
- L'école primaire au temps de Jules Ferry.
- Des républiques, une démocratie : des libertés, des droits et des devoirs.

4.1 Quelles sont les caractéristiques de la république démocratique française ?

- C'est d'être une **alternative au régime monarchique** (royauté ou empire).

- C'est de reposer sur la souveraineté populaire exprimée dans le **suffrage universel.** Le **droit de vote fonde le système démocratique.** Celui qui détient ce droit est appelé **citoyen.**
- C'est d'être basé sur la représentation et la délégation du pouvoir (députés, président, etc.).
- C'est d'être fondé sur le **principe de séparation des pouvoirs** exécutif, législatif et juridique.
- C'est de se définir à l'intérieur d'un **cadre constitutionnel.**
- C'est d'avoir un **État garant de la concorde sociale** afin de préserver l'unité et l'indivisibilité du pays.

4.2 Quelles sont les grandes étapes historiques des trois premières républiques ?

a. 1792, acte de naissance du régime républicain français

On assiste à la fin de la monarchie pluriséculaire le 21 septembre 1792. Cette Ire République connaîtra plusieurs formes de gouvernement : ***Comité de Salut Public*** (1793-95), ***Le Directoire*** (1795-1799), *le* ***Consulat*** (1799-1804).

b. La Seconde République, 1848-1852

L'idéal républicain se poursuit à travers ses premières mesures :

- Instauration du **suffrage universel masculin** et **élection du premier président de la République française.**
- **Presse et associations politiques deviennent libres.**
- **L'abolition de l'esclavage** dans les colonies, œuvres de Victor Schoelcher.

Cependant le 2 décembre 1852, Louis Napoléon Bonaparte réalise un coup d'État. Le 2 décembre 1852, il supprime la République et prend le nom de Napoléon III. Le ***Second Empire*** est né.

c. La Troisième République, 1870-1940

La IIIe République, naît de la défaite de Napoléon III face aux Prussiens le 2 septembre 1870, est proclamée le **4 septembre 1870.** Elle est rythmée par de nombreuses crises dont certaines l'entachent : La **Commune de Paris** réprimée dans le sang du 18 au 27 mars 1871 ou encore **L'affaire Dreyfus** (1894-1906) qui divise la société sur fond d'antisémitisme.

C'est cependant le concept de l'École républicaine qui triomphe : une **école gratuite, laïque et obligatoire,** instituée par les **Lois Ferry de 1881-1882.**

4.3 Quelle école primaire au temps de Jules Ferry ?

À partir des années 1880, l'adhésion à la République se construit en partie par l'école gratuite, laïque et obligatoire. L'intitulé invite toutefois à centrer la réflexion sur l'école publique c'est-à-dire celle qui est confortée et favorisée sous la IIIe République par les républicains au pouvoir.

Que faut-il entendre par « lois Ferry » ?

Les lois sont des actes législatifs adoptés par le Parlement, représentation par délégation de la souveraineté nationale. Il vote deux lois instaurant le 16 juin 1881 la **gratuité de l'enseignement primaire** et le 28 mars 1882 l'obligation scolaire et le **principe de laïcité** établissant la nature politico-philosophique de l'école.

Bien que le porteur de ses lois s'appelle **Jules Ferry**, ministre de l'Instruction publique et des Beaux-arts, cette proposition est dans les esprits républicains depuis plusieurs décennies. À l'origine de cette vision de société, il y a le mouvement d'éducation populaire créé en 1866 par Jean Macé qui prendra le nom de **Ligue française de l'enseignement** et soutiendra l'idée d'une école gratuite, obligatoire et laïque face à la menace de « l'ordre moral » et du risque de retour à la monarchie lors des premières années de la IIIe République. On le rappelle, l'enjeu de ces lois est de **bâtir des fondations républicaines pérennes**.

Dans sa visée philosophique, l'école républicaine a le projet de **former des esprits éclairés** par le savoir et le jugement ainsi qu'en témoigne une ample partie des contenus enseignés malgré les fortes remises en cause des méthodes pratiquées.

a. Une école gratuite

En fait, ce n'est pas une nouvelle mesure car la **loi Guizot** (1833) prévoyait déjà la gratuité pour les familles en difficulté financière alors que la loi Falloux (15 mars 1850) dispensait d'entretenir une école publique si l'école libre recevait gratuitement les enfants des familles pauvres. Mais l'innovation de la mesure réside dans le fait qu'elle **soit fondée sur le principe républicain d'un État soucieux d'une égalité de traitement des citoyens**. En somme, la loi du 16 juin 1881 est une loi de justice valable pour tous.

En réalité, derrière la gratuité affichée transparaît **l'obligation** scolaire dont le principe est fixé l'année suivante. C'est d'ailleurs sur **le lien entre gratuité et obligation** que repose le socle de l'école publique. Cette décision ne concerne cependant que les maternelles et l'élémentaire puisqu'il faut attendre 1933 pour que la gratuité se généralise à l'ensemble de l'enseignement public secondaire. **Les lois Ferry, par le principe de gratuité, ont d'ailleurs massifié les effectifs.**

b. Une instruction obligatoire et non pas une école obligatoire

Prudence : **par la loi de 1882, il s'agit de rendre l'instruction obligatoire et non l'école !** Mais « obligatoire » n'a pas la force de séduction de « gratuité » auprès des Français. Convaincre est plus ardu pour les républicains et plus commode à contrecarrer pour les conservateurs. L'anti-républicanisme est mis en scène par la presse qui accuse la république et son système autoritaire et coercitif à l'œuvre via le corps des inspecteurs. Les républicains défendent l'idée que « l'obligation » est l'arme contre l'aveuglement, l'obscurantisme et le catéchisme pour « l'Émancipation », « lumière », « raison », autant de mots véhiculés dans les loges maçonniques auxquelles appartiennent Jean Macé, Jules Ferry ou Ferdinand Buisson.

c. Une école laïque

Il est fréquent de lire que la loi de 1882 fait de l'école publique une **école laïque**. Pourtant pas une seule fois les mots : « laïcité », « laïque », « laïc » ou « laïcisation » sont utilisés dans le titre de la loi ou des articles qui la composent. Il en est de la loi 1882 comme il en sera de la loi de Séparation des Églises et de l'État de 1905 : la République affirme et revendique ce principe sans le nommer.

Pourquoi alors parler d'école laïque en 1882 ?

- École laïque parce que les programmes d'enseignement (Art.1) suppriment le catéchisme religieux. Les savoirs et la morale enseignés ne sont pas de cette nature à l'école de la République. Le crucifix n'a plus sa place à l'école…
- École laïque parce que la présence et le rôle des ministres des cultes en matière d'inspection sont caduques (Art. 3). Quant aux religieux restés en fonction dans les écoles élémentaires leur sort sera scellé par la **loi GOBLET du 30 octobre 1886** sur l'organisation de l'enseignement primaire qui les en écarte en ordonnant la **laïcisation** progressive **du personnel des écoles publiques**.

Le programme de laïcisation de l'école consiste indubitablement à séparer **la sphère privée** (l'appartenance à une religion) de la **sphère publique** (l'appartenance à une nation républicaine) au nom de la **liberté de conscience**.

À RETENIR

L'école qui naît avec la IIIe République est bien laïque car l'organisation de la semaine prévoit une journée de libre pour que les enfants puissent se rendre, librement, au catéchisme ! Quelle ouverture en direction des cultes pour mettre à l'honneur la liberté de croire ou ne pas croire **(liberté de conscience)**.

Des trois principes instaurés par les lois Ferry, c'est la question de **la laïcité** qui a suscité le plus de polémiques alimentant le clivage des deux Frances (républicaine et conservatrice) mais ralliant à la cause républicaine une bonne partie des protestants.

Un exemple de **mise en œuvre** en classe de CM2[1]

Le temps de la République
Séquence 1 : La République fête ses 100 ans

Proposition de séquence autour d'un dispositif de travail de groupe permettant la différenciation :1

Titre de la séquence : 1892 : la République fête ses 100 ans

Compétences principales travaillées :

- Analyser et comprendre un document / se repérer dans le temps (compétences travaillées mais non évaluées).
- Se poser des questions, émettre des hypothèses : compétence évaluée.
- Coopérer, mutualiser : compétence évaluée.

	Connaissances	Compétences	Activités des élèves	Supports
Séance 1	• La République fête ses cent ans. • La symbolique républicaine. • La trace de la Révolution française étudiée en CM1. • L'image d'une république rassurante, garantissant la prospérité.	• Analyser et comprendre un document. • Se poser des questions, émettre des hypothèses. • Coopérer, mutualiser, dispositif de travail de groupe en 2 temps (voir détail).	• Travail collaboratif d'enquête. • Décrire des parties d'une affiche. • S'interroger sur leur signification.	• Affiche annonçant la fête du centenaire de la République. • Documents annexes.

1. Séquence pédagogique proposée par M.-L. Picard, enseignante d'Histoire-Géographie, Collège Marcel Pagnol, REP+, Académie de Montpellier, Perpignan.

	Connaissances	Compétences	Activités des élèves	Supports
Séance 2	• La République dure-t-elle depuis 100 ans ? • Les différents régimes politiques qui se sont succédé. • Des Français divisés.	Se repérer dans le temps Coopérer, mutualiser, dispositif de travail de groupe en 2 temps.	Travail collaboratif de recherche puis de construction d'une frise chronologique (selon le même dispositif séance 1).	Portrait des différents souverains du XIXe siècle.
Séance 3 EMC	Les symboles de la République.	Coopérer, mutualiser, dispositif de travail de groupe en 2 temps.	Travail collaboratif de construction d'une affiche sur les symboles de la République.	Article de la Constitution de 1958.

Présentation du dispositif du travail de groupe *Groupes Experts/Groupe Présentation*.

PHASE 1 : GROUPES EXPERTS **Dans cet exemple, le sujet d'étude est divisé en 3 parties.** **Chaque partie est étudiée par 2 groupes.** Cette phase se prête à la différenciation : possibilité de composer des groupes homogènes en fonction des compétences déjà acquises, d'adapter le niveau du questionnaire ou même de permettre au PE de travailler avec les groupes en difficulté, laissant les autres groupes en totale autonomie		Groupes 1 et 2 Partie I	Groupes 2 et 3 Partie II	Groupes 3 et 4 Partie III
PHASE 2 : GROUPES DE PRÉSENTATION **Dans cet exemple, les groupes sont composés par un élève expert de chaque partie du sujet.** Les élèves experts partagent leurs connaissances avec les élèves des autres groupes. Dans cette phase, les élèves accompagnés lors de la phase 1 (différenciation) contribuent au travail à parts égales avec les élèves plus autonomes. Cela permet la valorisation de leur travail et les rend acteurs du travail de groupe. **Dans cette phase, les groupes sont constitués selon les affinités des élèves.**	Groupe A	Élève 1	Élève 9	Élève 17
	Groupe B	Élève 2	Élève 10	Élève 18
	Groupe C	Élève 3	Élève 11	Élève 19
	Groupe D	Élève 4	Élève 12	Élève 20
	Groupe E	Élève 5	Élève 13	Élève 21
	Groupe F	Élève 6	Élève 14	Élève 22
	Groupe G	Élève 7	Élève 15	Élève 23
	Groupe H	Elève 8	Élève 16	Élève 24

DÉTAILS DE LA SÉANCE 1

Démarche d'apprentissage choisie : travail collaboratif Groupes experts/Groupes présentation

- **Phase 1 d'introduction** (5 min) : Présentation de l'affiche de 1892 et explication du dispositif du travail de groupe.

Objectif : comprendre ce que nous apprend cette affiche.

- **Phase 2 de mise en activité 1** (15 min) : Constitution de groupes de 4 élèves, groupe d'experts (deux groupes par partie de l'affiche).
  - Distribution d'une fiche d'activité portant sur une partie de l'affiche par groupe
  - Chaque groupe doit décrire sa partie à partie soit d'une recherche documentaire sur tablette soit à partir de documents choisis par le PE et émettre une hypothèse d'interprétation (je me pose des questions, j'émets des hypothèses).
  - Chaque élève note la description, les éléments trouvés et les hypothèses dans le cahier, page de gauche.

Différenciation : possibilité de créer pour un groupe ou plusieurs groupes un questionnaire plus guidé. Bien réfléchir à la constitution des groupes dans cette phase (voir tableau dispositif).

- **Phase 3 de mise en activité 2** (10 min) : Répartition des élèves dans 9 groupes de présentation de 3 élèves (un élève par partie de l'affiche)
  - Les élèves présentent aux autres membres du groupe leurs découvertes et leurs hypothèses.
  - Distribution de l'affiche à annoter en fonction des acquis de la phase 1 (même si la réflexion est commune, chaque élève complète sa fiche).
- **Phase 4 de mise en commun** (5 min) : Chaque groupe présente sa production, son interprétation de l'affiche.
- **Phase 5 de synthèse et trace écrite définitive** (10 min) : S'interroger sur la notion de centenaire : la République a-t-elle vraiment 100 ans ? Introduction de la séance suivante.

PHASE 1 : GROUPES D'EXPERTS

	Groupe Experts I	Groupe Experts II	Groupe Experts III
Parties de l'affiche proposée à chaque groupe		 	
Questionnement ou recherche sur **????**	• 1792. • Fêtes du centenaire. • République.	• Apparition du chemin de fer. • Importance de l'agriculture. • Apparition de l'industrie. • Corne d'abondance.	• Drapeau tricolore. • Marianne.

PHASE 2 : GROUPES DE PRÉSENTATION

Mise en commun des connaissances pour légender l'affiche et proposer une explication.

Affiche de 1892, *source Gallica BNF*

Quel est le message de l'affiche ?

Proposition d'une grille d'évaluation du travail de groupe lors de la Phase 2 sur laquelle l'enseignant note le nom des élèves. L'évaluation se fait par l'observation des élèves.

	Compétence acquise	Compétence non acquise
Raisonner, justifier une démarche et les choix effectués		
Je me pose des questions sur un document.		
Coopérer, mutualiser		
J'exprime mes idées aux membres du groupe en argumentant.		
J'écoute l'avis de mes camarades et j'accepte la contradiction.		

12 L'âge industriel en France

Plan du chapitre

Histoire

1 Ce que dit le programme

Repères annuels de programmation	Démarches et contenus d'enseignement
• Énergies et machines. • Le travail à la mine, à l'usine, à l'atelier, au grand magasin. • La ville industrielle. • Le monde rural.	Parmi les sujets d'étude proposés, le professeur en choisit deux. Les entrées concrètes doivent être privilégiées pour **saisir les nouveaux modes et lieux de production**. On montre que **l'industrialisation** est un processus qui s'inscrit dans la durée et qui entraîne des **changements sociaux** ainsi que des **évolutions des mondes urbain et rural**.

1.1 Place du thème dans la scolarité

Les savoirs construits pourront être remobilisés en 4e en histoire dans le cadre du thème 2 : « L'Europe et le monde au XIXe siècle » et tout particulièrement de la question : « L'Europe de la «révolution industrielle» ».

Ces savoirs pourront également remobilisés dans le thème 3 d'histoire du programme de 4e : « Société, culture et politique dans la France du XIXe siècle » et tout particulièrement sur le sous-thème : « Les conditions féminines dans une société en mutation » avec l'étude sur les femmes actives, exclues du monde politique : ménagères, bourgeoises, paysannes et ouvrières ; en se fondant sur leurs conditions de vie et leurs revendications.

Le thème permet des liens avec la géographie en cycles 3 et 4 :

- En CM1, le thème 2 « Se loger, travailler, se cultiver, avoir des loisirs en France ».
- En CM2, le thème 1 « Se déplacer en France » avec l'étude des modes et réseaux de transport.
- En 6e, le thème 1 « Habiter une métropole » avec les fonctions, la variété des espaces, mais aussi l'invitation à la prospective territoriale imaginant la ville de demain.

- En 4e, le thème 3 « Prévenir les risques, s'adapter au changement global » et plus particulièrement le sous-thème « Prévenir les risques industriels ».
- En 3e, le thème 1 « Dynamiques territoriales de la France contemporaine » avec le sous-thème « les espaces productifs et leurs évolutions ».

1.2 Principaux objectifs didactiques

Si l'expression « révolution industrielle » est réservée aujourd'hui à la situation britannique, pour la France on parlera davantage « d'industrialisation ». On s'attachera donc à montrer aux élèves que le phénomène est progressif en France et qu'il s'étend sur au moins un siècle (1860-1960).

Le concept « d'âge industriel » est englobant et concerne non seulement l'économie mais aussi la société. On montrera que le processus d'industrialisation entraîne une évolution des modes de travail, à la ville comme à la campagne.

Ce thème doit s'appuyer autant que faire se peut sur l'exploitation de documents produits par les sources littéraires mais aussi sur des éléments du patrimoine local, régional ou national.

Il n'est pas question de donner aux élèves une énumération des innovations techniques ni des progrès techniques sans les lier aux autres domaines de la société.

1.3 Compétence(s) à privilégier

Ce thème permet de travailler particulièrement les compétences « raisonner, justifier une démarche et des choix effectués », et « comprendre un document », puisqu'il s'agit de saisir la cohérence du projet républicain et de comprendre la portée des symboles républicains. La compétence « pratiquer différents langages en histoire et en géographie » sera également précieuse pour ce qui concerne l'expression orale, le troisième sous-thème appelant tout spécialement une expression forte des élèves.

2 Combattre les idées reçues

2.1 Révolution industrielle ?

C'est l'économiste français Adolphe Blanqui qui, le premier en 1837, parle de « révolution industrielle » pour évoquer l'enchaînement de découvertes et d'innovations auquel il assiste dans cette première moitié de XIXe siècle. Cette expression est remise en question par de nombreux historiens qui pensent que le caractère brutal qu'implique le terme ne peut s'appliquer qu'au Royaume-Uni. Le terme « industrialisation » ou l'expression « croissance industrielle » semble plus approprié à ce phénomène progressif qui débute à la fin du XVIIe siècle pour se prolonger jusqu'au début du XXe.

2.2 Les innovations techniques à l'origine de la croissance ?

L'invention et les progrès technologiques ne sont pas à l'origine de la croissance industrielle mais des réponses à des situations de blocages ou à une demande sociale et économique (Patrick Verley, 1997). Pour l'historien Karl Polanyi, la période de 1815 à 1914 est marquée par un équilibre politique international, un équilibre monétaire et un équilibre économique. L'Europe aborde sa transition démographique à différents moments pour chacun des pays. La révolution agricole permet de soutenir l'évolution démographique en permettant la disparition des disettes. La croissance démographique profite essentiellement aux campagnes où l'on mange mieux et moins cher. Cette croissance démographique rurale ouvre des débouchés commerciaux.

2.3 Le concept de système technique a-t-il un sens ?

L'idée d'un système technique est celle d'une cohérence entre matériau, forme d'énergie, type de transport, produit principal de consommation. Ainsi la première industrialisation du XIXe siècle aurait comme matériau le fer, comme forme d'énergie le charbon, comme moteur la machine à vapeur, comme mode de transport le chemin de fer et le bateau à vapeur, comme grand produit de consommation le textile. Ces éléments auraient été interdépendants or ils ne sont absolument pas synchrones.

2.4 Ne pas confondre « capitalisme » et « libéralisme »

Le **capitalisme** est un système économique fondé sur les échanges dans un marché libre où les moyens de production (le capital) sont détenus par des individus propriétaires qui recherchent leur profit. Le **libéralisme** est une doctrine économique énoncée à la fin du XVIIIe siècle par Adam Smith prônant la non-intervention de l'État dans l'économie.

3 Ce qu'il faut savoir

3.1 Qu'est-ce que l'âge industriel ?

L'âge industriel est une période qui commence à la fin du XVIIIe siècle en Angleterre pour s'achever à la fin du XXe. En France, elle se met en marche à partir de la première moitié du XIXe siècle. Cette période se caractérise par le basculement d'une société agraire et artisanale vers une société commerciale et industrielle.

3.2 Quelles sont les étapes de la croissance industrielle en France ?

Pour l'économiste russe Nikolaï Kondratiev, il existe deux phases de croissances, entrecoupées par une phase de décroissance, entre 1850 et 1945. La première, de 1850 à 1873, est marquée par la machine à vapeur, l'exploitation intensive du charbon et l'industrie textile du coton. La deuxième, de 1896 à 1929, repose sur le développement de l'électricité, du pétrole, de l'automobile et de la chimie.

3.3 Quelles sont les transformations apportées au monde du travail avec la première croissance industrielle ?

Avec la première croissance industrielle, le travail se concentre dans de grandes usines ou de grandes exploitations agricoles qui nécessitent l'intervention de grands investisseurs (concentration industrielle). Le système financier et bancaire se modernise, développant le crédit. Le capitalisme prend son plein essor. Le salariat se généralise à la place du travail à la tâche ou à la pièce. Les villes se modernisent par de nombreux travaux (rénovation de Paris par le préfet Haussmann). La population urbaine croît faisant face à un fort exode rural. Les transports entre Paris et la province se multiplient et se modernisent également (réseau ferroviaire, routier…). La société française reste majoritairement rurale et agricole. Cependant le nombre de paysans commence à diminuer. L'extension des réseaux de transport permet de désenclaver les campagnes. De nouvelles classes sociales émergent : la bourgeoisie d'affaire dont le mode de vie se calque sur celui de l'aristocratie ; les ouvriers et ouvrières de l'industrie dont les conditions de travail sont souvent difficiles (travail précaire, pénible, longues journées).

3.4 Qu'est-ce que l'exode rural ?

L'exode rural est la migration, sur une longue durée et à l'échelle d'un pays, d'un grand nombre de ruraux vers les villes. En France, il a été relativement tardif comparativement aux autres pays d'Europe occidentale. Lié à l'industrialisation, il débute dans la première moitié du XIXe siècle pour s'amplifier à partir de 1850. En 1930, la part des ruraux en France est égale à la part des urbains. C'est entre 1840 et 1850 que la population rurale française atteint son maximum avec 2,3 millions de ruraux. À partir de 1870, les campagnes françaises perdent environ 100 000 habitants par an.

Quelques repères chronologiques	Quelques mots de vocabulaire
• Invention de la machine à vapeur. • Invention du moteur à essence. • L'âge industriel en France.	• Usine. • Urbanisation. • Mécanisation.

4 Ce qu'il faut comprendre

4.1 Qu'est-ce que l'industrialisation ?

L'industrialisation est un processus qui consiste à fabriquer des produits finis standardisés dans une chaîne, à l'aide de techniques permettant une forte productivité. Ainsi, le système de production artisanal, manuel, dans des lieux dispersés est remplacé par une production en grandes séries, centralisée ayant recours à la mécanisation.

4.2 Les effets de la croissance industrielle sur l'économie

Pour se lancer dans l'aventure de l'industrialisation, les entreprises s'appuient sur les innovations techniques ainsi que sur des investisseurs. Ainsi, les sociétés par action se développent-elles à partir des années 1860 en France (capitalisme) et font appel aux crédits bancaires. Les entreprises, cherchant à augmenter leurs profits, se concentrent : soit horizontalement, en regroupant toutes les entreprises qui fabriquent le même produit ; soit verticalement, en regroupant les entreprises le long d'une chaîne de production (de la production de coton jusqu'à la distribution de vêtement, en passant par la transformation de la matière première et la fabrication de produits textiles).

4.3 Les effets de la croissance industrielle sur la société

La bourgeoisie, qui existait avant la croissance industrielle, prend de plus en plus d'importance et accède à des fonctions de pouvoir. Dans cette bourgeoisie, on trouve à la fois de grands financiers (comme les Rothschild ou les Pereire), des industriels (les Peugeot, Schneider, de Wendel…), de hauts fonctionnaires et des professions libérales (avocats, grands médecins). À côté de cette bourgeoisie qui se distingue par un mode de vie et des valeurs particulières, on trouve un prolétariat moderne qui s'est développé avec la grande industrie. Le travail concentré et mécanisé entraîne une dégradation de la condition ouvrière par rapport au travail artisanal.

4.4 Comment la ville se transforme-t-elle à l'âge industriel ?

L'Europe connaît une urbanisation massive. En France, le taux d'urbanisation passe de 12 % en 1800 à 39 % en 1900. Les usines se multiplient dans les villes et des villes nouvelles voient le jour autour des usines (Le Creusot, Roubaix…). La transformation de Paris entre 1850 et 1860 par Haussmann et Napoléon III affecte également les grandes villes de province qui prennent modèle : percement de grands boulevards pour aérer la ville, faciliter la circulation et éviter l'élévation de barricades, construction d'immeubles cossus avec de belles façades, de gares, de halles, d'un réseau d'égouts souterrains, de fontaines et d'espaces verts. Dans les transports, de nouvelles infrastructures apparaissent : voies ferrées, lignes de métro (1900 à Paris) et de tramway. Ces nouveaux moyens de transport urbains permettent aux classes moyennes de s'installer dans les banlieues.

4.5 Comment les campagnes se transforment-elles à l'âge industriel ?

Entre 1815 et 1870, le monde rural français va connaître un ensemble de lentes mutations. La croissance agricole est manifeste entre 1815 et 1851 avec une augmentation de 78 %. La pomme de terre améliore grandement la sécurité alimentaire faisant disparaître peu à peu disette et famine. Cette croissance est davantage due à l'augmentation du travail et au recul de la jachère qu'aux progrès techniques. La natalité forte et l'amélioration de la nourriture ont pour effet un surpeuplement rural. L'exode rural est donc davantage dû au désir d'échapper à sa condition qu'à celui d'aller travailler dans l'industrie.

Deux exemples de **mise en œuvre**

Étudier un lieu patrimonial : L'église Saint-Augustin de Paris (VIIIe arrondissement)

Il s'agit d'un édifice religieux construit entre 1860 et 1871 dans un quartier où régnait une certaine misère et qui connaît une profonde mutation sous le Second Empire avec le développement de la gare Saint-Lazare et la percée par le baron Hausssmann de grandes artères bordées par des immeubles cossus.

Le quartier où est construite l'église Saint-Augustin se trouve au nord-ouest de Paris, à proximité de la barrière des Fermiers généraux. C'est un quartier, qui sous le Second Empire, va totalement être réaménagé pour être « gentrifié ». Jusqu'au début du Second Empire, ce quartier était surnommé « la Petite Pologne » en raison de la misère qui y régnait. L'église Saint-Augustin doit donc représenter un symbole d'opulence, signe de l'appropriation de ce quartier par une classe sociale aisée. L'édifice doit également être novateur à l'image des transformations techniques et économiques qui se déroulent alors en France.

Document 1 — **Localisation de l'église Saint-Augustin dans le Paris redessiné par le baron Haussmann**

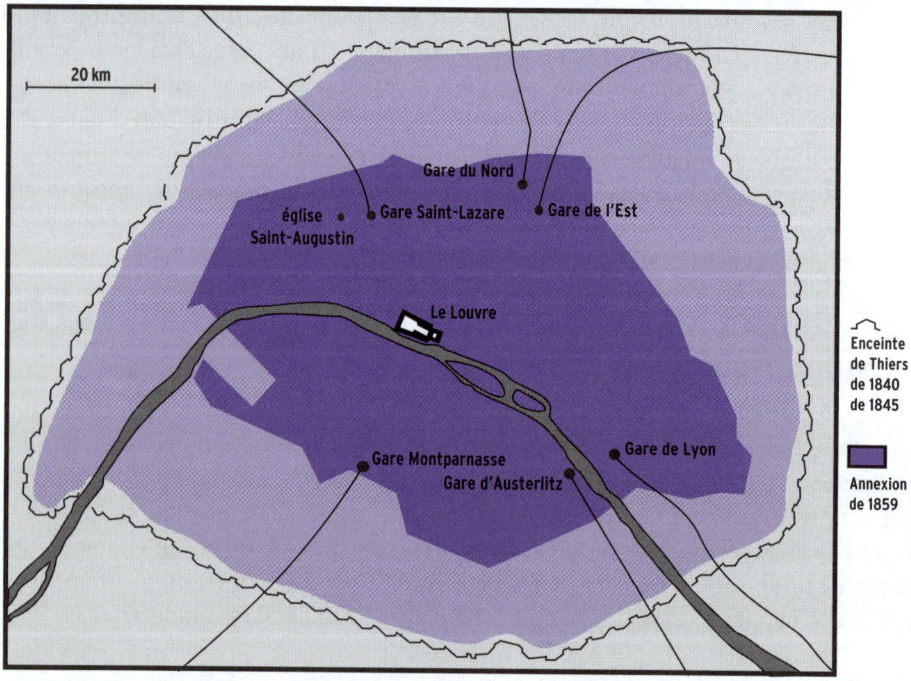

L'emplacement choisi est une parcelle étroite et irrégulière formée par l'intersection de plusieurs avenues. Ces contraintes sont habilement surmontées par l'architecte qui a été choisi pour le projet, Victor Baltard (1805-1874), l'architecte des halles parisiennes en 1852.

L'utilisation du métal pour la structure permet d'éviter l'usage de contreforts extérieurs et d'élever un dôme à plus de 60 mètres de hauteur assurant à l'édifice une grande visibilité. Celle-ci est nécessaire dans la mesure où l'édifice doit constituer le phare de l'un des quartiers résidentiels les plus somptueux de Paris. Le style est multiple : l'imposante coupole évoque la Renaissance italienne (Saint-Pierre de Rome), le reste de l'édifice conjugue des éléments romans, byzantins et gothiques. Le décor est également éclectique puisqu'il a recours à l'acier, à la fonte, la brique et à la pierre.

La question de l'enseignement des faits religieux est un thème sensible quand on est enseignant. Le religieux se doit d'être enseigné comme un **fait de culture** et non comme une croyance, d'où l'importance dans les propos de l'enseignant en classe ou au niveau de la trace écrite de contextualiser ce qui est étudié par ce type de formulation, par exemple, « dans la croyance des chrétiens ou dans la croyance des musulmans, il est dit… » C'est une posture déontologique à adopter qui repose sur le principe républicain de la **laïcité**.

Une réflexion sur cet objet d'étude « LIRE UN MONUMENT RELIGIEUX » nécessite de penser les connaissances (les savoirs) mais également les capacités (savoir-faire) et les attitudes (savoir être) que l'on souhaite que les élèves construisent à travers la lecture d'un monument. Il est certain que le but premier est d'offrir une culture scolaire commune mais qui vie également à les « outiller » afin qu'ils puissent ensuite de manière autonome et responsable avoir les clefs de lecture devant tel ou tel édifice.

Document 2 **Façade de l'église Saint-Augustin**

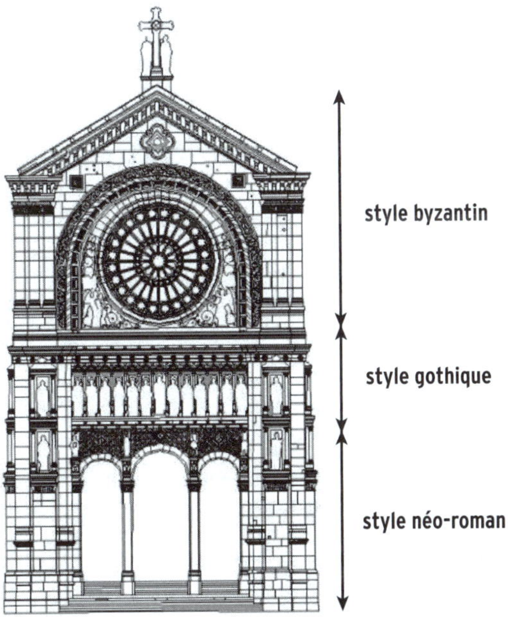

Séance n° 1 : À la rencontre de l'église Saint-Augustin, héritage du passé

- **Phase 1** : Observation d'un document iconographique du site pour recueillir les premières impressions / représentations des élèves avec une source volontairement peu explicite.
- **Phase 2** : Découverte de documents sources et de documents construits pour s'approprier le lieu (lecture documentaire)

Séance n° 2 : « Sur les traces de l'église Saint-Augustin » en histoire et en histoire des arts

- **Phase 1** : Rappel de la séance précédente à travers un questionnement oral : « *Est-ce bien un monument réel ? Comment peut-on savoir qu'il s'agit d'une église ?...* ».
- **Phase 2** : Procéder à la lecture de ce monument à l'aide d'une grille de lecture de l'édifice qui servira de clefs pour décrypter, pour lire ce monument particulier.
- **Phase 3** : Institutionnalisation. Mise en forme de la fiche d'identité d'un édifice chrétien.

Étudier un texte : Le tour de France par deux enfants de G. Bruno

Le texte-source présenté ci-dessous est extrait du *Tour de la France* par deux enfants de Giordana Bruno (alias Augustine Feuillée). L'ouvrage date de 1877 et constitue un témoignage patriotique de la France de la fin du XIXe siècle. Dans cet exemple, les deux orphelins André et Julien Volden arrivent devant les usines du Creusot que M. Gertal, un Jurassien pour qui André travaille, présente.

Texte intégral

– [...] Seulement nous sommes en face du Creusot, la plus grande usine de France et peut-être d'Europe ? Il y a ici quantité de machines et de fourneaux, et plus de seize mille ouvriers qui travaillent nuit et jour pour donner à la France une partie du fer qu'elle emploie. C'est de ces machines et de ces énormes fourneaux chauffés à blanc continuellement que partent les lueurs et les grondements qui nous arrivent.

– Mon Dieu, dit Julien, quel travail !

– Oh ! monsieur Gertal, s'écria André, si vous voulez me permettre demain d'aller un peu voir cette usine, je serai bien content. Vous ne savez pas comme cela m'intéresserait de voir préparer ce fer que nous autres serruriers nous façonnons.

– Nous irons tous les trois, enfants, quand la besogne sera faite : en nous levant de grand matin nous aurons du temps de reste.

Le lendemain avant le jour nos trois amis étaient debout ; on se diligenta si bel et si bien que les affaires furent faites de bonne heure, et on se dirigea vers l'usine. [...]

– Il y a trois grandes usines distinctes dans l'établissement du Creusot, dit le patron qui le connaissait de longue date : fonderie, ateliers de construction et mines ; mais voyez, ajouta-t-il en montrant des voies ferrées sur lesquelles passaient des locomotives et des wagons pleins de houille, chacune des parties de l'usine est reliée à l'autre par des chemins de fer ; c'est un va-et-vient perpétuel. […] Examine d'abord, en face de toi, ces hautes tours de quinze à vingt mètres : ce sont les hauts fourneaux que nous voyions briller la nuit comme des brasiers. Il y en a une quinzaine au Creusot. Une fois allumés, on y entretient jour et nuit sans discontinuer un feu d'enfer.

– Mais pourquoi a-t-on besoin d'un si ardent brasier ?

– C'est pour fondre le minerai de fer. […]

– Regarde ! Regarde ! s'écria André ; on ouvre en ce moment le réservoir du haut fourneau. Voilà le fer fondu qui coule dans des rigoles pratiquées sur le sol. […]

– Ce n'est pas du fer pur, Julien, dit M. Gertal ; c'est du fer encore mêlé de charbon et qu'on appelle la fonte. […] pour changer cette fonte que tu vois en un fer pur, il faudra la remettre dans d'autres fourneaux, puis la marteler. […]

Quand on eut bien admiré la fonderie, on passa dans les grandes forges. […]

– Regarde bien, Julien, dit M. Gertal : voici une des merveilles de l'industrie. C'est ce qu'on appelle un marteau-pilon à vapeur […]. Ce marteau pèse de 3 000 à 5 000 kilogrammes : tu te figures la violence des coups qu'il peut donner. […]

– Voyons maintenant les mines de houille, dit M. Gertal.

– Des mines ? dit Julien. Il y a des mines aussi !

– Oui, mon enfant ; tout le bruit, tout le mouvement que tu vois ici est l'image du bruit et du mouvement qui se font également sous nos pieds dans la vaste mine de houille. Sous la terre où nous marchons, sous cette ville de travail où nous sommes, il y en a une autre non moins active, mais sombre comme la nuit. On y descend par dix puits différents. […] Cette ville souterraine renferme des rues, des places, des rails où roulent des chariots de charbon que les mineurs ont arraché à coups de pic et de pioche. C'est ce charbon qui alimentera les grands fourneaux que tu as vus, c'est lui mettra en mouvement ces machines qui sifflent, tournent et travaillent sans repos […].

Le texte est très intéressant mais très long : il donne une description du Creusot qui laisse entrevoir le fonctionnement systémique des usines Schneider. Nous suggérons l'adaptation suivante :

« Nous sommes en face du Creusot, la plus grande usine de France. Il y a ici quantité de machines et de fourneaux, et plus de seize mille ouvriers qui travaillent nuit et jour pour donner à la France une partie du fer qu'elle emploie.

Il y a trois grands ateliers distincts dans l'usine du Creusot : fonderie, ateliers de construction et mines. Chacune des parties de l'usine est reliée à l'autre par des chemins de fer.

Ces hautes tours de quinze à vingt mètres : ce sont les hauts fourneaux. Il y en a une quinzaine au Creusot. Une fois allumés, on y entretient jour et nuit sans discontinuer un

> feu d'enfer pour fondre le minerai de fer. Pour changer la fonte obtenue du haut-fourneau en un fer pur, il faudra la remettre dans d'autres fourneaux, puis la marteler.
>
> Quand on eut bien admiré la fonderie, on passa dans les grandes forges.
>
> Voici une des merveilles de l'industrie. C'est ce qu'on appelle un marteau-pilon à vapeur. Ce marteau pèse de 3 000 à 5 000 kilogrammes : tu te figures la violence des coups qu'il peut donner.
>
> Sous cette ville de travail où nous sommes, il y en a une autre non moins active, mais sombre comme la nuit. On y descend par dix puits différents. Cette ville souterraine renferme des rues, des places, des rails où roulent des chariots de charbon que les mineurs ont arraché à coups de pic et de pioche. C'est ce charbon qui alimentera les grands fourneaux, c'est lui mettra en mouvement ces machines qui travaillent sans repos. »
>
> d'après G. Bruno, *Le Tour de la France par deux enfants*, 1877

Le texte a été raccourci, aménagé, adapté pour aider à la compréhension. La source doit être « codée » simplement sous le texte pour que l'élève s'y retrouve. Le texte est ensuite accompagné d'une série de questions auxquelles l'élève va devoir répondre par des phrases courtes.

- **1.** Quelle est la nature du texte ? De quand date-t-il ?
  Il s'agit d'une question-réflexe permettant à l'élève de repérer la source du document/texte.
- **2.** Quels sont les trois grands ateliers distincts qui forment l'usine du Creusot ?
  Il s'agit d'une question de repérage d'information dans le texte.
- **3.** Encadre de trois couleurs différentes les passages du texte qui font allusion à chacun des trois ateliers.
  Il s'agit d'une question de manipulation et d'appropriation du texte.
- **4.** Quelles opérations se passent dans chacun des trois ateliers distincts ?
  Cette dernière question est la plus compliquée, demandera sans doute à être commentée aux élèves. Elle fait entrer l'élève dans la compréhension des éléments du texte qu'il a sélectionnés.

L'étude de ce texte peut se terminer par la réalisation d'un schéma qui mettrait en relation les trois ateliers et faisant intervenir la circulation des minerais de charbon et de fer.

Un exemple de **séquence pédagogique** dans une classe

Le thème 2 du programme de CM2 peut être traité en deux séquences (chacune sur une période). Dans cet exemple nous avons décidé de présenter une seule séquence portant sur l'industrialisation et la transformation des villes.

séance	Titre	connaissances	capacités/attitudes
1	**Au XIXe siècle, les villes se transforment**	À partir d'un exemple de ville française et de plans de la ville du XVIIIe et du XIXe siècle, il s'agira de faire constater aux élèves les transformations que subit la ville : destruction des remparts, agrandissement autour des gares qui font leur apparition, percement de grandes avenues, développement de loisirs pour la bourgeoisie et pour les moins aisés.	• Lecture de carte. • Analyse de paysage. • Analyse de textes.
2	**Les villes s'industrialisent**	Dans cette même ville, prendre le cas d'une industrie qui s'est développée au XIXe siècle grâce à l'énergie vapeur et à une nouvelle manière de produire. Montrer aux élèves que pour développer cette entreprise on a eu recours en partie aux banques.	• Lecture de carte. • Analyse de paysage. • Analyse de textes.
3	**Les villes s'agrandissent**	À partir du plan de la ville au XIXe siècle et de quelques images d'époque et/ou de textes, montrer aux élèves de quelle manière la ville s'agrandit et qu'elle doit se munir de nouveaux services pour accueillir une population toujours plus importante : bains-douches, écoles, hôpitaux, égouts… voierie élargie	• Lecture de carte. • Analyse de paysage. • Analyse de textes. • Analyse de graphique.
4	**Les villes se divisent**	À partir de l'étude de deux quartiers distincts de la ville, les élèves découvrent le mode de vie bourgeois et le mode vie ouvrier.	• Lecture de carte. • Analyse de paysage. • Analyse de textes.
5	**Les villes se modernisent**	La ville du XIXe siècle voit apparaître de nouveaux moyens de se déplacer : le train, le tramway, le métro… Les villes françaises connaissent souvent en même temps une vague de grands travaux d'urbanisme.	• Lecture de carte. • Analyse de paysage. • Analyse de textes.

13 La France, des guerres mondiales à l'Union européenne

Plan du chapitre

1 Ce que dit le programme

Repères annuels de programmation	Démarches et contenus d'enseignement
• Deux guerres mondiales au XXe siècle. • La construction européenne.	• À partir des **traces** de la Grande Guerre et de la Seconde Guerre mondiale **dans l'environnement des élèves** (lieux de mémoire et du souvenir, paysages montrant les reconstructions, dates de commémoration), on présente l'ampleur des deux conflits en les situant dans leurs **contextes européen et mondial**. • On évoque la **Résistance**, la France combattante et la **collaboration**. On aborde le **génocide** des Juifs ainsi que les persécutions à l'encontre d'autres populations. • L'élève découvre que les pays européens autrefois en guerre les uns contre les autres sont aujourd'hui **rassemblés au sein de l'Union européenne**.

1.1 Place du thème dans la scolarité

Au cycle 2, l'élève a été sensibilisé à l'approche mémorielle des conflits à travers les commémorations (8-mai, 11-novembre) et les journées du Souvenir (8 et 9-mai).

Ces savoirs pourront également être remobilisés dans le thème 1 d'histoire du programme de 3e : « L'Europe, un théâtre majeur des guerres totales (1914-1945) ».

L'intitulé du thème indique clairement qu'il s'agit de mettre en relation l'expérience des deux guerres mondiales et la pacification du continent par la construction européenne.

Ce troisième et dernier thème de l'année de CM2 est l'occasion d'investir plus particulièrement la compétence « s'informer dans le monde du numérique » pour la quête de témoignages, et la compétence « coopérer et mutualiser » pour débattre sur les textes fondamentaux rencontrés dans le deuxième sous-thème.

1.2 Principaux objectifs didactiques

L'ampleur des deux conflits comme leur violence sont manifestes si l'on regarde les chiffres : la Première Guerre mondiale a fait 18,6 millions de morts dont 8,9 millions de civils : la Seconde Guerre 62 millions de morts dont 37 millions de civils. Les deux conflits ont concerné tous les continents.

Les deux conflits voient la manifestation de génocides : arménien entre 1915 et 1923, juif, tzigane entre 1942 et 1945. Le premier cause la disparition des 2/3 des Arméniens présents dans l'empire Ottoman (1,2 million de morts), le deuxième des 2/3 des juifs d'Europe (6 millions de morts) et le troisième de 220 000 morts.

La France est partie prenante des deux conflits. Dans le premier, elle est un acteur essentiel et l'ensemble de sa population participe à l'effort de guerre. Dans le second, après l'effondrement militaire en juin 1940, elle choisit la collaboration avec l'occupant allemand. Pour autant, une Résistance, d'abord spontanée, s'organise.

Après le profond traumatisme provoqué dans le monde entier par l'ampleur des conflits et des crimes commis, la conception d'une éthique universelle se développe. L'ONU est fondée en 1945 qui adopte en décembre 1948 la Convention pour la prévention et répression du crime de génocide et le 10 décembre 1948 la Déclaration universelle des droits de l'homme.

La France, comme beaucoup d'autres pays européens, doit se reconstruire. 60 000 Français ont péri dans les bombardements qui ont détruit 20 % du capital immobilier mais également touché le potentiel productif (usines, réseaux routiers et portuaires).

La Reconstruction et le contexte de la guerre froide rendent urgente la réconciliation franco-allemande. La CECA en 1951 qui regroupe 6 États européens, le Marché commun en 1957 puis l'UE en 1992 créent un espace de paix et de coopération économique en Europe.

1.3 Compétence(s) à privilégier

Ce thème permet de travailler particulièrement les compétences « raisonner, justifier une démarche et des choix effectués », et « comprendre un document », puisqu'il s'agit de saisir la cohérence du projet républicain et de comprendre la portée des symboles républicains. La compétence « pratiquer différents langages en histoire et en géographie » sera également précieuse pour ce qui concerne l'expression orale, le troisième sous-thème appelant tout spécialement une expression forte des élèves.

2 Combattre les idées reçues

2.1 La Grande Guerre a émancipé les femmes

Pendant la Première Guerre mondiale, les femmes ont certes accompli des tâches auparavant largement masculines. En Hongrie, en Pologne, en Autriche, en Allemagne, aux

Pays-Bas, en Belgique, au Royaume-Uni, elles ont obtenu le droit de vote. Certaines modes d'après-guerre, comme la « garçonne », entre 1919 et 1929, sous l'impulsion de Coco Chanel, évoquent une émancipation des codes féminins traditionnels. En réalité, le travail féminin était déjà en croissance avant 1914 et, dès la guerre finie, de nombreuses femmes retournent à leurs tâches antérieures. La féminisation du travail est limitée et dépend des secteurs d'activité. Par ailleurs, de nombreux droits leur sont encore refusés (en France, le droit de vote, là un revenu égal à celui de l'homme, à la liberté de mouvement…). Surtout, les formes d'émancipation des rôles traditionnels sont souvent restreintes socialement et quantitativement. Cette période de l'entre-deux-guerres peut faire penser à une période de transition amorçant les évolutions à venir.

2.3 La défaite de 1940 était-elle inéluctable ?

Pour Olivier Wieviorka, il s'agit d'un « mythe qui a la peau dure ». Tous les types d'arguments ont été utilisés : l'inégalité démographique, l'affrontement entre un régime totalitaire belliqueux et un régime démocratique faible, la fragilité de l'action diplomatique. Or, les historiens révèlent que ces arguments n'ont probablement pas été déterminants. En revanche, les arguments militaires sont à considérer avec attention. Les causes de la défaite ont été techniques : mauvais choix stratégiques, insuffisances de la préparation et de l'équipement de l'armée. La campagne de 1940 menée par l'armée allemande n'est pas une « guerre éclair ». C'est une campagne d'infanterie qui a failli échouer et est fondée essentiellement sur la surprise (passage par les Ardennes).

2.3 L'Occupation allemande sépare-t-elle les Français en deux camps : résistants et collaborationnistes ?

Après l'armistice du 22 juin 1940, les Français ne sont pas partagés en deux camps avec d'un côté les Résistants et de l'autre les Collaborationnistes. L'historien Robert O. Paxton estime à 300 000 individus le nombre de résistants actifs français en 1944 (à peine 1 % de la population française). Jean-Pierre Azéma y ajoute les sympathisants, ce qui monte le nombre à 1 million (2 % de la population). Quant aux collaborationnistes convaincus, l'historien Dominique Lormier avance le nombre 100 000 noms listés en 1945 (0,2 % de la population), peut-être plus avec les sympathisants ce qui n'amènerait pas à dépasser les 0,5 % de la population. La grosse majorité des Français n'était donc ni résistante, ni collaborationniste.

2.4 L'Union européenne, c'est l'Europe

Le continent européen regroupe 44 pays qui tout leur territoire dans le continent, 5 qui sont en partie en Europe et en partie en Asie (Azerbaïdjan, Géorgie, Kazakhstan, Russie et Turquie) et 2 qui sont culturellement rattachés à l'Europe mais qui sont situés en Asie (Arménie, Chypre). L'Union européenne est une association volontaire de 27 États européens. Actuellement cinq États ont le statut d'État candidat : le Monténégro, la Serbie, la Turquie, l'Albanie et la Macédoine du Nord. Deux ont le statut de candidats potentiels : la Bosnie-Herzégovine et le Kosovo.

3 Ce qu'il faut savoir

3.1 Les origines des grands conflits mondiaux

L'assassinat de l'archiduc François-Ferdinand, héritier au trône d'Autriche-Hongrie, le 28 juin 1914 à Sarajevo est l'élément déclencheur de la Première Guerre mondiale mais les causes de ce confit sont bien plus profondes. Il faut ainsi compter avec le revanchisme français depuis la guerre franco-prussienne de 1870, la débâcle du Second Empire et la paix humiliante (perte de l'Alsace-Lorraine, occupation partielle de la France jusqu'à paiement du tribut de 5 milliards de franc-or). Les rivalités coloniales jouèrent également un grand rôle dans la montée des tensions entre la France, le Royaume-Uni et le Reich. Les Balkans sont enfin une véritable poudrière. Les nombreuses rivalités locales entre les différents nationalismes (Serbes, Grecs, Bulgares, Roumains…) et la lutte d'influence à laquelle se livraient les deux grands empires centraux (Russie et Autriche-Hongrie) furent à l'origine de deux « guerres balkaniques », en 1912 et en 1913.Totalement exsangues au lendemain de la Première Guerre mondiale, les pays vainqueurs, sous l'impulsion de la France, veulent faire payer aux vaincus le prix du conflit.

Avec le traité de Versailles qui clôt le premier conflit mondial, l'Allemagne est tenue pour seule responsable. Elle doit ainsi verser 132 millions de marks-or (soit 23 millions d'euros) en guise de réparation. Résultat, le pays tombe dans une hyperinflation encore aggravée par la crise économique mondiale de 1929. Le sentiment de revanche grandit alors dans le pays à l'encontre de la France et de ses alliés. Un sentiment qui participe à la montée du nazisme. La seconde guerre mondiale est avant tout la conséquence des actions des trois États autoritaires : l'Allemagne nazie, l'Italie fasciste et le Japon impérial. Ils ont tous envahi des territoires au détriment du respect du droit international. Ainsi, l'Allemagne envahit les Sudètes, en Tchécoslovaquie, dans les années 1930, et annexe l'Autriche. L'Italie fasciste colonise notamment l'Éthiopie. Enfin, le Japon prend pied en Mandchourie en 1931, puis dans le reste de la Chine en 1937.

3.2 Guerre totale

C'est le général prussien Carl von Clausewitz, en 1820, qui, le premier, évoque dans son traité militaire l'idée d'une « guerre absolue », conflit armé qui mobiliserait toutes les ressources disponibles des États, qu'elles soient démographiques, économiques, politiques et religieuses. La Première et la Seconde Guerres mondiales ont des guerres totales mobilisant un front et un arrière, l'économie et l'idéologie (propagande).

3.3 Brutalisation des sociétés européennes ?

Pour l'historien George Mosse[1] le concept de « brutalisation » se définit par une « banalisation » de la violence à partir de la Grande Guerre. Le mythe de la guerre devient un « événement doté d'un sens sacré » (culte du soldat mort au champ d'honneur). Mosse parle également d'une « culture de guerre » qui se serait répandue au front et à

1. George L. Mosse, *De la Grande Guerre au totalitarisme : la brutalisation des sociétés européennes*, 1990.

l'arrière toujours pendant le premier conflit mondial. Pour Mosse, la brutalisation de la société serait à l'origine de la montée des totalitarismes, responsables de la Seconde Guerre mondiale.

3.4 Qu'est-ce que la collaboration ?

La collaboration est le nom donné, entre 1940 et 1944, à coopération active entre le régime de Vichy avec l'État occupant, l'Allemagne nazie. Le collaborationnisme est l'idéologie qui encourage cette coopération. On doit le terme « collaborationniste » à Marcel Déat, dans un article du journal *L'œuvre* du 4 novembre 1940. À la suite des travaux de Robert O. Paxton[1] en 1973, les historiens distinguent quatre sortes de collaboration : la collaboration d'État (le régime de Vichy), la collaboration économique (fait d'industriels et de banquiers privés à l'instar de Louis Renault, Marcel Berliet), les collaborationnistes (idéologie fasciste que l'on retrouve dans des partis politiques comme le PPF de Jacques Doriot par exemple) et les collaborateurs au « quotidien » (Philippe Burin[2]) qui coopèrent avec l'ennemi (délation, travail…).

3.5 Qu'est-ce que la Résistance ?

En France, la Résistance englobe l'ensemble des mouvements et des réseaux clandestins qui ont pour suivi la lutte contre l'Allemagne nazie et l'Italie fasciste durant la Seconde Guerre mondiale. Avant d'être unie et organisée, elle a d'abord été, dès mai 1940, spontanée et inorganisée. Les motivations de l'engagement des résistants sont multiples et alimentent le courant de résistance dans la durée, entre 1940 et 1944. C'est d'abord une lutte idéologique contre le nazisme, la dictature, le racisme et la déportation. C'est ensuite une réaction contre l'occupation étrangère. C'est enfin une réaction à la promulgation du STO (Service du travail obligatoire). Tous les résistants ne sont maquisards. Beaucoup de résistants ont une vie normale et agissent dans la clandestinité. Les maquisards sont ceux qui ont choisi de se soustraire à la vie civile et d'entrer dans la clandestinité en se réfugiant dans des lieux de rassemblement retirés (forêt, maquis, montagne).

3.6 Qu'est-ce qu'un génocide ?

Le terme « génocide » a été forgé par le juriste américain Raphaël Lemkin en 1943. Il est généralisé dans les débats des procès de Nuremberg entre 1945 et 1946, lorsque Lemkin est conseiller de Robert Jackson, membre de la Cour Suprême des États-Unis et chef de la délégation américaine à Nuremberg. En 1948, le terme est adopté par l'ONUI qui le définit de la manière suivante : « meurtre », « atteinte grave à l'intégrité physique ou mentale », « soumission intentionnelle », « transfert forcé », « commis dans l'intention de détruire, en tout ou en partie, un groupe national, ethnique, racial ou religieux » (Convention pour la prévention et la répression du crime de génocide, 9 décembre 1948).

1. Robert O. Paxton, *La France de Vichy 1940-1944*, Seuil, 1973.
2. Philippe Burin, *La France à l'heure allemande 1940-1944*, Seuil, 1995.

3.7 Les étapes et le projet de la construction européenne

Le projet européen, tel qu'il apparaît dans la déclaration de Robert Schuman en 1950, est la garantie d'une paix durable en Europe en appelant à la mise en commun des productions de charbon et d'acier nécessaires à la reconstruction de l'Europe. Ce projet ne peut se faire sans une réconciliation avec l'Allemagne, et plus précisément depuis 1949, avec l'Allemagne de l'Ouest (RFA). 6 pays adhèrent donc à la CECA (Communauté économique du charbon et de l'acier) en 1951 : la RFA, la Belgique, la France, l'Italie, le Luxembourg et les Pays-Bas. En 1957, ces 6 pays signent un traité de libre-échange, le traité de Rome, créant ainsi la CEE (Communauté économique européenne). En 1979, les membres du Parlement européen sont élus pour la première fois. Ils siègent à Strasbourg. Leurs compétences, au départ consultatives, sont aujourd'hui législatives et budgétaires. En 1985, 5 pays signent les accords de Schengen supprimant les contrôles à leurs frontières communes et favorisant la libre circulation. Il s'agit de la Belgique, la France, le Luxembourg, les Pays-Bas et la RFA. L'année suivante, l'Acte unique européen prévoit l'achèvement du marché commun en prenant en compte 4 libertés fondamentales : liberté de circuler des personnes, liberté des biens, des services et des capitaux. EN 1992, le Traité de Maastricht fonde l'Union européenne qui repose sur trois piliers : la Communauté européenne (CE), la politique étrangère et de sécurité commune (PESC) et une coopération en matière de justice et d'affaires intérieures (JAI). Il est créé également la citoyenneté européenne et une monnaie unique (l'euro) qui est mise en circulation en 2002. En 1997, le Traité d'Amsterdam étend les compétences de l'UE dans les domaines de l'emploi, de l'immigration et de l'asile.

Progressivement, plusieurs autres pays ont rejoint les 6 pays fondateurs. Le Danemark, l'Irlande et le Royaume-Uni adhèrent à la CEE en 1973 ; la Grèce en 1981 ; l'Espagne et le Portugal en 1986 ; l'Autriche, la Finlande et la Suède en 1995 ; l'Estonie, la Lettonie, la Lituanie, la Pologne, la Tchéquie, la Slovaquie, la Hongrie, la Slovénie, Chypre et Malte en 2004 ; la Bulgarie et la Roumanie en 2007 ; la Croatie en 2013. En 2016, le Royaume-Uni manifeste par référendum son désir de quitter l'UE : c'est le Brexit (*British Exit*) qui prend effet le 31 janvier 2020.

En 1993, à Copenhague, le Conseil européen a défini des critères (appelés critères de Copenhague) auxquels les pays candidats devront satisfaire : présence d'institutions stables garantissant la démocratie, les droits de l'homme et le respect des minorités ; l'existence d'une économie de marché viable ; la capacité à souscrire aux objectifs économiques et monétaires de l'UE.

Quelques repères chronologiques	Quelques mots de vocabulaire
• Dates de la Première Guerre mondiale. • Dates de la Seconde Guerre mondiale. • Création de la CEE. • Création de l'UE et Traité de Maastricht.	• Guerre totale. • Dictature. • Génocide. • Coopération internationale. • Armistice/Traité de paix.

4 Ce qu'il faut comprendre

4.1 Ce qu'est un lieu de mémoire et les enjeux mémoriels

Le concept de « lieu de mémoire » a été créé par l'historien Pierre Nora en 1978. Il déclare que « l'histoire s'écrit désormais sous la pression des mémoires collectives ». Un lieu de mémoire peut être un monument, un personnage, un musée, un symbole, une devise, un événement ou une institution dès lors, écrit Nora, « qu'il échappe à l'oubli, par exemple, avec l'apposition de plaques commémoratives, et quand une collectivité le réinvestit de son affect et de ses émotions ». La France étant une société multiculturelle, comment prend-elle en compte la pluralité des « mémoires collectives » ? Il y a là un enjeu majeur de la construction nationale.

4.2 Les enjeux d'un traité de paix

Si l'armistice signifie un arrêt provisoire des combats, un traité de paix signifie la fin d'une guerre. Ce dernier réunit les forces en présence afin de négocier les conditions de la paix future. Ainsi, la Conférence de la Paix qui débute le 18 janvier 1919 réunit-elle à Versailles 27 nations. Or, très vite, les décisions sont prises par le seul *Conseil des Dix*[1] (États-Unis, France, Grande-Bretagne, Italie, Japon) ; puis des Quatre Grands (on exclut le Japon) et enfin de Clemenceau (France), Lloyd George (Grande-Bretagne) et Wilson (États-Unis). Dans le Traité de paix qui en ressort, l'Allemagne est tenue pour principale responsable et doit payer. Aucune négociation directe n'est entamée avec Berlin. L'Allemagne signe le 28 juin 1919 à Versailles un traité qui a pour ambition de juguler sa puissance économique et militaire. Les vaincus vont considérer que ce traité leur a été imposé (*Diktat*) et que c'est une paix de vainqueur. Hitler s'appuiera sur ce sentiment de Diktat, vécu comme une humiliation, pour fédérer derrière lui revanchards et insatisfaits allemands. Pour la Seconde Guerre mondiale, la Conférence de Paris s'est tenue de juillet à octobre 1946 entre les Alliés (États-Unis, URSS, Royaume-Uni et France) et les anciens alliés européens de l'Allemagne. L'Allemagne n'est pas présente car elle n'avait pas, à cette date, de gouvernement et était administrée par les Alliés. Le Traité est signé le 10 février 1947 et prévoit indemnisations et transferts de territoires.

4.3 Les enjeux de la Reconstruction

En 1919, seuls le Nord et l'Est de la France ont été touchés par des bombardements massifs qui ont conduit à des reconstructions financées, non pas par l'indemnisation demandée à l'Allemagne comme il avait été prévu par le traité de Versailles, mais par l'emprunt, des bons du Trésor et le Crédit national. En 1945, la France les bombardements de 1940, 1943 et 1944 détruisent partiellement ou complètement de nombreuses villes. Les réseaux de communications sont majoritairement coupés, les parcs industriels et immobiliers ont été sévèrement touchés. L'État s'implique dans la reconstruction en

1. Dix, car se réunissent les présidents ou premiers ministres et ministres des Affaires étrangères des cinq pays cités.

nationalisant des moyens de production dans le secteur de l'énergie et des transports. Il fait appel à la main-d'œuvre étrangère. Le plan Marshall débloqué par les États-Unis est une aide financière qui doit favoriser la reconstruction. C'est ainsi 2,7 milliards de dollars qui sont prêtés à la France en 1948. Dans les années 1960, 20 % de la somme prêtée aura été remboursée et le solde sera considéré comme un don.

4.4 Les enjeux de l'élargissement de l'UE

Les élargissements successifs ont eu des effets bénéfiques pour l'UE en établissant un espace de paix et de stabilité politique entre des pays qui ont connu des années de guerre et qui ont subi des régimes autoritaires. Le PIB de l'UE représente près d'1/4 du PIB mondial. L'UE est l'une des plus grandes puissances économiques mondiales. L'élargissement permet donc à l'UE de peser sur la scène internationale.

Deux exemples de **mise en œuvre**

Étudier un lieu de mémoire et les événements de commémoration : le monument aux morts

Entre 1920 et 1925, ce sont près de 36 000 monuments aux morts qui furent construits malgré les difficultés de la reconstruction. Érigés principalement grâce à des souscriptions populaires ou avec l'appui de subventions de l'État, ces monuments ne glorifient pas la victoire mais rendent hommage aux nombreux morts sur « le champ d'honneur ».

D'après la loi du 25 octobre 1919, l'inscription d'un nom sur le monument se justifie lorsque le défunt, décédé au cours d'une guerre ou d'opérations assimilées à des campagnes de guerre, est titulaire de la mention « mort pour la France » sur l'acte de décès et est né ou domicilié légalement en dernier lieu dans la commune considérée. La forme des monuments est très variée même si les plus répandus prennent celle d'un obélisque (forme la plus ancienne). Des motifs symboliques reviennent très souvent d'un monument à l'autre : la feuille de palmier, le laurier, les couronnes de fleurs (trophées remis aux vainqueurs) ; la flamme (souvenir) ; l'urne (cendres des morts) ; la croix (latine ou de guerre) ; le coq (courage et fierté, son chant symbolise la vie ranimée) ; la colombe (paix) ; le drapeau (en berne ou posé comme un drap de cercueil : deuil). Des objets rappellent parfois la guerre : le casque, un obus, un canon. Des personnages y font figure de symboles : le soldat ; une femme (patrie) ; un enfant (les générations futures).

Le monument aux morts de Gentioux-Pigerolles (Creuse) : Ce monument particulier fut érigé en 1922 à l'initiative du maire socialiste du village, Jules Coutaud, ancien combattant gazé pendant la Première Guerre mondiale. Le monument est l'œuvre de Jean Duburgt, un ébéniste du village, qui explique son choix de la manière suivante : « Plutôt qu'un Poilu, j'ai voulu traduire un cri du cœur. J'ai donc dessiné un orphelin, en tenue d'écolier, montrant du doigt cette inscription gravée dans la pierre et qui était alors sur toutes les lèvres : « Maudite soit la guerre ! » » Un modèle en bois est réalisé par Jean Duburgt puis ce sont des artisans locaux qui réalisent le monument. En 1922, le monument est inauguré par les élus locaux et la population mais la préfecture refuse d'être représentée. Lors du passage des troupes devant le monument, lorsqu'elles rejoignaient le camp de manœuvre, ordre était donné à celles-ci de détourner la tête.

Document | **Monument aux morts de la commune de Gentioux-Pigerolles (Creuse)**

Étape 1

Se rendre devant le monument aux morts du village – ou de la ville – de l'école pour une appropriation du lieu. Le photographier et demander aux élèves d'en faire librement un ou des croquis pour une découverte intrapersonnelle de ce lieu patrimonial atypique.

Étape 2

Situation d'observation à partir d'un questionnement oral de l'enseignant : De quoi s'agit ? Comment peut-on savoir qu'il s'agit d'un monument aux morts ? Sur quoi nous renseignent ces inscriptions ?

Étape 3

Procéder ensuite à la lecture de cette stèle à l'aide d'une grille de lecture distribuée aux élèves qui servira de clefs pour décrypter ce monument particulier qui présente un double avantage : celui d'être à la fois un monument architectural mais aussi un document écrit.

Proposer une grille de lecture différenciée, afin que tous puissent lire ce document patrimonial, avec des consignes distinctes selon les niveaux : travail réalisable du CP-CE1 (cycle 2) jusqu'au CM2 (cycle 3)

Étape 4

De retour en classe demander aux élèves de répondre par écrit à la question suivante : « Que signifie d'après toi, l'inscription A la mémoire glorieuse des enfants de Perpignan morts pour la France ? »

Analyse d'une affiche publicitaire : Campagne Moulinex de 1959

Moulinex est une société française fondée en 1937 à Alençon par Jean Mantelet, inventeur du moulin à légumes. Après la Seconde Guerre mondiale, la société installera plusieurs usines dans toute la Basse Normandie et les Pays de la Loire. C'est en 1957 que la société prend le nom de Moulinex. Depuis 2001, la marque a été rachetée par le Groupe français d'électroménager SEB (Société d'Emboutissage de Bourgogne).

Après la Seconde Guerre mondiale, la forte croissance économique bouleverse les habitudes des populations. Pourquoi parle-t-on de consommation de masse ? Après les privations de la guerre, les consommateurs découvrent avec enthousiasme des produits nouveaux (réfrigérateur, automobile puis lave-linge et téléviseur). Alors que les revenus des familles augmentent, les prix des produits, standardisés et fabriqués en masse, baissent : ils deviennent relativement bon marché et ne sont plus réservés à une élite. Parallèlement, l'accès à ces produits est facilité par l'apparition d'un nouveau type de magasin, la grande surface (supermarché, hypermarché), et par le développement de la vente par correspondance. On découvre aussi ces innovations techniques lors de gigantesques salons des Arts ménagers très médiatisés. Les familles dépensent moins pour l'alimentation et davantage pour leur confort et leurs loisirs. L'accès de tous à l'information et à la culture passe essentiellement par la télévision mais aussi par la presse et la radio. Le cinéma et la lecture deviennent des activités courantes. La pratique d'un sport se généralise. Enfin, grâce à l'automobile, on part en week-end et en vacances. Le tourisme de masse se développe.

La publicité se fait de plus en plus présente que ce soit à travers les affiches, la radio ou la télévision. Elle vante les mérites de certains produits et « stimule » le consommateur. Les dernières nouveautés sont présentées régulièrement lors de grands salons (de l'automobile, de la voile, etc.). Par ailleurs, les banques multiplient les offres de crédit : il devient possible d'acheter tout de suite et de payer « plus tard ».

Document — **Affiche publicitaire de l'entreprise d'électroménager Moulinex en 1959**

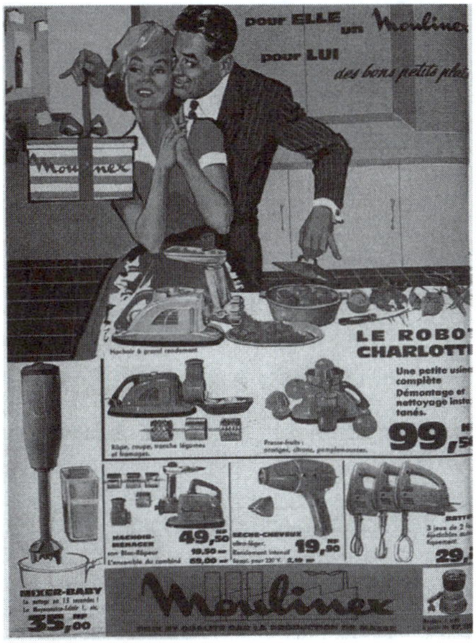

J'observe l'affiche

- Quelle est la variété des couleurs utilisée par l'affichiste ? Quelles formes ? Comment est composée l'affiche (répartition texte/image par exemple).
- Quelle est la typographie utilisée ? Pour quels effets ? Quel est le vocabulaire utilisé ?

2. J'analyse l'affiche

- Comment l'œil est-il attiré ? Comment l'acheteur est-il incité à consommer ? Les publicitaires offrent ici une scène de la vie quotidienne d'un ménage (cible de l'affiche). Le mari attentionné rentre du travail et offre un cadeau à son épouse au foyer comblée (les mains jointes). En 1959, les indicateurs économiques montrent que la France est en pleine croissance. La période est propice à l'ascension professionnelle (costume du mari) et sociale (belle cuisine, cadeaux). La vision d'alors est assez sexiste : l'homme travaille et assure le bien-être matériel de sa famille alors que la femme cuisine et entretient la maison. Consommer fait le bonheur du ménage.

3. Prolongements… en arts visuels… vers la réalisation de l'affiche

- Définir les paramètres d'écriture : dans quel contexte réalise-t-on cette affiche ? À qui cette affiche est-elle destinée ? Que veut-on obtenir grâce à cette affiche ?
- Créer les éléments de l'affiche : Produire le message écrit (slogan, titre…) ; Créer l'iconographie.
- Agencer les éléments en utilisant les TICE.

Un exemple de **séquence pédagogique** dans une classe

Le thème 3 du programme de CM2 peut être traité en deux ou trois séquences (chacune sur une période). Dans cet exemple nous avons décidé de présenter une seule séquence portant sur **la Reconstruction et la construction européenne.**

séance	Titre	connaissances	capacités/attitudes
1	**Reconstruire une Europe dévastée**	Dans cette première séance, les élèves observent l'état de la France et de l'Europe après la Libération. Les premiers travaux de redressement sont lancés avec la Commission au Plan et l'Aide Marshall.	• Analyse d'images. • Analyse d'affiche. • Analyse de texte.
2	**Réconciliation et construction européenne**	À partir, du texte fondateur de la CECA et/ou de la CEE, les élèves découvrent le contexte de création de ce qui deviendra l'Union européenne.	• Analyse d'images. • Analyse d'affiche. • Analyse de texte.
3	**Les grands travaux de la Reconstruction**	À partir d'images de l'INA, de documents iconographiques et de graphiques, les élèves découvrent une France en chantier.	• Analyse d'images. • Analyse d'affiche. • Analyse de texte. • Analyse d'une vidéo.
4	**Naissance de la société de consommation**	À partir de quelques documents audiovisuels et d'affiches publicitaires, les élèves découvrent le fonctionnement de la société de consommation.	• Analyse d'images. • Analyse d'affiche. • Analyse de texte. • Analyse d'une vidéo.
5	**Une Europe aux pouvoirs et aux adhésions élargis**	Les grandes étapes qui conduisent de la CEE à la création de l'UE, à l'instauration de l'euro et de la citoyenneté européenne sont abordées. À partir d'une carte, coloriée par les élèves, ces derniers constatent les différentes phases de l'élargissement européen.	• Analyse d'images. • Analyse d'affiche. • Analyse de texte. • Construction d'une carte.

3

Enseigner la géographie

14 Explorer et questionner l'espace aux cycles 1 et 2

Plan du chapitre

Lors des deux cycles qui précèdent celui dit des « approfondissements », la géographie n'apparaît pas en tant que telle, mais le « cycle des apprentissages premiers » (cycle 1 : Petite, Moyenne et Grande Section) et celui des « apprentissages fondamentaux » (cycle 2 : CP, CE1, CE2) constituent des étapes préparatoires à la discipline géographique en aidant l'élève à se structurer dans l'espace.

Les éléments de ce chapitre ne sont que des amorces de réflexions permettant une meilleure articulation des savoirs et compétences géographiques entre les différents cycles de l'école primaire.

REMARQUE

Les enjeux de la structuration dans l'espace

La structuration dans l'espace implique chez l'enfant plusieurs capacités : se situer, s'orienter, se déplacer dans son environnement mais également situer, orienter, organiser, déplacer et concevoir des objets du monde proche et lointain.

1 Espace et spatialité : grandir dans son environnement proche

Espace et spatialité sont deux mots-clés de la métathéorie géographique. La spatialité englobe des notions qui la déclinent et expriment des aspects précis de ce qu'elle circonscrit. L'habiter, l'action spatiale, l'usage, le parcours, la territorialité sont indexables dans la spatialité. L'agencement participe à la fois de la spatialité, en tant que processus d'organisation, et de l'espace, en tant qu'ensemble organisé.[1]

1. Michel Lussault, « Spatialité », dans *Dictionnaire de la géographie et de l'espace des sociétés*, Belin, 2003, p. 867.

À travers ces mots, Michel Lussault exprime l'importance qu'a, sur nos vies, la notion de spatialité. L'élève de maternelle est un acteur spatial en devenir à qui l'école, entre autres, va transmettre des *modi habitandi*, des manières d'appréhender et d'habiter les différents espaces, proches et lointains, qu'il est amené à pratiquer au quotidien, d'abord, puis qu'il aura potentiellement à parcourir plus tard.

1.1 De la spatialité à l'espace…

Si l'on veut bien prendre avec nous l'exemple du plan de masse du Stade de France, on peut se rendre compte que cet espace préconçu en fonction de principes architecturaux a été redécoupé en fonction d'un certain nombre de critères qui scindent la « micro-société » constituée par le public d'un soir et établissent des sous-groupes sociaux à l'intérieur de l'enceinte sportive. Tout comme le stade lui-même, ces espaces sont cloisonnés. Ils se distinguent par un emplacement (tribune, angle, gradins…) et des services (pot d'accueil, restauration…) plus ou moins privilégiés, liés au montant du ticket que le « sociétaire » a payé. Ainsi ce sont ces différentes manières d'occuper le stade qui définissent les différents espaces ainsi que le stade lui-même.

C'est la spatialité qui définit l'espace et non le contraire. L'enfant se crée une multitude d'espaces avec lesquels il entretient des relations personnelles. Ces espaces sont individuels ou partagés avec des « sociétés » ou « tribus » plus ou moins nombreuses. « Sociétés » ou « tribus » car ces groupes ont établi des règles pour habiter les espaces dans lesquels ils se meuvent.

1.2 Comment définir un espace ?

Si nous continuons avec l'exemple des tribunes officielles du Stade de France, on peut dire qu'il s'agit d'un espace qui peut se définir à l'aide de trois critères fondamentaux : la métrique, l'échelle et la substance. Nous réutilisons ici une approche empruntée à Jacques Lévy[1]. La métrique est le mode de mesure et de traitement de la distance. Elle implique le tracé de limites pour définir l'espace considéré, la matérialisation de la tribune officielle dans l'enceinte du stade (clôture en fer, accès d'un espace à un autre). La substance est l'ensemble des critères sociaux qui permettent d'habiter l'espace (financiers, octrois, physiques, fonctionnels…). L'échelle est le rapport de taille entre les différentes réalités géographiques de l'espace, la place des tribunes officielles à l'intérieur de l'enceinte du stade.

Pour Michel Lussault[2], tout espace se composerait de lieux, d'une limite et d'une *distance*. Cette définition nous paraît pertinente pour aborder l'espace et le repérage dans l'espace au Cycle 1 dans la mesure où elle invite l'adulte à fournir à l'enfant des repères qui caractérisent l'espace donné (*lieux*, localisations précises), des limites matérielles et des parcours possibles dans cet espace en proposant des itinéraires (distance) qui relient les différents lieux de l'espace lui donnant ainsi du sens.

1. Jacques Lévy, « Espace », dans *Dictionnaire de la géographie et de l'espace des sociétés*, Belin, 2003, p. 325.
2. Michel Lussault, *L'homme spatial. La construction sociale de l'espace humain*, Seuil, 2007, p. 46.

1.3 Comment un enfant parvient-il à définir un espace ?

Les travaux menés par Fedor Shemyakin[1] dans les années 60 à partir des cartes mentales produites par des enfants et des adultes concluent sur la présence systématique de trois éléments qui permettent aux individus de se repérer dans un espace : des **repères**, un **cheminement**, la **configuration** générale de l'endroit. Les repères sont des éléments singuliers qui permettent l'identification d'un emplacement dans une aire donnée. Ils constituent des points remarquables visuellement et peuvent être extrêmement variables selon le terrain, les individus et leur âge. Une étude de A. Brown[2] menée en 1973 montre que les enfants de 4 ans arrivent à reconnaître des repères spatiaux aussi bien que les adultes. Tout au long de leur développement, les enfants apprennent à utiliser les repères, à en rechercher de nouveaux, de plus en plus loin, et en affinant leurs discriminations. La constitution d'un chemin dans une aire donnée consiste à définir un système de passage d'un repère à un autre. Un itinéraire peut alors être vu comme une séquence ordonnée de repères. À chaque repère est associée une direction à prendre pour atteindre le repère suivant. Là encore, la construction et la représentation d'un itinéraire jalonné de repères semble être envisageable dès 4 ans pour un itinéraire séquentiel simple[3]. Pour permettre à l'enfant d'anticiper de nouveaux chemins, il est nécessaire de disposer d'un système organisé de repérage pour l'ensemble de l'aire considérée. Là encore les travaux de Shemyakin sont précieux. Le psychologue distingue deux types de cartes mentales produites par les enfants : les *route-maps* et les *survey-maps*. Les premières sont des cartes mentales qui donnent à voir les divers cheminements de l'enfant dans l'aire considérée : on y trouve des repères en ordre le long d'axes de circulation et des connexions avec d'autres itinéraires. Les secondes représentent l'intégralité de l'aire où une multitude de détails sont perçus simultanément. Shemyakin observe que les jeunes enfants, lorsqu'ils doivent faire le plan de leur quartier, dessinent les chemins qu'ils connaissent, en omettant les rues traversées et les intersections non fréquentées (*route-maps*). Ce n'est que vers l'âge de 12 ans que les enfants se mettraient à produire des plans d'ensemble (*survey-maps*).

1.4 La représentation de l'espace chez l'enfant

Les travaux de Piaget et Inhelder[4] ont montré que la représentation de l'espace par l'enfant se fait de l'expérimentation vers l'abstraction, de la manipulation au mental, du mode perceptif au mode représentatif. Tout au long de sa vie, et ce dès sa naissance, à partir de son activité, en fonction de ses capacités de locomotion, d'exploration, l'homme se représente des espaces au fur et à mesure où il peut les construire.

On peut alors distinguer quatre étapes successives dans la structuration de l'espace. Celui-ci est d'abord *subi*, *vécu*, puis *perçu* et enfin *conçu*.

1. Fedor N. Shemyakin, « Orientation in Space », dans B.G. Ananiev *et al.*, *Psychological Science in the USSR*, vol. 1, Washington, Office of technical services, 1962, p. 186-255.
2. A. L. Brown, "Judgments of regency for long sequences of pictures : the absence of developmental trends", *Journal of Experimental Child Psychology*, n° 15, 1973, p. 473-480.
3. A. L. Brown, S. C. Lawton, *Age differences in the ability to retrace a journey in forward or reverse sequentiality*, Manuscrit non publié, Université d'Illinois, 1975.
4. Jean Piaget, Bärbel Inhelder, *La représentation de l'espace chez l'enfant*, PUF, 1977.

- **Avant l'entrée à l'école.** De 0 à 2 ans, l'enfant franchi une étape majeure avec l'apprentissage de la marche. De 0 à 3 mois, il subit les déplacements que son entourage lui impose. Il ne construit aucun lien entre les espaces qu'il découvre ou qu'il traverse. Les espaces qu'il se construit sont essentiellement visuels, basés sur l'éloignement et le rapprochement. Ces espaces sensoriels peuvent être également tactiles, auditifs ou olfactifs. Avec l'apprentissage de la marche et jusqu'à ses deux ans, les espaces de l'enfant sont ceux de l'action et du mouvement (espace sensori-moteur). Les espaces qu'il se construit ne sont plus subis mais vécus.
- **Au cycle 1.** L'élève de maternelle est donc un enfant qui va tout au long du cycle s'adapter au monde qui l'entoure par le biais de jeux symboliques. Il commence à percevoir les espaces sans que son corps ait besoin de l'expérimenter directement : il passe lentement d'espaces vécus aux espaces perçus. Sa vision du monde qui l'entoure se fait d'abord par rapport à lui-même et sa perception s'établit sur des rapports topologiques entre les objets :
  - rapport de voisinage : proximité, éloignement, contiguïté ;
  - rapport de séparation : dissociation, collection ;
  - rapport d'ordre ou de succession : alignement, empilement ;
  - rapport d'entourage et d'enveloppement ;
  - rapport de continuité et de discontinuité.
- **Au cycle 2.** Du CP au CE2, parfois déjà en Grande Section, l'élève parvient à percevoir les espaces, c'est-à-dire qu'il est capable de les analyser sans pour cela s'y déplacer. Il parvient également à percevoir les objets à partir d'un autre point que le sien (décentration). Son propre corps devient un objet parmi d'autres et non plus l'origine de tout espace. La représentation des espaces qu'il perçoit peut succéder à l'action.
- **Au cycle 3.** Au cours du cycle 3, et ce vers 9/10 ans, l'élève passe à l'abstraction. Les espaces ne sont plus simplement perçus mais « conçus ». L'enfant se familiarise avec les espaces euclidiens et métriques conditionnés par la conservation des distances et des volumes. Ces différentes phases de la structuration de l'espace ne sont pas du seul domaine « Découvrir le monde », elles concernent également ceux du « Agir avec son corps », du « Percevoir, sentir, imaginer, créer » ou du « Découvrir l'écrit ».

2 Connaître les programmes de cycles 1 et 2

On trouve chez le mathématicien Guy Brousseau[1] une distinction de trois types d'espaces à trois échelles différentes. Les **micro-espaces** correspondent aux espaces proches du sujet. L'enfant peut les voir, les toucher et déplacer des objets dans ces espaces. L'observateur se situe à l'extérieur et peut en avoir plusieurs points de vue. Les micro-espaces sont les espaces de la feuille, de la géométrie, de la maquette et de la carte. Les **méso-espaces**, espaces intermédiaires, sont les espaces dans lesquels l'enfant peut se déplacer « dans

1. Guy Brousseau, « Étude de questions d'enseignement. Un exemple : la géométrie », *Séminaire de Didactique des mathématiques et de l'informatique*, n° 45, Grenoble, 1983.

un domaine contrôlé par la vue, les objets sont fixes et mesurent 0,5 à 50 fois la taille du sujet ». Placé à l'intérieur des méso-espaces, l'élève a besoin de la carte ou la maquette pour les appréhender. Les **macro-espaces**, qui vont de la ville à l'espace interstellaire, sont des espaces accessibles uniquement à des visions locales. L'enfant ne peut jamais les appréhender totalement et doit coordonner des informations partielles pour se faire une idée de l'ensemble. Là encore, le passage à des micro-espaces de substitution (cartes, plans, maquette) est nécessaire.

Ces trois types d'espaces constituent le vaste domaine de la géographie. La structuration dans les micro-espaces au cycle 1, puis dans les méso-espaces au cycle 2 peut constituer une progression suggérée par les programmes de 2008.

2.1 Le programme de cycle 1

BO n° 25 du 24 juin 2021

L'espace

• Faire l'expérience de l'espace

L'expérience de l'espace porte sur l'acquisition de connaissances liées aux déplacements, aux distances et aux repères spatiaux élaborés par les enfants au cours de leurs activités. L'enseignant crée les conditions d'une accumulation d'expériences assorties de prises de repères sur l'espace en permettant aux enfants de l'explorer, de le parcourir, d'observer les positions d'éléments fixes ou mobiles, les déplacements de leurs pairs, d'anticiper progressivement leurs propres itinéraires au travers d'échanges langagiers. L'enseignant favorise ainsi l'organisation de repères que chacun élabore, par l'action et par le langage, à partir de son propre corps afin d'en instruire progressivement une image orientée.

• Représenter l'espace

Par l'utilisation et la production de représentations diverses (photos, maquettes, dessins, plans, etc.) et également par les échanges langagiers avec leurs camarades et les adultes, les enfants apprennent à restituer leurs déplacements et à en effectuer à partir de consignes orales comprises et mémorisées. Ils établissent alors les relations entre leurs déplacements et les représentations de ceux-ci. Le passage aux représentations planes par le biais du dessin les amène à commencer à mettre intuitivement en relation des perceptions en trois dimensions et des codages en deux dimensions faisant appel à certaines formes géométriques (rectangles, carrés, triangles, cercles). Ces mises en relations seront plus précisément étudiées à l'école élémentaire, mais elles peuvent déjà être utilisées pour coder des déplacements ou des représentations spatiales. De plus, les dessins, comme les textes présentés sur des pages ou les productions graphiques initient les enfants à se repérer et à s'orienter dans un espace à deux dimensions, celui de la page mais aussi celui des cahiers et des livres.

• Découvrir l'environnement

L'observation constitue une activité centrale. Elle est d'abord conduite à « hauteur d'élève » au sein de l'école et de ses abords (la classe, l'école, le quartier, etc.) puis permet la découverte d'espaces moins familiers (selon les cas, campagne, ville, mer, montagne, etc.), à partir de documents et de situations vécues en milieu naturel lors de sorties scolaires régulières. L'observation des constructions humaines (maisons, commerces, monuments, routes, ponts, etc.) relève du même cheminement. Ces différentes situations se prêtent à des questionnements et aux premiers classements, à la production d'images (l'appareil photographique numérique est un auxiliaire pertinent), à la recherche d'informations, grâce à la médiation du maître, sur le terrain, dans des documentaires, sur des sites Internet. Cette exploration des milieux permet d'interroger les gestes du quotidien, de faire prendre conscience aux élèves d'interactions simples, de les initier à une attitude responsable (respect des lieux, de la vie, connaissance de l'impact de certains comportements sur l'environnement, etc.). L'ensemble est complété et prolongé au travers des supports de travail, de rituels et de jeux, ainsi que dans le choix des textes et histoires utilisés.

À partir des expériences vécues à l'école et en dehors de celle-ci par les enfants de la classe et des occasions qu'il provoque, l'enseignant favorise également une première découverte de pays et de cultures pour les ouvrir à la diversité du monde. Cette découverte peut se faire en lien avec une première sensibilisation à la pluralité des langues.

- Ce qui est attendu des enfants en fin d'école maternelle
  - Situer des objets par rapport à soi, entre eux, par rapport à des objets repères.
  - Se situer par rapport à d'autres, à des objets repères.
  - Dans un environnement bien connu, réaliser un trajet, un parcours à partir de sa représentation (dessin ou codage).
  - Élaborer des premiers essais de représentation plane, communicables (construction d'un code commun).
  - Orienter et utiliser correctement une feuille de papier, un livre ou un autre support d'écrit, en fonction de consignes, d'un but ou d'un projet précis.
  - Utiliser des marqueurs spatiaux adaptés (devant, derrière, droite, gauche, dessus, dessous…) dans des récits, descriptions ou explications.

Les programmes dessinent ainsi trois axes pour les trois années du cycle 1 qui sont également trois compétences à développer et à évaluer : se situer dans l'espace et situer des objets par rapport à soi ; se repérer dans l'espace d'une page ; comprendre et utiliser à bon escient le vocabulaire de repérage.

Le travail mené lors du cycle permet alors de valider un certain nombre de compétences que nous avons voulu lister ici en les classant des plus faciles aux plus compliquées en notant d'un « + » le niveau où leur apprentissage est le plus recommandé.

	PS	MS	GS
Comprendre et utiliser à bon escient le vocabulaire de localisation : devant, derrière, sur, dessous, dessus, dedans.	+	++	++
Décrire oralement sa position par rapport à des objets ou à d'autres personnes.	+	++	++
Comprendre et utiliser à bon escient le vocabulaire de voisinage : loin de, près de, à côté de...	+	++	++
Décrire oralement des positions relatives à des objets ou à d'autres personnes.	+	++	++
Suivre un itinéraire simple dans l'école (salle de motricité, cour) en respectant des consignes orales.	+	++	++
Décrire oralement les différents éléments d'un espace organisé.	+	++	++
Localiser oralement différents éléments d'un espace organisé.	+	++	++
Décrire oralement des itinéraires.	-	+	++
Représenter un itinéraire.	-	+	++
Repérer des éléments étudiés selon différents points de vue.	-	+	++
Comprendre et utiliser à bon escient le vocabulaire d'enveloppement : au milieu, à l'intérieur, à l'extérieur...	-	+	++
Distinguer la gauche et la droite.	-	+	++
Suivre un itinéraire simple dans l'école (salle de motricité, cour) en respectant des consignes écrites codées (plan).	-	+	++
Se repérer dans une maquette.	-	+	++
Suivre un itinéraire dans une maquette.	-	+	++
Se repérer dans un espace en passant de la maquette au plan et inversement.	-	+	++
Se repérer dans l'espace d'une page.	-	+	++
Représenter l'espace proche sur un plan (classe, école, quartier).	-	-	+
Comprendre et utiliser à bon escient le vocabulaire de continuité : à la limite, au bord...	-	-	+
Comprendre et utiliser à bon escient le vocabulaire de séparation : en dehors de, séparé de...	-	-	+

2.2 Le programme de cycle 2

BO spécial n° 11 du 26 novembre 2015

[…] Dès le CP, les élèves, guidés par le maître, mènent sur le terrain, des observations, manipulations, explorations et descriptions, complétées par des récits, des témoignages et des études de documents. Ils repèrent ainsi des régularités, des transformations, des corrélations et dégagent des faits remarquables. Ces pratiques régulières articulent des moments ritualisés en évolution et des séquences structurées.

- Se situer dans l'espace

Cette compétence transversale, indispensable à la structuration cognitive des élèves, se construit à partir d'une verbalisation et de rituels quotidiens ainsi que de séquences dédiées, qui installent progressivement des repères spatiaux ainsi qu'un langage précis.

- Attendus de fin de cycle
  - Se repérer dans l'espace et le représenter.
  - Situer un lieu sur une carte, sur un globe ou sur un écran informatique.

Comme nous avons déjà pu le signaler dans le paragraphe 1c, les élèves de CP, CE1 et CE2 sont dans la phase de l'espace perçu. Les perceptions qu'ils ont des différents espaces qui leur sont proposés en classe (méso-espaces mais également macro-espaces) sont les points de départ pour élaborer des représentations spatiales simples et pour comparer des espaces éloignés. La dimension culturelle de la géographie actuelle prend ici tout son sens comme on pourra le voir dans l'exemple ci-après.

L'analyse des programmes invite à lister un certain nombre d'apprentissages à développer pendant les trois années du cycle 2. En voici un exemple :

	CP	CE1	CE2
Comprendre et utiliser à bon escient le vocabulaire de localisation : devant, derrière, sur, dessous, dessus, dedans.	++	++	++
Décrire et situer sa place sur le plan de la classe.	++	++	++
Décrire et situer sur un plan l'emplacement d'un objet.	+	++	++
Savoir s'orienter et se déplacer dans l'école et dans l'environnement immédiat.	+	++	++
Établir, à partir de représentations mentales, le plan de la classe.	+	++	++
Établir, à partir de représentations mentales, le plan de l'école.	+	++	++
Établir, à partir de représentations mentales, le plan de l'école dans son environnement immédiat.	+	++	++
Décrire et représenter un itinéraire sur un plan.	+	++	++
Décrire un paysage en utilisant le vocabulaire approprié.	+	++	++

	CP	CE1	CE2
Représenter un paysage correspondant à la description qui en a été faite (associer une image à un texte).	+	++	++
Élaborer, à partir de représentations mentales, le plan du quartier où se trouve l'école.	-	+	++
Connaître diverses formes de végétations, de vies humaines et d'habitats.	-	+	++
Étudier l'évolution d'un paysage à travers différentes époques.	-	+	++
Étudier l'évolution d'un paysage à travers différentes époques.	-	+	++
Repérer sa ville et sa région sur une carte.	-	+	++
Repérer les grands ensembles géographiques (continents, grandes chaînes de montagnes, océans).	-	+	++
Repérer la France, quelques États d'Europe et du monde sur une carte.	-	-	+
Repérer quelques milieux géographiques caractéristiques proches et lointains.	-	-	+

La fin du CE2 correspond à la fin du cycle des apprentissages fondamentaux et au palier 1 du Socle commun des compétences. Voici ici les items évaluables pendant ce cycle :

Compétences travaillées	Domaines
Pratiquer des démarches scientifiques • Pratiquer, avec l'aide des professeurs, quelques moments d'une démarche d'investigation : questionnement, observation, expérience, description, raisonnement, conclusion.	4
Pratiquer des langages • Communiquer en français, à l'oral et à l'écrit, en cultivant précision, syntaxe et richesse du vocabulaire. • Lire et comprendre des textes documentaires illustrés. • Extraire d'un texte ou d'une ressource documentaire une information qui répond à un besoin, une question. • Restituer les résultats des observations sous forme orale ou d'écrits variés (notes, listes, dessins, voire tableaux).	1
Mobiliser des outils numériques • Découvrir des outils numériques pour dessiner, communiquer, rechercher et restituer des informations simples.	2
Se situer dans l'espace • Construire des repères spatiaux : *Se repérer, s'orienter et se situer dans un espace géographique* ; *Utiliser et produire des représentations de l'espace.*	5

3 Anticiper l'année scolaire pour programmer

Avant de planifier l'ensemble du programme concernant « Découvrir le monde/Se structurer dans l'espace » aux cycles 1 et 2, il convient de connaître le temps dont dispose l'enseignant pour cet enseignement.

3.1 Organiser le cycle 1

Le *BO* n° 44 du 26 novembre 2015 ne donne aucune indication précise sur les horaires à allouer à chacun des cinq « domaines d'apprentissage » : Mobiliser le langage dans toutes ses dimensions ; agir, s'exprimer, comprendre à travers l'activité physique ; agir, s'exprimer, comprendre à travers les activités artistiques ; construire les premiers outils pour structurer sa pensée ; explorer le monde. Les seules indications précieuses que donne le BO sont que l'élève de maternelle est à l'école pour 24 heures et que les activités journalières doivent être ritualisées. Ainsi à l'aide d'une grille hebdomadaire ritualisée les enseignants vont intégrer des progressions d'apprentissages à partir des compétences de fin de cycle définies dans le programme pour la fin de l'école maternelle.

Exemple de progression possible : « Structuration dans l'espace » au cycle 1

Petite Section	Période 1	Période 2	Période 3	Période 4	Période 5
Décrire oralement sa position par rapport à des objets ou à d'autres personnes.	x				
Comprendre et utiliser à bon escient le vocabulaire de localisation : devant, derrière, sur, dessous, dessus, dedans.	x	x			
Comprendre et utiliser à bon escient le vocabulaire de voisinage : loin de, près de, à côté de…		x			
Décrire oralement des positions relatives à des objets ou à d'autres personnes.			x		
Décrire oralement les différents éléments d'un espace organisé.			x		
Localiser oralement différents éléments d'un espace organisé.				x	x
Suivre un itinéraire simple dans l'école (salle de motricité, cour) en respectant des consignes orales.				x	x

Moyenne Section	Période 1	Période 2	Période 3	Période 4	Période 5
Localiser oralement différents éléments d'un espace organisé.	x				
Suivre un itinéraire simple dans l'école (salle de motricité, cour) en respectant des consignes orales.	x				
Décrire oralement des itinéraires.		x			
Comprendre et utiliser à bon escient le vocabulaire d'enveloppement : au milieu, à l'intérieur, à l'extérieur…		x			
Se repérer dans une maquette.			x		
Se repérer dans un espace en passant de la maquette au plan et inversement.			x		
Suivre un itinéraire simple dans l'école (salle de motricité, cour) en respectant des consignes écrites codées (plan).				x	
Se repérer dans l'espace d'une page.				x	
Distinguer la gauche et la droite.					x
Repérer des éléments étudiés selon différents points de vue.					x
Comprendre et utiliser à bon escient le vocabulaire de continuité : à la limite, au bord…					x

Grande Section	Période 1	Période 2	Période 3	Période 4	Période 5
Distinguer la gauche et la droite.	x	x	x	x	x
Repérer des éléments étudiés selon différents points de vue.	x	x	x		
Se repérer dans un espace en passant de la maquette au plan et inversement.		x			
Se repérer dans une maquette.		x			
Suivre un itinéraire simple dans l'école (salle de motricité, cour) en respectant des consignes écrites codées (plan).			x		
Décrire oralement des itinéraires.			x	x	
Comprendre et utiliser à bon escient le vocabulaire de séparation : en dehors de, séparé de…				x	
Se repérer dans l'espace d'une page.	x	x	x	x	x

Grande Section	Période 1	Période 2	Période 3	Période 4	Période 5
Représenter l'espace proche sur un plan (classe, école, quartier).					x
Comprendre et utiliser à bon escient le vocabulaire de continuité : à la limite, au bord...					x

3.2 Organiser le cycle 2

_BO_ n° 44 du 26 novembre 2015

• 10 heures hebdomadaires sont consacrées à des activités quotidiennes d'oral, de lecture et d'écriture qui prennent appui sur l'ensemble des champs disciplinaires.
• Enseignement moral et civique : 36 heures annuelles, soit une heure hebdomadaire dont 0 h 30 est consacrée à des situations pratiques favorisant l'expression orale.

En tenant compte des congés scolaires, l'année d'un élève est constituée de 36 semaines de 24 heures soient de 864 heures de classe en tout. À raison d'une heure consacrée à la « structuration dans l'espace » par semaine, l'enseignant peut partir sur une base de 36 heures maximum par an.

Exemple de programmation annuelle/progression possible : « Questionner l'espace » au cycle 2 :

	CP	CE1	CE2
Période 1	Milieu familier : • La classe. • L'école.	Milieu familier : • Les abords de l'école et caractérisation des espaces.	Vivre en ville en France et ailleurs.
Période 2	Milieu familier : • Le quartier. • La commune.	Milieux familiers : • Paysages urbains et ruraux.	Vivre en campagne en France et ailleurs.
Période 3	Maquettes et plans : • Place du village.	Milieux familiers : • Modes de vie urbains et ruraux.	Vivre au bord de la mer en France et ailleurs.
Période 4	Environnement proche : • La mer.	Environnement proche : • Les paysages qui nous entourent.	Vivre à la montagne en France et ailleurs.
Période 5	À la découverte d'un milieu lointain.	À la découverte d'un milieu lointain.	Vivre dans les déserts chauds et froids.

4 Programmer des séquences

Dans la mesure où la structuration dans l'espace en cycle 1 et en cycle 2 est une compétence interdisciplinaire, il nous a paru intéressant de livrer trois exemples de séquences montées à partir de trois albums de jeunesse :

- *Quatre petits Coins de rien du tout* de Jérôme Ruillier chez Bilboquet, paru en 2004.
- *Devine qui fait quoi* une promenade invisible de Gerda Müller à l'École des Loisirs, paru en 1999.
- *Madlenka* de Peter Sis chez Grasset Jeunesse, paru en 2000.

4.1 Se repérer dans l'espace en Petite et Moyenne Section avec *Quatre petits Coins de rien du tout*[1] de Jérôme Ruillier

a. Présentation de l'album

Pendant la récréation, petit Carré aime s'amuser avec ses amis, les petits Ronds. Après avoir joué, tous les petits Ronds rentrent dans la « grande maison », sauf petit Carré qui ne parvient pas à passer la porte qui est ronde. Il a beau s'allonger, se contorsionner, se tordre. Rien n'y fait : il ne sera jamais rond. Les petits Ronds veulent aider petit Carré et se réunissent dans la classe pour trouver une solution.

Figure 1 : Couverture de *Quatre petits coins de rien du tout* (2004)

Petit Carré refuse d'emblée la solution douloureuse qui le priverait de son identité physique (lui couper les coins, par exemple, dans le but de l'arrondir). C'est finalement

1. D'après le travail réalisé en classe de maternelle par Sophie Treuil, *Quatre petits Coins de rien du tout ou Comment intégrer un personnage différent des autres ?*, Projet de Cycle I, janvier 2010.

l'école qui va s'adapter à sa différence. Les petits Ronds découpent « quatre petits coins de rien du tout » dans la porte pour la transformer en carré et permettre ainsi à petit Carré de les rejoindre dans la classe.

La couverture de l'album permet d'emblée d'entrer dans le projet d'écriture de l'auteur. Elle valorise les matières et les formes (toile de jute, pastel). Elle pose d'elle-même tout le problème auquel va répondre l'album : un rond, un carré et une ouverture ronde vers laquelle s'engage le carré. Le titre également questionne : que peuvent bien être ces « quatre petits coins de rien du tout » ?

b. Proposition de séquence

La séquence qui suit propose 7 activités tournant autour de l'album que nous venons de présenter et qui demande à l'élève de situer des objets les uns par rapport aux autres et d'utiliser du vocabulaire topologique.

La fabrication d'une maquette en deux dimensions est pertinente pour permettre aux élèves de Petite Section de manipuler pour se structurer dans l'espace.

- Une feuille raisin (65 × 50 cm) représentera le cadre de la cour de récréation.
- Une feuille A4 (21 × 29,7 cm) représentera la classe dans laquelle on aura découpé une porte circulaire de 5 cm de diamètre.
- 2 ronds blancs, 3 ronds jaunes, deux ronds noirs, deux ronds orange et un rond rose de 5 cm de diamètre.
- 1 carré bleu de 5 cm d'arête.

Une lecture de l'album est initialement faite à toute la classe suivie d'un débat interprétatif avant de commencer toute activité. Le passage à la maquette peut être envisagé lors d'une seconde lecture dans laquelle on fait oraliser les élèves.

Activité	Objectifs	Déroulement
1	Oralisation, utilisation du vocabulaire topologique.	À partir de quelques pages de l'album présenté aux élèves, interroger les élèves sur la localisation du Petit Carré, de tel ou tel rond. Les élèves apprennent à utiliser : « à côté de », « devant », « derrière », « entre ». Ils repèrent également les formes et les couleurs.
2	Se repérer dans un quadrillage, tracer des ronds et des carrés.	Les élèves ont une fiche sur laquelle se trouvent deux quadrillages de 3 lignes et 3 colonnes. Le quadrillage de gauche contient des ronds et des carrés que l'élève doit reproduire en manipulant des ronds et des carrés prédécoupés.

Activité	Objectifs	Déroulement
3	Se repérer dans un quadrillage, tracer des ronds et des carrés.	Les élèves ont une fiche sur laquelle se trouvent deux quadrillages de 3 lignes et 3 colonnes. Le quadrillage de gauche contient des ronds et des carrés que l'élève doit reproduire en les dessinant dans les cases correspondantes.
4	Se repérer dans la page, situer des objets les uns par rapport aux autres, reproduire une illustration de l'album (p. 24-25).	Distribuer une feuille A3 représentant la « grande maison » à chaque élève. Le maître a pris soin de découper un carré en bas à gauche matérialisant la porte. Le maître distribue à chaque élève les ronds et le carré prédécoupés. Consigne : « Nous allons remettre les Petits Ronds et Petit Carré dans la grande maison sans les changer de place en nous aidant de l'illustration du livre. » Procéder par ligne en guidant l'élève : « Où vas-tu poser le rond rose ? » etc. Faire coller les divers éléments.
5	Se repérer dans la page, situer des objets les uns par rapport aux autres, reproduire une illustration de l'album (p. 24-25). Les ronds sont alignés dans la « classe ».	Prolongement de l'activité 5 : à partir de leur réalisation en collage, les élèves dessinent sur une feuille A4 sur laquelle on a déjà fait figurer le carré de la porte, les différents ronds qu'ils ont collés à la séance précédente.
6	Se repérer dans la page, situer des objets les uns par rapport aux autres, reproduire une illustration de l'album (p. 26-27). Les ronds et le carré sont en cercle dans la « classe ».	Distribuer une feuille A3 représentant la « grande maison » à chaque élève. Le maître a pris soin de découper un carré en bas à gauche matérialisant la porte et d'indiquer l'emplacement des ronds autour d'un cercle. Le maître distribue à chaque élève les ronds et le carré prédécoupés. Consigne : « Colle les petits ronds de couleur et le carré dans les emplacements pour qu'ils soient placés comme sur l'illustration du livre. »
7	Se repérer dans la page, situer des objets les uns par rapport aux autres, reproduire une illustration de l'album (p. 26-27). Les ronds et le carré sont en cercle dans la « classe ».	Prolongement de l'activité 6 : à partir de leur réalisation en collage, les élèves dessinent sur une feuille A4 sur laquelle on a déjà fait figurer le carré de la porte, les différents ronds et le carré qu'ils ont collés à la séance précédente.

c. Évaluation possible

L'évaluation possible est ici une évaluation formative réalisée par le maître à l'issue ou au cours de chaque activité proposée.

4.2 Se structurer dans l'espace en Moyenne Section avec *Devine qui fait quoi* de Gerda Müller

a. Présentation de l'album

L'album *Devine qui fait quoi*[1] de Gerda Müller est un album qui ne contient aucun texte à l'exception des trois mots de la première page : « Suivons ses traces… ». Même le principal protagoniste du récit, un petit garçon, est absent des images. L'album donne donc à lire une suite de décors, de lieux géographiques ayant été parcourus par le jeune héros invisible et qui a laissé les traces, les indices, de son passage. Il appartient alors au lecteur de verbaliser et de découvrir l'intrigue.

Dans *Devine qui fait quoi*, le petit garçon que l'on entrevoit endormi sous ses couvertures sur l'illustration de la page de titre, se réveille, joue avec une caisse en bois qu'il entreprend de transformer en bateau. Il s'aperçoit alors qu'il lui manque un mât. Après avoir pris son petit-déjeuner, il part affronter la neige qui a recouvert la campagne environnante. C'est de l'autre côté d'une rivière qu'il trouve une branche dont il s'empare et qu'il rapporte à la maison pour terminer de jouer. Son parcours géographique, somme toute assez simple, est parsemé de petits épisodes anecdotiques que Gerda Müller nous laisse découvrir à travers quelques menus détails disséminés dans les doubles pages de décors.

Figure 2 : Couverture de *Devine qui fait quoi* (1999)

Le récit est à lire par doubles pages ce qui permet de proposer au lecteur une série de vues panoramiques séquentielles des lieux traversés par l'enfant. Le lecteur est invité à

1. Gerda Müller, *Devine qui fait quoi*, L'École des loisirs, 1999.

suivre le personnage depuis son espace intime (son lit à la page de titre), en passant par sa chambre, sa maison, la cour de sa maison (matérialisée par une clôture barbelée), les abords immédiats de la maison (enclos, remise), l'au-delà des confins connus matérialisés par le cours d'eau que l'enfant brave en fabriquant un pont de fortune (*cf.* schéma ci-après).

La lecture de l'espace proposée par Gerda Müller pourrait être qualifiée de *psychologique* au sens où l'entend Abraham Moles dans ses travaux menés sur la *proxémique*. En effet, on peut y voir les différentes « coquilles » que l'homme se construit autour de lui. Une des lois fondamentales de la proxémique, énoncée par Moles, est que « l'importance de toute chose diminue avec sa distance au point ici ». Ainsi, le parcours du petit garçon peut-il se lire comme l'expression de ce que Moles nomme « l'élasticité des limites » dans un champ de libertés que l'être humain entretient avec l'espace topologique. Gerda Müller nous montre, pour commencer, l'enfant dans son lit (page 2), sous ses couvertures, avec son nounours (objet de transferts affectifs). Cette première coquille correspond à ce qu'Edward T. Hall appelle la « sphère intime » du garçon. À la page 3, nous découvrons l'ensemble de la chambre de l'enfant composée d'objets personnalisés : le dessin que l'enfant a réalisé et qui orne son lit, sa chaise, sa table de travail, la fenêtre de sa chambre aux rideaux à pois clairement distincts de ceux de la cuisine (unis et impersonnels).

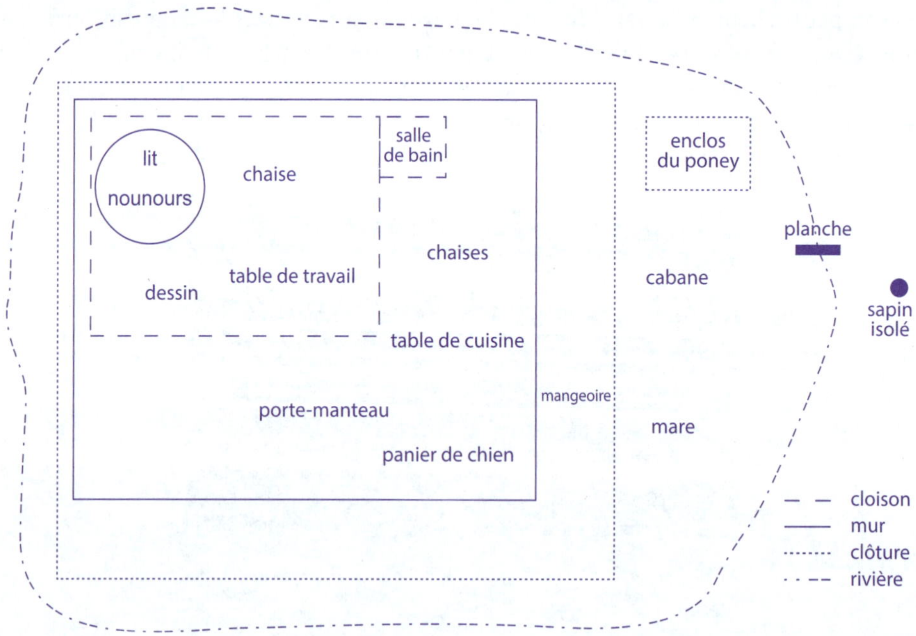

Figure 3 : Emboîtement des espaces traversés par le jeune héros de *Devine qui fait quoi*

Nous entrons alors dans la « sphère personnelle » de l'enfant, ce qu'Irwin Altman nomme aussi le « territoire primaire » : espace cloisonné, personnalisé où toute intrusion peut y être vécue comme une violation. La salle de bain, en retrait et dans l'ombre, est en autre espace personnel partagé très probablement avec le petit frère du garçon tout comme doit l'être la chambre : deux gants pendent près du lavabo, on découvrira pendu également sur le porte-manteaux dans l'entrée un anorak plus petit au-dessus de petites bottes vertes.

Les pages 5, 6 et 7 nous amènent dans un espace partagé par tous les occupants de la maison : il s'agit de la cuisine ouverte sur l'entrée. On y trouve des objets qui nous font sentir la présence des divers occupants de la maison : les deux parents, le garçon et son frère, le chien. Cette troisième *coquille* est protégée par un épais mur qui laisse entrevoir, par trois fois (les fenêtres de la chambre, de la cuisine et la porte d'entrée), l'extérieur enneigé. Il s'agit ici de la « sphère sociale » : l'occupation y est relative, passagère, définie par des règles plus ou moins explicites. On pourrait étendre cette troisième coquille à la cour de la maison, « sas » protégé par une clôture et un portillon.

Au-delà s'étend une quatrième *coquille*, espace connu par l'enfant, limité très clairement par l'obstacle quasi infranchissable constitué par la rivière. Cette « sphère publique » est un espace interstitiel de contacts avec les sphères sociales d'autres individus (enclos du poney, par exemple). Pour Moles, c'est dans cet espace interstitiel que l'individu réalise ses projets, ses rêves. L'idée du bateau est née dans la « sphère personnelle » de l'enfant mais c'est ailleurs qu'elle va se réaliser, à la marge, au-delà des limites même.

Le parcours effectué par l'enfant est un franchissement successif de limites, d'abord autorisées et régulées, puis nouvelles et imprévues. Pour Moles, seule la liberté marginale est intéressante pour l'individu.

b. Proposition de séquence

Le travail proposé autour de cet album peut être réalisé avec des élèves de Moyenne ou de Grande Section.

Séances	Objectifs	Déroulement
1 à 10	Appropriation de l'album.	Les élèves, double-page après double-page, racontent ce qui se passe à l'image et rédigent un texte sous la forme d'une dictée à l'adulte.
11	Mettre en rapport l'album étudié et la maquette de la maison réalisée par l'enseignante.	La maquette est posée sur une table. Les élèves sont disposés autour. Les élèves observent puis décrivent ce qu'ils ont devant eux.
12	Déplacer des objets dans la maquette. Suivre un parcours en respectant une consigne orale.	En atelier, chaque élève fait opérer à son personnage le parcours du petit garçon dans la maquette et le verbalise. Retrouver le nom des différentes pièces de la maison et du vocabulaire de localisation.

Séances	Objectifs	Déroulement
13	Évaluation diagnostique 1.	« Représente la maison du petit garçon, sans retourner voir la maquette, et trace le chemin que l'enfant parcourt à l'intérieur. »
14	Représenter un objet en 3D. Évaluation diagnostique 2.	Rappel de l'utilité des repères en regroupement. L'enseignante affiche au tableau différents plans de maison. Les élèves les commentent. « Représente la maison du petit garçon en retournant voir la maquette si tu en as besoin. »
15	Évaluation formative.	1. Suivre un parcours en respectant une consigne orale et le représenter : « Il est 7 heures. Julie se réveille. Elle se lève et va dans la salle de bain se laver les dents. Ensuite, elle va prendre son petit-déjeuner dans la cuisine. Elle regarde la télévision au salon, puis prend son manteau dans l'entrée avant d'aller jouer dehors. » 2. Se repérer sur un plan grâce à des repères connus.
16	Relever les différents lieux de l'histoire et les représenter sur une page.	Les élèves sont invités à raconter le trajet que fait le personnage à l'extérieur de sa maison. Les élèves relèvent les lieux différents mentionnés dans l'album : la mangeoire, l'enclos, la remise, la planche, la rivière, l'arbre, l'îlot, l'arbuste.
17		Le plan de l'extérieur est présenté aux élèves. Sans dicter le parcours, les élèves doivent le retrouver d'eux-mêmes.

c. Évaluation possible

Exercice 1

Consigne : Dessine le parcours que fait le petit garçon de l'album dans la maison.

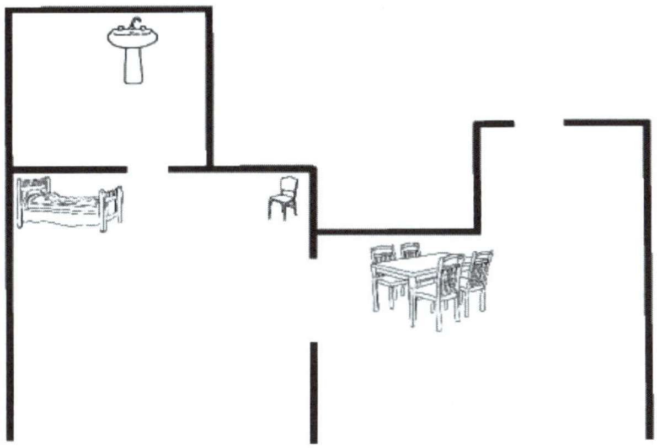

Exercice 2

Consigne : Dessine le parcours que fait Julie dans sa maison en écoutant attentivement l'histoire qui t'est racontée.

4.3 Découvrir le monde au cycle 2 avec *Madlenka* de Peter Sis

Figure 4 : Couverture de *Madlenka* (2000)

a. Présentation de l'album

Madlenka[1] a une dent qui bouge : c'est le signe pour la fillette qu'elle grandit et qu'une page de sa vie d'enfant va se tourner. Elle décide d'aller annoncer la nouvelle à tout le monde, c'est-à-dire aux principaux habitants de son bloc. C'est le plus beau jour de sa vie. Lancée à la rencontre des habitants cosmopolites de son quartier, elle finit par faire « le tour du monde ». Nous livrons ici un découpage analytique de l'album. Nous avons décidé d'inclure la couverture de l'album dans la numérotation des pages.

Pages	Description de la page de gauche	Description de la page de droite
1	La 1re de couverture représente le bloc dans lequel vit Madlenka. Madlenka apparaît en gros plan dans un carré découpé au cœur du bloc, à l'endroit de la cour commune.	
2-3	L'Univers. Au centre de la page, apparaît la Terre marquée d'un point rouge. **Mappemonde**	La Terre. La forme des continents apparaît plus nettement. Une ville se distingue. **Plan d'une ville**
4-5	Une ville. La ville est une juxtaposition géométrique de blocs quasi identiques. **Plan d'une ville**	Un quartier. C'est un arrangement très géométrique de cinq blocs sur cinq. **Plan d'un quartier**

1. Peter Sis, *Madlenka*, Grasset Jeunesse, 2000.

Pages	Description de la page de gauche	Description de la page de droite
6-7	Le bloc, le point rouge du début s'est matérialisé, il s'agit d'une fillette à la robe rouge. Elle est à la plus haute fenêtre de son immeuble. **Plan éclaté du bloc**	Madlenka est au centre de l'image. Elle est à sa fenêtre. Les barreaux des escaliers évoquent les barreaux d'une prison.
8-9	Gros plan sur la fenêtre. La noirceur du décor tranche encore avec les couleurs des cheveux et de la robe de Madlenka.	Images séquentielles en triptyque (1/4, 2/4, 1/4). Le premier et le dernier volets reprennent la vue extérieure de l'immeuble. Madlenka descend dans la rue. **Plan en coupe de l'immeuble**
10-11	Madlenka est sur le trottoir face à son bloc. Elle s'adresse au bloc dans sa globalité. **Plan éclaté du bloc**	Il s'agit de la même scène que précédemment mais le bloc a pris la forme d'une roue de foire qui tourne.
12-13	Madlenka, tenant un parapluie jaune, est seule dans une image sans cadre.	Madlenka est devant la boutique de M. Gaston. Le bloc est gris, seule la boutique est coloriée. **Vue cavalière du bloc**
14-15	Madlenka est au centre de l'image, elle a refermé son parapluie, elle est prête à entrer dans la boutique. Elle s'adresse à M. Gaston puis au lecteur et présente M. Gaston.	Vitrine de la boutique de M. Gaston. Ce dernier, portant du pain, invite Madlenka et le lecteur à entrer dans sa boutique. L'enseigne « Pâtisserie » est en français dans la version anglaise ainsi que : « Bonjour Madeleine ».
16-17	Dans la boutique sombre, tout semble en état d'apesanteur. La fenêtre ajourée de la page précédente permet maintenant de faire entrer Madlenka dans la boutique. Un fil rouge tranche avec l'obscurité de la pièce. Il sert de fil conducteur pour découvrir les éléments épars qui forment l'univers de M. Gaston. Au bout de ce fil, on trouve la dent de Madlenka. **Topogramme**	
18-19	Madlenka est au centre de l'image, elle a refermé son parapluie, elle est prête à entrer dans la boutique de Monsieur Sing, dans le camion de Monsieur Ciao et dans la maison de Mademoiselle Grimm.	Vitrine de la boutique de M. Sing. Ce dernier porte des journaux et invite Madlenka et le lecteur à entrer dans sa boutique. Il salue en hindi.
20-21	La fenêtre ajourée de la page précédente permet maintenant de faire entrer Madlenka dans l'évocation de l'Inde, pays d'origine de M. Sing.	Le centre de l'image est ajouré montrant une partie de la page 25. M. Ciao est au volant de son camion de glaces, aux couleurs de l'Italie. Il salue Madlenka en italien.

Pages	Description de la page de gauche	Description de la page de droite
22-23	La fenêtre ajourée de la page précédente permet maintenant de faire entrer Madlenka dans l'évocation de l'Italie, pays d'origine de M. Ciao.	Le centre de l'image est ajouré montrant une partie de la page 25. Melle Grimm est à sa fenêtre. Elle salue Madlenka en allemand.
24-25	La fenêtre ajourée de la page précédente permet maintenant de faire entrer Madlenka dans l'évocation de la culture littéraire allemande, pays d'origine de Melle Grimm. Cette dernière aime raconter des histoires à Madlenka.	
26-27	Madlenka, tenant un parapluie jaune, est seule dans une image sans cadre.	Madlenka est devant la boutique d'Edouardo, le fleuriste. Le bloc est gris, seules les boutiques visitées sont coloriées.
28-29	Madlenka est au centre de l'image, elle a refermé son parapluie, elle est prête à entrer dans la boutique d'Edouardo, originaire d'Amérique latine.	Le centre de l'image est ajouré montrant une partie de la page 31. Edouardo est à la porte de sa boutique et arrose quelques plantes. Il salue Madlenka en espagnol.
30-31	La fenêtre ajourée de la page précédente permet maintenant de faire entrer Madlenka dans l'évocation de la culture latino-américaine.	
32-33	Madlenka est au centre de l'image, elle a refermé son parapluie, elle regarde son amie Cléopâtre, sur la page qui lui fait face.	Cléopâtre arrive. Cette petite africaine fait tourner un cerceau devant elle qui semble créer dans son sillage un arc-en-ciel.
34-35	La fenêtre ajourée de la page précédente permet maintenant de faire entrer Madlenka dans l'évocation de la culture africaine.	
36-37	Madlenka, tenant un parapluie jaune, maintenant refermé, est seule dans une image sans cadre.	Madlenka est devant la boutique de Madame Kham. Le bloc est gris, seules les boutiques visitées sont coloriées.
38-39	Madlenka est au centre de l'image, elle a refermé son parapluie. Elle est prête à entrer dans la boutique de Mme Kham, originaire de Chine.	Le centre de l'image est ajouré montrant une partie de la page 41. Mme Kham est à la porte de sa boutique et fait claquer deux petites cymbales. Elle salue Madlenka en mandarin.
40-41	La fenêtre ajourée de la page précédente permet maintenant de faire entrer Madlenka dans l'évocation de la culture chinoise.	
42-43	Madlenka se précipite en courant devant sa maison. Le bloc est gris, seules les boutiques visitées sont coloriées.	Madlenka est au centre de l'image, les yeux baissés. Les parents sont représentés sous la forme de deux ombres blanches dans la pénombre de la maison.

Pages	Description de la page de gauche	Description de la page de droite
44-45	Madlenka occupe toute la page : elle est fière d'avoir perdu sa dent.	Colophon sous la mappemonde précisant par des flèches les différentes parties du monde « visitées » par Madlenka au cours de son périple.
46-47	La Terre. La forme des continents apparaît plus nettement. Une ville se distingue.	L'Univers. Au centre de la page, apparaît la Terre marquée d'un point rouge.
48		Elle représente le bloc dans lequel vit Madlenka en vue plane éclatée. L'immeuble de Madlenka se trouve au milieu, en bas.

Le jeu de repérage à l'intérieur du bloc est continu à travers l'album. Il fait alterner des vues verticales éclatées montrant les façades des maisons qui composent le bloc avec des vues cavalières. Les immeubles se rejoignent par les toits et sont alignés sur un bord du trottoir. La différence d'élévation des immeubles se trouve donc annulée. Les quatre vues cavalières présentées aux pages 13, 27, 37 et 42 invitent le lecteur à tourner autour du bloc dans le même sens que Madlenka et, du même coup, de proposer un repérage en trois dimensions. Le bloc tourne ainsi d'un quart de tour vers la droite à chaque page.

Le voyage que Madlenka effectue à travers les évocations des différents lieux d'origine de ses amis est accompagné par le jeu du parapluie jaune. Comme pour Mary Poppins, cet objet lui sert à voyager : il est ouvert quand elle change de lieu sur le bloc, il est fermé quand elle pénètre dans la boutique.

Un autre jeu intéressant est celui que Peter Sis entreprend avec les fenêtres ajourées qui permettent de faire entrer le personnage dans des univers différents, à la manière des ouvrages en pop-up. Madlenka, sans quitter New York, voyage et traverse différents espaces culturels. On observe que la fenêtre carrée est remplacée à mi-parcours, c'est-à-dire à partir de la vitrine d'Edouardo qui se trouve à l'opposé de la maison de Madlenka, par une fenêtre circulaire. Le cercle est globalisant et à ce stade de son « voyage », la petite Américaine a fait tous les continents : l'Europe, l'Amérique du Sud, l'Asie. C'est à l'intérieur de la cour que le « voyage » se conclut véritablement par la rencontre avec sa copine d'école, Cléopâtre, la petite africaine.

Madlenka découvre le monde aux contacts de la population cosmopolite de son quartier mais c'est ensuite à l'intérieur des boutiques ou de la cour du pâté de maison qu'elle construit ses représentations. Pour que les représentations du monde se construisent, Madlenka a besoin que les habitants de son bloc lui évoquent leur pays d'origine. Peter Sis parvient à évoquer chaque culture en réalisant ce que l'on pourrait nommer une carte mentale ou topogramme de chaque pays dont sont originaires les habitants du quartier de Madlenka.

b. Proposition de séquence

Séances	Objectifs	Déroulement
1	Appropriation de l'album.	À partir des 7 premières pages de l'album, le maître attire l'attention des élèves sur l'emboîtement des échelles. La suite de l'album est une lecture libre.
2	Se repérer dans trois types de représentations spatiales issues de l'album.	Les élèves sont invités à retrouver où habitent deux des personnages rencontrés par Madlenka. Ils ont 3 types de représentations : un plan carré, un plan circulaire, une vue cavalière.
3 et 4	Retrouver les éléments culturels attachés à un pays.	La classe travaille sur les planches 13, 16 et 17. Il s'agit de travailler sur les représentations culturelles de la France. Les élèves sont alors invités à dessiner et à exprimer leur propre espace de vie.
5	Aborder la notion de continent.	Les élèves doivent retrouver l'origine des personnages en se reportant aux indices culturels contenus dans les topogrammes. Les pays et les continents évoqués sont alors notés par les élèves puis coloriés sur un planisphère simplifié.
6	Découvrir l'Océanie.	L'Océanie est le continent manquant dans l'album. Le maître recueille d'abord les représentations initiales des élèves à propos de ce continent. Diffusion d'un extrait de film présentant l'Australie.
7	Représenter l'Océanie par un topogramme.	Les élèves travaillent alors par groupes. Ils doivent créer un personnage qu'ils placent sur le bloc de Madlenka et réalisent la double-page qui évoquera le pays d'où il vient : l'Australie.

c. Évaluation possible

Exercice

Consigne : Sur le plan ci-dessous, dessine l'itinéraire réalisé par Madlenka et replace les différents personnages ci-dessous en leur attribuant le nom de leur pays d'origine.

15 Découvrir la France au cycle 2

Plan du chapitre

1 Ce que dit le programme

Attendus de fin de cycle	Repères de progressivité
• **Se situer dans l'espace** – Se repérer dans l'espace et le représenter. – Situer un lieu sur une carte ou un globe ou un écran informatique	Au **CE2**, on commence l'étude de l'espace géographique terrestre à travers quelques milieux géographiques caractéristiques. En partant de l'espace vécu puis en abordant progressivement les espaces plus lointains ou peu familiers, on contribue à la décentration de l'élève.
• **Explorer les organisations du monde** – Comparer des modes de vie – Comprendre qu'un espace est organisé – Identifier des paysages	Au **CP**, les élèves [...] observent et décrivent des **milieux proches** puis découvrent aussi des milieux plus lointains et variés, en exploitant les projets de classe. Au **CE1**, les élèves [...] extraient les principales caractéristiques des milieux humanisés dans l'espace proche pour les comparer à des **milieux plus lointains et variés** : comment habite-t-on, comment circule-t-on... en ville, à la campagne... **en France** ou ailleurs ? Au **CE2**, [...] à partir de critères de comparaison, les élèves découvrent comment **d'autres sociétés vivent et se sont adaptées à leur milieu naturel** (habitat, alimentation, vêtements, coutumes, importance du climat, du relief, de la localisation...). À partir de l'exemple d'un milieu urbain proche, ils étudient comment les sociétés humaines organisent leur espace pour exercer leurs activités : résidentielles, commerciales, industrielles, administratives...

À travers les instructions officielles du BO, on peut donc considérer que les élèves du **CP** continuent les apprentissages mis en place au cycle 1 dans le domaine du repérage dans l'espace. Ils travaillent sur l'organisation de leurs milieux proches (maison, école, quartier…).

Au **CE1**, les élèves travaillent sur l'observation de milieux plus lointains se situant à l'échelle de la ville la plus proche et de la **France**.

Au **CE2**, enfin, les élèves observent et comparent d'autres sociétés dans d'autres pays, sur d'autres continents, dans d'autres milieux naturels.

2 Combattre les idées reçues

2.1 Le territoire de la France se borne au territoire métropolitain et aux territoires d'outre-mer

S'il est vrai que le territoire français se compose à la fois des terres émergées métropolitaines (543 965 km²) auxquelles s'ajoutent les terres émergées d'outre-mer (131 452 km²), il convient d'y ajouter la Zone d'économie Exclusive située à 200 miles des côtes françaises et soumise à l'autorité du gouvernement français (11 035 000 km²). La prise en compte de la ZEE (2ᵉ mondiale) amène le territoire français à 11 710 417 km².

2.2 Les reliefs, les zones climatiques sont plus des espaces subis que des espaces appropriés

La géographie physique (climatologie, hydrologie, géomorphologie), autrefois dominante, est aujourd'hui considérée parfois comme « non géographique ». Pour Vidal de la Blache, elle était déterminante. La « Nouvelle Géographie » l'intègre par le biais de la géographie environnementale qui étudie les **géosystèmes**, c'est-à-dire les systèmes produits par l'action conjuguée du relief, du climat, des eaux, des sols et des sociétés. Ainsi, on admet aujourd'hui que l'espace est à la fois une production de l'homme mais également des éléments naturels, ce qui remet en cause la notion « d'espace subi ».

2.3 Le rayonnement de la France dans le monde est en déclin

Depuis des décennies, de nombreux intellectuels français parlent d'un déclin du rayonnement de la France se reportant au passé glorieux et surtout colonial de la France. Or la France est toujours la 5ᵉ puissance mondiale, elle est présente dans les grandes organisations internationales (Conseil de sécurité, ONU, OMC, FMI). Les entreprises françaises sont présentes partout dans le monde, employant 6 millions de salariés et générant un CA de 850 Mds . Cette présence a même été renforcée depuis 2004. Les entreprises du CAC 40 réalisent 80 % de leurs CA hors de France. L'Oréal est présent dans 150 pays et détient 16 % du marché mondial des cosmétiques ; Carrefour emploie 400 000 salariés dans 29 pays et possède près de 1 000 hypermarchés dont 80 % à l'étranger.

3 Ce qu'il faut savoir sur le territoire français

Le **territoire français** est composé de deux grands ensembles (la France métropolitaine et l'outre-mer) dont les frontières ont bougé du fait de l'histoire nationale. Poser la question du territoire national conduit à poser la définition même de territoire, à penser son identité et à prendre beaucoup de précaution avec « l'exceptionnalité » de sa situation[1] pour éviter toute vision déterministe. Comme tout espace humanisé, le territoire français est le produit de données naturelles et de l'action permanente de l'homme qui adapte les données naturelles à ses besoins[2].

La **France métropolitaine** couvre 543 965 km². Elle se situe au 47e rang mondial et au 2e européen, derrière l'Ukraine. Elle est située au cœur de la zone climatique tempérée, entre le 42e et 51e degré de latitude nord. Sa forme ramassée, proche d'un hexagone, se caractérise par des distances nord-sud et est-ouest à vol d'oiseau quasi semblables : 900 km. La France bénéficie d'ouvertures maritimes considérables avec 5 533 km de côtes (1 772 km uniquement pour la Bretagne). 3 grands axes d'échanges, essentiellement continentaux, structurent le territoire métropolitain : l'axe Lille-Paris-Lyon-Marseille, l'axe rhénan et l'axe Manche-mer du Nord. La **ZEE** (zone économique exclusive[3]) de la France métropolitaine est de 334 604 km². Elle inclut la zone potentielle que constitue la Méditerranée (85 000 km²), revendiquée ni par la France ni par les États riverains. Elle a été décrétée par la France, en 2000, zone de protection écologique (ZPE).

Les **territoires d'outre-mer** ne couvrent que 131 452 km² et sont dispersés dans les deux hémisphères entre le 47e degré de latitude nord et le 50e degré de latitude sud. Depuis la modification constitutionnelle de 2003 (loi n° 2003-276 du 25 mars 2003, art. 72.3 et 72.4), la France d'outre-mer est partagée en DROM (départements et régions d'outre-mer) et COM (collectivités d'outre-mer) auxquels s'ajoutent d'autres territoires aux statuts particuliers :

- 5 DROM au statut identique à celui des départements ou régions : Guadeloupe, Martinique, Guyane, Réunion, Mayotte.
- 5 COM aux statuts divers : Polynésie française, Saint-Pierre-et-Miquelon, Wallis-et-Futuna, Saint-Martin et Saint-Barthélemy.
- La Nouvelle-Calédonie qui constitue une collectivité *sui generis*.
- Les Terres australes et antarctiques françaises (TAAF) sont des territoires administrés depuis Saint-Pierre et La Réunion.
- Clipperton est une île qui fait partie des propriétés domaniales de l'État français.

1. *Cf.* Jules Michelet, *Histoire de France au XVIe siècle*, 1855 ou Fernand Braudel, *L'identité de la France*, 1986.
2. Armand Frémont, *La Région, espace vécu*, 1976.
3. D'après la Convention des Nations unies sur le droit de la mer (Convention de Montego Bay de 1982), une **zone économique exclusive (ZEE)** est un espace maritime sur lequel un État côtier exerce des droits souverains en matière d'exploration et d'exploitation des ressources. Cette zone s'étend de la mer territoriale de l'État à 200 miles marins (370 km environ) de ses côtes.

Ces territoires, qui sont essentiellement insulaires, assurent à la France le contrôle d'une ZEE de 11 035 000 km² d'espaces océaniques.

Le territoire national français est issu d'une **lente construction historique**.

- La romanisation de la Gaule, qui commence dès 121 av. J.-C., se caractérise par une urbanisation de la Gaule selon une logique administrative et un plan hérité du quadrillage des camps romains. Les campagnes gauloises sont également marquées par l'emprise romaine : la géométrie parcellaire due aux centuriations dessine des parcelles (*jugerum*) de 71,04 mètres sur 35,52 mètres (2 actus sur 1) soient 0,25 ha, correspondant à la surface de terrain qui pouvait être labourée en un jour par une paire de bœufs. Cette géométrie est dominante dans le Languedoc, la Provence, l'Alsace, le Bassin parisien et aquitain. Elle a favorisé l'implantation de grands domaines agricoles.

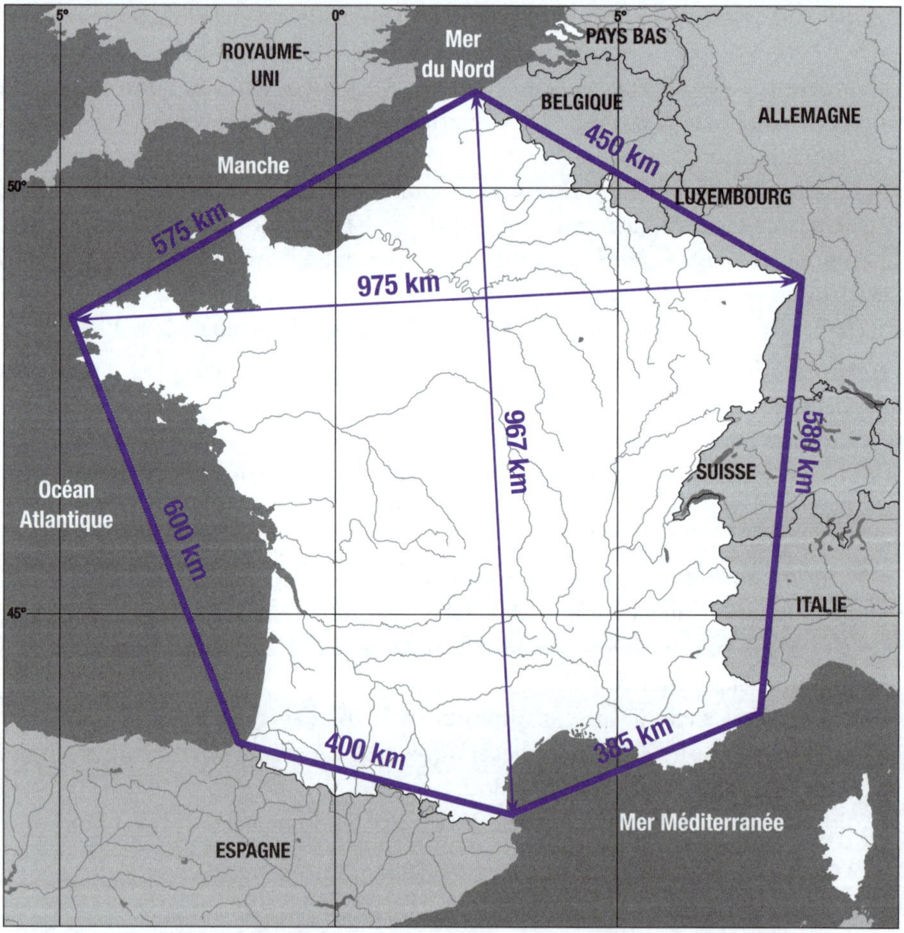

Figure 1 : Schéma d'organisation du territoire français

- Avec l'installation des Francs au VIe siècle, le centre de gravité de l'espace gaulois se fixe dans le Bassin parisien, entre Seine, Loire et Rhin. Le baptême de Clovis, en 496, va permettre à l'Église chrétienne de jouer un rôle majeur dans la construction du territoire français. Au VIIIe siècle, elle sacralise la monarchie et permet à cette dernière d'être reconnue dans tout le pays : le réseau des paroisses et des monastères maille le royaume. Le traité de Verdun, en 843, partage l'Empire carolingien entre les trois fils de Louis le Pieux. La Francie occidentale, attribuée à Charles le Chauve, retrouve les dimensions de l'espace gaulois. Au XVIIe siècle, la monarchie développe le concept de frontières naturelles : les Pyrénées, les Alpes, le Jura et le Rhin. La limite septentrionale de la France demeure longtemps problématique, elle ne se stabilise qu'en 1918. À la fin du Xe siècle, Paris devient la capitale du royaume des Capétiens avec l'installation de l'administration et de l'intendance royale. L'aménagement des voies de communication a très vite renforcé la centralisation. À partir du XIIe siècle, le territoire royal est découpé afin d'en faciliter son cadrage administratif.

- La Révolution française apporte une nouvelle approche administrative du territoire national : rationalisation du cadre administratif et renforcement de la centralisation (subdivisions en départements, districts, cantons, communes). Dans les campagnes, avec l'abolition des privilèges seigneuriaux (nuit du 4 août 1789), le principe de propriété individuelle s'impose progressivement face à la gestion collective du territoire. Si, sous l'Ancien Régime, la nation avait été un produit de l'État monarchique, avec la Révolution, elle devient le principal acteur de la territorialisation.
- Au XIXe siècle, la personnalisation de la république, de la nation et de la patrie se substitue à la personnalisation historique du roi. Chez Jules Michelet[1] apparaît même la personnalisation de la France : « Si l'Angleterre est un empire, l'Allemagne est un pays, la France est une personne. La personnalité, l'unité, c'est là que l'être se place dans l'échelle des êtres ». L'école laïque, gratuite et obligatoire devient le vecteur d'une France qui se veut, par les représentants de la nation, éternelle, exceptionnelle, universelle. En 1885, Paul Vidal de la Blache publie les premières cartes murales à but clairement pédagogique : il s'agit de montrer que la forme hexagonale inscrit le territoire national dans une harmonie aux proportions parfaites. Les cartes historiques restituent la genèse de la « France éternelle ». Celles des départements veulent montrer l'ordre républicain, l'égalité territoriale, la centralisation parisienne.

4 Ce qu'il faut savoir sur la géographie physique de la France

Entièrement située dans la zone climatique tempérée, la France est soumise aux trois grandes composantes de ce climat (océanique, continentale et méditerranéenne). L'ensemble du territoire est peu élevé : 60 % des superficies sont à moins de 250 m, 7 % à plus de 1 000 m.

1. Jules Michelet, *Histoire de France*, tome 1, 1833.

4.1 Les reliefs de la France

La France est constituée par deux ensembles de reliefs, séparés par une ligne qui part du nord des Vosges jusqu'à Bayonne en passant par Poitiers. Au nord-ouest de cette ligne, s'étendent des espaces plats, peu encaissés et ouverts sur les océans ; au sud-est de cette ligne, des espaces montagneux séparés par de grandes vallées profondes.

- Le **Massif armoricain**, comme les **Ardennes**, est un massif hercynien qui n'a pas subi le contrecoup du plissement alpin à l'ère tertiaire. Profondément érodé et réduit à l'état de pénéplaine, son altitude moyenne (104 m) est inférieure à celle du Bassin parisien (178 m) ou du Bassin aquitain (135 m). La forme de ce massif, dont le point culminant se situe dans les Monts d'Arrée (385 m), est arrondie
- Le **Bassin parisien** (140 000 km²) est la plus grande région naturelle de France (25 % du territoire français). C'est un bassin sédimentaire qui prend la forme d'une cuvette ouverte vers la Manche et l'Atlantique. Plaines et plateaux forment les paysages naturels en son centre. Sur les pourtours sud-est et est, en Bourgogne et en Champagne, l'érosion des différentes strates sédimentaires a formé des côtes ou *cuestas* qui descendent en pente douce vers l'intérieur du bassin. Le Bassin aquitain (66 000 km²) forme un entonnoir ouvert sur 330 km vers l'océan atlantique et se relève sur les contreforts du Massif central et des Pyrénées.Une grande partie du réseau hydrographique français converge vers le centre du Bassin parisien. La faiblesse des altitudes et les vastes surfaces planes favorisent la circulation des cours d'eau à pente douce (grandes vallées de la Seine, de la Loire). Les littoraux de la France du nord-ouest offrent une grande variété de formes :
  - Les grands estuaires de la Seine, de la Loire et de la Gironde ont permis la création d'ensembles portuaires s'enfonçant profondément dans les terres.
  - Les multiples *rias*, rades ou baies du Massif armoricain.
  - Les côtes sableuses bordées de ports (Dunkerque, Calais, La Rochelle).
  - Les côtes rocheuses ou à falaises de Bretagne ou de Picardie.
- Les massifs hercyniens rajeunis par le plissement pyrénéo-alpin de l'ère tertiaire :
  - Les Vosges (point culminant : le Grand Ballon à 1 424 m).
  - Le Massif central, dominé par des chaînes volcaniques en son centre (point culminant : le Puy de Sancy à 1 886 m).
  - Les Maures, l'Esterel et les 2/3 de la Corse.
- Les massifs sédimentaires pyrénéo-alpins :
  - Les Alpes, arc montagneux de 300 km du nord au sud et de 30 à 180 km de large. Découpées en 4 ensembles structuraux : Préalpes, sillon alpin, massifs centraux et zone intra-alpine (point culminant : le Mont-Blanc à 4 808 m).
  - Les Pyrénées s'étirent sur 450 km (point culminant : du côté français, le Vignemale à 3 298 m ; du côté espagnol, le Pic d'Aneto à 3 404 m).
  - Le 1/3 continental de la Corse (point culminant : Monte Cintu à 2 706 m).
- Entre ces massifs montagneux, de grands couloirs et seuils facilitent la circulation des hommes :

- La plaine du bas Languedoc, le couloir Aude-Garonne et l'axe Rhin-Saône-Rhône.
- Les vallées intramontagnardes : Tarentaise, Maurienne dans les Alpes du Nord ; vallée d'Aure, de Cauterets dans les Pyrénées.

• Dans le sud-est, les littoraux se divisent en deux grands ensembles de part et d'autre du delta du Rhône :
  - Une côte basse et sableuse à lagunes du delta jusqu'à la frontière espagnole. Longtemps répulsives pour l'homme, seuls les pointements rocheux ont offert des points d'installation (Sète, la Côte Vermeille).
  - Des côtes rocheuses, échancrées par des calanques (Cassis), des baies (Nice, Saint-Tropez) ou des rades (Toulon).

4.2 Les climats de la France

• Le **climat océanique** se caractérise par des précipitations moyennes (600 à 900 millimètres par an) réparties sur plus de 150 jours et des amplitudes thermiques annuelles faibles. On peut distinguer 3 variantes :
  - Le type « breton » : les amplitudes thermiques annuelles sont les plus faibles (8 à 10 °C). L'influence océanique y est la plus ressentie et notamment l'effet modérateur de la dérive Nord-Atlantique, courant marin chaud dérivé du Gulf Stream.
  - Le type « parisien » : les amplitudes annuelles sont plus fortes (12 à 15 °C), les précipitations sont moins importantes (500 à 700 mm) et l'ensoleillement plus fort (1 800 à 1900 heures par an).
  - Le type « aquitain » : l'ensoleillement y est supérieur à 2000 heures par an.

• La **semi-continentalité** des régions de l'est de la France se traduit par des amplitudes thermiques annuelles plus fortes (16 à 18 °C), un ensoleillement modeste (1 600 à 1 700 heures par an). Selon la latitude et l'exposition, le climat montagnard touche les régions situées au-dessus de 600 à 800 mètres. Les températures diminuent d'un degré tous les 170 mètres (gradient thermique) ; les précipitations dépassent les 1 000 mm ; la neige tombe et tient pendant 3 à 6 mois. De fait, la végétation est étagée.

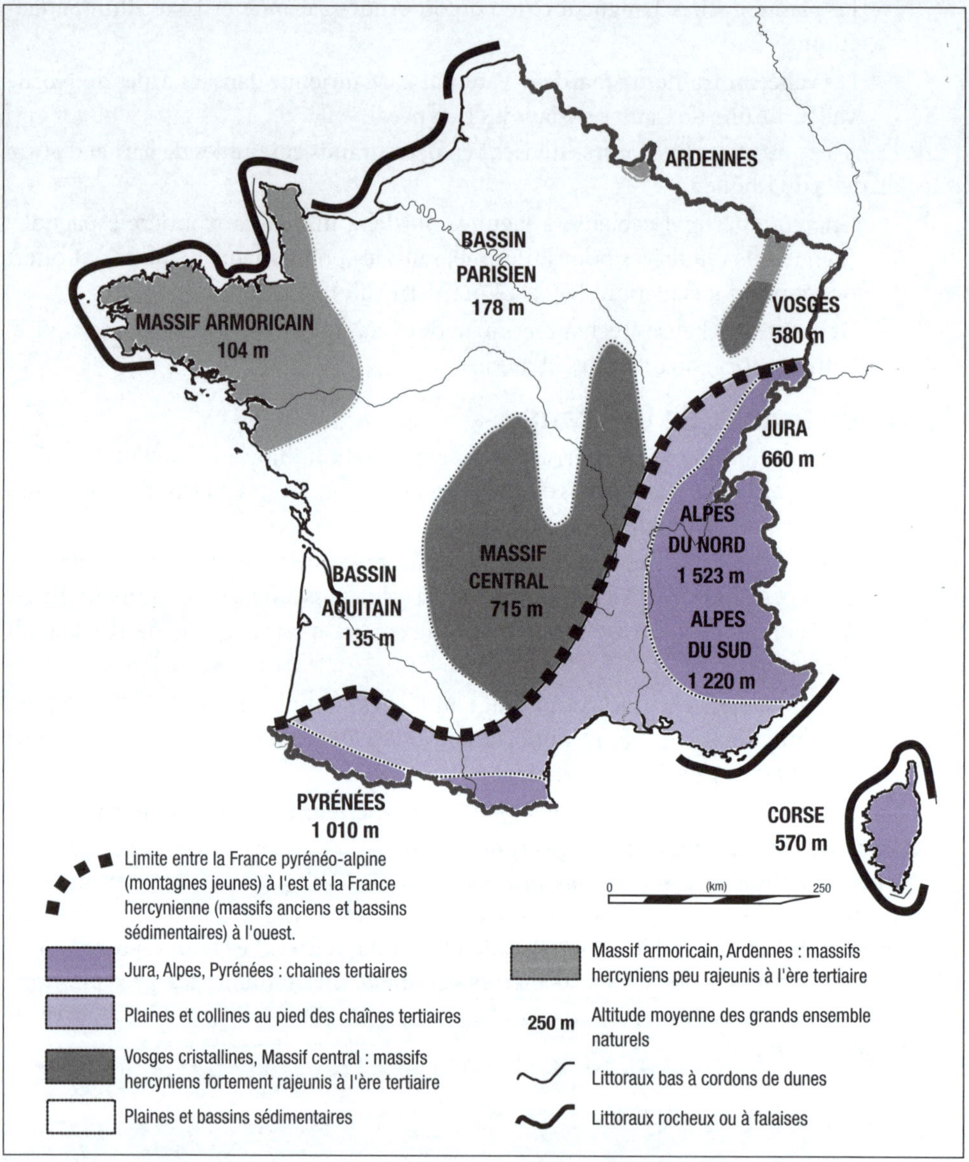

Figure 2 : Les grands domaines structuraux de la France

- L'originalité majeure du **climat méditerranéen** réside dans la présence d'une saison sèche en été. L'essentiel des précipitations tombe d'octobre à avril. L'ensoleillement est élevé (2 600 à 3 000 heures par an). Le climat méditerranéen s'insinue dans les grandes vallées (Durance, Rhône, Aude), mais sa dégradation est rapide au contact des massifs montagneux qui encadrent l'espace méditerranéen.

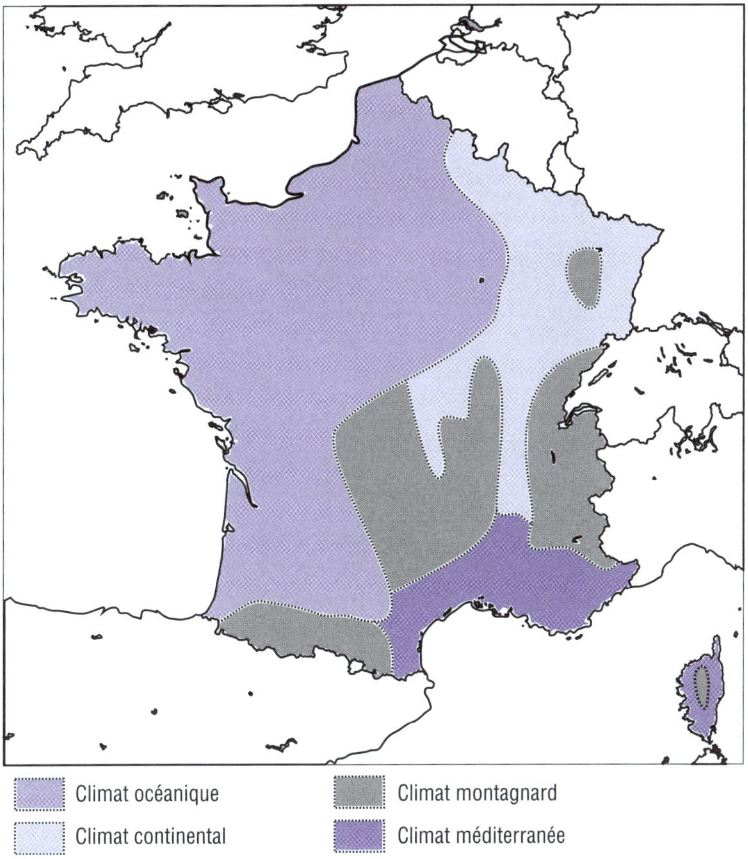

Figure 3 : Les climats en France

5 Ce qu'il faut savoir sur les territoires français d'outre-mer

5.1 Localisation

Les **territoires français d'outre-mer** sont dispersés sur le globe et demeurent les vestiges du vaste empire colonial français. La superficie totale de ces territoires est de 120 000 km², en excluant la terre Adélie, qui à elle seule, représente 432 000 km².

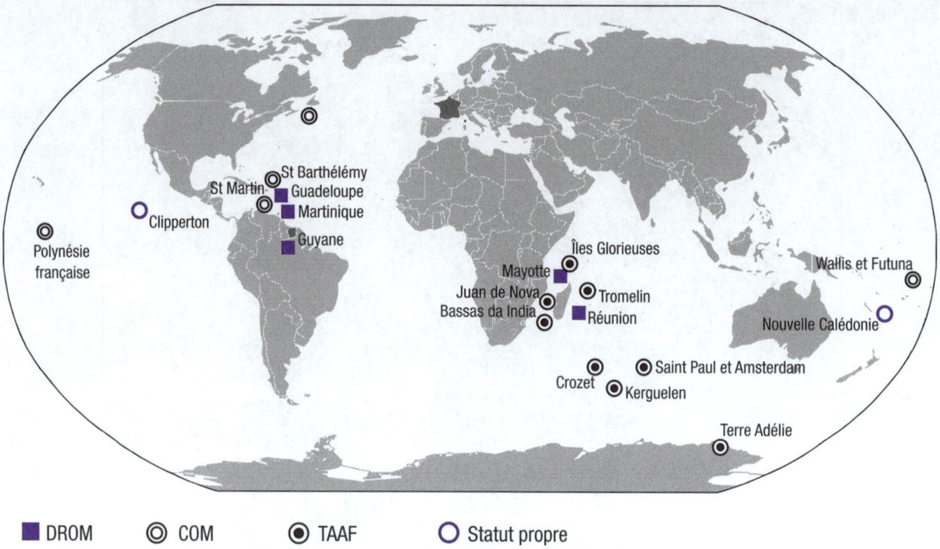

Figure 4 : Les territoires français dans le monde

Les **territoires ultramarins** sont principalement situés dans les océans Atlantique, Indien et Pacifique et relèvent de 5 continents sur les 6 ou 7 communément admis.

Territoire	Continent	Océan	Statut
Martinique	Amérique du Nord	Atlantique	DROM
Guadeloupe	Amérique du Nord	Atlantique	DROM
Saint-Martin	Amérique du Nord	Atlantique	COM
Saint-Barthélémy	Amérique du Nord	Atlantique	COM
Clipperton	Amérique du Nord	Pacifique	Propriété domaniale de l'État
Guyane	Amérique du Sud	Atlantique	DROM
Saint-Pierre-et-Miquelon	Amérique du Nord	Atlantique	COM
TAAF (archipel Crozet, des Kerguelen, Amsterdam, Saint-Paul, terre Adélie)	Antarctique	Indien	TAAF
Îles Éparses : Bassas da India, Europa, Glorieuses, Juan de Nova, Tromelin	Afrique	Indien	TAAF
La Réunion	Afrique	Indien	DROM
Mayotte	Afrique	Indien	DROM
Nouvelle-Calédonie	Océanie	Pacifique	Statut propre
Polynésie française	Océanie	Pacifique	COM
Wallis-et-Futuna	Océanie	Pacifique	COM

L'insularité est un trait commun à ces différents territoires ce qui leur confère un certain isolement par rapport à la métropole dont ils sont distants de 7 000 à 20 000 km (Nouvelle-Calédonie). La Polynésie française, par exemple, est un archipel d'une centaine d'îles dispersées sur 4 167 km². La Guyane, territoire continental, se trouve dans une situation équivalente dans la mesure où la partie habitée du territoire se trouve isolée entre l'océan d'une part et la forêt amazonienne d'autre part.

5.2 Reliefs

On trouve dans ces territoires tous les types de reliefs de la Terre regroupés en deux grands types : les montagnes et les plateformes.

- Les **grandes chaînes de montagnes** d'origine tectonique recouvrent 24 % de la superficie des continents. Une grande ligne de relief relie l'Europe à l'Asie en passant par les Alpes, le Caucase, l'Himalaya. Ces chaînes correspondent à la rencontre entre des plaques continentales (subduction).
- Les reliefs de plateforme sont les plus importants. On distingue les **plaines** (Australie) où les cours d'eau coulent sans creuser de vallées profondes et les **plateaux** (Sibérie, Deccan en Inde) où les vallées sont encaissées. La tectonique des plaques a pu, à certains endroits, les transformer en bassins sédimentaires (Bassin parisien ou du Mississippi, Niger).

La situation des territoires français en bordure de plaque continentale (Polynésie française, Guadeloupe) génère des risques sismiques et volcaniques. La prévention des risques constitue un axe prioritaire sur ces territoires vulnérables.

5.3 Climat

Les territoires ultramarins sont essentiellement situés entre 18° de latitude nord et 28° de latitude sud. Cette situation leur confère un indice de tropicalité important qui n'est pas sans poser des risques cycloniques. La répartition des climats obéit à une logique zonale en fonction de la latitude. On peut classer les climats en 3 grandes catégories :

- Les **climats polaires** (Terre Adélie) des latitudes supérieures à 66° de latitude nord ou sud se caractérisent par le froid glacial de l'hiver ainsi que par la brièveté de l'été. La température moyenne du mois le plus chaud est de 10 °C.
- Les **climats tempérés** (Saint-Pierre-et-Miquelon) des latitudes situées entre 35° et 66° nord ou sud se caractérisent par des températures modérées (entre – 10 °C et + 20 °C) et des saisons thermiques plus ou moins marquées suivant l'influence de l'océan (climat océanique) ou non (climat continental).
- Les **climats chauds** (Guadeloupe) se trouvent dans la zone intertropicale. Généralement très chauds (entre 25 °C et 30 °C), ils ne possèdent pas de saison thermique. Ils se différencient par l'importance des précipitations. Le climat équatorial est de ce fait extrêmement pluvieux.

Si la latitude est un facteur déterminant dans la répartition des climats sur la Terre, d'autres facteurs interviennent :

- L'influence des grands flux atmosphériques : les vents d'ouest en zone tempérée et les alizés en zone tropicale.

- L'influence des courants marins : chauds comme le Gulf Stream, froids comme le Labrador.
- La continentalité : à mesure que l'on s'éloigne des côtes, le sol se réchauffe plus vite en été et se refroidit davantage en hiver ce qui accroît les amplitudes thermiques.
- L'altitude entraîne un abaissement des températures et une augmentation des précipitations.

5.4 Population

En 2019, la population ultramarine représente 2,1 millions d'habitants. Le profil démographique de cette population correspond à celui des pays du Sud. L'économie de ces territoires reste fortement liée aux relations entretenues avec la métropole. Le tourisme est une activité importante et l'économie tout entière est donc fragile et dépendante des cours mondiaux et des liens avec la métropole.

Les territoires ultramarins sont des territoires de très faibles densités. Ils appartiennent aux « déserts humains » même si l'urbanisation y a été accélérée ces dernières années (à Cayenne en Guyane, la population est passée de 11 000 habitants en 1946 à 57 614 aujourd'hui).

La population mondiale est de 7,6 milliards d'habitants en 2019. La densité moyenne globale est de 48 habitants par km². On distingue 3 grands foyers de peuplement qui regroupent 50 % du peuplement humain :

- L'Asie orientale avec 1,7 Md d'habitants. La riziculture et l'urbanisation ancienne sont à l'origine de fortes densités.
- L'Asie du Sud compte 1,3 milliard d'habitants.
- L'Europe avec plus de 740 millions d'habitants. Les fortes densités s'expliquent par une ancienneté de l'urbanisation, la présence d'une agriculture intensive et par l'industrialisation ancienne.

Il existe des foyers secondaires, le plus souvent côtiers. Plus de la moitié de la population mondiale vit à moins de 200 km du littoral (littoralisation), dans une aire urbaine (urbanisation). Les plus grandes villes du monde captent l'essentiel des flux de population dans le monde (métropolisation).

Les territoires ultramarins présentent les caractéristiques des pays du Sud : une population jeune, une forte natalité, une espérance de vie peu élevée. Ce sont les caractéristiques de pays dits pauvres même si la mortalité fléchit quelque peu.

- Les pays les plus riches de la planète composent le Nord. Ils réunissent 80 % du revenu mondial avec moins de 20 % de la population. Ils sont dominés par la triade constituée par les États-Unis, l'Union européenne et le Japon qui contrôle l'essentiel de l'économie mondiale.
- Les pays du Nord ne forment cependant pas un bloc homogène. Certains pays sont plus ou moins riches et la pauvreté est présente dans les villes des pays les plus riches (il y a 2 millions de personnes aux États-Unis qui vivent au-dessous du seuil de pauvreté).
- Les pays du Sud ne forment plus un ensemble cohérent et l'on peut voir se détacher des groupes de pays : Les nouveaux pays industriels (NPI) connaissent une très forte

croissance et ont atteint le niveau de développement des pays du Nord (Corée du Nord, Taiwan, Chine côtière). Les pays pétroliers ont profité des prix élevés pour se reconvertir lentement dans le tourisme de luxe. Dans ces pays, les richesses sont souvent très mal redistribuées (Dubaï, Qatar…). Les pays moins avancés (PMA) que l'on trouve surtout en Afrique subsaharienne restent pauvres et s'enfoncent de plus en plus dans la misère du fait de guerres ou de catastrophes naturelles (Niger, Mali).

Deux exemples de **mise en œuvre**

Observer un paysage et l'analyser

Le paysage comme la carte sont des représentations de la réalité spatiale qui font partie intégrante de la démarche géographique. Le paysage, qui a vu son retour en grâce dans les classes avec les programmes scolaires des années 1990, est un document sur lequel « se construit le raisonnement géographique » et est à envisager comme une « composante de la géographie des perceptions et des représentations » (P. Arnould, 2004).

Le programme de 2015 invite l'enseignant et l'élève à « la fréquentation régulière [...] de paysages ». Les paysages de village, de ville ou de quartier, les grands types de paysages européens sont de multiples occasions de présenter le paysage comme le résultat des actions des sociétés sur l'espace qu'elles habitent. « Son étude peut déboucher, à travers le jeu des acteurs, sur l'analyse des systèmes de valeurs et des conflits d'usage » (P. Arnould, 2004).

La notion de paysage a longtemps été au cœur de la géographie classique. Le géographe a en effet été très longtemps celui qui savait, grâce à son coup d'œil, lire puis interpréter le paysage, qui sélectionnait dans cette description les aspects « remarquables » avant de les expliquer (analyse paysagère). C'est cette conception de la géographie qui a été remise en cause dans les années 1960.

C'est donc avec la géographie sociale que le terme a connu un renouveau. Armand Frémont relie le paysage au concept d'espace vécu. Le paysage ne peut plus être étudié séparément des conceptions véhiculées par l'observateur. Le paysage est un outil de l'étude des espaces, autrement dit plus on avance dans le cycle 3, plus on tend vers des compétences de réalisation d'un croquis et vers l'étude des espaces et non plus des paysages « naturels », déshumanisés en tant que tels.

Nous prendrons ici comme exemple le paysage de la petite ville de Descartes (Indre-et-Loire) dont on peut trouver une vue intéressante sur le site www.survoldefrance.fr. L'image a été prise par Vincent Tournaire en 2011 [Repérage GPS : 46°58'36" N 00°41'22"E].

Document 1 **Descartes (Indre-et-Loire) – source : survoldefrance.fr**

- **Étape 1 : Questionnaire :** D'où observe-t-on ? Qu'observe-t-on ? Quelles sont les différentes unités paysagères qui se distinguent dans ce paysage ?
- **Étape 2 : Carnet de terrain :** Dégager les lignes de force du paysage et la répartition en différentes zones, recueil d'impressions, d'observations, de remarques entendues…
- **Étape 3 : Identification :** Décrire avec ses mots, localiser chaque unité paysagère.
- **Étape 4 : Texte libre :** Ce que l'élève désire écrire sur ce qu'il voit, ressent… ses commentaires, ses questions…
- **Étape 5 : Représentation :** sur un calque, sur une photocopie noir et blanc, l'élève donne une couleur à chaque unité paysagère et construit une légende en fonction de ce qu'il a identifié à l'étape 3.

Document 2 **Localisation et description d'unités paysagères en CE1/CE2**

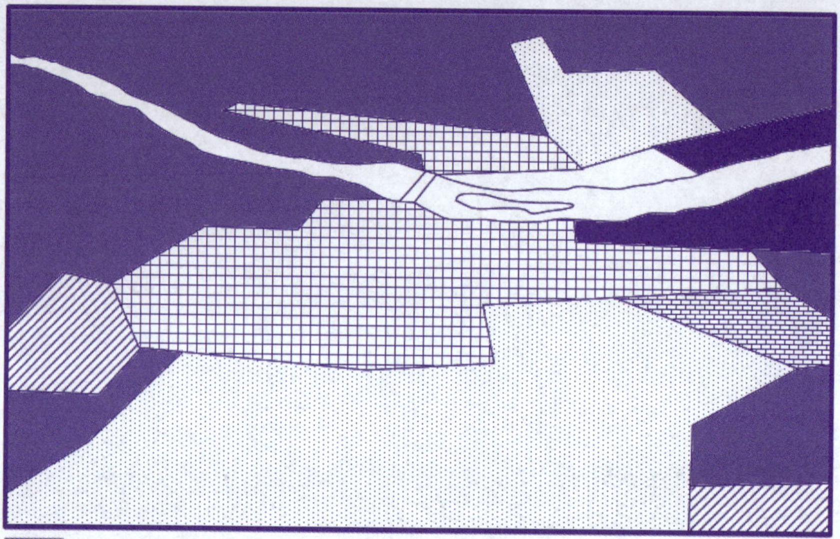

Espace dense où les maisons sont petites, basses et au toit de tuiles.

Espace composé de pavillons individuels éparpillés.

Collège de Descartes.

Espace composé d'immeubles à plusieurs étages, au toit en ardoise.

Espace composé de hangars et d'entrepôts.

Espace de champs cultivés

Classer une collection d'images

L'enseignant choisit entre 6 à 8 images de façades de maisons prises dans le quartier où se trouve l'école : commerces, maison d'habitation, services publics…

Cette collection d'images est proposée aux élèves pour qu'ils puissent en faire un classement réfléchi.

Classer, c'est regrouper des objets suivant une caractéristique commune. **Trier** consiste à discriminer chaque image puis à écarter celle(s) qui ne correspond(ent) pas à une norme que l'on s'est donnée.

Lors de la phase de **mutualisation**, les élèves expliquent alors leur classement en énonçant les caractéristiques qui ont fondé leur classement. Ces caractéristiques sont soumises à **négociation** avec la classe puis **institutionnalisées** par l'enseignant qui peut apporter le vocabulaire *ad hoc* permettant **d'identifier**.

Un exemple de **séquence pédagogique** dans une classe

Au CE1, on étudie les différents paysages et milieux de vie de la France.

Séquence 3 de l'année : Habiter la ville en France

séance	Titre	Connaissances	Capacités
1	**Qu'est-ce qu'une ville ?**	À partir d'une vue générale d'une ville moyenne ou d'une petite ville, les élèves sont invités à observer et à décrire les éléments qui montrent qu'il s'agit bien d'une ville.	• Observer une image. • Identifier. • Nommer.
2	**Vivre en ville**	À partir de l'image d'une rue active, les élèves repèrent les différentes activités et les différents éléments propres à la vie en ville (densité du trafic et du bâti, intensité, diversité des activités...).	• Observer une image. • Identifier. • Nommer.
3	**Travailler en ville**	À partir d'une collection d'images représentant différentes activités présentes en ville, les élèves proposent un classement de ces activités.	• Observer une image. • Identifier. • Nommer.
4	**Situer des villes en France**	Sur une carte de France, les élèves repèrent puis replacent quelques grandes villes françaises en s'aidant du tracé et de l'identification des fleuves et des mers et océans : Paris, Marseille, Lyon, Nantes, Bordeaux, Lille...	• Observer une image. • Identifier. • Nommer. • Compléter une carte.

16 Découvrir le(s) lieu(x) où j'habite

Plan du chapitre

1 Ce que dit le programme

Repères annuels de programmation	Démarches et contenus d'enseignement
• Identifier les caractéristiques de mon(mes) lieu(x) de vie. • Localiser mon(mes) lieu(x) de vie et le(s) situer à différentes échelles.	Ce thème introducteur réinvestit la lecture des **paysages du quotidien** de l'élève et la découverte de son **environnement proche**, réalisées au cycle 2, pour élargir ses horizons. C'est l'occasion de mobiliser un vocabulaire de base lié à la fois à la description des **milieux** (relief, hydrologie, climat, végétation) et à celle des **formes d'occupation humaine** (ville, campagne, activités…). L'acquisition de ce vocabulaire géographique se poursuivra tout au long du cycle. Un premier questionnement est ainsi posé sur ce qu'est « habiter ». On travaille sur les représentations et les pratiques que l'élève a de son(ses) lieu(x) de vie. Le(s) **lieu(x) de vie de l'élève** est(sont) inséré(s) dans des territoires plus vastes, région, France, Europe, monde, qu'on doit savoir reconnaître et nommer.

1.1 Place du thème dans la scolarité

Ce premier thème de cycle 3 permet de faire la transition avec les premiers apprentissages construits en cycle 1 et en cycle 2 : se repérer dans un espace proche, situer des objets et des personnes les uns par rapport aux autres.

Avec ce premier thème, l'élève entre progressivement dans l'apprentissage des raisonnements, démarches et problématiques de la géographie.

1.2 Principaux objectifs didactiques

L'élève va progressivement passer de repères personnels à des repères collectifs puis à des repères géographiques.

L'élève renforce sa connaissance du/des lieu(x) où il habite, les situe par rapport à d'autres lieux en France, en Europe et dans le monde.

En CM1, les élèves apprennent à décrire les paysages du quotidien, ils élaborent des représentations simples de l'espace familier.

L'élève va s'initier au **raisonnement géographique** (*cf.* 4., p.xx).

L'élève doit acquérir les repères fondamentaux par l'étude des pratiques des habitants à travers l'ensemble des thématiques du CM1 qui explorent les modes d'habiter.

1.3 Compétence(s) à privilégier

Ce thème permet de travailler particulièrement les compétences « raisonner, justifier une démarche et des choix effectués », et « comprendre un document ». La compétence « pratiquer différents langages en histoire et en géographie » sera également précieuse pour ce qui concerne l'expression orale, l'appropriation et l'utilisation du lexique géographique approprié mais également dans l'utilisation de cartes analogiques et numériques à différentes échelles, des photographies de paysages ou de lieux.

2 Combattre les idées reçues

2.1 La géographie est la science des localisations

La géographie n'a pas pour priorité de localiser. La géographie est une science sociale qui étudie l'action des hommes sur l'espace. La géographie est donc fondée sur l'analyse de l'organisation de l'espace. La localisation devient un élément de l'analyse, au même titre que la temporalité, la pluriscalarité, la composition sociale et les aménagements envisagés par l'homme pour habiter cet espace.

2.2 Ruraux = agriculteurs ?

L'espace rural n'est plus synonyme d'espace agricole. Les ruraux ne sont plus majoritairement des agriculteurs. Ils ne représentent plus que 7 % des ménages vivant à la campagne.

3 Ce qu'il faut savoir

3.1 Qu'est-ce que « l'espace proche » ?

Les Anglo-Saxons appellent « l'espace proche », « *everyday life space* », c'est-à-dire l'espace de vie quotidien d'un individu. Il s'agit du territoire proche du domicile d'un individu et qu'il pratique au quotidien, où il a ses habitudes. La notion d'**espace proche** ne semble pas définie par les géographes qui lui préfèrent la notion d'**espace de vie**.

3.2 Qu'est-ce qu'un « espace de vie » ?

Pour Daniel Courgeau, l'**espace de vie** est la « portion d'espace où l'individu effectue ses activités. Cette notion englobe non seulement les lieux de passage et de séjour, mais également tous les autres lieux avec lesquels l'individu est en rapport ». Pour Guy Di Méo, l'espace de vie est « l'aire des pratiques spatiales d'un individu ». L'**espace de vie** n'est donc pas forcément continu, il est composé d'un réseau de **lieux** (lieu de travail, lieu de loisir, domicile).

3.3 Les différentes échelles administratives et géographiques

La grande majorité des États européens dispose de 4 à 5 échelons de collectivités correspondant à nos communes, départements et régions. Chaque niveau de collectivité possède des compétences clairement définies : la commune gère les équipements de proximité, le département est l'échelon des politiques locales et des services aux citoyens, la région celui de l'aménagement du territoire et du développement économique.

La commune

Héritage des anciennes paroisses d'Ancien Régime, les communes ont été créées par la loi du 14 décembre 1789. Le territoire de la commune (finage) correspond aux anciennes limites agricoles d'Ancien Régime. La France compte 36 783 communes : 36 571 en France métropolitaine, 112 dans les DROM et 100 dans les COM. La taille moyenne d'une commune est de 14,88 km². La moitié d'entre elles fait moins de 10,73 km². Les compétences de la commune sont des compétences de proximité assez générales : état civil, action sociale (CCAS), enseignement (construction et entretien des écoles primaires), urbanisme, action économique (financement d'aides directes aux entreprises depuis la loi du 27 février 2003), logement.

Les communautés de communes ou d'agglomération

La loi Chevènement du 12 juillet 1999 a rationalisé les modes de coopération intercommunale en ne conservant que 3 types d'établissements publics de coopération intercommunale à fiscalité propre : les **communautés urbaines**, les **communautés d'agglomérations** et les **communautés de communes**. Aujourd'hui, près de 90 % des communes sont regroupées en EPCI (Établissements publics de coopération intercommunale) et l'intercommunalité est devenue l'échelon inévitable de toute réflexion en matière de développement communal. La loi portant sur la Nouvelle Organisation Territoriale de la République (NOTRe), promulguée le 7 août 2015, redéfinit les compétences attribuées à chaque collectivité territoriale. Si la commune demeure l'unique échelon de collectivité qui puisse répondre à tous les besoins du quotidien des citoyens, les intercommunalités montent en puissance. Le seuil des Communautés de communes est relevé de 5 000 habitants à 15 000, provoquant un peu partout sur le territoire national des fusions de communautés de communes, et s'accompagne d'une augmentation des compétences : tourisme, maisons de service au public. En 2021, la France comptait

1 253 EPCI répartis en 14 communautés urbaines, 223 communautés d'agglomérations et 995 communautés de communes et 5 syndicats d'agglomération nouvelle.

Le département

La France est découpée en départements à la suite du décret du 22 décembre 1789 ; leur existence prit effet le 4 mars 1790. Leur constitution est établie sur le principe de l'égalité et de l'équité : leur taille, à peu près identique, a été fixée de façon à ce qu'il soit possible de se rendre au chef-lieu en moins d'une journée à cheval depuis n'importe quel point de leur territoire. La France est divisée en 101 départements, dont 5 sont situés en outre-mer (Guadeloupe, Martinique, Guyane, La Réunion et Mayotte). La superficie moyenne d'un département est d'environ 5 800 km² soit 2,5 fois plus grande qu'un *shire* britannique. Le département, en tant que collectivité territoriale, est dirigé par le conseil général, élu au suffrage universel pour un mandat de 6 ans. Les élections cantonales ont lieu tous les 3 ans et renouvellent la moitié du conseil. En tant que circonscription administrative, le préfet, assisté des sous-préfets, nommé par le gouvernement, est l'agent de l'État qui a autorité sur l'équipement, les affaires sanitaires et sociales, services qui ont fusionné depuis 2009 pour former la Direction Départementale des Territoires.

La région

Au lendemain de la Libération, l'aménagement du territoire de la France amène à envisager des groupements supra-départementaux. Le décret Pfimlin du 30 juin 1955 lance un « programme d'action régionale » qui définit 24 régions d'usage exclusivement administratif. Jusqu'en novembre 2015, la France comptait 27 régions dont 5 d'outre-mer qui se trouvent être à la fois départements (on parle de DROM : département et région d'outre-mer). Depuis le 29 septembre 2016, un décret paru au *Journal officiel* fixe le nom et le chef-lieu des 13 nouvelles régions métropolitaines. Le **Grand Est** (Strasbourg) regroupe les anciennes régions Alsace, Champagne-Ardenne et Lorraine. La **Nouvelle Aquitaine** (Bordeaux) rassemble les anciennes régions Aquitaine, Limousin et Poitou-Charentes. L'**Occitanie** (Toulouse) regroupe les anciennes régions Languedoc-Roussillon et Midi-Pyrénées. La région **Hauts-de-France** (Lille) rassemble le Nord-Pas-de-Calais et la Picardie. La **Normandie** (Rouen) regroupe la Haute et la Basse Normandie. **L'Auvergne-Rhône-Alpes** a son chef-lieu à Lyon et la **Bourgogne-Franche-Comté** à Dijon. Les régions **Bretagne**, **Provence-Alpes-Côte d'Azur, Île-de-France** et **Pays-de-la-Loire** conservent leur périmètre, leur nom et leur préfecture. La **Corse** garde son statut particulier. La région **Centre-Val de Loire** ne voit que son nom modifié. En 1964, les circonscriptions d'action régionale sont dotées d'un préfet et d'une assemblée consultative chargés de coordonner les actions de l'État dans la région. La loi du 5 juillet 1972 a créé les conseils régionaux et transformé la région en collectivité territoriale. Les membres de cette assemblée sont nommés depuis 1986 au suffrage universel direct pour un mandat de 6 ans. À la tête du conseil, le président dispose du pouvoir exécutif.

Quelques repères spatiaux	Quelques mots de vocabulaire
• Localiser le lieu où l'élève habite sur une carte de la ville, de la région et de la France. • Situer la ville la plus proche.	• Carte, plan. • Rural / urbain.

4 Ce qu'il faut comprendre

4.1 Qu'est-ce que le raisonnement géographique ?

Pour le géographe Roger Brunet, le raisonnement géographique consiste à répondre à quatre questionnements : où ? pourquoi là et pas ailleurs ? comment ? qui et quoi ?

4.2 Que veut dire « habiter un espace » ?

Le philosophe Thierry Paquot[1] fait la distinction entre ces trois mots dérivés du même mot latin *habere* signifiant avoir. L'habitat correspond au mode de regroupement humain, résultat du peuplement. Habitation est synonyme de logement ou de logis. Quant à l'habiter, concept apparu chez les géographes dans les années 1980-1990, c'est la relation que les individus ont avec les espaces dans lesquels ils évoluent. Dans une conférence tenue en août 1951 à Darmstadt, le philosophe Martin Heidegger lançait une première réflexion sur ce qu'il appelait déjà « l'habiter » en en faisant le propre de l'être humain, le fondement même de son être. Le titre, désormais célèbre, de cette conférence réunissait trois verbes sans aucune ponctuation – bâtir habiter penser. Habiter constitue pour Heidegger « la manière dont les mortels sont sur la Terre ». Il conjugue espaces habités (lieux, territoires, réseaux) et pratiques de ces espaces (placements, emplacements, déplacements).

4.3 Quelle typologie des espaces habités ?

Lieux

Si l'on s'accorde à penser que la géographie est la science de gestion des distances, le **lieu** représente « l'espace dans lequel la distance n'est pas pertinente ». Pour Michel Lussault, le **lieu** constitue la plus petite unité spatiale complexe. Il est complexe dans la mesure où, en plus des éléments physiques qui le caractérisent, il est chargé de sens et de valeurs identificatoires différentes selon les individus qui le traversent, le parcourent, l'approchent à différents moments de la journée, de l'année ou du temps long. Le **lieu** est donc le fruit d'une construction.

Territoires

Le mot territoire, pendant très longtemps réservé aux politiques, est un terme d'usage relativement récent par les géographes. Jacques Lévy en relève la première apparition

1. Thierry Paquot, *Habiter, le propre de l'humain. Villes, territoires et philosophie*, La Découverte, 2007.

dans la littérature des sciences sociales francophones en 1982 avec l'édition des rencontres Géopoint, portant sur « Les territoires de la vie quotidienne ». La définition de **territoire** ne peut s'entendre sans la présence de l'homme et des relations qu'il établit avec cet espace. Le territoire est donc une portion limitée et humanisée de l'espace terrestre. Il peut être défini par trois critères principaux :

- **Une métrique** : la métrique est à la fois le mode de mesure et de gestion de la distance. Elle peut être de deux types : topographique si les objets géographiques d'un même espace sont continus et contigus ; topologique s'ils ne le sont pas. Le lieu et le territoire ont une métrique topographique ; le réseau a une métrique topologique.
- **Une échelle** : l'échelle est le rapport de taille qui existe entre différents objets géographiques. Elle définit la taille d'un espace donné par rapport à d'autres espaces de référence plus grands ou plus petits.
- **Une substance** : la substance est la composante économique, politique, sociale, culturelle, idéelle d'un espace.

Réseaux

Les **réseaux** forment des espaces marqués par la discontinuité, la connectivité et l'absence de limites. Dès 1867, Ildefons Cerdà, urbaniste catalan, pense l'aire urbaine de Barcelone en deux couches séparées : un **réseau** (celui des rues) et un **territoire** (celui des îlots ainsi délimités). Territoire et réseau occupent ici la même étendue mais chacun peut être pensé séparément, comme superposé à l'autre. En introduisant une analyse géographique réticulaire c'est une vision multicouche des espaces qui est donnée à voir. Chaque territoire plus ou moins vaste est donc à « feuilleter ». Les connexions entre les différentes couches sont ainsi à étudier. Quels sont les commutateurs spatiaux qui permettent aux territoires de se « connecter » aux réseaux ? Comment passe-t-on, dans la pratique par exemple, de la rue aux espaces publics, aux bâtiments publics, aux espaces privés domestiques ou professionnels ?

4.4 Quelles pratiques possibles de l'espace ?

Placements

Le **placement**, étymologiquement, est l'action qui correspond à l'attribution d'une place à une personne ou un groupe de personne, à la disposition d'un individu en un endroit donné. La pratique des espaces proches commence par celle des espaces domestiques choisis le plus souvent par les individus pour y vivre en famille, restreinte ou élargie. Le verbe « bâtir » vient du bas francique **bastian* qui signifie « lacer, entrelacer, lier ». Au Moyen Âge, bâtir revient donc à monter une clôture constituée de pieux de bois et de branches entrelacées. Le verbe « édifier », plus ancien, est la conjugaison de deux mots latins : *aedes* (la maison, étymologiquement lieu du foyer) et *facio* (faire). « Édifier », c'est donc pour les Latins aménager un lieu pour accueillir le feu. « Construire », quant à lui, d'origine encore plus ancienne, est élaboré à partir du radical **struere* qui signifie « entasser, empiler en ordre » et du suffixe *con**, « ensemble ». Construire c'est donc empiler ensemble divers éléments dans un certain ordre. Ce rapide tour d'horizon étymologique permet de comprendre que pour chaque terme utilisé, il existe une manière de concevoir un habiter : se clôturer, s'installer ou s'élever. Mais comme l'affirme Heidegger, on peut aller plus loin et dire que « nous n'habitons pas parce que nous avons bâti, mais nous bâtissons et avons bâti pour autant que nous habitons ».

Emplacements

Étymologiquement, un emplacement est l'endroit qui convient pour construire, établir ou édifier quelque chose. Par extension, nous entendrons ici par **emplacement** un endroit investi d'une fonction symbolique ou réelle permettant ainsi de définir certains espaces dont la pratique est induite par ce qu'on y trouve.

- Les **espaces de loisirs** : Le dernier tiers du XIXe siècle est marqué par l'avènement des loisirs culturels mais également sportifs. La pratique de ces activités a donné lieu depuis à la multiplication d'infrastructures plus ou moins importantes en milieu urbain d'abord puis de plus en plus dans le périurbain. Ces espaces vont du petit cinéma ou théâtre de quartier en passant par le musée de centre-ville aux multiplexes, grandes infrastructures sportives (piscine, grand stade) et parcs de loisirs périurbains. Ces infrastructures, toujours plus vastes, basées sur une utilisation marchande, nécessitent toujours plus d'espace et d'accessibilité maximale.
- Les **espaces de travail** : La mondialisation et *l'internetisation* de l'économie ont contribué à modifier totalement la dynamique et la localisation des espaces productifs et donc de travail. Que ce soit dans l'agriculture qui se trouve aujourd'hui totalement intégrée dans une industrialisation et qui a conduit à l'implantation de zones industrielles ou artisanales à la campagne, ou bien dans l'industrie où la recherche d'une meilleure connexion a modifié les localisations et les formes, les espaces de travail sont aujourd'hui beaucoup plus divers et diversifiés qu'il y a une vingtaine d'années. Cependant l'industrie reste un facteur important du rapport de la société à son territoire. Elle cherche aujourd'hui un environnement créatif, un tissu de PME et de services de haut niveau, des aménités du cadre vie. On assiste souvent à la **technopolisation** de certains espaces périurbains ou intra-urbains.
- Les **espaces résidentiels.**
- Les **espaces commerciaux** et de services marchands.
- Les **espaces décisionnels** : Ces espaces qui réunissent un grand nombre d'activités de commandement (sièges sociaux d'entreprises, banque, administration) sont des espaces de centre-ville ou d'hypercentre. Elles peuvent être réunies également dans des centres tertiaires administratifs très souvent péricentraux (La Défense, par exemple à Paris). Très souvent les centres-tertiaires, comme La Défense ou La Part-Dieu, donnent lieu à des projets urbanistiques comportant des signes architecturaux forts qui permettent de donner un message fort d'innovation et de dynamisme. Ce serait le cas de l'Arche de La Défense (Johan Von Spreckelsen, Paul Andreu, Peter Rice), de la tour Part-Dieu à Lyon (Charles Delfante, Stéphane du Château), de la tour Lille à Euralille (Christian de Portzamparc).

Déplacements

La **mobilité** est un concept assez ancien dans les sciences sociales, remontant aux années 1920 et aux recherches menées par l'École de Chicago. La mobilité géographique qui s'entend comme le « franchissement de l'espace » d'un opérateur pour se rendre d'un lieu à un autre. Qu'elle soit résidentielle ou quotidienne, elle est considérée comme partie intégrante du mode de vie urbain ou périurbain. Dans la pratique spatiale, ce qui importe prioritairement ce sont les mobilités régulières avec une fréquence horaire, journalière, voire mensuelle. Parmi ce type de mobilités, il faut accorder une place de choix à ce qu'on appelle les **mobilités pendulaires** ou **alternantes** ou encore le phénomène de **navette**. Ce phénomène caractéristique des métropoles et des zones périurbaines est dû à l'étalement urbain et à la division spatiale des activités, souvent par zonage. Il désigne les déplacements quotidiens des personnes de leur domicile à leur lieu de travail. Étudier les mobilités amène à évoquer les différents modes de déplacement proposés aux individus, à leur accessibilité et à la **connectivité** rendue possible.

4.5 Habiter des espaces ruraux

L'espace rural, ou la campagne, représente 70 % de l'espace métropolitain et accueille 18 % de la population. 55 % des communes françaises ont moins de 500 habitants. Les espaces ruraux sont caractérisés par un ensemble de paysages. Le village français présente des caractéristiques typiques :

Les bâtiments symboliques du pouvoir

- Un château, une église, une mairie (rendue obligatoire par une loi de 1884), une école, un monument aux morts (depuis 1920).
- Une place centrale où convergent les routes principales et où se regroupent les quelques commerces qui restent encore (boulangerie, bar-tabac).
- Les maisons d'habitations, anciennes au centre et plus récentes en périphérie, témoignent souvent au « cœur de village » de la localisation : briques dans le Nord-Est, tuffeau en Touraine, granit en Bretagne ou dans le Limousin…

Depuis les années 1970, les espaces ruraux subissent d'importantes mutations démographiques, sociales et culturelles. Au long mouvement d'exode rural commencé vers 1850, succède une période de stagnation entre 1982 et 1999. Depuis, la population rurale augmente au rythme de + 0,7 % par an. Entre 1960 et 2000, il s'est opéré une totale recomposition sociale des campagnes : le poids des ménages agricoles est passé de 33 % à 7 % ; la catégorie des cadres moyens et supérieurs a progressé de 4 % à 20 %. Les actifs sont aujourd'hui de plus en plus mobiles : 71 % des nouveaux habitants des espaces ruraux sont d'origine urbaine. Ces « néoruraux », recherchant un meilleur cadre de vie et des prix abordables, demeurent des urbains pour leur travail, leur approvisionnement ou leurs distractions. Les villages ruraux situés à proximité des villes connaissent la **périurbanisation** ou la **rurbanisation**.

Travailler à la campagne

Les agriculteurs ne représentant plus que 2 % de la population active en France de nos jours, ils sont devenus minoritaires dans la population rurale (7 %) au même titre que les artisans et commerçants (6 %). On parle de **déprise agricole** pour évoquer la disparition des activités agricoles et des agriculteurs. De nos jours, l'espace rural est plus industriel et ouvrier qu'agricole et paysan : dans 25 % des bassins de vie ruraux, les ouvriers dépassent de 40 % du total des actifs. Ces entreprises industrielles ont pour 50 % moins de 100 salariés et sont localisées de manière diffuse. Les IAA (industries agro-alimentaire) et le textile y occupent une faible part ; on trouve surtout des industries du bois, des métaux, de la plasturgie, de l'édition et de l'imprimerie (favorisées par les technologies de l'information et de la communication). La part du tertiaire (autour de 55 %) joue un rôle déterminant dans l'évolution des campagnes. Elle assure la majeure partie des nouveaux emplois.

Les paysages ruraux

- L'**openfield** est un paysage de champs ouverts, souvent très vastes, typique des plaines de France. C'est un système agraire associé à des pratiques communautaires. À l'origine, le finage était soumis à un assolement et à une rotation des cultures ce qui supposait un habitat groupé en villages serrés.
- Le **bocage** est un paysage de champs fermés par des haies vives ou par des murets. Cette organisation s'explique en partie par une exploitation individuelle des terres. Mal adapté à la mécanisation des campagnes, le bocage a tendance à disparaître et les haies sont peu à peu arrachées (**débocagisation**), ce qui aggrave l'érosion des sols.
- Les paysages agraires méditerranéens sont assez complexes. Les villages sont regroupés et souvent perchés. Le finage est divisé en trois parties : une partie cultivée (**l'ager**), une partie moins fertile laissée au pacage des animaux (le **saltus**) et une partie occupée par la forêt (la **silva**).

Vivre à la campagne

Les campagnes françaises actuelles ont de multiples fonctions : la fonction résidentielle qui connaît un développement spectaculaire, la fonction productive qui se diversifie, la fonction récréative et touristique et la fonction de nature. Depuis 50 ans, le tourisme structure de façon inégale les dynamiques spatiales de plusieurs types d'espaces ruraux : ceux situés à proximité des aires urbaines, ceux des espaces d'attractivité forte et de loisirs spécifiques et ceux en difficultés[1]. On peut distinguer deux types de tourisme rural : un premier diffus, souvent complémentaire de l'activité agricole (gîtes, chambres d'hôtes…) ; le second structuré en pôles avec des programmes d'accueil, d'animation (villages-vacances).

1. Yves Jean, *Géographie rurale*, Armand Colin, 2009.

Une typologie des espaces ruraux

En 2003, la Datar propose une typologie structurée en trois France rurales : « les campagnes des villes, les campagnes les plus fragiles et les nouvelles campagnes » :

- **Les campagnes des villes** : proche de petites villes, la fonction résidentielle domine et les actifs travaillent majoritairement dans l'aire urbaine proche.
- **Les nouvelles campagnes** : fragilisées par la déprise agricole et la désindustrialisation, elles développent la fonction résidentielle en bénéficiant du développement de la mobilité.
- **Les campagnes fragiles** : fragilisées par l'exode rural et les difficultés économiques, elles représentent un tiers des campagnes. Leur densité est faible et la mono-activité agricole est en crise.

Deux exemples de **mise en œuvre**

Organiser une sortie sur le terrain

Partir à la découverte du quartier où est implantée l'école – La découverte du quartier où se situe l'école est une sortie scolaire de 2e catégorie, telle qu'elle est définie dans la Circulaire n° 99-136 du 21 septembre 1999. Il s'agit en effet d'une sortie scolaire occasionnelle sans nuitée, qui nécessite l'autorisation du Directeur ou de la Directrice de l'école, délivrée par écrit au moins trois jours à l'avance et qui doit être encadrée par deux adultes par classe au moins dont le maitre de la classe.

L'enseignant prendra soin de déterminer au préalable un itinéraire au cours duquel des activités d'observation seront proposées aux élèves. Ces activités d'observation seront l'objet de différentes étapes lors du parcours.

- **Avant la sortie** : l'enseignant établit un parcours qu'il laissera en pièce jointe à sa demande d'autorisation au directeur ou à la directrice de l'école. Il prépare un certain nombre d'activités qui permettent aux élèves d'observer, de se questionner et de noter.
- **Pendant la sortie** : l'enseignant propose aux élèves de prendre des photographies (devanture de magasins pour s'informer sur les activités présentes dans le quartier, de dessiner un paysage remarquable autour de l'école, renseigner des fiches signalétiques pour chacune des maisons qui entourent une même place, etc.). L'enseignant signale des marqueurs spatiaux forts (monument, carrefour, objets urbains ou naturels particuliers…) qui doivent servir aux élèves à se repérer dans le quartier.
- **Après la sortie** : une fois en classe, l'enseignant revient sur la mémorisation des marqueurs spatiaux forts, fait tracer aux élèves l'itinéraire parcouru sur une carte, fait coller sur une carte collective les différentes photos prises lors de la sortie…

Étudier un paysage : le village de Cormeilles-en-Vexin (Val d'Oise)

Cet exercice a pour objet d'analyser un paysage. Ce dernier est une vue aérienne d'un village, Cormeilles-en-Vexin, situé à quelques kilomètres au Nord de Pontoise. Il s'agit d'une commune rurale périurbaine.

Document 1 **Cormeilles-en-Vexin (Val d'Oise), source : Survol de France, F. Lavergne, http://www.survoldefrance.fr/**

Exercice cartographique

1. Interroger les élèves sur les éléments de l'image qui font penser à un paysage rural.

2. Sur un calque, faire distinguer au trait noir fin les différents éléments constitutifs du paysage.

3. Identifier par des figurés et les nommer les éléments qui sont attachés au village.

4. Identifier par des figurés et les nommer les éléments qui sont attachés à la ville.

5. Montrer par des flèches, la dynamique que l'on devine dans l'image : avancée de l'aire urbaine sur l'espace rural.

Document 2 **Un paysage rural périurbain : Cormeilles-en-Vexin**

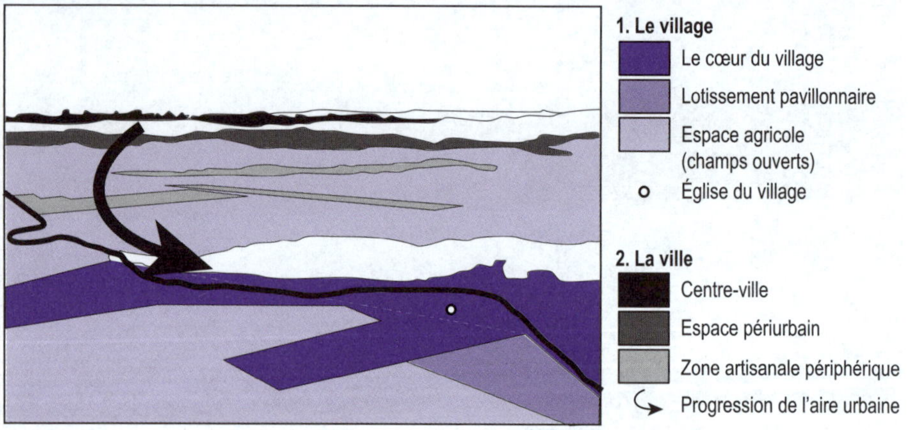

Un exemple de **séquence pédagogique** dans une classe

Le thème 1 de CM1 peut être traité sur deux périodes de l'année. Nous donnons ici un exemple de programmation pour une seule séquence sur les deux possibles (identifier mon(es) lieu(x) de vie, localiser mon(mes) lieu(x) de vie).

Séquence 1 de l'année : Identifier mon espace proche

séance	Titre	Connaissances	Capacités
1	**Découvrir l'espace proche de l'école**	Cette première séance pourrait être l'occasion d'organiser une sortie autour de l'école afin de faire découvrir aux élèves leur environnement proche : paysages, fonctions urbaines présentes autour de l'école, réseau de mobilité, etc.	• Observer. • Se repérer sur un itinéraire. • Identifier des activités, des paysages.
2	**Le quartier autour de l'école**	À partir d'un plan ou d'une vue aérienne du quartier où se trouve l'école, il s'agira de construire avec les élèves une carte de l'organisation de l'espace du quartier : réseau de communication, identification des différentes fonctions du quartier, repérage de lieux.	• Lire une image ou un plan • Construire une carte • Construire une légende • Identifier des activités, des paysages.
3	**Mon espace de vie, nos espaces de vie**	À partir d'une enquête qui aura été remise quelques semaines auparavant sur les pratiques des élèves (lieux de résidence des familles, lieux d'approvisionnement principaux, lieux des loisirs pratiqués, moyens de transport empruntés par les élèves selon leurs activités…), les élèves par groupe, vont construire des cartes qui permettront de rendre compte de l'étendue de l'espace pratiqué quotidiennement ou de manière hebdomadaire.	• Enquêter. • Produire une carte. • Construire une légende. • Expliquer, analyser.
4	**Ma commune, un espace de vie**	Changement d'échelle. Mêmes activités que pour la séance 2 mais à l'échelle de la commune.	• Lire une image ou un plan. • Construire une carte. • Construire une légende. • Identifier des activités, des paysages.
5	**Ma commune, un espace à vivre**	Dans cette dernière séance, il s'agira de parler de l'image de la commune : comment elle se construit par les habitants mais également par les élus.	• Lire une image publicitaire. • Construire un sondage auprès des habitants. • Analyser une image, un sondage.

17 Se loger, travailler, se cultiver, avoir des loisirs en France

Plan du chapitre

1 Ce que dit le programme

Repères annuels de programmation	Démarches et contenus d'enseignement
• Dans des espaces urbains • Dans un espace touristique	Le thème permet aux élèves de sortir de l'espace vécu et d'appréhender d'autres espaces. En privilégiant les **outils du géographe** (documents cartographiques, photographies, systèmes d'information géographique), les élèves apprennent à **identifier** et à **caractériser** des espaces et leurs fonctions. Ils comprennent que les actes du quotidien s'accomplissent dans des espaces qui sont organisés selon différentes logiques et nécessitent des déplacements. Le travail sur un espace touristique montre par ailleurs qu'on peut habiter un lieu de façon temporaire et il permet d'observer la **cohabitation de divers acteurs**. Ils découvrent la spécificité des **espaces de production**.

1.1 Place du thème dans la scolarité

Ce thème poursuit les objectifs du cycle 2. Il s'agit d'explorer les **organisations** du monde et les **fonctions** d'un espace.

Ce thème permet de poursuivre l'exploration des espaces et plus particulièrement de découvrir les **espaces urbains** et/ou **touristiques**.

Ces premières analyses de l'espace géographique seront reprises en classe de 6e dans les thèmes « Habiter une métropole » et « Habiter les littoraux ».

1.2 Principaux objectifs didactiques

Le cycle 3 vise ainsi l'acquisition du vocabulaire géographique élémentaire et la maîtrise progressive de la capacité à reconnaitre les fonctions d'un espace.

À travers ce thème, les élèves doivent comprendre que se loger, travailler, se cultiver et se divertir sont différentes dimensions de l'habiter. Il s'agit de pratiques quotidiennes ou régulières de certains espaces et que ces mêmes pratiques permettent le plus souvent de caractériser ces espaces.

Les élèves doivent également comprendre que les espaces peuvent avoir différentes fonctions et une organisation particulière.

1.3 Compétence(s) à privilégier

Ce thème permet de travailler particulièrement les compétences « raisonner, justifier une démarche et des choix effectués », et « comprendre un document », puisqu'il s'agit de saisir la cohérence du projet républicain et de comprendre la portée des symboles républicains. La compétence « pratiquer différents langages en histoire et en géographie » sera également précieuse pour ce qui concerne l'expression orale, le troisième sous-thème appelant tout spécialement une expression forte des élèves.

2 Combattre les idées reçues

2.1 L'image des villes s'uniformise du fait de la mondialisation

Les sociétés modernes se caractériseraient par une uniformisation architecturale et la standardisation des villes. Il convient ici de distinguer deux espaces urbains. Car si, en effet, les périphéries des villes françaises ont tendance à se standardiser du fait d'espaces industriels, résidentiels ou commerciaux types, les centres-villes eux affirment leur identité par des projets architecturaux singuliers ou des réhabilitations, restaurations originales.

2.2 Le tourisme est une activité peuplante

Comme toutes les autres activités économiques, le tourisme peut être une activité peuplante mais les mouvements de population que cette activité peut entraîner sont particuliers. En effet, l'essentiel de ces mouvements sont temporaires. Les emplois créés par le tourisme sont eux-mêmes essentiellement saisonniers. Le tourisme n'est donc pas le seul et unique élément explicatif à toute zone densément peuplée.

3 Ce qu'il faut savoir

3.1 Qu'est-ce qu'un espace urbain ?

Selon l'INSEE, l'**espace urbain** est l'ensemble, en un seul tenant, de plusieurs aires urbaines et des communes de la couronne périurbaine qui s'y rattachent. Une aire urbaine est un ensemble de communes, d'un seul tenant, constitué d'un pôle urbain et d'une couronne périurbaine dont au moins 40 % de la population résidente ayant un emploi travaille dans le pôle urbain ou dans des communes attirées par celui-ci. Le pôle urbain est une unité urbaine offrant au moins 5 000 emplois. 78,8 % des Français vivent dans un espace défini comme urbain (32,4 % de la superficie). Depuis 1960, la population urbaine a augmenté de 25 % ce qui entraîne un étalement de l'espace urbain depuis son centre historique jusqu'à la périphérie, sous des formes très variées. La ville s'analyse à au moins deux échelles. Localement, on peut en définir le site ; régionalement, nationalement ou internationalement, la situation.

- Le **site** est le cadre topographique dans lequel la ville s'est bâtie, c'est-à-dire le choix local de l'implantation de la ville :
  – sites de carrefours : les baies (Marseille), les embouchures de fleuves (Saint-Nazaire), les fonds d'estuaires (Bordeaux), les confluents (Lyon) ;
  – sites de gisements : le gisement est un avantage local, il peut être énergétique (charbon pour Béthune), de matières premières, touristique (Chamonix, Saint-Tropez) ou politique et culturel (Versailles, Avignon) ;
  – sites de nature défensive : perchés, à l'abri d'un méandre, d'un marais.
- À plus grande échelle, la **situation** est le cadre géographique dans lequel la ville s'est établie, c'est-à-dire le choix régional ou national de son implantation. La valeur d'une situation ou d'un site ne résulte que de la prise en compte par différents acteurs dans le cadre d'un contexte et d'un projet spatial donné.

3.2 Qu'est-ce que le périurbain ?

« La ville est un espace différencié, un système dans lequel les sous-ensembles territoriaux entretiennent des liens qui sont représentés par les flux des hommes, des marchandises, des capitaux et des informations. »[1] La **périurbanisation** repousse sans cesse les limites de l'espace urbanisé. Les quartiers tendent à s'individualiser selon une fonction spécifique. La conséquence en est la multiplication des déplacements au sein de l'espace urbain. Pour l'INSEE, la couronne périurbaine est un espace bâti autour d'une ville dans lequel au moins 40 % de la population travaille dans l'aire urbaine. Pour Laurent Cailly et Martin Vanier, le périurbain est un « tiers-espace », situé entre ville et campagne, caractérisé par une forte accession en pavillon, une mobilité intense et essentiellement automobile. Pour les deux géographes, la **périurbanisation** est liée à la **métropolisation**, à la forte tension immobilière induite et aux désirs d'espace, de confort et de nature évoqués par un bon nombre de citadins.

3.3 Qu'est-ce qu'un centre tertiaire ?

En France, le concept de **quartier d'affaires** au sens strict de regroupement de fonctions décisionnelles, financières et administratives tel qu'on peut en trouver des manifestations aux États-Unis à travers les CBD (*Central Business District*) ou à Londres à travers l'exemple de la City se rencontre très rarement. Les centres tertiaires français sont plus des espaces mixtes qui regroupent commerce, logement et bureaux. Le concept de centre tertiaire reste encore assez flou. Il correspondrait à un pôle de concentration d'activités

1. Maryse Fabriès-Verfaillie, Pierre Stragiotti, *La France des villes*, 2000.

tertiaires ayant un rayonnement régional, national ou international. Ce pôle tertiaire occuperait également une position centrale dans des métropoles souvent polycentriques, bénéficiant d'une accessibilité maximale (nœud de communication). Pour Michel Lussault, la centralité d'un espace serait déterminée par trois gradients : la densité, la diversité et l'intensité. Un centre se définirait alors comme une zone délimitée où les activités seraient diversifiées et intenses et où la densité démographique et économique seraient importantes.

3.4 Qu'est-ce qu'un espace touristique ?

D'après Rémy Knafou, on distingue 4 types de lieux touristiques en fonction de l'importance accordée au tourisme : le **site touristique** (la pointe du Raz) qui ne présente pas de capacité d'hébergement ; le **comptoir touristique** (les villages-clubs), lieu clos réservé à un tourisme de séjour ; la **station touristique** (Les Sables d'Olonne), beaucoup plus ouverte sur son environnement et dotée d'une population permanente ; la **ville touristique** (Bordeaux) avec une population résidente importante mais également une forte capacité d'accueil. Un touriste est, selon l'OMT1, une personne en déplacement hors de son domicile pour une durée d'au moins une nuitée, et d'un an au plus, pour des motifs non liés à une activité rémunérée dans le lieu visité. La France est la première destination touristique mondiale avec 90 millions d'arrivées de touristes internationaux en 2018. Elle devance ainsi les États-Unis, la Chine et l'Espagne. Cependant en termes de recettes, elle se place en 3e position, avec 53,7 Mds en 2017, derrière les États-Unis et l'Espagne. Ce secteur représente 7 % du PIB et 2 millions d'emplois directs et indirects. Le tourisme a également un impact financier sur les collectivités locales : outre les impôts locaux, la taxe de séjour communale a rapporté 345 millions à 3 134 communes en 2016[1].

Quelques repères spatiaux	Quelques mots de vocabulaire
• Placer une dizaine de villes sur la carte de France. • Repérer et identifier sur une carte des espaces touristiques de différentes natures (balnéaires, de montagne, culturels…).	• Ville, Aire urbaine, Périurbain, Quartier, hypercentre. • Activité tertiaire. • Tourisme, station touristique.

4 Ce qu'il faut comprendre

4.1 Quels sont les paysages urbains ?

Entre centre et périphérie, les paysages urbains sont extrêmement variés.

Les centres-villes

Les centres-villes correspondent à peu près au quartier historique de la ville et regroupent les fonctions de représentation et d'exécution du pouvoir. On parle alors d'**hypercentre**.

1. Organisation mondiale du travail.

Les paysages de ces quartiers centraux comprennent une trame serrée de rues, des monuments historiques, des édifices religieux et civils qui servent de repères identitaires à la population. Depuis la loi Malraux de 1962, ces quartiers sont préservés. Ils ont subi ou subissent encore **restauration** (remise dans son état initial d'un quartier), **rénovation** (transformation d'un quartier par l'utilisation de matériaux neufs) ou **réhabilitation** (réaménagement d'un quartier en conservant l'aspect extérieur des bâtiments mais en améliorant le confort intérieur). Dans les années 80-90, la population a eu tendance à déserter ces quartiers mais les nombreux projets de revalorisation ont contribué à faire augmenter le foncier. Ce sont aujourd'hui les classes les plus aisées qui prennent possession des centres-villes, on parle de **gentrification.**

Dans les grandes agglomérations, on retient la notion de ville-centre pour parler de la commune mère, centre de l'agglomération multicommunale. Il s'agit de la commune la plus peuplée. Les métropoles peuvent aujourd'hui posséder plusieurs centres (universitaires, industriels, politiques). Depuis les années 80, les industries quittent les villes-centres et laissent derrière elles des friches qui font l'objet de vastes projets d'aménagement concerté (quartiers de Bercy ou Tolbiac à Paris, des usines Poulain à Blois). Les opérations de rénovation, depuis les années 70, ont conduit à la création de nouveaux quartiers centraux : la Part-Dieu à Lyon, Mériadeck à Bordeaux, Euralille à Lille.

Les espaces périphériques ou péricentraux

- **Espaces résidentiels ouvriers :** proches du centre-ville, ils sont constitués d'immeubles de 4 à 5 étages bâtis le long des axes menant à l'usine et au centre-ville. On trouve également des lotissements de petits pavillons ouvriers de l'entre-deux-guerres dus à la loi Loucheur de 1928 qui permettait d'emprunter à un taux très bas.
- **Espaces résidentiels aisés :** îlots pavillonnaires au milieu de parcs paysagers ou résidences de standing très bien desservies, voire quartiers clos dont l'accès est donné par une barrière à digicode (*gated communities*).
- **Grands ensembles :** Après la Seconde Guerre mondiale, la priorité est donnée à la reconstruction et à la relance industrielle mais pas au logement. Cependant les besoins sont considérables : 50 % des logements n'ont pas l'eau courante, 90 % pas de salle de bain, 3 millions de personnes sont sans logement et l'on compte 350 000 taudis. En 1953, Pierre Courant, ministre de la Reconstruction et du Logement, donne la priorité aux logements collectifs et aux grands ensembles. Le mouvement est accéléré l'année suivante, après un terrible hiver et l'action de l'Abbé Pierre. Le cadre de ces constructions rapide, en très grande quantité et à moindre coût, est celui de la Zone à urbaniser en priorité (ZUP), décidé à partir de 1959. Ces ZUP recouvrent trois types d'espaces urbains : de nouveaux quartiers périphériques de villes anciennes, des villes nouvelles liées à l'implantation d'industries (Meaux, Melun, Montereau), ou encore des quartiers anciens en pleine rénovation (quartier de la Porte de Bâle à Mulhouse ou l'îlot Bièvre dans le 13e arrondissement de Paris). Les ZUP sont abandonnées en 1969 au profit de zones d'aménagement concerté (ZAC) et en 1973, une circulaire ministérielle signée par Olivier Guichard, visant à lutter contre la ségrégation sociale par l'habitat, interdit toute construction de grands ensembles de plus de 500 unités.

Les espaces périurbains

- **Zones commerciales :** L'installation des hypermarchés se développe de manière anarchique à la périphérie des villes dans les années 70. Dix ans plus tard, ces zones commerciales font l'objet d'aménagement concerté où se développent de grandes enseignes bénéficiant de la très bonne accessibilité. Depuis une quinzaine d'années, chaque grand pôle périphérique a vu s'implanter des chaînes de restauration, des multiplexes, des bowlings ou autres activités de loisirs.
- **Grands équipements :** La recherche d'espace mais la nécessaire proximité de la grande agglomération a vu se développer de grands équipements tels que les aéroports, parcs de loisirs, parcs d'exposition.
- **Technopôles :** Certaines métropoles ont décidé de regrouper en périphérie les industries de pointe, laboratoires de recherche et unités de formation de chercheurs (école, université) comme à Meylan près de Grenoble (ZIRST), à Antibes (Sophia-Antipolis)…

Les villes nouvelles, loin des villes-centres

En 1965, le schéma directeur d'aménagement et d'urbanisme de la région de Paris avait prévu d'établir 5 villes nouvelles autour de Paris dans le but de décongestionner la banlieue parisienne : Cergy-Pontoise, Évry, Saint-Quentin en Yvelines, Marne-la-Vallée et Sénart. Ces opérations d'urbanisme sont des opérations d'intérêt national (OIN) ce qui permet à l'État de conserver la main sur l'aménagement de ces nouveaux territoires périurbains. D'autres opérations ont vu le jour en France : Villeneuve d'Ascq près de Lille (1969), L'Isle-d'Abeau près de Lyon (1972), Vaudreuil près de Rouen (1972).

4.2 Comment s'organisent les paysages urbains ?

Le sociologue Michel Bassand[1] distingue trois étapes chronologiques dans le fait urbain, caractérisée chacune par une organisation spatiale particulière. Avant l'âge industriel, il y aurait « l'ère de la cité » close dans ses remparts ; puis avec l'industrialisation, apparaîtrait « l'ère de la ville » à l'expansion radioconcentrique et au développement des périphéries. L'après-guerre laisserait la place à un espace urbain de plus en plus touché par la mondialisation et aux agrégats les plus divers qui porteraient à parler davantage d'« aire urbaine ».

1. Michel Bassand, *Cités, villes, métropoles : Le changement irréversible de la ville*, PUR, 2008.

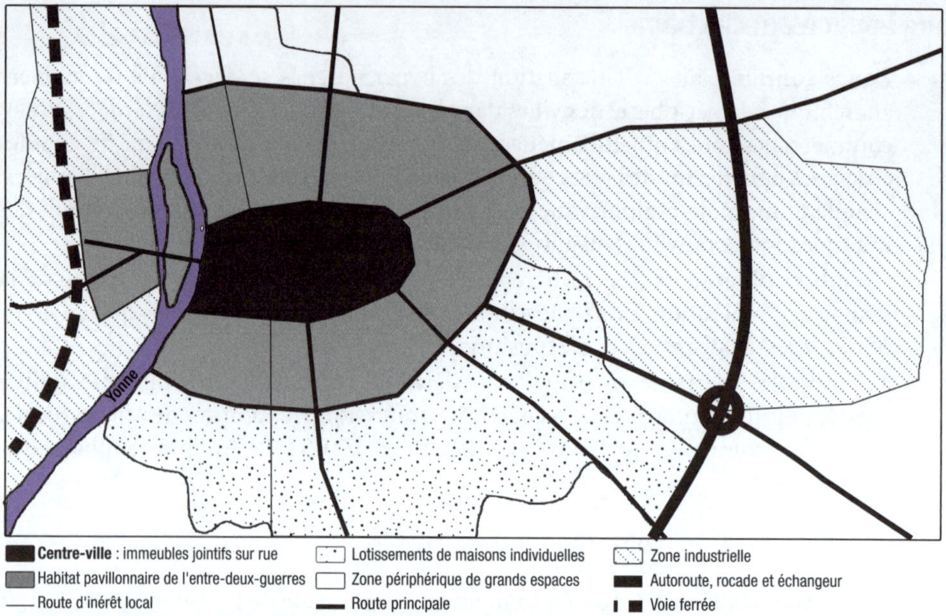

Figure 1 : Schéma d'organisation d'une ville française (Sens)

4.3 Comment s'organisent les espaces tertiaires ?

L'aménagement de centres tertiaires est très souvent dû à des décisions prises par l'État (La Défense, Val d'Europe) ou par les grandes métropoles (Lyon, Lille, Bordeaux). Il s'agit de décongestionner les quartiers d'hypercentre (Mériadeck) saturés et/ou de dynamiser la métropole (Euralille, Part-Dieu). La conduite du projet est menée par les collectivités locales (l'Oréam pour la Part-Dieu, Euralille) ou confiée à des établissements publics commerciaux comme l'EPAD pour La Défense ou Epamarne/Epafrance pour Val d'Europe. Ces centres tertiaires sont souvent des quartiers créés ex nihilo constamment renouvelés. La tour Signal à La Défense devrait dépasser 300 m, un projet d'Euralille 2 est en cours de réalisation. Ces espaces sont l'occasion de vastes projets urbanistiques et architecturaux qui donnent une identité affirmée à ces quartiers. Rem Koolhaas s'est vu confier toute la coordination du chantier d'Euralille ; Charles Delfante celle de la Part-Dieu. Les architectes Jean Nouvel et Christian de Portzamparc ont participé aux chantiers de La Défense et d'Euralille. Pour répondre à l'extension des activités de service, ces centres tertiaires constituent de nouveaux centres pour les métropoles. Ils participent de la polynucléarisation des métropoles. La survie de ces centres tient essentiellement à leur très grande accessibilité. Ils forment de véritables nœuds de communication intermodaux joignant les réseaux extra-urbains (gare ferroviaire, autoroutes, routes) aux réseaux intra-urbains (lignes de bus, tramway, métro ou RER).

4.4 Comment s'organisent les espaces touristiques ?

Avec le développement du chemin de fer au milieu du XIXe siècle, la Côte d'Azur (Saint-Raphaël, Nice) et la Côte Fleurie (Honfleur, Cabourg) ont vu se développer un premier tourisme destiné à la grande bourgeoisie (casino et Grand Hôtel sur front de mer). Il fut souvent l'initiative de banques (les frères Pereire à Arcachon), de sociétés de chemin de fer (La Baule) ou d'hommes d'affaires (le duc de Morny à Deauville). Dans les années soixante, la Datar impulse de grands projets d'aménagements touristiques. Il s'agit de créer des stations intégrées, regroupant hébergement, restauration et services divers à proximité du « gisement » touristique (La Grande Motte, Le Cap d'Agde).

Les stations littorales

L'accessibilité des **stations littorales** est fondée sur l'automobile. L'autoroute sert d'axe principal et des voies rapides filent vers la mer. Les littoraux constituent les espaces touristiques les plus fréquentés : 45 % des Français et 27 % des étrangers séjournant en France prennent leurs vacances à la mer. La région PACA est la 1re région française quant à l'accueil des touristes français et la 2e pour les touristes étrangers. L'activité touristique y génère 18 Mds par an (13 % du PIB régional). 80 % des touristes viennent en juillet et en août mais on observe actuellement une augmentation des séjours de fin de semaine (24 à 72 heures). De larges aménagements spontanés ont continué à se développer à l'initiative de communes ou de promoteurs : constructions dans des zones forestières (massif de l'Estérel), installation de constructions légères (île d'Oléron, bassin d'Arcachon). La maîtrise de la pollution engendrée par l'augmentation rapide et considérable de la population, en été, est très souvent difficile. Les populations locales les plus modestes sont rejetées à l'intérieur des terres (quartier de Ranguin à Cannes) et subissent en été le contrecoup de la hausse des prix. Sur les 500 000 emplois directs du tourisme littoral, beaucoup sont saisonniers et précaires (30 % environ). Avant le développement du tourisme dans les années cinquante, la montagne était très peu accessible et constituait un espace où l'exode rural était fort.

La montagne

En ce qui concerne le tourisme de montagne, la région Rhône-Alpes est aujourd'hui la deuxième région touristique française accueillant chaque année en hiver 70 % des touristes français et 80 % des touristes étrangers. Le chiffre d'affaires du tourisme montagnard est d'environ 5 Mds par an. L'essentiel de ce chiffre d'affaires provient du tourisme hivernal alors que la montagne est plus fréquentée l'été que l'hiver. Le tourisme estival (thermalisme, varappe, sports en eaux vives) progresse depuis 15 ans et permet de compenser la stagnation du tourisme hivernal en s'étendant sur un domaine beaucoup plus vaste. Avec la construction des grandes lignes de chemin de fer après 1850, les stations de vallée se multiplient dans les massifs montagneux français (Chamonix, Megève). Ces stations de 1re génération sont polyvalentes (alpinisme et randonnée l'été, sports d'hiver et thermalisme l'hiver). La 2e génération des stations est due aux collectivités territoriales : Courchevel dans les Alpes en 1946, Saint-Lary dans les Pyrénées en 1951. Avec le Plan Neige de 1964, la 3e génération voit le jour. Il s'agit alors de « démocratiser les sports d'hiver ». Les stations intégrées comme Flaine, Avoriaz, s'installent dans les alpages et bénéficient de l'arrivée de l'autoroute dans les vallées glaciaires. Aujourd'hui, les stations de la 4e génération cherchent à s'intégrer dans le paysage et à développer un habitat plus respectueux de l'environnement (bardage bois, petits chalets). On parle de « stations-villages ». Les années sans neige (1989 à 1991) ont souvent conduit les stations, à gestion municipale, à s'ouvrir aux capitaux privés (Lyonnaise des Eaux, Caisse des Dépôts et Consignation…) pour financer des systèmes d'enneigement artificiel et améliorer les remontées mécaniques. Certaines stations sont en difficulté et l'on commence à parler de « friches touristiques » (La Féclaz en Savoie). La prévention des avalanches requiert de nombreux aménagements pour protéger les versants à l'ombre (ubac[1] ou ombrée[2]) où se déploient les stations.

La région parisienne

La première région touristique de France est la région parisienne. Elle reçoit régulièrement 25 millions de visiteurs par an. Parmi les sites les plus fréquentés accueillant plus de 5 millions de touristes par an, on trouve : Disneyland Paris (16 millions), le musée du Louvre (9,4), le château de Versailles (7,2), la Tour Eiffel (6,2) et le Centre Pompidou (3,7). Paris bénéficie d'une desserte multimodale exceptionnelle. Elle est la première ville mondiale pour le tourisme d'affaires (séjours de moins de 30 jours liés à une activité professionnelle). Dans les années quatre-vingt-dix, de nombreux parcs d'attractions ont vu le jour en France. On en compte aujourd'hui plus d'une dizaine : Disneyland Paris (1re destination européenne), Futuroscope, Puy du Fou (qui existe depuis 1977), etc.

Le milieu rural

Pendant très longtemps, le séjour en milieu rural a été un choix économique : tarifs attractifs, fréquentation moindre, proximité. Le développement des gîtes ruraux dans les années quatre-vingt-dix, offrant des revenus complémentaires aux agriculteurs, a changé la donne. Le **tourisme rural** s'appuie sur un patrimoine culturel important (parcs nationaux ou naturels, sites inscrits au patrimoine mondial de l'UNESCO, festivals culturels).

1. Dans les Alpes.
2. Dans les Pyrénées.

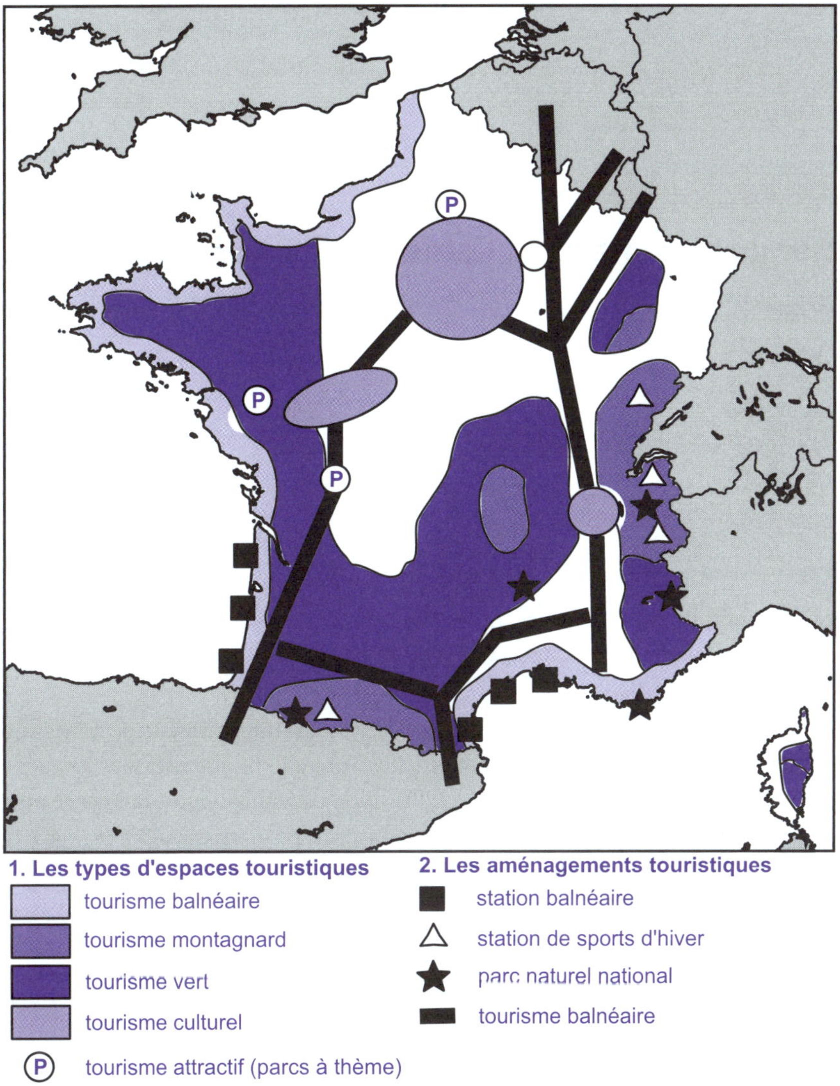

Figure 2 : Carte du tourisme en France

Deux exemples de **mise en œuvre**

Étudier un site Internet : Center Parcs en Sologne

http://goo.gl/bzHmg6

Exercice

1. Page d'accueil du site : Faire comprendre aux élèves ce que propose Center Parcs ? Faire relever, en bas de page, quel est le groupe financier (l'entreprise de loisirs) qui est propriétaire de Center Parcs.

2. Page : « Accès & Plan » / carte d'accès : Repérer les grandes villes importantes qui sont situées à proximité de Center Parcs ainsi que les autres lieux touristiques remarquables. Repérer comment le site de Center Parcs est rendu accessible depuis la France entière.

3. Page : « Accès & Plan » / plan du Domaine des Hauts Bruyères : D'après le plan, relever les différents services proposés par le Parc à ses clients.

4. Page : « Activités » : a. Relever les activités proposées aux clients. Montrer qu'elles peuvent intéresser toute la famille.

b. Relever les raisons de l'implantation de Center Parcs en Sologne et les effets sur la région.

Comprendre un schéma : coupe d'une ville française

Document 1 **Coupe d'une ville française**

1. Demander aux élèves de décrire les différents paysages urbains.
2. Nommer les différents quartiers de cette ville en coupe.
3. Situer ces différents quartiers entre eux.
4. Aider les élèves à faire la relation entre cette coupe et la vue aérienne d'une ville réelle.

Un exemple de **séquence pédagogique** en cycle 3

Le thème 2 de CM1 peut être traité sur deux périodes de l'année. Nous donnons ici un exemple de programmation pour une seule séquence sur les deux possibles (les espaces urbains et les espaces touristiques).

Séquence 3 de l'année : Se loger, travailler, se cultiver, avoir des loisirs dans des espaces touristiques

Séance	Titre	Connaissances	capacités/attitudes
1	**La Plagne, une station touristique**	On propose aux élèves de travailler sur une vue aérienne de La Plagne et d'analyser les éléments constitutifs d'une station de ski en réalisant une production graphique légendée.	• Analyse d'un paysage. • Construction d'un croquis (production graphique légendée). • Vocabulaire. • Compréhension de l'organisation spatiale de la station.
2	**Le tourisme a transformé La Plagne**	À partir de cartes et d'images de La Plagne à différentes époques et d'un texte explicatif, les élèves relèvent les transformations apportées par le tourisme.	• Analyse d'un paysage. • Analyse de texte. • Vocabulaire.
3	**Le tourisme : une chance pour la montagne ?**	À partir de documents de différentes natures, les élèves sont amenés à comprendre les retombées économiques de l'activité touristique sur La Plagne mais également d'en mesurer quelques limites.	• Analyse d'un graphique. • Analyse de texte. • Vocabulaire.
4	**Le tourisme : une activité polluante à risques**	À partir d'affiches publicitaires invitant à respecter la montagne et de la lecture de cartes et d'images, les élèves sont sensibilisés aux risques de pollution de l'activité touristique mais également aux aménagements nécessaires pour sécuriser l'activité touristique.	• Analyse d'un paysage. • Analyse de texte. • Analyse de carte. • Vocabulaire.
5	**Le tourisme : un secteur dynamique en France**	Une carte du tourisme en France permet de changer d'échelle et d'envisager l'activité touristique dans ses généralités.	• Analyse d'une carte. • Analyse de texte. • Vocabulaire.

18 Consommer en France

Plan du chapitre

1 Ce que dit le programme

Repères annuels de programmation	Démarches et contenus d'enseignement
• Satisfaire les besoins en énergie, en eau. • Satisfaire les besoins alimentaires.	Consommer renvoie à un autre acte quotidien accompli dans le lieu habité afin de satisfaire des **besoins individuels et collectifs**. L'étude permet d'envisager d'autres usages de ce lieu, d'en continuer l'exploration des fonctions et des **réseaux** et de faire intervenir d'autres **acteurs**. Satisfaire les besoins en énergie, en eau et en produits alimentaires soulève des problèmes géographiques liés à la question des **ressources** et de leur **gestion** : production, approvisionnement, distribution, exploitation sont envisagés à partir de cas simples qui permettent de repérer la géographie souvent complexe de la trajectoire d'un produit lorsqu'il arrive chez le consommateur. Les deux sous-thèmes sont l'occasion, à partir d'études de cas, d'aborder des enjeux liés au **développement durable** des territoires.

1.1 Place du thème dans la scolarité

Au cycle 3, ce thème est un prolongement du thème 2. Il s'agit de comprendre de quelles façons les hommes répondent à leurs besoins de consommation en eau, en énergie et en alimentation.

La réflexion sera également menée à travers le thème 3 du programme de CM2, avec le sous-thème « Recycler ».

Au cycle 4, ce thème est repris et approfondi en classe de 5e autour de la notion de ressources, abordée à différentes échelles (régionale, nationale et internationale). Au collège, la question de l'accès aux ressources est posée pour tous les hommes, dans un monde inégalement développé et dans un contexte d'essor démographique.

Géographie

1.2 Principaux objectifs didactiques

Les élèves doivent comprendre que la consommation d'énergie, d'eau et d'aliments est indispensable à la satisfaction des besoins humains quotidiens, et que cette satisfaction résulte de l'exploitation de ressources qu'il faut gérer.

Ils doivent également comprendre que la satisfaction des besoins là où l'on habite repose sur l'acheminement de ressources ou de produits qui sont issus de différents espaces dans le monde, du plus proche aux espaces les plus lointains. Pour arriver jusqu'à nous, ces ressources et ces produits nécessitent d'être transportés, parfois sur de très longues distances.

1.3 Compétence(s) à privilégier

Ce thème permet de travailler particulièrement les compétences « se repérer dans l'espace, construire des repères géographiques », « raisonner, justifier une démarche et des choix effectués », et « comprendre un document », puisqu'il s'agit de saisir la cohérence du projet républicain et de comprendre la portée des symboles républicains. La compétence « pratiquer différents langages en histoire et en géographie » sera également précieuse pour ce qui concerne l'expression orale, le troisième sous-thème appelant tout spécialement une expression forte des élèves.

2 Combattre les idées reçues

2.1 La transition énergétique n'est qu'une question écologique

Non, malgré le nom du projet politique porté par les écologistes, « projet de loi relatif à la transition énergétique pour la croissance verte », les applications de cette politique sont bien plus vastes et ont bien d'autres enjeux que des enjeux seulement environnementaux. D'un point de vue économique, développer des énergies renouvelables c'est être moins dépendant des importations d'hydrocarbures et d'uranium ; c'est également réduire la facture énergétique de la France d'environ 30 %. D'un point de vue technologique, c'est encourager les entreprises à innover et par là-même à créer de nouveaux emplois.

2.2 Si l'eau du robinet est chère, c'est parce qu'il faut rendre l'eau potable

L'eau du robinet coûte rarement plus de 0,3 centime d'euros le litre en France (3,39 le m^3). Seulement 38 % de ce prix correspond au traitement et à l'assainissement de l'eau. Les 62 % restants concernent le captage, la distribution et l'évacuation.

2.3 Ce sont les industries qui polluent les fleuves et les rivières

S'il est évident qu'une industrie, se situant au bord d'un cours d'eau, rejette plus de pollution dans l'eau qu'un ménage, il n'en demeure pas moins qu'il y a beaucoup plus de ménages que d'usines. Au total, 75 % de la pollution touchant l'eau est le fait des ménages, 15 % celui des industries et 10 % celui du secteur tertiaire.

2.4 Les espaces agricoles sont des espaces vides

Les espaces de grandes cultures céréalières sont effectivement des espaces vides avec des densités inférieures à 23 habitants par km². Les progrès de la mécanisation et le remembrement des parcelles ont considérablement réduit le nombre d'ouvrier agricole à l'hectare (1 pour 100 en Beauce, par exemple). En revanche, les régions viticoles, fruticoles nécessitent une main-d'œuvre plus importante et présentent en quasi-permanence.

3 Ce qu'il faut savoir

3.1 Les énergies

La France est le 7e consommateur **d'énergie** au monde. Elle consomme environ 2,5 % de l'énergie mondiale pour une population qui représente moins d'1 % de la population mondiale. Afin de satisfaire ses besoins énergétiques, la France est obligée d'importer à hauteur de 48 %. En 2012, la « transition énergétique » a été présentée à la fois comme une réponse aux enjeux environnementaux du Sommet de Rio (1992) et comme un élément de relance de l'économie via la « croissance verte ».

Produire

Les centrales thermiques sont des usines qui produisent de l'électricité à partir d'une source de chaleur qui peut être d'origine nucléaire (fission de noyaux d'uranium 235 ou de plutonium 239), due à un combustible fossile (gaz naturel, fioul), à un combustible issu de déchets agricoles ou industriels ou à l'énergie géothermique profonde. En 2017, il existe près de 6 000 éoliennes en France raccordées au réseau électrique passant le cap des 15 000 MW produits. C'est le quatrième parc éolien d'Europe en termes de puissance derrière ceux de l'Allemagne, de l'Espagne et du Royaume-Uni. Elles sont réparties sur 364 sites à travers la France métropolitaine et ultramarine. Le plus grand parc métropolitain se situe à Fruges dans le Pas-de-Calais et comprend 70 turbines produisant jusqu'à 350 GWh par an. La Champagne-Ardennes est la première région éolienne de France. L'hydroélectricité a recours à trois types de structures et d'usines électriques : soit au fil de l'eau, soit par écluse, soit encore avec « réservoirs » (lacs). La France est le 2e pays européen producteur d'hydroélectricité derrière la Norvège. Avec plus de 2000 petites centrales sur 250 000 km de rivières, l'hydroélectricité produit 7,5 TWh par an. Les centrales au fil de l'eau utilisent le débit des fleuves tels que le Rhône ou le Rhin.

Les installations photovoltaïques ont d'abord commencé par être placées sur le toit des maisons individuelles avec 20 m² de modules. Plus récemment se développent des installations beaucoup plus importantes, depuis les centrales sur toiture de bâtiments commerciaux jusqu'aux centrales géantes. En France, la centrale photovoltaïque de Toul-Rosières en Lorraine est une des plus puissantes devant celles de la Colle des Mées (Alpes-de-Haute-Provence) et de Losse (dans les Landes). Elle compte 1,4 million de panneaux photovoltaïques sur 367 ha. La production annuelle permet de fournir la consommation d'environ 55 000 habitants.

Transformer

La France compte 9 raffineries en activité dont 8 en métropole et la dernière en Martinique. Celle de Dunkerque ne traite que du résidu atmosphérique pour fabriquer huiles et bitume, toutes les autres raffinent le pétrole brut. Ce parc de raffineries est ce qui reste après les deux chocs pétroliers de 1973 et 1979 ainsi que de la crise du raffinage de 2009. Les 9 raffineries raffinent près de 70 millions de tonnes de pétrole brut par an (510 millions de barils). Elles sont alimentées par voie maritime et/ou par oléoducs tel que le Pipeline Sud-Européen (Fos-sur-Mer/Karlsruhe, 769 km) ou le Pipeline d'Île-de-France. Le minerai d'uranium, extrait au Canada, en Australie ou en Russie, est purifié et concassé puis concentré sur place et arrive en France sous la forme d'une pâte jaune baptisée « *yellowcake* ». Deux usines dites de conversion, situées à Pierrelatte dans la Drôme et Malvési dans l'Aude enrichissent le « *yellowcake* » pour le rendre radioactif.

Distribuer

Les lignes à haute tension sont les principales infrastructures énergétiques. Elles transportent l'énergie électrique des centrales aux consommateurs. Les lignes souterraines étant trop coûteuses, elles sont donc principalement aériennes. Le choix de la haute tension (plus de 33 kV) ou de la très haute tension (plus de 230 kV) s'explique par l'obligation de transporter de l'électricité sur des distances supérieures à quelques kilomètres, le but étant de réduire les chutes de tension et les pertes en ligne. Généralement, les pylônes utilisés sont réalisés en treillis d'acier et sont installés par ERDF partout sur le sol français. La France est parcourue par environ 100 000 km de câbles à haute ou très haute tension qui peuvent avoir plusieurs impacts environnementaux : pollution visuelle, nuisances sonores dues à l'effet couronne, menaces de collisions pour les oiseaux, soupçons de dangers sanitaires pour les riverains (certaines formes de cancer par exemple). Les **hydrocarbures** sont acheminés à travers la France par oléoducs comme le *pipeline* Sud-Européen détenu par Total, ExxonMobil, BP, Shell et ConocoPhillips. Il relie Fos-sur-Mer qui reçoit le pétrole brut à Karlsruhe et transporte 10 millions de tonnes de pétrole par an. Deux sites pétrochimiques sont alimentés par ce pipeline : Feyzin (près de Lyon) et Cressier (près de Neuchâtel).

3.2 L'eau

Chaque année la France reçoit en moyenne 440 milliards de m3 de **précipitations** : 61 % s'évaporent, 16 % alimentent les cours d'eau et 23 % s'infiltrent dans le sol pour constituer des réserves souterraines. Les prélèvements annuels sont environ de 32 milliards de m^3 par an (19 % des ressources). Cependant, la répartition des captations sur le sol national est très inégale et certaines communes consomment souvent plus qu'elles ne peuvent produire. **L'eau** devient de fait un enjeu local aux usages multiples.

- **Le traitement de l'eau** : L'épuration des eaux (ou assainissement) consiste à purifier l'eau, soit pour recycler des eaux usées dans le milieu naturel, soit pour transformer les eaux naturelles en eau potable. Il existe deux techniques d'épuration : Les procédés biologiques font appel aux micro-organismes naturellement présents dans le milieu naturel pour dégrader la pollution des eaux : filtrage par plants de roseaux ou au sable, lagunage, boues activées. Les procédés physico-chimiques utilisent des moyens physiques (décantation) et/ou des produits chimiques (coagulants ou floculants).
- La France est organisée en 6 bassins versants définis par la loi sur l'eau de 1964 : Adour-Garonne, Loire-Bretagne, Rhin-Meuse, Rhône-Méditerranée-Corse, Seine-Normandie et Artois-Picardie. Ces bassins versants permettent une bonne **gestion des services de l'eau**. Le fonctionnement des bassins versants est assuré par des agences de l'eau qui doivent aider au développement de la politique territoriale, au respect des normes en vigueur et s'assurer que la balance des ressources et besoins est équilibrée. Des comités de bassins, dirigés par un élu de la vie locale, sont chargés de mettre en place le schéma directeur d'aménagement et de gestion des eaux (SDAGE).

3.3 L'agriculture

En France, **l'agriculture** participe largement à la puissance économique du pays. Elle reste essentielle dans plusieurs régions. La puissance de la France repose sur 6 points forts : les céréales (1er producteur européen), la viande bovine (1er), le sucre (1er), les volailles (1er), les oléagineux (1er) et les vins (1er). La France est également le 2e exportateur mondial de produits agricoles. Cependant l'agriculture française est devenue, en 60 ans, performante, les agriculteurs ne représentent plus que 3 % de la population active. Après la Seconde Guerre mondiale, l'agriculture connaît de profondes mutations. Dans le cadre de la reconstruction, l'État encourage les agriculteurs français à augmenter leurs rendements pour atteindre l'autosuffisance alimentaire. En 1946, un actif agricole nourrit 5 habitants et la France devient la 1re puissance agricole de l'Europe. Dans les années cinquante, l'exode rural et les politiques de remembrement contribuent à faire disparaître la petite propriété. Les parcelles sont redécoupées, les haies arrachées. On assiste partout à la **débocagisation**. L'État incite les agriculteurs à se moderniser en créant, dans les années soixante, des structures aidant les exploitations familiales à devenir compétitives (SAFER[1], GAEC, CUMA). Le Crédit Agricole finance cette modernisation et devient le « banquier de l'agriculture ». La PAC de 1957 a également eu un rôle déterminant dans la modernisation de l'agriculture française. Un lien très étroit s'est développé entre les agriculteurs et le territoire de production afin de développer une politique de labellisation qui oblige les agriculteurs à produire de la qualité dans une région déterminée, se protégeant

1. SAFER : Sociétés d'Aménagement Foncier et d'Établissement Agricole ; GAEC : Groupement Agricole d'Exploitation en Commun ; CUMA : Coopérative d'Utilisation de Matériel Agricole.

Géographie

ainsi de la fluctuation des prix agricoles et de la concurrence. L'INAO (Institut national des appellations d'origine) accompagne ainsi les producteurs qui s'engagent dans ces démarches de qualité et attribue les labels (AOC, Label Rouge, Agriculture biologique). On compte ainsi 293 AOC dans le domaine du vin.

- Les fromages, beurres et crèmes bénéficient de 50 AOC : Abondance, Beaufort, Roquefort, Brie, Camembert, Beurre Charente-Poitou, Crème fraîche d'Isigny…
- Les viandes : poulet de Bresse, foie gras de Mézenc, bœuf de Charolles, agneau des prés-salés de la baie de Somme…
- Les fruits et les légumes : Pomme du Limousin, Pomme de terre de l'île de Ré, Olive de Nice, Piment d'Espelette…

L'image de l'agriculture intensive s'est dégradée à cause des problèmes environnementaux et sanitaires liés à l'usage excessif des engrais et des pesticides (vache folle, marées vertes en Bretagne, grippe aviaire, pollution des nappes phréatiques). Face à ce phénomène, certains agriculteurs choisissent de s'engager dans l'agriculture biologique ou raisonnée. L'agriculture biologique (rotations des cultures, fertilisation organique, lutte biologique) s'autorise à des traitements chimiques ciblés alors que l'agriculture raisonnée est basée sur des techniques conventionnelles qui réduisent les doses de produits chimiques.

Quelques repères spatiaux	Quelques mots de vocabulaire
• Carte des productions agricoles en France.	• Épuration, assainissement, distribution • Source d'énergie, consommation. • Industrie agroalimentaire, agriculture, transformation, distribution.

4 Ce qu'il faut comprendre

4.1 La consommation correspond à des besoins en augmentation

L'augmentation des besoins en énergie. Le mode de vie des Français, l'augmentation des mobilités, l'équipement des logements, l'accroissement des échanges mondialisés sont autant de facteurs qui contribuent à augmenter la demande énergétique même si on observe un léger fléchissement depuis 2008. Les besoins d'énergie en France concernent essentiellement l'électricité, le chauffage ou la climatisation et les transports. Pour répondre à ces besoins, la demande énergétique mondiale a été multipliée par plus de 2,4 entre 1970 et 2010 (5 000 à 12 000 Mtep). En France, ces besoins sont passés de 150 Mtep en 1970 à 251 Mtep en 2017, soit une multiplication par 1,6 de la demande. Pour répondre à cette demande, la France utilise des ressources fossiles ou fissiles non renouvelables (pétrole, gaz, charbon, uranium…) et des ressources renouvelables (solaire thermique ou photovoltaïque, vent, force des marées et des cours d'eau, chaleur du sol et du sous-sol, biomasse et déchets…). Cette consommation d'énergie en France se répartit de la manière suivante : 42 % de pétrole, 24 % d'électricité, 21 % de gaz, 10 % d'énergies renouvelables et 3 % de charbon. La prédominance du pétrole existe depuis les années 1960. Le premier consommateur d'énergie est les transports (32 %), devant les ménages (30 %), l'industrie (21 %), le secteur tertiaire (14 %) et l'agriculture (3 %). La part prépondérante des transports est le corollaire du poids élevé de la consommation de produits pétroliers. En effet, 70 % des produits pétroliers sont consommés par le secteur des transports. Le mode de transport qui représente la plus grande part de la consommation d'énergie est le transport routier (95 % de la consommation d'énergie des transports, part relativement stable dans le temps). Le secteur résidentiel-tertiaire représente 45 % de la consommation totale d'énergie finale et consomme 17 % du total des produits pétroliers, 65 % de celle de gaz pour un usage destiné au chauffage des locaux. Globalement, 65 % de l'énergie consommée pour le chauffage provient de combustibles fossiles, dont 19 % pour le fioul qui est de loin le plus grand émetteur de CO2.

L'eau représente un enjeu local important dans la mesure où les besoins concernent à la fois la vie des ménages mais également des activités économiques diverses. En 2018, la production d'énergie prélevait 59 % des ressources hydriques, les ménages 18 %, l'industrie 9 % et l'agriculture 14 %. Sur le volume annuel prélevé (32 milliards de m^3), la consommation nette est de 5,75 milliards de m^3. L'agriculture est le secteur d'activité le plus consommateur d'eau (68 % des consommations nettes). 60 % de l'eau prélevée en France est consacrée à l'irrigation. Près de la moitié de l'eau utilisée en France, par exemple, l'est pour l'irrigation du maïs, céréale dont la production est en augmentation car utilisée pour nourrir le bétail. L'industrie ne représente que 5 % de la consommation en eau. En France, la chimie, l'industrie du papier et du carton, la métallurgie et l'industrie pharmaceutique totalisent les 2/3 de la consommation industrielle. La part de la consommation domestique est de 24 % des ressources. Cette consommation d'eau potable ne cesse d'augmenter. Un Français consomme entre 100 à 150 litres d'eau par jour.

4.2 La consommation implique des enjeux stratégiques nationaux

La France ne dispose pas de grandes ressources énergétiques fossiles ou fissiles : les gisements de pétrole et de gaz conventionnels sont limités et en cours d'épuisement, l'exploitation du charbon économiquement déficitaire a été abandonnée depuis le début des années 1990. La France importe 98,5 % de son pétrole en provenance de l'Afrique, de pays de l'ex-URSS, du Moyen-Orient et de la Mer du Nord, 98 % de son gaz naturel (Norvège, Pays-Bas, Algérie, Russie), tout son charbon (Australie, États-Unis, Afrique du Sud, Colombie) et tout son uranium (Australie, Canada, Gabon, Niger, Russie). La France est assez bien pourvue sur le plan des énergies renouvelables :

- **L'hydraulique** est la deuxième source de production d'électricité après le nucléaire. Les sites favorables aux grands barrages sont aujourd'hui largement équipés.
- **L'énergie marémotrice** n'est exploitée que dans l'usine de la Rance en Bretagne.
- La France dispose du quatrième **gisement éolien** d'Europe (plus de 6 000 éoliennes installées produisant une puissance de 27,8 Twh en 2018, soit 5,1 % de la production d'électricité nationale). En 2020, 10 % de la consommation nationale électrique devrait être satisfaite par les éoliennes sur terre et en mer. Cette part n'est que de

1,6 % aujourd'hui mais sa progression est rapide et importante (+40 % entre 2008 et 2009).
- **L'énergie solaire** et la **géothermie** de surface sont largement disponibles. Les systèmes photovoltaïques permettent de produire en France environ 190 GWh ce qui correspond à la consommation électrique de 85 000 habitants.
- La **biomasse** (utilisation du bois et valorisation des déchets biodégradables) est aussi une importante source énergétique renouvelable. Elle sert surtout pour le chauffage mais aussi pour la production électrique.
- La **géothermie** profonde pour le chauffage urbsain est exploitable dans certaines zones comme le bassin parisien et aquitain.

En quantité, la France importe de moins en moins d'énergies primaires (164 Mtep en 2009 contre 146 Mtep en 2014). Son indépendance énergétique par rapport à l'étranger est de plus en importante : 50 % en 2009 contre 56 % en 2014.

La loi sur l'eau de 1992 a pour objet de garantir la gestion équilibrée des ressources en eau. Elle est complétée par la loi de 2006 sur l'eau et les milieux aquatiques. Cette loi confère aux communes la gestion de ce « patrimoine commun de la nation ». Les communes se doivent de satisfaire l'alimentation en eau potable de la population en en garantissant la salubrité ; d'assurer le libre écoulement des eaux et la protection contre les inondations ; et de concilier les besoins en eau de l'agriculture, de la pêche, de l'industrie, de la production d'énergie, du transport, des loisirs, etc. Suivant la localisation des zones de captage, des zones de consommation et leur étendue, la qualité de l'eau, la densité et la qualité du réseau… l'eau a un coût plus ou moins élevé.

4.3 Elle implique des enjeux environnementaux

Dans la suite du Grenelle de l'environnement (septembre à décembre 2007), un débat national a abouti à un projet de loi adopté en juillet 2015 sur la **transition énergétique**. La **transition énergétique** désigne le passage du système énergétique actuel qui utilise une part importante de ressources non renouvelables vers un bouquet de ressources renouvelables. Ce passage implique :
- De *supprimer* progressivement le recours aux combustibles fossiles et fissiles.
- De les *remplacer* par des énergies renouvelables pour la quasi-totalité des activités humaines.
- De *réduire* la part des énergies productrices de gaz à effet de serre pour lutter contre le réchauffement climatique.

Le **gaz de schiste** est un gaz naturel retenu à grande profondeur dans certains schistes des bassins sédimentaires. Pour l'extraire de la roche, il faut opérer une fracturation par injection d'eau sous pression (fracturation hydraulique). La potentialité de ce type de gisement est énorme seulement l'exploitation est coûteuse et présente des risques pour l'environnement (carburant fossile qui contribue au réchauffement), dans le sous-sol et les nappes phréatiques.

La **sortie de nucléaire** est l'arrêt de l'utilisation de l'énergie nucléaire pour la production d'électricité. Cette sortie a été mise en place en Autriche (1978), en Suède (1980), en Italie (1987), en Allemagne (2000) et en Suisse (2011). Le gouvernement français s'est engagé à faire passer la part du nucléaire de 75 % à 50 % d'ici 2025. Cependant la sortie du nucléaire, souvent annoncée, a sans cesse été retardée.

4.4 Elle implique des enjeux économiques

Total est de loin le principal acteur du secteur pétrolier français. Le groupe est le 4e groupe pétrolier privé du monde derrière ExxonMobil, Shell et BP. Engie (anciennement GDF Suez) est le 1er producteur indépendant d'électricité dans le monde et le 1er producteur mondial d'électricité non nucléaire. C'est également le 1er opérateur de réseaux de transport et de distribution de gaz naturel en Europe. EDF est le 1er producteur, transporteur, distributeur et fournisseur d'électricité en France, le 2e au Royaume-Uni et en Italie. Le secteur énergie compte donc trois des plus grosses capitalisations boursières : Total, Engie et EDF. Auxquelles, il faut ajouter des entreprises privées comme Legrand et Schneider Electric (fournisseur de matériel électrique), Alstom (transport d'énergie) et Technip (ingénierie pétrolière). Areva est une multinationale française, 4e groupe mondial d'enrichissement de l'uranium. Cette entreprise se tourne aujourd'hui sur les énergies renouvelables : éoliennes, bioénergies, solaire. L'ADEME (Agence de l'environnement et de la maîtrise de l'énergie) est un établissement public à caractère industriel et commercial qui a pour but de susciter, d'animer et de coordonner des opérations de protection de l'environnement et de maîtrise de l'énergie. Le ministère de l'Environnement, de l'Énergie et de la Mer, depuis 2016, a remplacé le ministère de l'Écologie, du Développement durable et de l'Énergie. Il dispose de conseils d'experts et s'appuie sur le travail de recherche de près de 14 grandes écoles (ENAC, ENPC, ENTE…). Les délégations régionales et départementales des structures d'État jouent un rôle important dans la gestion des besoins énergétiques : directions départementales de l'ADEME, la direction départementale des territoires (DDT). Les collectivités territoriales (département et région) sont dotées de fonctions stratégiques et d'un rôle de coordination et apparaissent comme des interfaces entre le niveau national et local. Les régions doivent, par exemple, élaborer un certain nombre de schémas régionaux dont le Schéma Régional d'Aménagement et de Développement Durable du Territoire (SRADDT) et le Schéma Régional du Climat, de l'Air et de l'Énergie (SRCAE).

La direction de l'Eau du ministère de l'Écologie et du Développement durable élabore la politique nationale de l'eau et de la transposition en droit français des directives européennes. Elle assure la tutelle des 6 agences de l'eau. Un organe consultatif, le Comité national de l'eau, donne son avis sur les questions relatives à l'eau. Il rassemble des usagers, des associations, des collectivités territoriales, des représentants de l'État, des experts. Des entreprises nationales ou multinationales professionnelles dans la gestion de l'eau (Compagnie générale des eaux, Lyonnaise des Eaux…) peuvent avoir été sollicitées par des communes pour s'occuper de l'assainissement et de la distribution. Au niveau des 6 bassins versants, le Comité de bassin rassemble élus locaux, usagers industriels et agricoles, associations et représentants de l'État. Il définit de façon concertée les grands axes de la politique de gestion des ressources en eau et élabore le SDAGE. Les agences de l'eau prélèvent des redevances sur les usages de l'eau et accordent des aides financières pour lutter contre la pollution. Les commissions locales de l'eau (CLE) déclinent localement le SDAGE à travers l'élaboration de schéma d'aménagement et de gestion des eaux (SAGE). Les régions et départements peuvent apporter un appui technique et financier aux organismes ou communes. Des structures intercommunales ou des syndicats mixtes mettent en œuvre les politiques de gestion des milieux aquatiques. Les municipalités restent maîtresses de leur mode de gestion et de leurs décisions d'investissement. Les industriels, les agriculteurs, les usagers, associations de consommateurs, de protection de l'environnement, fédérations professionnelles sont associés aux décisions de gestion et de planification au sein des CLE, des comités de rivières aux côtés des services de l'État.

Aujourd'hui, la taille moyenne d'une exploitation agricole est de 56 ha contre 15 ha en 1950. Un agriculteur nourrit actuellement plus de 60 personnes. L'agriculture est le maillon central d'un secteur économique très vaste. En amont, elle est le débouché d'industries chimiques (engrais, produits phytosanitaires...) et mécaniques. En aval, elle fait vivre les industries agroalimentaires (1er secteur industriel français : 170 Mds , 18 % du chiffre d'affaires industriel national). L'industrie agroalimentaire française compte environ 18 365 entreprises représentant un effectif de 400 000 salariés. C'est, par exemple, le premier employeur d'Aquitaine (19 % de l'emploi industriel régional). Danone, Pernod-Ricard, Moët-Hennessy, Groupe Bel sont de puissantes firmes françaises multinationales très puissantes. Présentes, de par leurs filiales, en amont et en aval de la production agricole, elles dictent souvent la conduite à tenir des agriculteurs qu'elles font vivre. Aujourd'hui, la polyculture est devenue très marginale et un grand nombre d'espaces agricoles se spécialise. La surface agricole utile (SAU) de la France est de 292 800 km² (53 % du territoire national). L'INSEE distingue 411 régions agricoles en France formant des espaces agricoles homogènes. Les productions végétales représentent 57 % du produit agricole français. Les céréales et les vins constituent la moitié de cette valeur. On peut évoquer les openfields de la Beauce, du Vexin, des Champagnes berrichonne et crayeuse. La France est le 3e producteur européen de fruits et légumes. La France méditerranéenne demeure l'exemple le plus abouti dans ce domaine avec des exploitations de petite taille très intégrées à la filière agroalimentaire, des techniques culturales perfectionnées (irrigation, cultures hors-sol ou en serres). Les productions animales contribuent à 43 % du produit agricole. L'élevage porcin est le 4e d'Europe, fortement concentrée en Bretagne (40 % du cheptel). L'élevage bovin est soit destiné à la production laitière (le bocage normand, angevin), soit à la production de viande (le Limousin, le Charolais). La France est le 1er producteur mondial de vin et le 3e exportateur mondial. Elle compte sur son territoire 460 appellations dont 293 AOC (appellation d'origine contrôlée, label de protection d'un produit lié à son origine géographique). On compte des AOC génériques (Bordeaux, Bourgogne, Alsace, Touraine...), régionaux (Côtes du Forez, Médoc, Beaujolais...) et communaux (Chablis, Margaux, Vouvray, Bourgueil...).

Deux exemples de **mise en œuvre**

Étudier un graphique

Le **graphique** est un des documents le plus difficile à lire pour les élèves. Il implique la lecture de plusieurs données (quantité et temporalité dans le cas présent). Il est absolument nécessaire de multiplier les activités de repérages simples dans le graphique, à savoir la lecture de données chiffrées pour que l'élève se familiarise avec le document.

Ce graphique revêt encore un caractère plus complexe dans la mesure où on ajoute aux données quantitatives et temporelles des données qualitatives (diverses productions cumulées).

Il est aussi important, avant toute activité, d'expliciter les unités qui figurent sur chacun des axes du graphique : en abscisses, les années et en ordonnées, les quantités consommées en millions de tonnes équivalent pétrole (Mtep).

La **tonne équivalent pétrole** (tep) est une unité comparative de l'énergie. Cette unité est principalement utilisée en France. Ainsi, 1 tonne d'uranium représente entre 10 000 à 16 000 tep ; 1 tonne de bois 0,32 tep ; 1 tonne de houille, 0,6 tep.

Document 1 La consommation d'énergie en France de 1970 à 2010

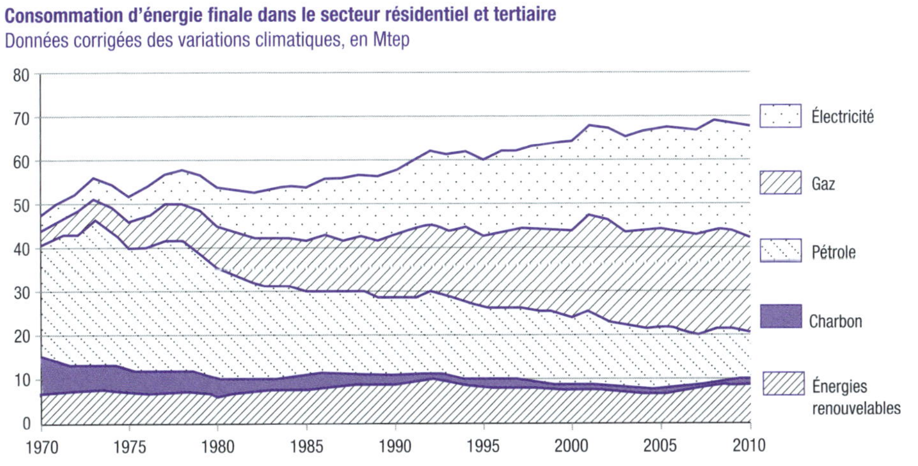

Exercice

- **1.** Faire repérer aux élèves quelques valeurs à lire sur le graphique en fonction de quelques dates données et, inversement, faire repérer la date correspondant à une certaine valeur.
- **2.** Faire remarquer aux élèves l'allure générale des courbes.
- **3.** Faire ensuite apprécier les allures relatives : existe-t-il des courbes qui montent plus vite que d'autres ?

Construire une carte

Document 1 **Carte vierge de la répartition des cultures en France**

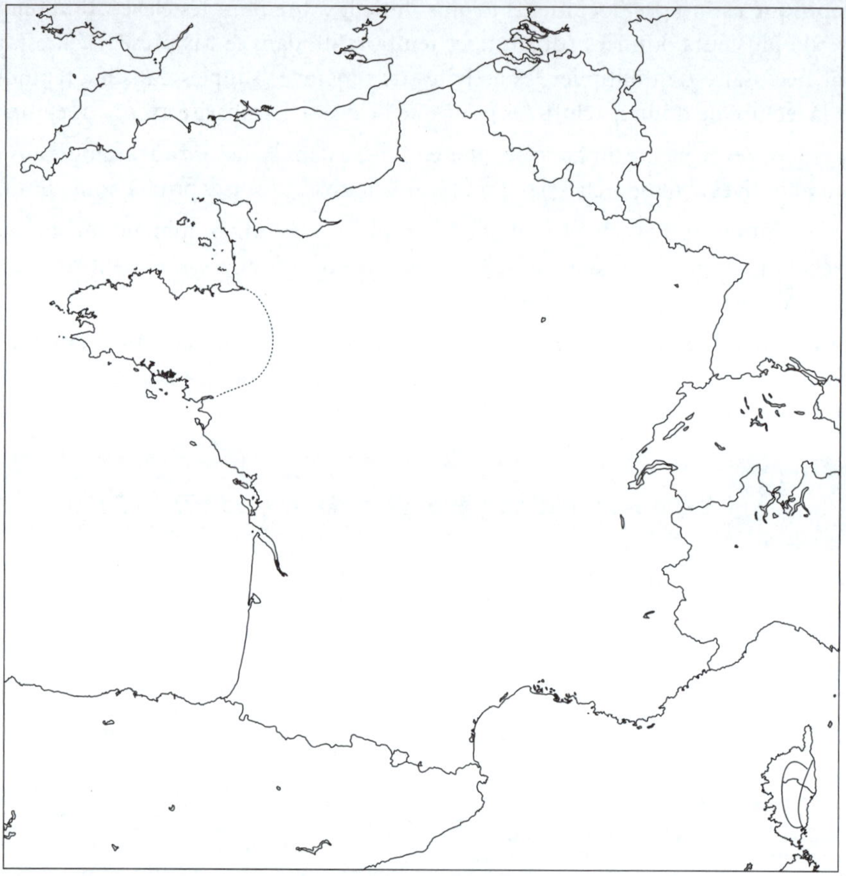

La construction de carte est une activité qui participe de la mémorisation de repères spatiaux. Si nous prenons ici le cas de la carte des productions agricoles en France. On va demander à l'élève autre chose que du simple recopiage. Il est donc important que ce travail qui consiste à compléter une carte dont les limites ont été pré-dessinées débute par la construction de la légende et soit accompagné de repérages de certaines régions en les nommant et en les plaçant sur la carte.

- **Étape 1 :** Les élèves complètent la légende. Que va-t-on représenter ? De quelle manière (aplat de couleur, figurés ?) ?
- **Étape 2 :** Les élèves complètent ensuite la carte sous la conduite de l'enseignant. Ils placent au bon endroit, en s'aidant d'un Atlas ou sous la conduite de l'enseignant, quelques régions agricoles : Picardie, Beauce, Bretagne, Val de Loire, Champagne, Lorraine, Alsace, Bordelais, Aquitaine, Pyrénées, Alpes…

Document 2 Carte de la répartition des cultures en France (trace attendue)

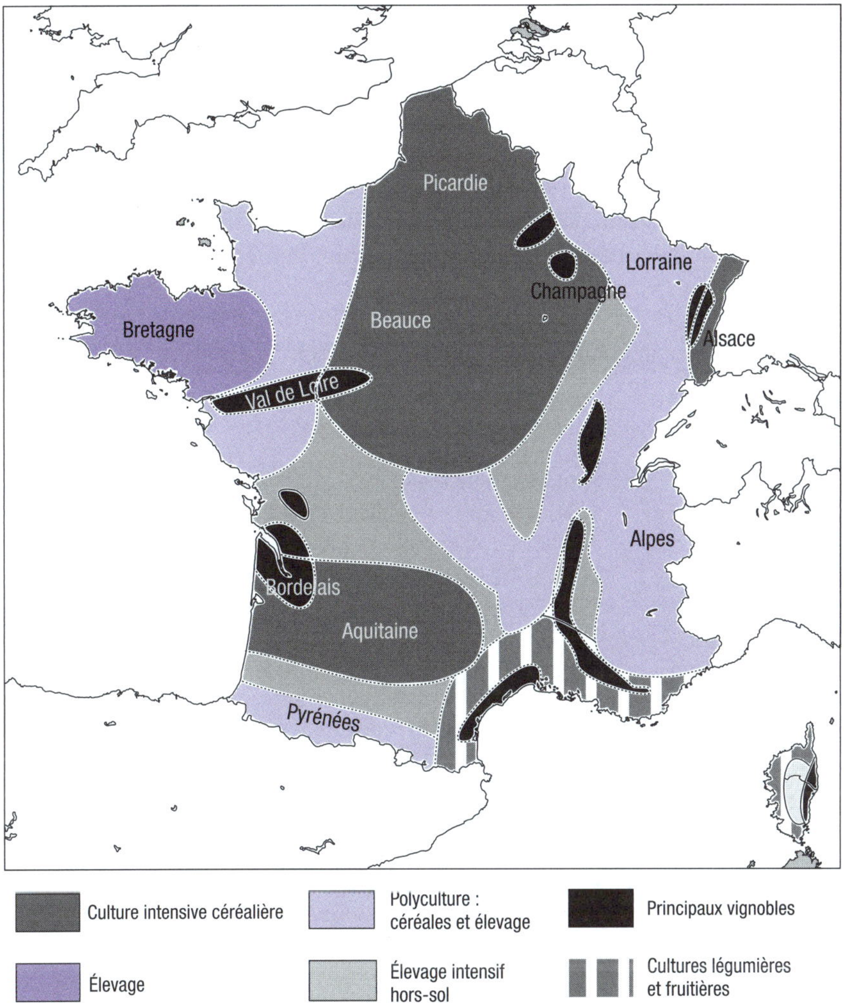

Un exemple de **séquence pédagogique** dans une classe

Le thème 3 de CM1 peut être traité sur une ou périodes de l'année. Nous donnons ici un exemple de programmation pour une seule séquence sur les trois possibles (Satisfaire les besoins énergétiques, les besoins en eau ou les besoins alimentaires).

Séquence 5 de l'année : Satisfaire les besoins alimentaires.

Séance	Titre	Connaissances	Capacités/attitudes
1	**Du yaourt à la vache**	À partir de différents produits laitiers vendus en supermarché ou ailleurs, l'élève essaie de comprendre l'organisation d'une filière agricole. La publicité l'éveille sur l'aspect économique (prix du lait payé à l'agriculteur, prix du lait en supermarché).	• Vocabulaire. • Analyse de d'images. • Analyse de texte.
2	**Du lait au yaourt, une industrie agroalimentaire**	À partir de spots publicitaires, d'une vue aérienne d'une industrie agroalimentaire et de textes, les élèves découvrent le fonctionnement d'une industrie de transformation de produits agricoles : transformation, diffusion, distribution.	• Vocabulaire. • Analyse de d'images. • Analyse de texte. • Construction de carte.
3	**Produire du lait : une exploitation agricole**	À partir de la vue aérienne d'une exploitation agricole, de quelques images et d'un texte, les élèves découvrent le fonctionnement d'une exploitation agricole, maillon d'une filière agroalimentaire, ainsi que ses difficultés.	• Vocabulaire. • Analyse de d'images. • Analyse de texte. • Construction de carte.
4	**Produire autrement**	Quelques exemples prix au local dans l'actualité, doivent montrer comment on peut consommer autrement en respectant le producteur ou le consommateur par exemple : AMAP, agriculture raisonnée, label...	• Vocabulaire. • Analyse de d'images. • Analyse de texte.
5	**L'agriculture en France**	Cette dernière séance permet aux élèves de changer d'échelle et de passe à l'échelle nationale tout en montant en généralité.	• Analyse de texte. • Construction de carte.

19 Se déplacer en France et en Europe

Plan du chapitre

1 Ce que dit le programme

Repères annuels de programmation	Démarches et contenus d'enseignement
• Se déplacer au quotidien en France. • Se déplacer au quotidien dans un autre lieu du monde. • Se déplacer de ville en ville, en France, en Europe et dans le monde.	Les thèmes traités au CM1 ont introduit l'importance des déplacements. En s'appuyant sur les exemples de **mobilité** déjà abordés et en proposant de nouvelles situations, on étudie les **modes** et **réseaux** de transport utilisés par les habitants dans leur quotidien ou dans des déplacements plus lointains. L'élève découvre aussi les **aménagements** liés aux **infrastructures de communication**. On étudie différents types de mobilités et on dégage des **enjeux de nouvelles formes de mobiltés**.

1.1 Place du thème dans la scolarité

Au cycle 1, les élèves ont déjà été sensibilisés aux différents modes de transport et à la manière de les représenter.

Au cycle 2, les élèves assurent leur vocabulaire pour mettre des mots sur les différents types de déplacements (avancer, reculer, tourner à droite/à gauche…).

Au CM1, les thèmes « Découvrir le(s) lieu(x) où j'habite » et « se loger, travailler, se cultiver, avoir des loisirs en France » permettent de renforcer les connaissances sur les déplacements, perçus comme des actes nécessaires du quotidien.

Au CM2, le thème 2 « Communiquer d'un bout à l'autre du monde grâce à l'Internet » prolonge la réflexion sur les mobilités virtuelles, le recours aux réseaux numériques pouvant offrir une alternative aux déplacements physiques.

Au collège, l'étude des déplacements se poursuit en classe de 4e avec le thème 2 « Les mobilités humaines transnationales » qui s'attache à l'étude des mouvements migratoires et aux flux touristiques internationaux.

1.2 Principaux objectifs didactiques

Les déplacements font partie du quotidien des hommes. Ils permettent le contact entre les groupes humains et sont nécessaires dans un espace différencié (on ne trouve pas tout et partout).

Dans les sociétés modernes, la mobilité s'est accrue avec des déplacements de plus en plus nombreux, de plus en plus lointains et de plus en plus rapides.

Les déplacements nécessitent des aménagements (infrastructure de transport).

1.3 Compétence(s) à privilégier

Ce thème permet de travailler particulièrement les compétences « se repérer dans l'espace, construire des repères géographiques », « raisonner, justifier une démarche et des choix effectués », et « comprendre un document », puisqu'il s'agit de saisir la cohérence du projet républicain et de comprendre la portée des symboles républicains. La compétence « pratiquer différents langages en histoire et en géographie » sera également précieuse pour ce qui concerne l'expression orale, le troisième sous-thème appelant tout spécialement une expression forte des élèves.

2 Combattre les idées reçues

2.1 Le rail est-il le transport le moins polluant et le plus respectueux de l'environnement ?

Les transports représentent aujourd'hui 19 % des émissions de CO_2 et sont le deuxième plus important émetteur de gaz à effet de serre derrière le secteur de l'énergie. Comparativement, l'avion émet 153 g de CO_2 par passager et par km, l'automobile 115 g, l'autobus 30 g et le TGV 5 g. Le dernier né d'Alstom, l'AGV, mis en service en 2011, n'émet que 2,2 g. En France, le Grenelle de l'Environnement s'est prononcé en faveur d'un doublement du réseau de lignes à grande vitesse d'ici 2020.

2.2 Les autoroutes françaises datent-elles de la Reconstruction ?

C'est en partie faux. Si la première autoroute française a été inaugurée en 1946 entre Saint-Cloud et Orgeval (A13), la première étude est menée en 1927.

2.3 Les transports aériens sont-ils moins développés en France que dans d'autres pays européens ?

La France est un des pays européens le mieux desservi par la voie aérienne intérieure (40 % du trafic intérieur des pays européens) avec ses 267 aéroports (dont 85 ouverts au trafic commercial classique). Cependant le trafic est concentré dans les deux aéroports parisiens (60 %) et les dix autres aéroports régionaux (40 %). Avec 123 millions de passagers en 2011, la France ne se situe qu'au 4e rang européen derrière le Royaume-Uni, l'Espagne et l'Allemagne.

3 Ce qu'il faut savoir

3.1 Les Français se déplacent de plus en plus

Les transports représentent aujourd'hui 19 % des émissions de CO_2 et sont le deuxième plus important émetteur de gaz à effet de serre derrière le secteur de l'énergie. Comparativement, l'avion émet 153 g de CO_2 par passager et par km, l'automobile 115 g, l'autobus 30 g et le TGV 5 g. Le dernier né d'Alstom, l'AGV, mis en service en 2011, n'émet que 2,2 g. En France, le Grenelle de l'Environnement s'est prononcé en faveur d'un doublement du réseau de lignes à grande vitesse d'ici 2020. La **mobilité** est plus que jamais au cœur de notre quotidien. Clé des processus économiques, exigence forte des citoyens et des pouvoirs publics, la mobilité d'aujourd'hui veut repousser les contraintes avec toutefois l'obligation de répondre aux enjeux énergétiques et environnementaux. De **nouvelles mobilités** peuvent alors être définies comme un ensemble de nouveaux services de transports, d'information et de communication capables d'apporter des solutions aux personnes et aux entreprises pour leurs déplacements en ménageant l'environnement.

Au début des années 1970, un certain nombre de villes européennes mettent en œuvre des expériences d'aménagement ciblées sur des secteurs centraux de petite taille pour réduire la circulation automobile. Pour la première fois dans le monde, à Amsterdam, des mouvements de contestation s'élèvent contre la société de consommation et l'hégémonie de l'automobile. L'association *Stop De Kinder Moor* réclame par exemple la limitation de la vitesse des automobiles en ville à 30 km/h.

Des opérations de piétonisation sont articulées autour de secteurs commerçants. Les toutes premières datent de 1959 à Essen pour la Kettwiger Strasse et à Kalamazoo aux États-Unis (Kalamazoo Mall). En France, il faut attendre 1970 pour voir le premier secteur piétonnier à La Rochelle et 1971 pour voir apparaître la première rue piétonne à Rouen (rue du Gros-Horloge). Aujourd'hui, les principales villes où le linéaire d'aires piétonnes par km² est le plus important sont Nancy (600 m par km²), Rouen (500 m), Annecy (350 m), Grenoble (350 m) et Chartres (350 m).

En 1973, l'Allemagne se lance dans l'étude de modération à la circulation en ville. Berlin, dès 1985, est la première ville européenne à mettre en place des zones où la circulation est limitée à 30 km/h. La France introduit les ZTL (Zone à Trafic Limité) à partir de 2012, notamment à Nantes. Les objectifs des ZTL deviennent dès lors avant tout environnementaux : limiter la pollution, limiter le bruit, améliorer la sécurité des piétons et des cyclistes, faciliter la circulation des véhicules autorisés à y pénétrer.

3.2 Quels sont les transports les plus utilisés par les Français ?

Dans les années soixante, la SNCF cherche à augmenter la fréquentation de ses trains et à concurrencer l'autoroute et l'avion. L'exemple du Shinkansen, commencé au Japon en 1959, encourage la SNCF à lancer des travaux vers le train à grande vitesse. Les essais du TGV réalisé par Alsthom débutent en 1972 et l'État décide la construction de la première ligne à grande vitesse en 1974. Le service TGV ouvre au public entre Paris et Lyon en 1981.

Plusieurs raisons peuvent expliquer l'essor et la prépondérance du transport routier en France (85 % du trafic intérieur de voyageurs) : Le parc automobile français avec 39 millions de véhicules a doublé en 20 ans. Il se situe à la 5e place mondiale et à la 3e européenne. L'éloignement de plus en plus grand entre le lieu d'habitation et le lieu de travail ainsi que le développement des loisirs entraînent une très grande mobilité des ménages et donc une croissance du trafic automobile. Une grande partie des transports en commun se fait par la route. L'autocar est le plus souvent le seul moyen de transport reliant espaces ruraux et espaces urbains. L'autoroute constitue un espace clos. L'accès est matérialisé par des barrières de péage et des voies d'accélération ou de décélération permettant aux véhicules entrant d'adopter la vitesse de flux de circulation. La connexion entre les différentes autoroutes se fait par l'intermédiaire d'échangeurs. Les autoroutes représentent près de 55 % du trafic routier national. Une des logiques de la construction des autoroutes françaises est le désengorgement des axes les plus fréquentés : l'A71 et l'A75 doivent dérouter une partie de la circulation de l'axe rhodanien. Le contournement de la capitale peut se faire par l'est (A26) ou par l'ouest (A28). La **métropolisation** est renforcée par la constitution de trois nœuds autour de Lyon, Paris et Lille. Ces carrefours importants sont des passages obligés pour le trafic interrégional et international.

Grâce à l'avion, aucune ville moyenne n'est à plus de 1 h 30 de Paris. Toute ville de plus de 50 000 habitants, située à plus de 300 km de la capitale, a dû se doter d'un aéroport. Ainsi la voie aérienne, en rapprochant les grandes métropoles les unes des autres, est un outil de l'aménagement du territoire. Les lignes aériennes transversales compensent la structure radiale du réseau ferré. Il y a près de 475 aéroports en France, dont 267 avec des pistes revêtues. Seulement une quarantaine dépasse les 200 000 passagers par an. Après Roissy et Orly, les aéroports les plus importants sont Nice-Côte d'Azur (14 millions de passagers par an), Lyon-Saint Exupéry (11 millions), Toulouse-Blagnac (9,6 millions), Marseille-Provence (9,3 millions), Bâle-Mulhouse-Freibourg (8,5 millions), Bordeaux-Mérignac (6,8 millions), Nantes-Atlantique (6,2 millions) et Beauvais (3,7 millions). Deux types de lignes composent le réseau intérieur. Un premier niveau de lignes radiales relie les grandes métropoles à Paris et un second aux villes moyennes enclavées (Rodez, Le Puy, Albi…). Des lignes transversales permettent de relier les grandes métropoles entre elles. L'essentiel de ce réseau s'organise autour de Lyon, Bordeaux, Clermont-Ferrand, Toulouse, Nantes et Nice. Le TGV est un concurrent redoutable au transport aérien intérieur. Il est meilleur marché et arrive au cœur des villes. Bordeaux, Toulouse, Marseille, Strasbourg sont à moins de 3 heures de Paris par le rail. Paris-Charles de Gaulle (appelé également Roissy-Charles de Gaulle) est le 10e aéroport mondial et le 2e européen avec

72 millions de passagers en 2018. Il est précédé par Londres (1er aéroport européen). Orly est le deuxième aéroport français avec 33 millions de passagers. Les aéroports de Paris constituent une des grandes portes d'entrée en Europe et une plaque tournante du trafic international. Ils sont fréquentés par 158 compagnies régulières qui relient la capitale à 529 villes dans 134 pays. Ils représentent un hub pour des compagnies comme Air France, FedEX (la plus grande compagnie mondiale de fret), Europe Airpost, CityJet, British Airways. Parmi les aéroports de province, seuls Nice, Marseille et Lyon jouent un rôle international notable. Nice est le 3e aéroport français. Ses relations sont importantes avec l'Europe, l'Amérique, l'Afrique du Nord et l'Orient. À Lyon, le trafic international est supérieur au trafic national. Marseille est le 2e port de fret français après les aéroports de la capitale (40 500 tonnes). Il est, derrière Paris, le 2e aéroport mondial pour le trafic avec l'Afrique du Nord.

La place des ports français dans le classement européen est honorable puisque Marseille se situe au 6e rang, Le Havre au 9e. Pourtant, le trafic total des ports français (344 millions de tonnes en 2016) est inférieur à celui du port de Rotterdam (1er port européen et 9e mondial). Les ports français souffrent d'un certain nombre de faiblesses structurelles et sont, entre autres, mal adaptés aux formes nouvelles de trafic comme le transport par conteneurs.

3.3 Qui sont les acteurs économiques des déplacements à l'échelle de la France ?

En France, la SNCF détient encore le monopole sur le rail. La directive européenne 91/440 a imposé à la France une ouverture à la concurrence pour certaines entreprises d'État monopolistiques. Ainsi, en 1997 est créée le Réseau ferré de France (RFF) par scission de la S NCF. Le RFF devient propriétaire des infrastructures et décideur en matière d'aménagement et de développement du réseau. L'entretien et l'exploitation de ce dernier sont délégués à la SNCF. L'espace routier est un espace privatisé. Entre 2002 et 2006, l'État français a concédé la gestion de la plus grande partie du réseau autoroutier à des sociétés privées dépendant de trois groupes financiers : Vinci (Cofiroute, ASF), Eiffage (APRR) et Abertis (SAPN). Ces sociétés entretiennent le réseau et proposent différents services aux usagers : station-service, aires de repos, restaurants, bornes d'appel d'urgence.

De nouveaux acteurs apparaissent dans des secteurs nouveaux. Groupes financiers, entreprises de transport, spécialiste du mobilier urbain se partagent ou se disputent des marchés juteux quant à l'équipement de grandes agglomérations : JCDecaux, Keolis/Effia, Clear Channel, Transdev pour le vélopartage ; Bolloré, Veolia, Transdev, Keolis pour l'autopartage, Alstom, Siemens pour le tramway et métro. Le **covoiturage** est une pratique de co-déplacement qui se traduit par un usage collectif se distinguant ainsi de la voiture en solo (plus de 70 % des transports) et de l'usage familial. Le géographe Laurent Cailly le voit davantage comme une sorte de colocation d'espace de sociabilité avec ses propres règles de savoir vivre.

Quelques repères spatiaux	Quelques mots de vocabulaire
Cartes des réseaux ferroviaires à grande vitesse, des réseaux autoroutiers.	Effet tunnel, autoroute, axes de communication, nœuds de communication, aéroport, conteneurisation.

Géographie

4 Ce qu'il faut comprendre

4.1 Comment le TGV modifie-t-il le rapport espace-temps ?

Outre les innovations technologiques apportées par Alstom dans la grande vitesse sur rail, le TGV nécessite, pour atteindre tout son potentiel, un tracé de lignes plus directes, avec de nouvelles gares, reliant les grandes métropoles à Paris tout en limitant le nombre de stations intermédiaires. Sur ces lignes (LGV), le TGV atteint une vitesse moyenne de 300 km/h alors que sur les lignes classiques, qu'il emprunte également, il ne peut pas dépasser les 220 km/h. Le TGV bouleverse les rapports entre espace et temps et les distances qui séparent la province de la capitale ne se comptent plus en kilomètres à parcourir mais en temps. Aujourd'hui, une grande partie du territoire est desservie par le TGV : soit par lignes à grande vitesse, soit par lignes classiques aménagées. Cependant le kilométrage de LGV reste assez faible (1 800 km de lignes grande vitesse et 6 000 km de lignes classiques). Le réseau TGV s'est mis en place progressivement. Le TGV Sud-Est, construit entre 1978 et 1985, relie Paris à Lyon en moins de 3 heures. La branche Paris-La Haye du TGV Nord a été achevée en 1986. Le TGV Atlantique (1988-1992) relie Paris à Bordeaux. En 1994, le tunnel sous la Manche permet d'ouvrir la ligne Paris-Londres. Depuis 2001, le TGV Méditerranée relie Lyon à Nîmes et Marseille. Enfin, le réseau est complété en 2007 par la ligne du TGV Est.

La mise en place du réseau TGV, reprenant le schéma en étoile de 1842, a renforcé le rôle central de la capitale. Elle a également contribué à la **métropolisation** des villes régionales tout en accentuant un « effet tunnel » entre les métropoles reliées. Le TGV, à l'exception du TGV postal, ne transporte que des passagers. Il entraîne une hausse de prix de 30 % en moyenne sur les lignes qu'il remplace sans fournir d'alternative. Ce train est donc surtout utilisé par les ménages aisés : les cadres et leurs familles représentent 56 % des voyageurs alors qu'ils ne forment que 28 % de la population française. À l'échelle locale et régionale, la construction ou la rénovation d'une gare TGV produit de nombreux effets territoriaux différents selon son implantation :

- Gare de centre-ville : Elle renforce la centralité de l'espace urbain et de sa tertiarisation (*cf.* Euralille, Lyon-Part-Dieu, Paris-Montparnasse…).
- Gare de périphérie : Elle devient un pôle d'échanges ex-urbains où se greffent de nouvelles activités (*cf.* Massy-Palaiseau, Lyon-Satolas…).
- Gare-relais : Aménagée pour les simples arrêts des passagers, elle peut devenir un pôle de développement économique (*cf.* Vendôme-Villiers…).

Avec ses extensions vers Londres (Eurostar), vers Bruxelles (Thalys), Amsterdam et Cologne, le réseau TGV fait de la France, et en particulier Paris, la plaque tournante européenne des transports à grande vitesse. En 1994, l'UE lance un programme de développement des infrastructures de transport, le réseau transeuropéen de transport (RTE-T). Il a pour objectifs de faciliter le développement des échanges, de permettre l'interopérabilité des différents réseaux et d'accélérer l'intégration des nouveaux pays membres. Sur les 30 projets arrêtés en 2004 pour l'horizon 2020, 3 concernent la grande vitesse : création des axes Paris-Bruxelles-Cologne-Amsterdam-Londres, Sud-Ouest de l'Europe et Est (Paris-Strasbourg-Luxembourg). Ces projets sont pilotés par Railteam, une alliance de 7 compagnies ferroviaires européennes composées d'Eurostar, la SNCF (France), SNCB (Belgique), Deutsche Bahn (Allemagne), NS Hispeed (Pays-Bas), OBB (Autriche) et CFF (Suisse). Le projet du Thalys-PBKA (1995-2007), reliant Paris, Bruxelles, Cologne, Amsterdam et Londres, a permis de renforcer le cœur de la mégalopole européenne. Le projet Eurocarex vise à utiliser les LGV pendant les heures creuses du trafic voyageur par des rames adaptées au transport de fret. Ce projet relie les grands aéroports (Paris, Amsterdam, Lyon, Londres) avec Liège comme point central. Le tracé d'une ligne TGV entraîne souvent des conflits d'intérêt entre les différents acteurs (gouvernements, élus, entreprises...) : les travaux de la LGV Figueras-Perpignan (44 km) lancés en 2004 se sont terminés en 2010.

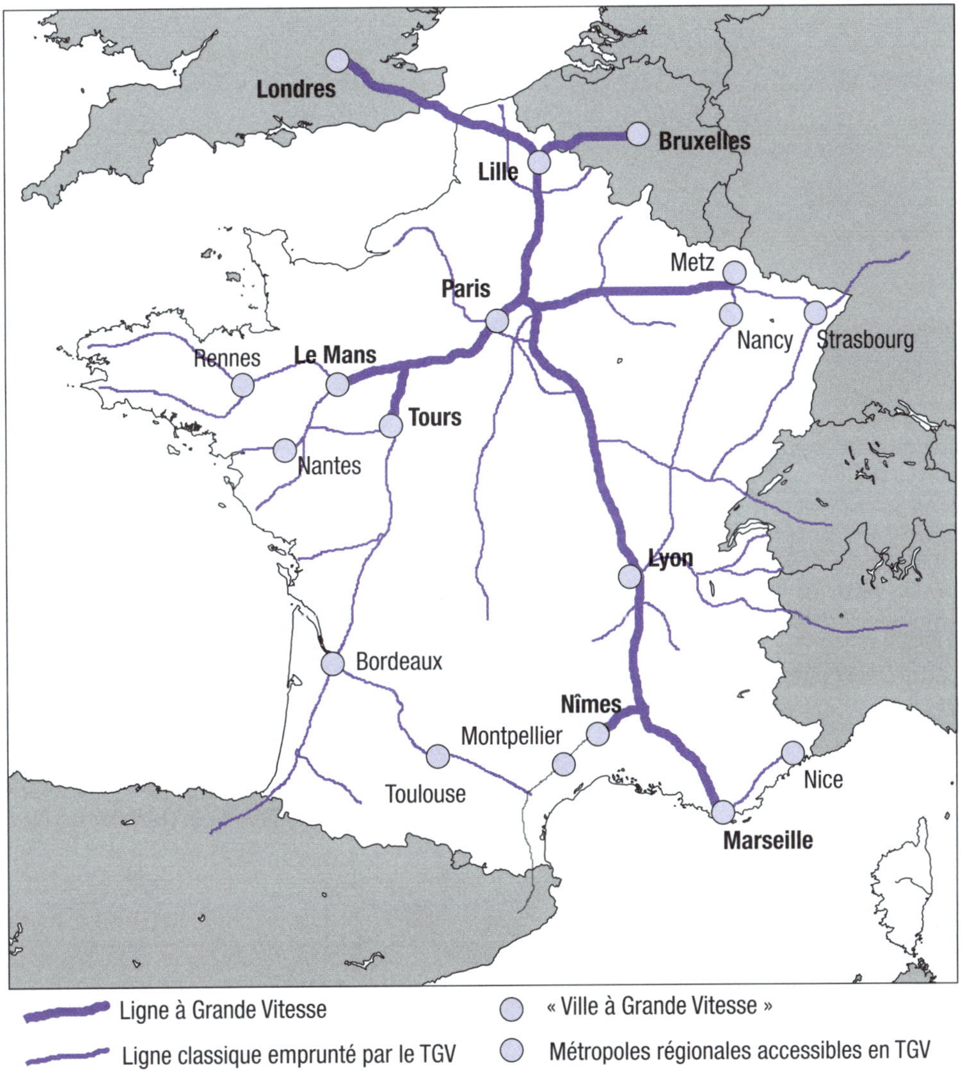

Figure 1 : Carte du réseau TGV français

Géographie

4.2 Comment le réseau autoroutier transforme-t-il les paysages ?

La construction des autoroutes permet également le désenclavement de certaines régions. C'est le cas pour le Massif central avec l'A71 en 1989, les Pyrénées avec l'A64 en 1996. Le tracé des autoroutes réduit le nombre de villes-étapes et l'espace entre deux échangeurs est souvent affecté d'un effet tunnel (*cf.* définition page 267) : les espaces traversés subissent les nuisances environnementales sans bénéficier des avantages offerts par l'accessibilité. La décision d'implanter une autoroute s'accompagne souvent, au plan local, de nombreux débats environnementaux. On peut alors voir se manifester un syndrome que les sociologues nomment NIMBY (*Not In My Back Yard*) : certains riverains acceptent les avantages de la technologie sans vouloir en subir les inconvénients directs.

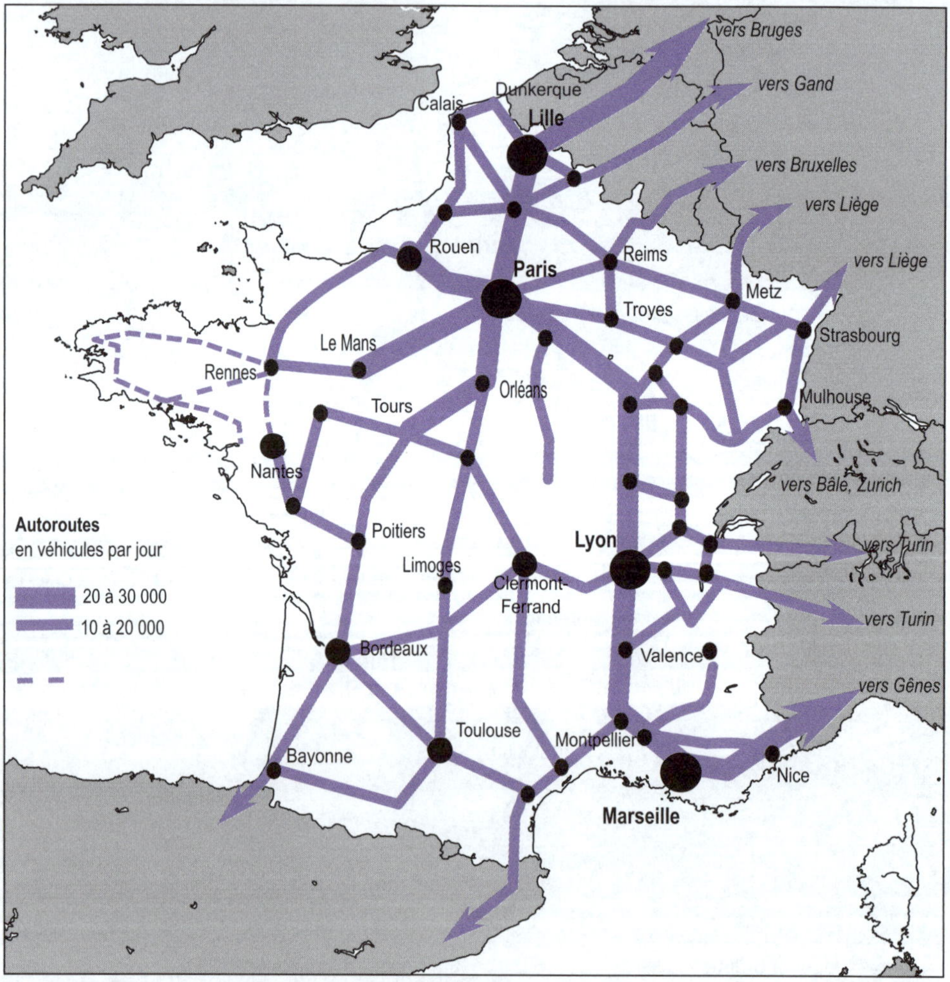

Figure 2 : Carte du réseau autoroutier français

Avec 11 880 km (3 % du réseau routier national), la France possède un réseau qui se place au 2e rang européen, derrière l'Allemagne et devant l'Italie. Amorcé à la fin des années soixante, le schéma directeur des autoroutes français a longtemps consisté en un réseau en étoile, polarisé sur la capitale. Ce réseau reprenait le réseau dessiné par Baptiste Legrand au milieu du XIXe siècle pour les chemins de fer. Le trafic est principalement concentré sur trois axes : Le Havre-Paris et Lille-Paris-Lyon-Marseille ; la côte méditerranéenne ; Paris-Nantes/Paris-Tours. Depuis 1987, les schémas autoroutiers échappent à la logique de polarisation sur Paris. De nombreuses transversales ont été aménagées (comme l'A89 reliant Bordeaux à Clermont-Ferrand) ou sont en chantier et visent à transformer le réseau en maillage homogène d'une excellente connectivité. La création de grandes transversales ne passant pas par Paris permet à la France de jouer un rôle de plaque tournante en Europe et de mieux s'intégrer à l'espace européen. Deux nœuds de communication se constituent autour de Lyon et de Lille, organisant les flux entre la France et tous les pays voisins : Benelux, Allemagne, Suisse, Italie et Espagne pour l'une ; Royaume-Uni, Benelux pour l'autre.

4.3 De nouvelles formes de mobilité apparaissent

27 agglomérations françaises disposent d'au moins une ligne de **tramway**. Ce moyen de transport en commun, apparu au XIXe siècle dans les grandes villes françaises et disparu avec la Reconstruction pour laisser place à la voiture, revient à l'honneur comme mobilité « douce » pour lutter contre l'automobile en ville. Nantes devient la 1re ville française à se doter d'un tramway moderne en 1985, se caractérisant par une circulation en site propre. Celui de Grenoble, inauguré en 1987, plus bas de plancher, permet une accessibilité plus grande aux gens à mobilité réduite. Le tramway de Strasbourg, inauguré en 1994, offre de vastes baies vitrées et roule sur un tapis de gazon.

- Les **atouts** : une capacité allant jusqu'à 3 000 voyageurs par heure, une vitesse de 18 à 22 km/h, une régularité de transport, un confort élevé, un coût plus faible que le métro (13 M/km contre 22 M/km) en moyenne en France.
- Les **inconvénients** : coût élevé d'investissement élevé par rapport à l'autobus, il n'est pas à la portée des petites agglomérations, peut être dangereux pour la circulation des vélos.

Le **métro** (apocope pour *Chemin de fer métropolitain*) est également une circulation douce mais souterraine le plus souvent. Le métro parisien dont la construction débute en 1898 est directement conçu à traction électrique. Aujourd'hui, il est emprunté par plus de 4 millions de personnes par jour. Jusqu'en 1974, le métro parisien est le seul réseau français en activité. Les grandes métropoles françaises s'équipent : Lyon en 1974, Marseille en 1977, Lille en 1983, Toulouse en 1993 et Rennes en 2002. Ces réseaux récents utilisent une technologie automatique sans conducteur en site propre souterrain de type VAL (Véhicule automatique léger), construit par Siemens Mobility France (ex-Matra).

Le **trolleybus** est un véhicule électrique de transport en commun. Monté comme un autobus, il est propulsé par un moteur électrique dont le courant lui est fourni par deux caténaires. Le trolleybus est apparu en France au début du XXe siècle sous le nom d'électrobus. Il existe aujourd'hui trois réseaux de trolleybus en France : celui de Lyon (le plus grand de France avec 115 lignes), celui de Saint-Étienne et celui de Limoges.

Les **aménagements cyclables** en milieu urbain sont des itinéraires aménagés et sécurisés pour faciliter la pratique du cyclisme urbain. La loi LAURE (Loi sur l'air et l'utilisation rationnelle de l'énergie) de 1996 oblige les grandes villes françaises à se doter d'un plan de déplacements urbains imposant notamment la mise en place d'itinéraires de pistes cyclables à l'occasion de la réalisation ou de la rénovation de voies urbaines.

Certaines municipalités, dans les années 2000, ont mis en place un service de **vélopartage** proposant aux usagers un vélo en libre-service sous réserve d'un abonnement temporel (de quelques heures à une année). Chaque vélo est accroché à une borne constituant une station. En France, le premier système de **vélopartage** implanté fut celui de La Rochelle et de ses « vélos jaunes » en 1974. Le premier système à gestion informatique fut celui de Rennes en 1998 (« Vélo à la carte ») puis l'expérience du Vélo'v à Lyon en 2005 fait des émules. Le procédé est mis en place par l'entreprise JCDecaux qui a à son actif, aujourd'hui, la gestion du parc cyclable de 15 agglomérations dont Nantes (2008), Toulouse (2007), Marseille (2007), Paris (2007).

Suivant l'expérience de vélopartage, **l'autopartage**, apparu dans les années 1980 en Suisse, se développe aujourd'hui en France dans les grandes agglomérations. Par exemple, Autolib' est un service de partage de voitures électriques en libre-service au sein de l'agglomération parisienne. La conception des Bluecar utilisées pour l'exploitation est confiée au groupe Bolloré. Lancé en 2011, le service fait tourner 3 782 véhicules répartis sur 1 060 stations. L'agglomération lyonnaise avait proposé un service équivalent dès 2008 avec CitizLPA. L'agglomération bordelaise s'est lancée dans l'aventure avec également le groupe Bolloré en 2014. Bien évidemment ces nouvelles mobilités urbaines demandent des aménagements urbains nombreux qui modifient considérablement le visage des villes : pistes cyclables, ZTL, lignes de tramways, stations de vélopartage et d'autopartages, zones piétonnes. Conjointement à ces aménagements urbains, des **points de connexions intermodaux** sont réalisés permettant aux usagers de passer facilement d'un moyen de transport à un autre : parking-relai, plateforme multimodale.

Malgré la révolution dans les centres urbains et l'apparition de moyens de transport alternatifs (tramway, vélo), les transports en commun suivent un linéaire qui ne correspond pas toujours avec les parcours diffus des périurbains. En effet, 90 % d'entre eux utilisent la voiture et parmi ceux-ci 90 % roulent en solitaire. Le covoiturage apparaît alors comme une solution permettant de garder un certain confort en vitesse et une certaine flexibilité de trajet. L'essor du covoiturage est assurément à associer à la crise de 2008 et à l'augmentation du coût de la vie. Cette pratique est avant tout guidée par une volonté économique et on trouve la motivation écologique surtout du côté des pratiquants plus aisés (75 % des covoiturés). Des sites comme blablacar.com, karzoo.com, laroueverte.com semblent avoir joué un rôle prépondérant dans le développement du covoiturage. Blablacar, créé en 2004, se vante d'ailleurs de posséder 20 millions de membres soit 1/6e de la France et 3 millions d'actifs utilisant le covoiturage. S'il existe de nombreuses plateformes communautaires qui mettent en relation des usagers de la route, certains proposant leurs services d'autres recherchant des conducteurs, Blablacar, leader mondial du covoiturage, est devenue payante en 2011. Le service en ligne est devenu un service de réservation sur lequel les passagers achètent leur trajet et le site reverse l'argent aux usagers. Depuis 2012, le site s'est étendu à toute l'Europe ; et en 2015 à la Russie, l'Inde, le Brésil et le Mexique. Un bon nombre de collectivités locales (départements et/ou régions) ont également développé un service en ligne gratuit de covoiturage. Comme pour Blablacar, ces services ont développé des applications pour smartphone qui permettent aux usagers d'être toujours connectés et de pouvoir bénéficier des services de covoiturage en direct.

Deux exemples de **mise en œuvre**

Comprendre une image

L'exercice proposé ici est un exercice qui peut se faire à partir de l'image aérienne du quartier de la Gare à Tours. Il s'agit pour les élèves d'analyse les aménagements récents autour de la gare afin d'en mesurer le degré de mobilité.

Différents modes de transport sont ainsi mis en relation aux abords de la gare : le train, la voiture, les transports en commun sur route, sur rail (tramway), le vélo et la circulation pédestre. On peut parler de **plateforme multimodale** ou de **nœud de communication**.

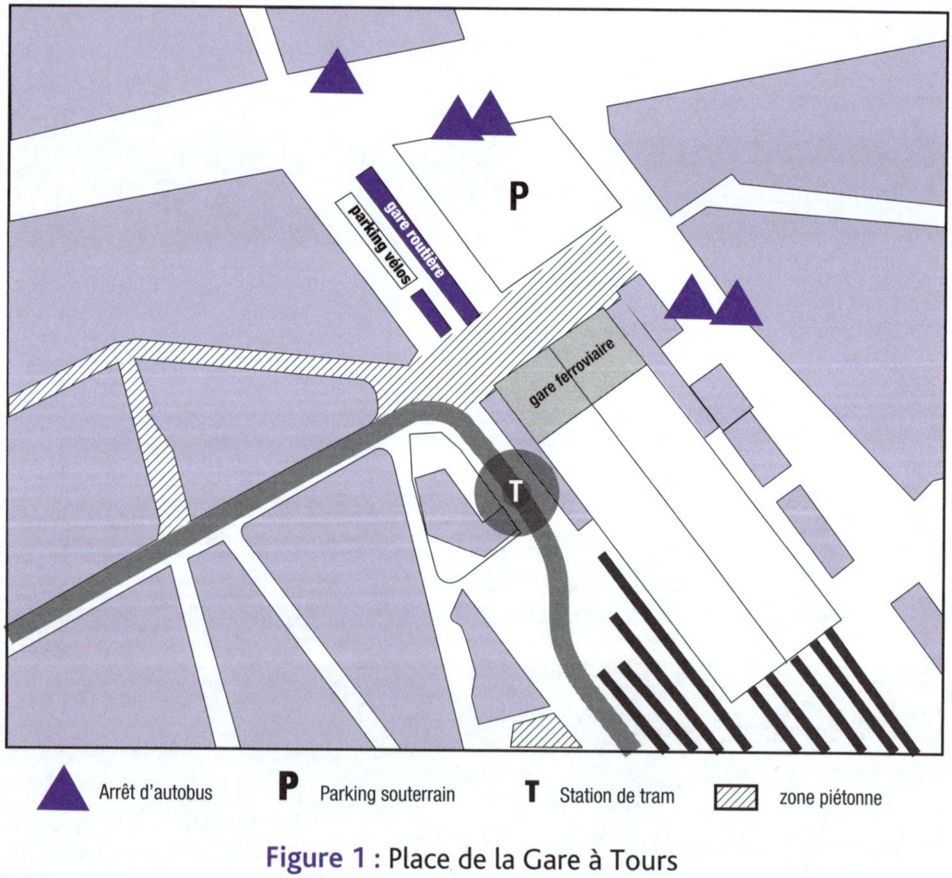

Figure 1 : Place de la Gare à Tours

Exercice

1. Identifier d'une couleur différente les différents moyens de transport qui se trouvent réunis sur la carte.

2. Entourer l'espace qui sert de plateforme d'échange pour passer d'un mode de transport à un autre. Le nommer.

3. À partir des deux points précédents, définir ce qu'est une « plateforme multimodale ».

Construire une situation-problème

Cette activité est une situation-problème pour laquelle les élèves vont être placées en situation de recherche sur Internet. Ils vont devoir compléter le tableau et la carte qui leur sont donnés. Ils peuvent réaliser cette tâche complexe individuellement, en binôme ou en groupe de trois ou quatre.

Étape 1

La situation-problème est donnée à l'ensemble de la classe. M. et Mme Citron, qui habitent Nantes, doivent se rendre à Marseille. Ne sachant pas combien de temps, ils vont y rester, ils veulent savoir quel sera le moyen de transport le plus économique et le plus rapide pour s'y rendre. Aidez-les dans cette recherche en renseignant le tableau et en complétant la carte ci-dessous.

Document 1 Tableau comparatif

	Durée du voyage	Distance parcourue	Prix moyen du voyage
TRAIN (TGV)			
AVION			
AUTOROUTE			
ROUTE			

Document 2 Carte de France à compléter

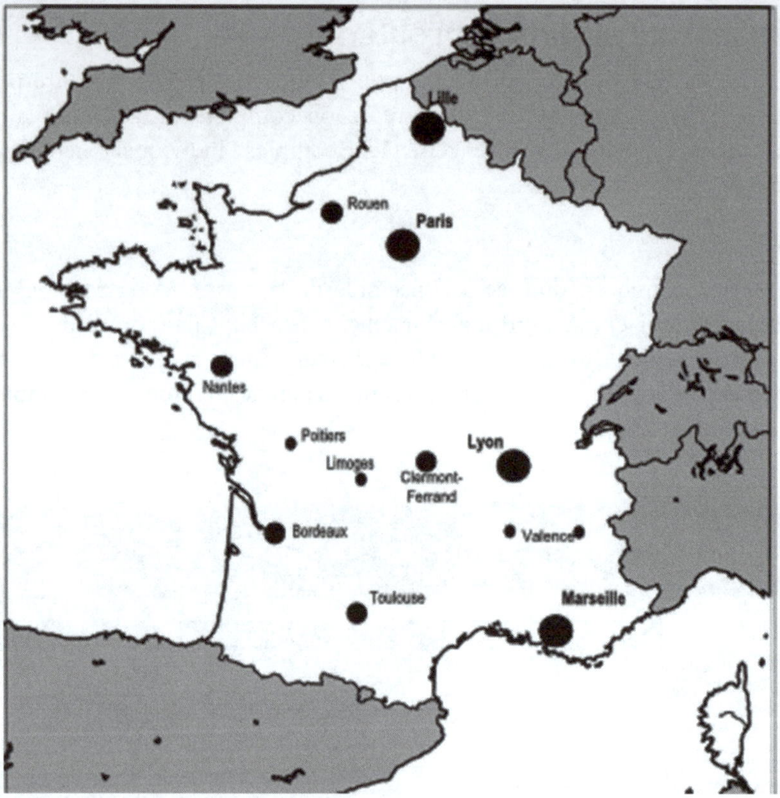

1. Placer Nantes et Marseille sur la carte.

2. Tracer en bleu l'itinéraire par TGV.

3. Tracer en vert l'itinéraire par avion.

4. Tracer en rouge l'itinéraire par autoroute.

5. Tracer en jaune l'itinéraire par la route.

Étape 2

Les élèves établissent seuls ou en groupe la stratégie qu'ils utilisent pour résoudre la situation-problème (choix des sources, sélection des informations).

Étape 3

Les élèves peuvent ensuite répondre à une série de questions portant sur le fruit de leurs recherches : Quel est l'itinéraire le plus rapide ? Quel est l'itinéraire le plus long en distance ? Quel est l'itinéraire le plus coûteux ? Qu'est-ce que ce prix prend en charge ? Qu'est-ce qu'il ne prend pas en charge ?

Document 1 Tableau comparatif complété

	Durée du voyage	Distance parcourue	Prix moyen du voyage
TRAIN (TGV)	7 heures	990 km	150 €
AVION	1 heure 25	696 km	150 €
AUTOROUTE	8 heures 30	988 km	165 €
ROUTE	13 heures	842 km	74 €

Document 2 Carte de France complétée

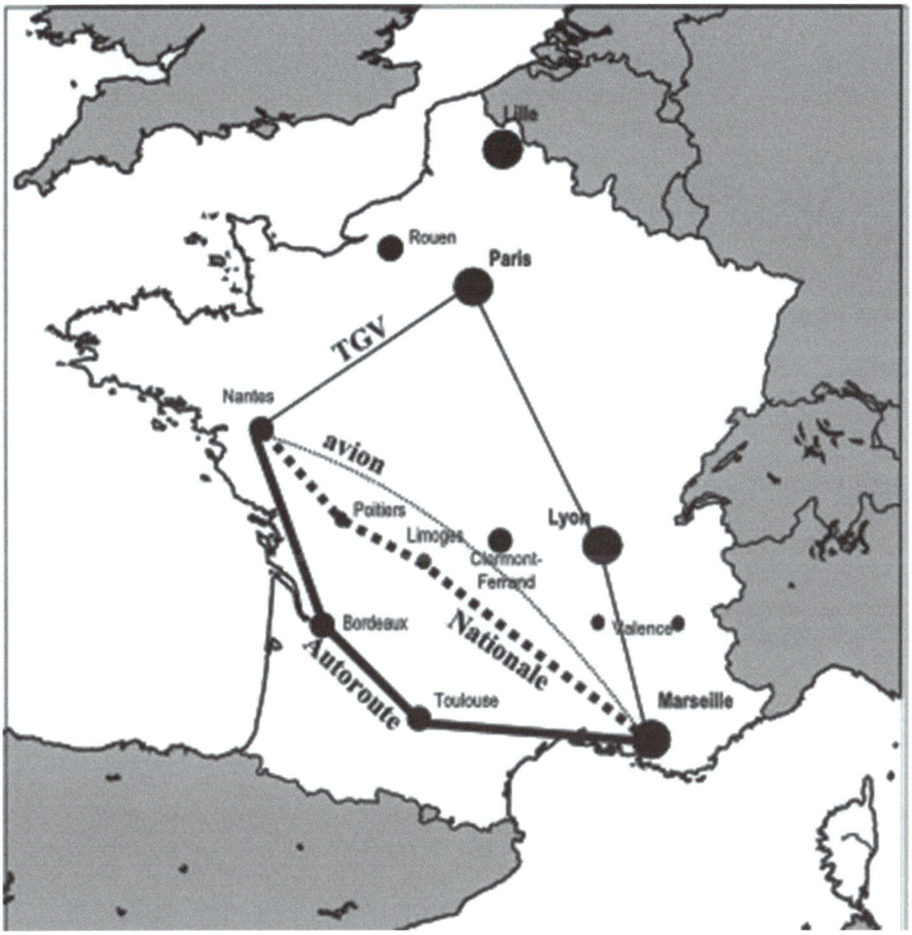

Un exemple de **séquence pédagogique** dans une classe

Le thème 1 de CM2 peut être traité sur une ou deux périodes de l'année. Nous donnons ici un exemple de programmation pour une seule séquence sur les trois possibles (se déplacer au quotidien en France, se déplacer au quotidien dans un autre lieu du monde, se déplacer de ville en ville en France et en Europe).

Séquence 2 de l'année : Se déplacer de ville en ville en France et en Europe

Séance	Titre	Connaissances	Capacités/attitudes
1	**Se déplacer en France**	L'enseignant soumet la classe entière à une situation-problème. Quel moyen de transport choisir et pour quelles raisons si l'on veut rejoindre Nantes à Marseille.	• Vocabulaire. • Recherche Internet. • Construction de carte.
2	**Le réseau ferré à grande vitesse et l'effet tunnel**	À partir d'une carte du réseau ferré à grande vitesse, d'un texte sur la construction d'une ligne à grande vitesse, d'une image d'une gare, les élèves découvrent les différents enjeux (économiques, sociaux, environnementaux et territoriaux) de ce mode de transport.	• Vocabulaire. • Analyse d'image. • ŸAnalyse de texte. • Construction de carte.
3	**Le réseau autoroutier français**	À partir d'une carte du réseau autoroutier, d'un texte sur la construction d'une autoroute, d'une image d'une aire de repos, les élèves découvrent les différents enjeux (économiques, sociaux, environnementaux et territoriaux) de ce mode de transport.	• Vocabulaire. • Analyse d'image. • Analyse de texte. • Construction de carte.
4	**Un aéroport français : Nantes-Atlantique**	À partir d'une image aérienne, de quelques affiches publicitaires, les élèves découvrent le fonctionnement d'un aéroport et les différents enjeux (économiques, sociaux, environnementaux et territoriaux) du transport aérien.	• Vocabulaire. • Analyse d'image. • Analyse de texte. • Construction de carte.
5	**Se déplacer autrement**	À partir de certains exemples apparus dernièrement (retour du transport en bus, covoiturage), les élèves découvrent d'autres pratiques de transport.	• Vocabulaire. • Analyse d'image. • Analyse de texte.

20 Communiquer d'un bout à l'autre du monde grâce à l'Internet

Plan du chapitre

1 Ce que dit le programme

Repères annuels de programmation	Démarches et contenus d'enseignement
• Un monde de réseaux. • Un habitant connecté au monde. • Des habitants inégalement connectés dans le monde.	À partir des usages personnels de l'élève de l'Internet et des activités proposées pour développer la compétence « S'informer dans le monde du numérique », on propose à l'élève de réfléchir sur le **fonctionnement de ce réseau**. On découvre les **infrastructures matérielles** nécessaires au fonctionnement et au développement de l'Internet. Ses usages définissent un **nouveau rapport à l'espace et au temps** caractérisé par l'immédiateté et la proximité. Ils questionnent la **citoyenneté**. On constate les **inégalités d'accès à l'Internet** en France et dans le monde.

1.1 Place du thème dans la scolarité

Au cycle 2, les élèves étudient l'évolution des sociétés à travers des modes de vie et des techniques à diverses époques. L'Internet se situe dans cette découverte progressive des évolutions des sociétés et des techniques.

L'étude de ce thème permet, au cycle 3, une première approche de la mondialisation, comme processus d'échanges généralisés. L'Internet est une manière d'aborder ce processus en évoquant l'idée d'un réseau mondial.

Ce thème mobilise à nouveau, après le thème « se déplacer », la notion de distance et la manière dont les techniques tendent à résoudre ce problème et à rapprocher les humains.

1.2 Principaux objectifs didactiques

Les élèves doivent comprendre l'importance de l'Internet dans la vie quotidienne.

Ils doivent comprendre que l'Internet permet la mise en contact d'hommes éloignés les uns des autres dans un réseau mondial.

On doit montrer que tous les Français ainsi que tous les habitants du monde n'ont pas accès à Internet.

1.3 Compétence(s) à privilégier

Ce thème permet de travailler particulièrement les compétences « se repérer et construire des repères géographiques », « raisonner, justifier une démarche et des choix effectués », et « comprendre un document », puisqu'il s'agit de saisir la cohérence du projet républicain et de comprendre la portée des symboles républicains. La compétence « pratiquer différents langages en histoire et en géographie » sera également précieuse pour ce qui concerne l'expression orale, le troisième sous-thème appelant tout spécialement une expression forte des élèves.

2 Combattre les idées reçues

2.1 L'Internet est-il un monde de « geeks » ?

Non, l'Internet n'est pas le monde des « geek », il est aujourd'hui le monde de chacun d'entre nous. David Peyron[1] a étudié comment, dans les années 1990-2000, on passait du stéréotype de « geek » à celui d'un phénomène culturel et social. Au Moyen Âge, les Allemands désignaient par « geck » le fou du village, celui qu'on ne comprend pas. Dans les années 1970, le mot prend son sens actuel, c'est-à-dire celui d'un technicien au savoir très spécialisé (les passionnés d'informatique, du fantastique et des comics).

2.2 Internet et le Web : est-ce la même chose ?

Non, ce n'est pas la même chose. Internet est un réseau mondial de télécommunication. Les applications qui utilisent ce réseau sont variées : courrier électronique, messagerie instantanée, téléphonie, échange de fichiers. Le Web (raccourci de World Wide Web) correspond à une des applications utilisant l'Internet et, qui plus est, la principale application.

3 Ce qu'il faut savoir

3.1 Internet, une révolution technologique

L'Internet est un « réseau mondial associant des ressources de télécommunication et des ordinateurs serveurs et clients, destiné à l'échange de messages électroniques, d'informations multimédias et de fichiers. L'accès au réseau est ouvert à tout utilisateur ayant obtenu une adresse auprès d'un organisme accrédité » (*Journal officiel*, 1999). Parmi les inventions médiatiques, l'Internet a été la plus fulgurante. S'il a fallu 18 ans pour que la

1. David Peyron, *Culture geek*, Fyp éditions, 2013.

radio touche un marché de 50 millions de foyers, 16 ans pour les PC ; l'Internet a mis seulement 4 ans pour entrer dans 50 millions de foyers. Il a fallu près de 20 ans pour que les premières expérimentations soient développées et commercialisées à grande échelle. Entre 1962 et 1968, le DARPA (*Defense Advanced Research Project Agency*), l'agence de recherche du ministère de la Défense américaine étudie la mise en place d'un réseau de transferts par paquets d'informations (40 bytes) entre deux ordinateurs : c'est l'ARPANet. En 1969, l'ARPANET est mis à l'essai pour relier l'Université de Los Angeles (UCLA) à celle de Stanford près de San Francisco. En 1972, la première application voit le jour : la messagerie électronique (e-mail). En 1974, le protocole TCP/IP permet à des réseaux hétérogènes (téléphoniques, électriques, satellites) de communiquer ensemble par l'intermédiaire de MoDem. C'est ce qu'on appelle **l'interréseautage** ou « internetting ». En 1980, face à la recrudescence de la demande des réseaux universitaires d'utiliser ARPANET, la DARPA scinde l'ARPANET en deux. MILNET sera réservé à l'usage militaire et ARPANET (ce qui deviendra Internet) à celui des universités. Dans les années 1980, des communautés de chercheurs créent leurs réseaux, puis c'est le tour d'entreprises comme IBM ou XEROX qui finissent par commercialiser leurs services.

L'Internet est à la convergence de différentes innovations technologiques dans différents domaines de la communication permettant l'accès à l'Internet :

- **Informatique** : Depuis le premier ordinateur, l'ENIAC en 1937, jusqu'au début de la micro-informatique au début des années 1970, le matériel de communication numérique n'a cessé de se perfectionner et de se miniaturiser. Le premier smartphone (IBM) apparaît en 1992, très vite supplanté par la révolution tactile de l'iPhone en 2007 et de l'iPad en 2010.
- **Communicatique** : Les langages hypertextes (html, php, xml...), les logiciels (messagerie, navigateur, domotique...) et les services proposés sur le Web sont en continuel changement.
- **Logistique** : Les réseaux de téléphonie mobile de 2e génération (ou 2G, GSM dans les années 1990), de 3e génération (dans les années 2000) et de 4e génération (4G à partir de 2010) ; le développement de la fibre optique dans les années 1980 ; le déploiement du réseau numérique (TNT), du réseau par ondes radio suivant le protocole Wi-Fi depuis 1997.

3.2 Internet, une révolution culturelle

Il y a aujourd'hui plus de 2 milliards d'internautes dans le monde dont 485 millions de Chinois et 244 millions d'Américains. D'après le *Pew Internet Research*, la vie quotidienne des jeunes Américains d'entre 12 et 17 ans est « enveloppée » par Internet et le téléphone mobile. 99 % d'entre eux sont connectés, leur nombre a augmenté de 24 % entre 2003 et 2006 pour se stabiliser aujourd'hui. 63 % des moins de 17 ans se connectent tous les jours. En 2006, 45 % d'entre eux avaient un téléphone portable. Ils sont 75 % aujourd'hui. Une enquête menée par deux sociologues françaises[1] auprès de 1 000 élèves en 2010, du primaire au lycée, permet d'analyser le comportement des jeunes face à l'Internet.

1. Élodie Kredens et Barbara Fontar, *Les jeunes et Internet : de quoi avons-nous peur ?*, Projet mené par Fréquence écoles, 2010.

- Les écoliers pratiquent principalement 4 activités : les jeux en ligne, l'écoute de musique, le visionnage de vidéos et les recherches personnelles.
- Les collégiens pratiquent principalement 9 activités : l'écoute de musique, le visionnage de vidéos, les jeux en ligne, les discussions en ligne, les recherches scolaires, les recherches personnelles, les mails, la consultation de blogs de tiers, le téléchargement.
- Les lycéens pratiquent principalement 11 activités : l'écoute de musique, les discussions en ligne, le visionnage de vidéos, les recherches personnelles, les recherches scolaires, les mails, la consultation d'actualités, le téléchargement, la consultation de blogs de tiers, les jeux et les achats en ligne.

Depuis 2014, les internautes sont devenus majoritaires en France dans la population adulte avec 62,3 % de connectés (enquête Ipsos). Ces internautes passent en moyenne 4 h 14 par jour devant leur ordinateur. Les activités préférées des internautes sont principalement la recherche d'informations pratiques (météo, trafic routier…) ou liées à l'actualité, la consultation des comptes bancaires, la messagerie instantanée et la réalisation de démarches administratives. Depuis 2010, la vente en ligne (e-commerce) a été multipliée par deux, passant de près de 25 milliards d'euros à 57 milliards en 2014. Les cinq sites les plus visités en France en 2014 sont Amazon (17,5 millions de visiteurs), CDiscount (11 millions), Fnac (10,5 millions), eBay (8 millions) et Carrefour (7,5 millions).

3.3 Internet, une révolution économique

D'après le Mc Linsey Global Institute, un institut de conseil américain, Internet génère chaque année 8 000 milliards de dollars de chiffre d'affaires et participe à hauteur de 21 % de la croissance des États développés du G8. En moyenne, l'activité des entreprises du Web représente près de 4 % du PIB des pays développés (6 % pour le Royaume-Uni). En France, pour 500 000 emplois supprimés par l'activité économique générée par l'Internet, 1,2 million est créé. L'histoire du Web semble s'écrire par cycles de 5 ans marqués à chaque fois par la domination d'acteurs très puissants. Les années 2000 ont été dominées par les portails (Yahoo, MSN, AOL…) ; les années 2005 par les moteurs de recherche et en particulier par Google (80 % de parts de marché) ; les années 2010 par les réseaux sociaux (Facebook, Tweeter, Instagram…).

3.4 Internet, un réseau d'opérateurs et d'acteurs.

Les fournisseurs de services

Les fournisseurs de services sur Internet sont des entreprises qui proposent aux internautes un certain nombre de services marchands ou non-marchands sur le Web. Les services proposés sur le Web sont très divers :

- La recherche : Google, Bing…
- L'e-commerce : Amazon, Priceminister, e-Bay, leboncoin…
- La messagerie : Gmail, Mozilla…
- La navigation Internet : Internet Explorer, Opéra, Mozilla…
- Le stockage de documents : Gdrive, Orange, Bouiygues, Opendrive…

- La réservation : SNCF, ticketnet, FNAC…
- L'information : Mediapart, Bloomberg…
- La publicité : Dentsu, Omnicom Group, Publicis…
- Les réseaux sociaux : Facebook, Tweeter…
- La vidéo : Youtube, Dailymotion, Netflix…
- La télévision : Comcast, CBS, Viacom…
- La musique : Universal music group, Warner music…

Google est la première entreprise de services sur le Web avec un chiffre d'affaires annuel qui s'élève à 50 milliards de dollars en 2014. Les économistes distinguent aujourd'hui deux grands types d'entreprises de services sur le Web : Les entreprises « tout en ligne » (*Pure Players*) qui œuvrent uniquement sur Internet et qui constituent la grande majorité des entreprises du Web. Le « tout en ligne » s'applique en grande partie au e-commerce mais également à des sites Web d'information sans édition papier. Ces derniers se financent le plus souvent par la publicité ou par l'abonnement. Les entreprises « *bricks and clicks* » qui proposent à la fois la vente en ligne (*clicks* : clics) et la vente en magasin (*bricks* : briques). La FNAC et la SNCF sont des exemples connus mais également un grand nombre d'enseignes de la grande distribution ou de la confection. En France, les ventes en ligne représentent aujourd'hui 4 % de la consommation des ménages. 70 % de l'activité est réalisée par 10 opérateurs. Les *pure players* dominent l'e-commerce français. La première entreprise de fournisseurs de services française est Vente-Privée.com avec 1,7 milliard de chiffres d'affaires. Elle est suivie par une filiale du groupe Casino, Cdiscount, *pure player* de l'e-commerce (1,6 milliard d'euros).

Les fournisseurs d'accès

Un fournisseur d'accès à Internet (FAI) est une entreprise qui offre à ses abonnés la possibilité de se connecter à Internet. Le raccordement du client au FAI se fait via un modem ou une *box* connectée à un réseau câblé (câble coaxial, fibre optique), par radio (Wi-Fi) ou par satellite. En France, les principaux FAI sont : Orange (leader ou second opérateur dans 75 % des pays européens et dans 83 % des pays d'Afrique et du Moyen-Orient), Bouygues Télécom (3e opérateur français), SFR-Numéricale (depuis 2014) et Free.

Les fournisseurs de réseaux

L'Internet repose sur la transmission d'ondes électromagnétiques d'un point à un autre. Les différents points des réseaux sont connectés soit physiquement soit indirectement. Les ondes électromagnétiques sont ainsi transmises soit dans l'air (technologies sans fil) soit par des câbles (technologies filaires). Lorsque l'information doit passer d'une voie à une autre, on a recours à un matériel dédié (routeur, switch). Les technologies filaires sont les plus fréquemment utilisées dans la circulation des informations Internet (99 % des données échangées) et consistent en différents types de câblages : ADSL, fibre optique, coaxial… Les technologies sans fil sont des technologies alternatives développées récemment : La 3G, la 4G et la 5G (basées sur un système nommé UMTS nécessitant l'installation d'antennes relais spécifiques), le Wimax (technologie de transmission sans fil à haut débit et à large portée qui ne nécessite donc pas d'un réseau très dense d'antennes relais), le Wi-Fi et le satellite (alternative à l'ADSL pour les habitants de zones non desservies par le réseau téléphonique).

La première pose de câble au fond de l'océan atlantique remonte à 1858 pour le télégraphe. Parmi les opérateurs de câblages présents en France et en Europe, on trouve Orange, British Telecom, Ebone, AT&T, Free. Par exemple, Free possède son propre réseau de fibre optique avec 58 300 km de réseau filaire en 2010. SFR possède 74 000 km de fibre optique.

Quelques repères spatiaux	Quelques mots de vocabulaire
Cartes de l'inégal accès à Internet en France, dans le monde, en Europe.	Internet, FAI, *data centers*, fracture numérique, réseau, cyber-attaque

4 Ce qu'il faut comprendre

4.1 Comment Internet a révolutionné nos pratiques spatiales

Pour Frédéric Cavazza[1], les transformations des usages de l'Internet sont liées à quatre facteurs :

- La **mobilité** : 5 milliards de téléphones portables, 400 millions de smartphones, 40 millions de *touchbooks*. Les « terminaux mobiles » prennent une place de plus en plus importante, en passe de détrôner les ordinateurs traditionnels.
- Les **pratiques sociales** : Les médias sociaux concentrent les internautes, les budgets publicitaires. Ils modifient les comportements d'achat.
- Le ***cloud computing***. L'informatique à distance (Google Drive, iCloud...) gagne en sophistication et permet de libérer l'utilisateur d'un grand nombre de contraintes matérielles mais impose le développement de **centres de données** (***Data Centers***) toujours plus puissants et toujours plus énergivores.
- Les **données**. Avec la banalisation de l'accès à l'Internet et des outils de publication toujours plus simples et plus performants, les données accessibles en ligne sont vertigineuses.

La combinaison de ces différents facteurs donne lieu à la multiplication de pratiques telles que la géolocalisation, la création d'un vaste *Open Data* qui met à disposition de tous, le maximum de données. Le géographe Michel Lussault[2] voit dans la combinaison de ces facteurs l'affirmation d'une « hyperspatialité » qui s'appuie sur « le rôle inédit et crucial de la connectivité, de la systémisation de la possibilité de connexion ». Ainsi, les utilisateurs de *smartphones*, d'ordinateurs personnels, de GPS, d'un « terminal mobile » quelconque passent-ils d'un espace à un autre en une fraction de seconde. Ces terminaux participent, à leur manière, d'une nouvelle gestion des distances permettant d'être

1. Frédéric Cavazza, *Internet mobile. La révolution des terminaux alternatifs : usages, technologies et enjeux de la mobilité au XXIe siècle*, FCnet, 2014.
2. Michel Lussault, *L'Avènement du monde*, Seuil, 2013.

à plusieurs « endroits » différents en même temps et inventant de nouvelles formes de spatialités. Certains de ces « terminaux mobiles » ont besoin de lieux spécifiques pour se connecter *via* la Wi-Fi ou un réseau filaire. Ces « commutateurs spatiaux » sont par exemple les gares, les aéroports, les hôtels, certains grands magasins, restaurants…

4.2 Comment Internet réaménage-t-il l'espace ?

En 1994, ouvre le premier cybercafé à Londres, le Café Cyberia (aujourd'hui BTR Internet Café). L'année suivante le Cybercafé de Paris et le Café Orbital ouvrent à Paris. Ils mettent à la disposition du public une dizaine de PC et un accès payant à Internet. Ce sont souvent des espaces de convivialité qui, peu à peu, se convertissent en Europe en espaces de jeux en ligne. Il y a près de 1764 cybercafés à Paris en 2016. Le premier point Wi-Fi public (*hotspot*) est présenté à San Francisco en 1993. Une industrie de la borne Wi-Fi se développe alors à partir de fabricants de bornes, de concepteurs de logiciels spécialisés et d'exploitants de parc de bornes Internet. Les aéroports, la SNCF propose à ses usagers, par l'intermédiaire de *hotspots*, un accès libre à Internet. Ce service est devenu un critère important de cotation des hôtels, de certains grands cafés. Les enseignes McDonald's, Starbuck's, Quick, Burger King, etc. proposent également le même service à ses clients. Depuis 2004, la ville de Genève a développé un réseau qui compte plus de 290 points d'accès Wi-Fi publics et gratuits, répartis sur 77 sites urbains. Parmi les sites, on trouve des places, des bibliothèques, des parcs, des musées, des centres sociaux et des centres sportifs. À l'instar de la ville de Genève, certaines grandes métropoles françaises se sont lancées dans la démocratisation du Wi-Fi. C'est le cas d'Orléans depuis 2010 avec 18 lieux publics dans la ville, de Metz depuis 2007, de Nantes avec une centaine de bornes, de Bordeaux avec 41 sites, de Grenoble avec 7 sites, de Clermont-Ferrand avec 4 sites équipés et de Paris avec 400 bornes.

4.3 Quels sont les impacts de l'Internet sur l'espace ?

Le ***cloud computing*** a fait se développer sur la terre ferme un nombre de plus en plus grande centres de stockage des données (***data centers***). Ces centres qui renferment des milliers de serveurs informatiques, routeurs et commutateurs nécessitent une climatisation et une alimentation en électricité continues. En 2018, le fonctionnement de tous les ***data centers*** dans le monde a nécessité 1 % de la demande mondiale d'électricité, équivalent à la production d'environ la moitié des réacteurs nucléaires de la France. En 2021, on recensait 7 581 centres dans 122 pays dans le monde, dont 2 653 aux États-Unis et 248 en France. On observe une véritable explosion du **Big Data** avec une augmentation annuelle de près de 35 %. Tributaires d'une bonne connexion au réseau filaire, ces *data centers* sont massivement localisés à proximité des sources de requêtes, c'est-à-dire dans les grandes aires urbaines (près d'un tiers dans la région parisienne).

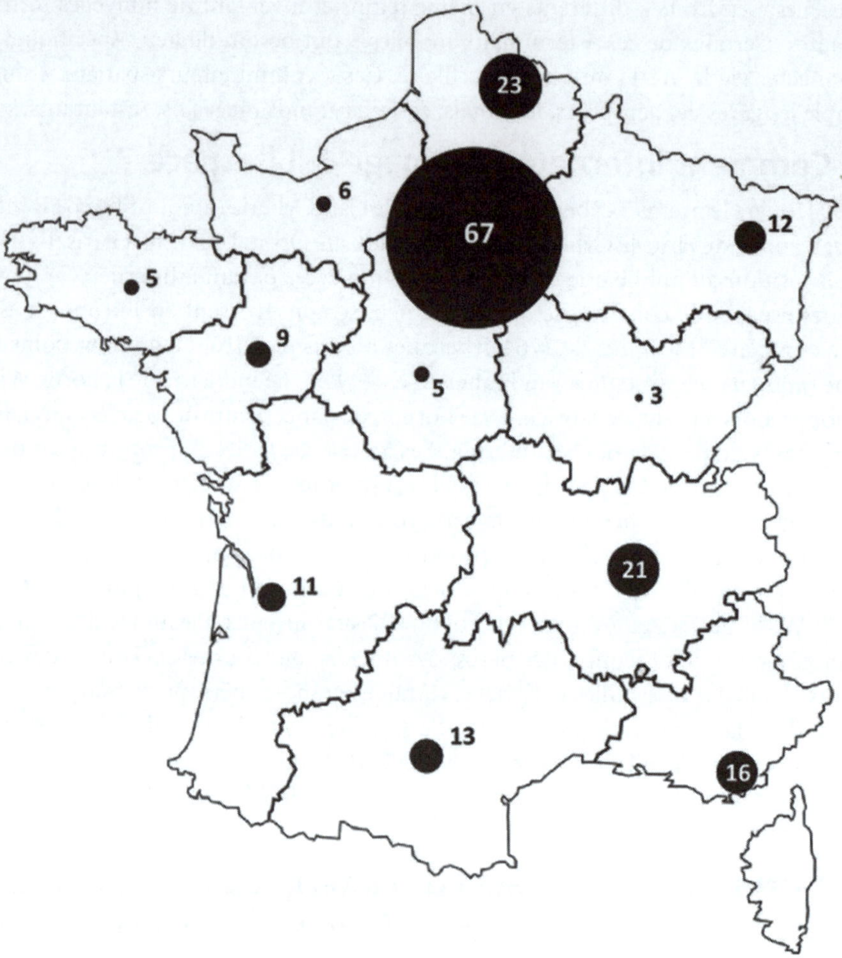

Figure 1 : Carte des *data centers* en France en 2020 en France

4.4 Un inégal accès à l'Internet en France

En France, Internet est utilisé par le grand public depuis 1994 mais n'a réellement connu son essor que depuis les années 2000. En 15 ans, la proportion des ménages disposant d'un accès Internet à la maison est passée de 12 % à 81 % aujourd'hui (53 millions d'internautes en janvier 2018). Entre 1991 et 2017, le taux d'équipement en ordinateur à domicile est passé de 12 à 80 % selon le Credoc. Entre 2001 et 2015, le taux de propriétaires de *smartphones* a été multiplié par trois (de 17 à 72,7 %). Pour autant, le nombre d'abonnés au haut et très haut débit est estimé en France à environ 28,9 M en 2018. La référence permanente aux réseaux sociaux, comme Facebook et Twitter, met de côté 20 % de la population (pas moins de 11 millions de personnes) qui n'a pas accès à Internet. Le taux atteint 24 % pour les plus démunis (foyers dont les revenus sont d'environ 1 100 euros mensuels) et 48 % pour les non diplômés. Les inégalités, en France, se logent de moins en moins dans l'accès mais de plus en plus dans l'usage d'Internet. Les démarches administratives par Internet concernent la moitié de la population (53 %), mais 88 % des cadres. Près des trois quarts des ménages les plus aisés font des achats sur Internet contre 45 % des plus modestes. La moitié de la population reste à l'écart des réseaux sociaux : seuls 26 % des 60-69 ans et 24 % des non diplômés s'y connectent par an. Selon France Télécom, les 17 450 **nœuds de raccordement d'abonnés** (NRA) du territoire sont tous équipés pour recevoir l'ADSL désormais accessible à 98,3 % de la population. Environ 100 000 personnes vivent dans les « zones blanches de l'ADSL », territoires ruraux ou montagneux où les NRA sont peu nombreux et éloignés des utilisateurs. Pour ces 1,7 % de la population française, la seule possibilité d'accéder au haut débit est offerte par le satellite ou les réseaux Wimax. La croissance du haut débit a été fortement stimulée par la politique du dégroupage qui a offert la possibilité aux opérateurs alternatifs d'accéder aux NRA de France Télécom pour connecter leur réseau[1]. Les 8 700 NRA dégroupés (50 % du parc) couvrent 75 % de la population au profit de SFR (7 127 NRA), Free (8 110), Bouygues (5 063). Cela signifie que 25 % de la population française environ n'ont pas le choix de l'opérateur. Les NRA concernés (8 700 sur 17 450)[2], situés dans des zones peu denses, desservent une population insuffisante pour intéresser les opérateurs alternatifs. D'après la carte, les « zones blanches » sans accès ADSL se trouvent surtout parmi les communes du rural isolé et correspondent à la « diagonale du vide » (Ardennes, Champagne, Massif Central, Landes). Les « zones noires » des NRA dégroupés représentent les territoires à dominante urbaine. Les grands pôles et axes métropolitains sont bien lisibles.

4.5 Un inégal accès à l'Internet dans le monde

Un des premiers marqueurs des inégalités de l'Internet dans le monde est le rythme quotidien d'activités. Une enquête menée par une équipe de l'Université de Californie du Sud, menée en 2014, a montré qu'il existait des différences flagrantes. Aux États-Unis et en Europe, Internet ne dort jamais ; en Asie, en Afrique et en Amérique du Sud, les connexions s'arrêtent la nuit, soit parce que les cybercafés ferment, soit parce que les routeurs domestiques sont mis en veille. Il semble donc exister une corrélation parfaite entre pauvreté d'un pays et sommeil nocturne de l'Internet. Cette insomnie numérique a très sûrement un coût énergétique et financier. Une autre enquête réalisée en 2014 au Texas a cartographié tous les appareils connectés sur le Web au même instant dans le monde. Cette enquête permet de constater que l'Asie est beaucoup moins connectée que l'Europe et les États-Unis, en dépit d'une forte densité de population.

Le journal américain en ligne *Vox.com*[3] met à la disposition des internautes une quarantaine de cartes qui permettent à la fois de retracer l'histoire et l'internationalisation de l'Internet depuis 1969 jusqu'à nos jours ainsi que d'expliquer l'Internet mondial. Pour

1. Bruno Moriset, « Réseaux de télécommunications et aménagement des territoires. Vers une "fracture numérique territoriale 2.0" », *Cybergeo : European Journal of Geography* [En ligne], document 489, mis en ligne le 16 février 2010.
2. Source : www.ariase.com.
3. www.vox.com/a/internet-maps.

Géographie

qu'Internet fonctionne, chaque terminal connecté a besoin d'une adresse IP. Afin de coordonner la distribution de ces adresses, le réseau Internet est découpé en cinq zones (l'Amérique du Nord, l'Amérique latine, l'Afrique, l'Europe et le Moyen-Orient, l'Asie). À chacune de ces zones a été assignée plusieurs centaines de millions d'adresses. Les virus informatiques, programmes malveillants diffusés d'un ordinateur à un autre par le biais d'Internet, sont apparus dès 1984. Les enjeux de la sécurité de l'information et les attaques virales (*cyberwar*) très souvent inscrites dans une stratégie économique ont aujourd'hui une portée mondiale. Le budget global consacré à la sécurité informatique a augmenté de 51 % à l'échelle mondiale en 2012. Le virus MyDoom, lancé par un programmeur russe inconnu en 2004, servait à prendre le contrôle des ordinateurs infectés pour envoyer des *spams*[1] et attaquer Google, Microsoft. 700 000 PC furent infectés, Google dû cesser ses activités pendant une journée entière. La lutte contre le virus coûta à l'État américain et à toutes les entreprises attaquées près de 38 milliards d'euros.

1. Un *spam* est un courrier indésirable ou pourriel.

Deux exemples de **mise en œuvre**

Comparer deux cartes

Dans cet exercice, on va comparer la carte du réseau 4G en France avec la carte de la répartition de la population. Il s'agit de montrer aux élèves d'une part l'inégal accès à l'Internet par la 4G en France et d'autre part que cet accès est tributaire de choix d'implantations d'antennes-relais au sol qui suivent le plus souvent le tracé des grands axes de communication. Les antennes sont reliées ensemble par un vaste réseau filaire souvent enfoui qui emprunte le tracé des voies de communication majeures.

Document 1 — **Carte de la répartition de la population en France par communes**

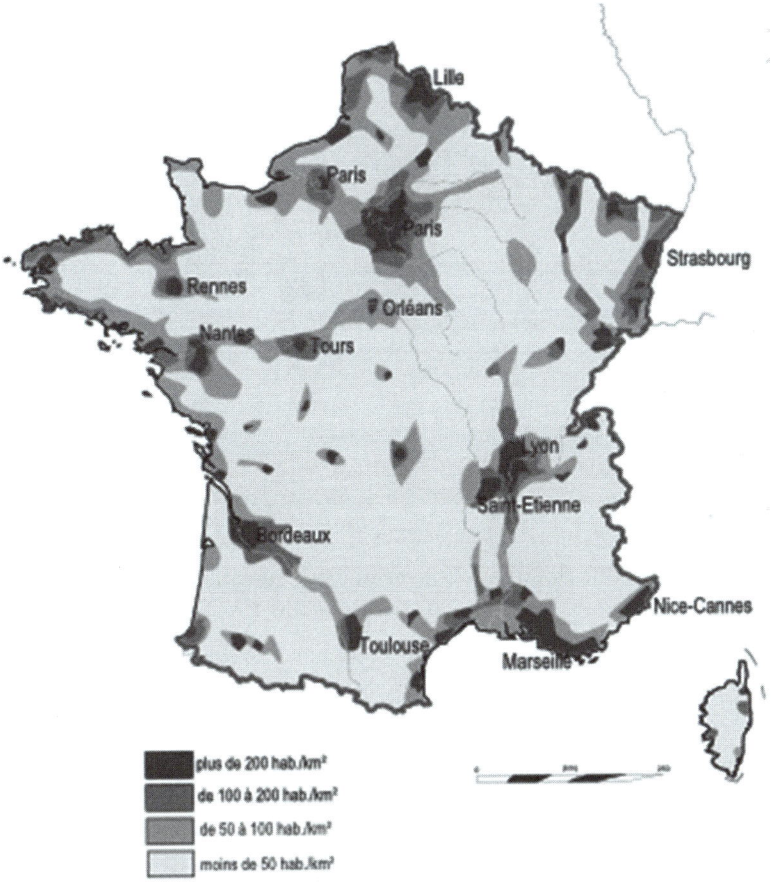

Géographie

Document 2	**Carte de la couverture 4G de l'opérateur Bouygues-Télécom en 2013 – Source :** ***La Tribune***

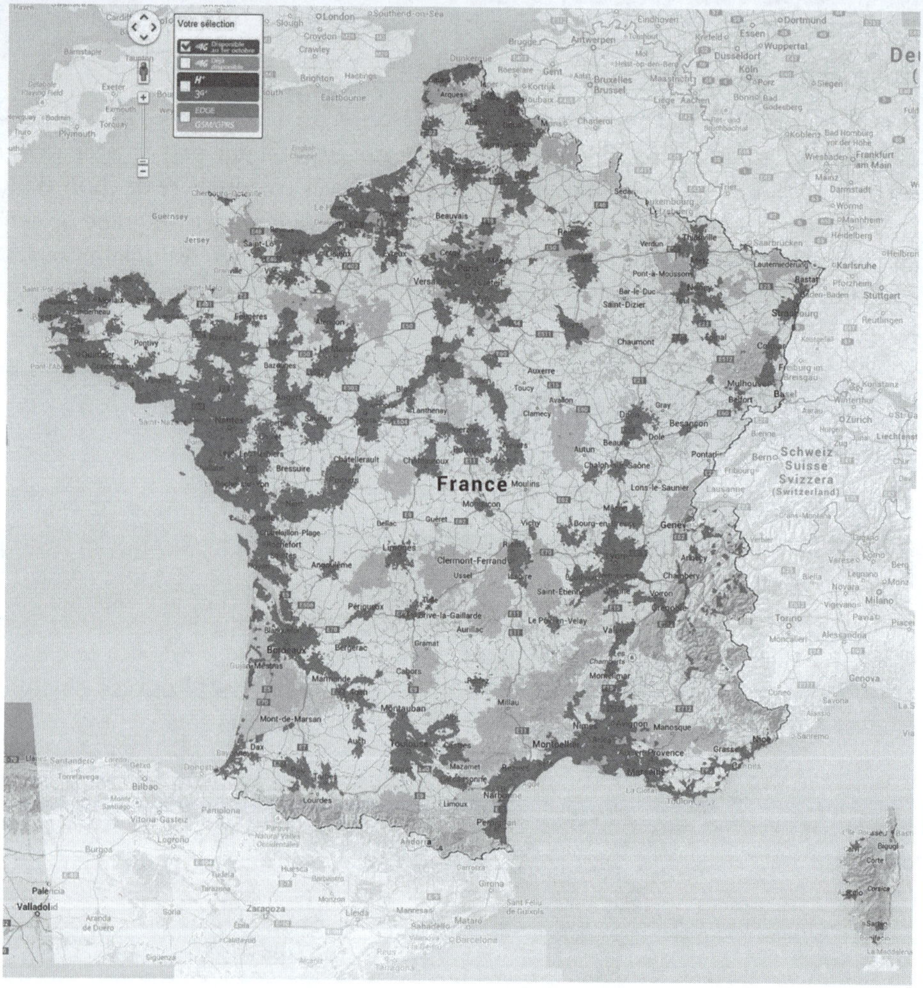

1. Que représente chacune des deux cartes ?

2. Quelles sont les zones les mieux couvertes par le réseau 4G en France ? Pour quelles raisons si vous comparez avec la carte du document 1 ?

3. Quelles sont les zones les moins couvertes par le réseau 4G, « zones blanches » ? Pour quelles raisons le sont-elles d'après vous ?

Étudier une vidéo

En 2014, le magazine en ligne « Sur le Net » de la chaîne France24.com, a réalisé un dossier sur le développement des Data Centers (Centres de données) dans la banlieue nord de Paris. Le reportage est simple d'accès et permet d'expliquer aux élèves ce qu'est un **centre de données**, ses conditions d'implantations et les problèmes environnementaux et spatiaux qu'ils posent.

Depuis deux ans, des habitants de La Courneuve vivent avec un data center en face de chez eux. Ils sont inquiets car ce bâtiment, qui héberge des serveurs informatiques, contient des cuves de fioul. Les data centers ne posent pas simplement des problèmes de sécurité, ils se voient reprocher leur appétit énergétique.

« Data centers : un coût énergétique trop élevé » (2014) – France24.com [9 min 43 s]

On ne visionnera que les 4 premières minutes du reportage.
https://www.france24.com/fr/20141018-data-centers-un-cout-energetique-trop-eleve

Exercice

1. Qu'est-ce qu'un *data center* ?

2. Où est situé le *data center* évoqué dans le reportage ?

3. Pourquoi les « riverains » (habitants proches) sont-ils inquiets ?

4. D'après le reportage, qu'est-ce que la « pollution numérique » causée par les *data centers* ?

Un exemple de **séquence pédagogique** dans une classe

Le thème 2 de CM2 peut être traité sur une ou deux périodes de l'année. Nous donnons ici un exemple de programmation pour une seule séquence sur les trois possibles (Un monde de réseaux, un habitant connecté au monde, un monde inégalement connecté).

Séquence 3 de l'année : Un habitant connecté au monde

Séance	Titre	Connaissances	Capacités/attitudes
1	**Internet, c'est quoi ?**	À partir d'exemples pris dans l'actualité et d'une petite vidéo extraite de l'émission *C'est pas sorcier*, les élèves relèvent les différents services offerts par l'Internet et découvrent le fonctionnement global de l'Internet en tant que réseau de réseaux.	• Étude d'une vidéo. • Analyse de texte. • Analyse d'image. • Construction d'un schéma.
2	**Internet, c'est qui ?**	À partir d'affiches publicitaires de FAI et de cartes, les élèves découvrent les entreprises qui délivrent de l'Internet et constatent l'inégal accès à Internet en France.	• Analyse de texte. • Analyse d'image. • Comparaison de cartes.
3	**Internet créé de la richesse**	À partir du TOP 10 des plus grosses fortunes mondiales et d'analyse de texte, les élèves découvrent que l'Internet produit chaque année des richesses et comment.	• Analyse de texte. • Analyse d'image.
4	**Internet, c'est où ?**	À partir d'un reportage sur les Data Centers et d'une carte, les élèves découvrent que les informations traitées par et sur Internet sont spatialisées et requièrent de plus en plus de centres de stockage, particulièrement énergivores et sensibles stratégiquement.	• Analyse de texte. • Analyse d'image. • Comparaison de cartes.

21 Mieux habiter

Plan du chapitre

1 Ce que dit le programme

Repères annuels de programmation	Démarches et contenus d'enseignement
• Favoriser la place de la « nature » en ville. • Recycler. • Habiter un écoquartier.	Améliorer le cadre de vie et préserver l'environnement sont au cœur des préoccupations actuelles. Il s'agit d'explorer, à l'échelle des territoires de proximité (quartier, commune, métropole, région), des cas de réalisations ou de projets qui contribuent au « mieux habiter ». La place réservée dans la ville aux **espaces verts**, aux **circulations douces**, aux berges et corridors verts, au développement de la **biodiversité**, le **recyclage** au-delà du tri des déchets, l'aménagement d'un **écoquartier** sont autant d'occasions de réfléchir aux choix des acteurs dans les politiques de **développement durable**.

1.1 Place du thème dans la scolarité

En début de cycle 3, les élèves ont pris progressivement conscience, à partir du lieu où ils habitent, des principales composantes de l'habiter.

En CM2, ils enrichissent cette première approche par la prise en compte d'un autre aspect de l'habiter : les déplacements et la circulation d'informations qui relient les habitants de la planète. Ce thème permet de revenir sur des territoires de proximité et de les questionner sous l'angle de la durabilité. Des passerelles doivent être établies avec le thème « se déplacer ».

Ces thèmes sont repris **en 6e**, à travers la question « Habiter une métropole » et plus particulièrement le sous-thème « La ville de demain ».

Au cycle 4, les élèves approfondissent leur réflexion sur la durabilité des choix opérés par les sociétés, tant dans l'exploitation des ressources que par les aménagements réalisés.

1.2 Principaux objectifs didactiques

Ce thème permet de montrer aux élèves qu'il n'existe pas une, mais des solutions, pour favoriser des modes d'habiter garants d'une meilleure qualité de vie.

Les réponses, adaptées à chaque situation, sont construites par des hommes qui vivent en société et sot acteurs de leur territoire, qu'ils aménagent.

1.3 Compétence(s) à privilégier

Ce thème permet de travailler particulièrement les compétences « raisonner, justifier une démarche et des choix effectués », et « comprendre un document », puisqu'il s'agit de saisir la cohérence du projet républicain et de comprendre la portée des symboles républicains. La compétence « pratiquer différents langages en histoire et en géographie » sera également précieuse pour ce qui concerne l'expression orale, le troisième sous-thème appelant tout spécialement une expression forte des élèves.

2 Combattre les idées reçues

2.1 Une ville durable est une ville verte

Non, ce n'est pas la même chose. La ville « verte » est une ville écologiquement viable, c'est-à-dire qu'elle met en œuvre un certain nombre d'initiatives permettant de préserver l'environnement, de lutter contre le réchauffement climatique et de limiter les déchets. La ville durable quant à elle ajoute à la dimension écologique les dimensions sociales, économiques et culturelles. En plus d'être viable, la ville durable est vivable et équitable.

2.2 Penser la ville avec la nature est une préoccupation récente

Non, c'est faux. Dès le XVIIe siècle, des architectes et des paysagistes, quelques urbanistes réfléchissent sur l'importance des espaces libres et verdoyants comme garantie au mieux-être des populations.

2.3 Les déchets ménagers représentent la partie la plus importante des déchets

Les déchets ménagers ne constituent qu'une petite partie des déchets (3,5 %) cependant leur gestion et leur traitement, qui est l'affaire des communes, représentent plus d'un tiers des efforts financiers pour lutter contre la pollution.

2.4 La majorité des déchets ménagers sont aujourd'hui recyclés

C'est faux, en France, seuls 19 % des déchets ménagers sont actuellement recyclés, alors que 38 % sont mis en décharge et 43 % incinérés.

3 Ce qu'il faut savoir

3.1 Qu'est-ce qu'une ville durable ?

Près de la moitié de la population mondiale vit actuellement en ville : 80 % dans les pays industrialisés, 40 % en moyenne dans les pays du Sud. La métropolisation, ou expansion des villes, constitue aujourd'hui un bouleversement social, environnemental et culturel majeur. Si elles n'occupent que 2 % de la surface habitée de la planète, les villes concentrent 80 % des émissions de CO2 et consomment 75 % de l'énergie mondiale. Le secteur de l'habitat utilise 40 % des ressources de la planète en matériel et en énergie pour la construction et l'exploitation des habitants. Comment les sociétés contemporaines, et notamment la société française, tentent-elles de gérer et d'aménager des espaces urbains en forte croissance dans un souci de développement soutenable ou durable ? Le concept de « ville durable » renvoie à la charte d'Aalborg (Danemark) adoptée par l'Union européenne en 1994 et qui a initié en Europe l'élaboration des agendas 21 locaux. Cette charte se présente une anti-charte d'Athènes (1933), la « ville durable » s'opposant à la « ville fonctionnelle » de Le Corbusier. Dans la charte d'Aalborg, les villes signataires affirment leur responsabilité dans les problèmes environnementaux et le rôle qu'elles ont à prendre pour faire évoluer les habitudes de vie, de production et de consommation. La charte de Leipzig (2007) et la déclaration de Marseille (2008) définissent le cadre de référence de la ville durable européenne (*Reference Framework for Sustaineble European Cities* – RFSC). Ainsi, le concept de « ville durable » s'appuie sur cinq objectifs stratégiques qui traduisent un développement urbain durable :

- Préserver et gérer durablement les ressources de la planète.
- Améliorer la qualité de l'environnement local (qualité sanitaire, réduction des nuisances et des risques).
- Améliorer l'équité sociale en renforçant l'accessibilité pour tous à l'emploi, aux logements, à l'éducation, à la santé, aux services et équipements collectifs et en luttant contre les inégalités sociales et écologiques.
- Améliorer l'équité et la cohésion entre les territoires (à l'échelle des quartiers, intercommunale).
- Améliorer l'efficacité et l'attractivité du tissu économique.

Le plan « ville durable », présenté en octobre 2008 par le Gouvernement français, vise, dans la continuité des engagements du Grenelle de l'Environnement (2007-2012), à favoriser l'émergence d'une nouvelle façon de concevoir, construire, faire évoluer et gérer les aires urbaines. Il s'appuie sur les travaux d'un pôle scientifique de recherches sur l'urbanisme du futur installé à Marne-la-Vallée. Les trois principales initiatives de ce plan sont les suivantes : le lancement du concours « **ÉcoQuartiers** », à l'échelle des quartiers ; le projet des **ÉcoCités**, à l'échelle de la ville ; L'appel à projets **transports collectifs**, à l'échelle du réseau. Le ministère de l'Environnement a sélectionné des villes durables « vitrines » qui répondent à trois critères principaux : une approche transversale et multisectorielle, des projets innovants, l'existence d'une dynamique locale en matière de promotion et de valorisation des expérimentations. En 2016, neuf aires urbaines françaises font partie de la sélection[1] : Lille-Métropole, Issy-les-Moulineaux, la Communauté urbaine de Strasbourg, Nantes Métropole, la Communauté urbaine de Bordeaux, Grand Lyon, Grenoble-Alpes Métropole, la Métropole Nice-Côte d'Azur et Marseille Euroméditerranée.

3.2 Qu'est-ce que le développement durable ?

Le concept apparaît à la fin des années 60 avec la menace démographique dans un livre de l'économiste Paul Ehrlich, *The Human Bomb*. La question qu'il se posait était de savoir si l'on arriverait à nourrir les 7 milliards d'individus attendus pour l'an 2000. Cette question remet sérieusement en cause la société de consommation telle qu'elle est née dans les années d'après-guerre. « Halte à la croissance ! » dit le rapport Meadows en 1972 : il faut penser à un « développement écologiquement viable » ou à un écodéveloppement écrit Ignacy Sachs. Dans les années 1973-1982, les crises pétrolières (1973, 1979) et les catastrophes industrielles (Torey Canyon en 1967, Seveso en 1976, l'Amococadiz en 1978) aboutissent à une nouvelle prise de conscience collective : les ressources de la planète sont limitées, l'industrialisation à outrance peut avoir des effets néfastes. Le chômage qui s'installe fait fermer les frontières des pays riches et les pays pauvres s'endettent de plus en plus. De 1982 à 1992, l'écart entre les pays pauvres et les pays riches s'est considérablement creusé. Du fait de la chute des cours des matières premières, la dette des pays pauvres s'est alourdie. Le FMI développe alors des plans d'ajustement structurel qui sont autant de mesures drastiques imposées aux pays en développement. Le Sommet de la Terre à Rio en 1992 fait émerger l'expression « développement durable » sous l'influence des nombreuses ONG présentes. Le rapport Brundtland de 1987 avait défini le **développement durable** de la manière suivante : « un développement qui répond aux besoins du présent sans compromettre la capacité des générations futures à satisfaire les leurs ». Le développement durable doit donc ménager 3 sphères d'évolution : la sphère environnementale, sociale et économique. La géographe Yvette Veyret entend par **environnement** « le milieu aménagé par les sociétés ». En 2001, l'OCDE proposait de définir le développement durable comme un « ensemble coordonné de processus participatifs permettant de progresser de façon continue dans les domaines de l'analyse, du débat et permettant de concilier les objectifs économiques, sociaux et environnementaux de la société ou de procéder le cas échéant à des arbitrages ». Le **développent durable** couvre ainsi plusieurs domaines : la biodiversité, les changements climatiques, la gestion des ressources, la gestion des risques, le développement viable (respectant environnement et économie), le développement équitable (respectant économie et société), le développement vivable (respectant environnement et société). Tous ces domaines impliquent de construire des politiques internationales conduites selon le principe de **gouvernance**.

3.3 Les espaces verts, « appareil respiratoire » de la ville haussamnnienne

En 1853, l'année où Georges-Eugène Haussmann devient préfet de la Seine, Paris est une ville de plus en plus inhabitable. Les rues étroites, sombres et sales sont inadaptées à la

1. *Cf.* http://www.developpement-durable.gouv.fr/Vitrine-des-villes-durables,31763.html.

circulation des voitures. Dans les quartiers populaires, les habitations dépourvues d'équipement sanitaire sont périodiquement touchées par des épidémies (choléra). Les espaces verts publics sont rares et presque tous issus de propriétés royales (les Tuileries, le Jardin du Luxembourg, le jardin des Plantes et le Palais Royal). Le plan Haussmann entend régulariser le tissu urbain selon une approche globale. Il met ainsi en place une nouvelle organisation administrative visant à la réalisation de trois réseaux d'infrastructures :

- Le réseau viaire : réseau de circulation des hommes et des marchandises reliant les points cardinaux de la ville.
- Le réseau de distribution et d'évacuation des eaux.
- Le réseau des « espaces verdoyants » qui répond à trois objectifs : favoriser une paix sociale, assainir l'air de la ville et offrir des espaces de détente et de loisirs aux Parisiens.

Haussmann créé le Service des promenades et plantations pour aménager et entretenir tous les espaces verts de la ville. Il nomme à sa tête Charles-Adolphe Alphand qui s'appuie sur les compétences d'architectes, de paysagistes et de jardiniers d'Eugène Belgrand, ingénieur, et Jean-Pierre Barillet-Deschamps (jardinier). Les bois de Boulogne, à l'ouest de Paris, et le bois de Vincennes (à l'est) sont restaurés, redessinés et réaménagés. Le parc des Buttes-Chaumont (au nord) et Montsouris (au sud) sont créés. 22 squares urbains sont aménagés, dont 17 dans le centre-ville historique de Paris. Le patrimoine arboré s'enrichit de 600 000 exemplaires nouveaux, cultivés dans les pépinières de Boulogne, d'Auteuil et de Petit-Bry. Tous les espaces publics parisiens sont équipés des mêmes accessoires, produits en série et déclinés en plusieurs variantes : candélabres, bancs. Un mail circulaire, c'est-à-dire des boulevards extérieurs, sont créés et des alignements d'arbres sont plantés dans les artères principales séparant la circulation des piétons et celles des voitures à cheval. Pour l'Exposition Universelle de 1867, Alphand rédige un *Paris Guide* des promenades et jardins qui deviendra un *best-seller*. Il s'agit d'expliquer aux visiteurs le projet des « espaces verdoyants » et d'en vanter les qualités d'éducation et de mixité sociale. Ces « édens bourgeois » sont accessibles à tous. *Paris Guide* est un témoignage du rôle public joué par la mise en scène de la nature en ville.

3.4 Les cités-jardins ou « la ville à la campagne »

Interpellé par le développement incontrôlé des villes, l'urbaniste britannique, Ebnezer Howard (1850-1928) propose une alternative réfléchie et maîtrisée. Cet utopiste visionnaire, socialiste, conceptualise les « *garden cities* ». Il décrit notamment son projet dans un ouvrage sorti en 1898, *Tomorrow. A peaceful path to real reform*. Pour Howard, la cité-jardin est une ville de banlieue se limitant à 30 000 habitants qui la gèrent et la financent eux-mêmes. Il s'agit d'un espace urbanisé de forme circulaire au centre d'un territoire agricole de 20 km². Au cœur se trouve un parc entouré des services à la disposition de la population. Elle est, pour Howard, un exemple de « l'union joyeuse » entre la ville et la nature. Howard élabore un projet concret de ville rationnelle et hygiéniste, située à la campagne, offrant un équilibre entre emplois et habitations, agriculture et industrie. En 1903, il met en application ses principes urbanistiques en réalisant la cité-jardin de Letchwood, à 60 km au nord de Londres. Il renouvelle l'expérience en 1919 à Welwyn, à 30 km au nord de Londres. En France, le Musée social, fondation et institution de recherche fondée en 1894 autour de l'idée de « paix sociale » portée par Frédéric Le Play, importe les principes de la cité-jardin en 1904 comme forme « d'habiter social » grâce à l'action de Georges Benoit-Lévy (1880-1970) qui diffuse ce modèle d'urbanisme dans l'hexagone. En France, la cité-jardin est un lotissement concerté où les habitations s'intègrent aux espaces verts et destiné à un usage social. La Cité Bruno à Dourges, dans le Nord, est la première cité-jardin construite en France en 1904. Les plus célèbres sont celles réalisées dans la région parisienne par l'Office public d'habitations à bon marché de la Seine vers 1920 : celles de l'Aqueduc à Arcueil-Cachan, de Stains ou de Suresnes.

3.5 COP 21 : Biodiversité et réchauffement climatique

Le Groupe d'experts intergouvernemental sur l'évolution du climat (GIEC) prévoit une augmentation globale de la température terrestre de 4 °C en moyenne d'ici 2050. Le développement des espaces verts en ville peut créer des îlots de fraîcheur permettant de faire baisser la température des rues de 0,5 à 2 °C. Les arbres ont la capacité de piéger les gaz à effet de serre voire de filtrer les poussières et les polluants atmosphériques. Ces constats ont conduit les urbanistes à envisager d'une autre façon le retour de la nature en ville. Depuis les années 1950, les espaces verts dans les villes ont diminué pour faire place aux routes, voies expresses ou à de nouvelles constructions. Aujourd'hui, on sait que supprimer 10 % de l'espace vert d'une zone bâtie peut contribuer à faire augmenter les températures d'un maximum de 7 °C. « Les zones urbaines sont actuellement 6° plus chaudes que la campagne environnante et ces températures devraient augmenter au cours des prochaines décennies. Il est crucial que les autorités nationales, locales, les promoteurs et les propriétaires fonciers individuels prennent davantage en considération les avantages de l'infrastructure verte. » (Paul Collins, président de la *Royal Institution of Chartered Surveors*). Le plan d'adaptation de la France 2016-2020, prévu dans la Feuille de route environnementale, mise sur les trames verstes et bleues pour accroître la résilience des territoires.

3.6 Gérer les déchets

La loi des 3R (réduire, réutiliser, recycler) constitue aujourd'hui la stratégie des politiques de gestion des déchets. Tous les déchets qui n'entrent pas dans cette stratégie sont considérés comme déchets ultimes ne pouvant être que stockés.

Réduire : Depuis 1992, les pouvoirs publics tentent de sensibiliser l'opinion à travers des campagnes publicitaires visant à modifier les comportements des ménages. Depuis 2009, une semaine européenne de réduction des déchets (SERD), pilotée par la Commission européenne, organise des actions de sensibilisation sur la prévention des déchets partout en Europe. En France, l'ADEME et le ministère de l'Écologie et du Développement durable, multiplient les campagnes de prévention et les actions auprès des citoyens (*cf.* www.reduisonsnosdechets.fr).

L'**incinération** est le processus d'élimination des déchets le plus répandu. S'il constitue en France la 2e source d'énergie renouvelable pour la production d'électricité et pour la production de chaleur, l'incinération des déchets solides des villes produit une quantité de polluants atmosphériques (dioxines). La première **collecte sélective** des déchets est mise en place en 1974 depuis le choc pétrolier de 1973. Depuis 1992, c'est le processus d'élimination des déchets privilégié par l'Europe entière. En France, ça a beaucoup de mal à se mettre en place dans la mesure où l'absence d'homogénéité fait que d'une commune à l'autre le tri est différent.

Réutiliser, recycler : Les emballages représentent 50 % en volume et 30 % en poids des déchets ménagers. Si le poids des déchets d'emballage diminue, le nombre d'unités continue d'augmenter. La consigne, très courante autrefois, est devenue très rare en France aujourd'hui. Elle consiste à faire payer l'emballage, remboursable quand ce dernier est retourné. Le parc français des déchetteries s'est développé entre 1992 et 2001, passant de 437 unités à 4 540 en 2009. Aujourd'hui, 73 % de la population française est desservie (58 % des communes).

Une idée récente consiste à considérer les déchets comme une ressource pour produire, par exemple, de l'électricité ou tout autre type d'énergie (chaleur). Ce processus se développe grâce aux apports des nouvelles technologies (pyrolyse, gazéification, traitement biologique et mécanique).

3.7 Qui sont les acteurs de la gestion des déchets en France ?

Au niveau national, l'**Agence de l'environnement et de la maîtrise de l'énergie** (ADEME) est un établissement public créé en 1991. Il a pour mission de coordonner et de réaliser des opérations ayant pour objet la protection de l'environnement et la maîtrise de l'énergie. Le **ministère de l'Écologie, du Développement durable, des Transports et du Logement**, créé en 2007, est une fusion de l'ancien ministère de l'Écologie créé en 1971. Les **éco-industries** proposent leurs services pour collecter et traiter les déchets. En France, ce secteur du recyclage et de la récupération compte 2 400 entreprises. En 2007, elles représentaient 10 Mds d'euros d'activités et 66 000 emplois. Les **fédérations et syndicats professionnels** (Federec, Prorecyclage…) regroupent les professionnels des éco-industries.

Au niveau local, les communes sont à la fois maître d'ouvrage des installations, ordonnateurs et financeurs des activités de collecte et de traitement des déchets. D'après le code de l'environnement de 2011, les départements sont responsables de la définition et de la mise en œuvre des plans d'élimination des déchets ménagers et assimilés. Les associations de protection de l'environnement (France Nature Environnement, WWF France…) s'intéressent à la gestion des déchets. D'autres sont très actives dans le domaine du recyclage et de la réinsertion sociale (Emmaüs, Envie…).

Quelques repères spatiaux	Quelques mots de vocabulaire
Savoir localiser quelques villes françaises et européennes qui se sont lancées dans l'expérience des villes durables : Rennes, Grenoble, Dijon, Nantes, Lisbonne, Oslo, Copenhague…	Éco quartier, recyclage, corridor vert, cité-jardin, déchetterie, jardins partagés, ferme urbaine, Ville durable.

4 Ce qu'il faut comprendre

4.1 Comment faire en sorte que l'urbanisme soit durable ?

Un **écoquartier** est un projet d'aménagement urbain qui respecte les principes du développement durable tout en s'adaptant aux caractéristiques de l'aire urbaine à laquelle il appartient. L'**écoquartier** doit respecter quatre principes majeurs :

- Le projet doit impliquer tous les acteurs de la ville, du citoyen à l'élu.
- La mise en place d'un cadre de vie sain et sûr pour tous les habitants et usagers de l'aire destinée à l'écoquartier.
- La participation du quartier au dynamisme économique et territorial.
- La gestion responsable des ressources et l'adaptation au changement climatique.

Depuis décembre 2012, l'État a créé un label national « ÉcoQuartier » qui permet d'encourager, d'accompagner et de valoriser des projets d'aménagement et d'urbanisme réellement durables. Ce label n'est pas une norme imposée mais garantit la qualité des projets en référence à un cadre d'exigences fondamentales. Les **écoquatiers** répondent à des enjeux locaux, nationaux et internationaux importants en termes de développement territorial équitable et raisonné :

- Pour faciliter la transition écologique en milieu urbain, ils donnent des solutions aux problèmes de densité, d'anticipation et d'adaptation au changement climatique.
- Pour favoriser l'égalité des territoires, ils tentent de réduire les difficultés de chacun pour vivre, se loger, travailler, se divertir. Ils font la promotion de projets de mixité sociale.
- Ils participent à l'objectif national des « 500 000 logements » annuels.
- Pour respecter le « 3X20 » européen, ils s'engagent à participer à la réduction de 20 % des émissions de gaz à effet de serre (GES) et 20 % d'économies d'énergie ainsi qu'à l'augmentation de la partie des énergies renouvelables à hauteur de 20 % d'ici 2020.
- Pour contribuer aux efforts de la France engagée dans le Protocole de Nagoya, ils développent la biodiversité en proposant plus d'espaces verts et une réintroduction d'espaces naturels en ville.

Entre 2012 et 2015, 39 **écoquartiers** ont été labellisés par le ministère de l'Environnement., représentants près de 55 000 logements créés. 103 projets étaient en cours de labellisation en 2015. Les écoquartiers touchent principalement la région parisienne (Boucicault à Paris), la Normandie (Le Grand Hameau au Havre), le Grand-Ouest (Monconseil à Tours) et la région lyonnaise (la ZAC Desjoyaux à Saint-Étienne).

Depuis 2010, l'État accompagne des projets urbains intégrés, exemplaires en termes d'excellence environnementale et d'innovation. L'objectif de cette démarche, pour laquelle l'État consacre 668 millions d'euros, est de développer des agglomérations attractives qui préservent l'environnement, la cohésion sociale et la qualité de vie de leurs habitants. La première tranche, entre 2010 et 2014, a permis d'aider 19 grandes villes : Plaine-Saint-Denis, Marne-la-Vallée, Ardoines-Seine-Amont, Lille, Metz, Strasbourg, Pays du Haut Val d'Alzette, Lyon, Grenoble, Clermont-Ferrand, Bordeaux, Toulouse, Montpellier,

Marseille, Nice, Nantes, Rennes, Rouen, ÉcoCité insulaire et tropicale de La Réunion. La deuxième tranche qui a débuté en 2015 a vu l'arrivée de 12 projets essentiellement situés en Île-de-France (10) : Grand Roissy, Seine Aval, La Défense Seine Arche, Paris-Arc de l'innovation, Saclay, Sénart, Société du Grand Paris, Plaine de l'Ourcq. Brest et Toulon font partie des derniers arrivés.

4.2 Quelle(s) nature(s) en ville ?

La création d'espaces verts urbains par simple souci d'esthétique est dépassée. Aujourd'hui l'objectif est aussi de préserver la biodiversité menacée par l'expansion des villes qui fragmente les espaces dits naturels. À Paris, chaque habitant dispose en moyenne de 5,8 m² d'espaces verts. Avec les bois de Boulogne et de Vincennes, cette surface passe à 14,4 m². Cela reste inférieur à Rome (321 m² par habitant), Madrid (68 m²) ou Amsterdam (36 m²). La gestion des espaces verts urbains a longtemps été intensive, très interventionniste et gourmande en produits chimiques. En 1993, les villes de Rennes, Paris, Orléans sont les pionnières en France d'une **gestion différenciée** des espaces verts en s'imposant une approche différente d'un site à l'autre au sein d'une même aire urbaine, en revalorisant une palette végétale locale, adaptée au sol, au climat, en travaillant sur la flore spontanée. Des cabinets d'architectes ont, ces dernières années, développé le concept des toitures végétalisées. Elles sont capables de stocker 40 à 60 % des eaux pluviales : une partie est utilisée par les plantes tandis que l'autre est évaporée. Elles ont un effet de climatiseur, permettant de baisser la température intérieure de 1 à 3 °C par rapport à celle extérieure. L'utilisation du végétal est comme un fil rouge dans l'œuvre de l'architecte Édouard François, à l'instar du lotissement des gîtes des Tropes à Jupilles dans la Sarthe en 1996 pour lequel il a végétalisé les façades et imbriqué les logements dans des haies. La Tower Flower, finalisée en 2004, est un immeuble de trente logements sociaux à Paris, dont les balcons sont ornés d'énormes pots plantés de bambous.

Vue du ciel, la structure d'une aire urbaine est comparable à un nuage de points verts noyés dans une mer de construction. Sur le terrain, cet « archipel de taches vertes » est composé d'habitats hétérogènes, jardinets, espaces verts intérieurs privés, terrains vagues, qui sont plus ou moins isolés les uns des autres par des obstacles de toutes sortes, des immeubles et des routes, des clôtures et des murs. Pour mieux accueillir la faune et la flore des campagnes environnantes candidate à l'immigration urbaine, il apparaît aujourd'hui opportun aux scientifiques et aux aménageurs de maintenir et de renforcer les capacités de connexion des espaces verts intra-muros avec les ceintures vertes périurbaines. D'où l'intérêt de créer des corridors verts ou biocorridors qui augmentent la continuité biologique et défragmentent les espaces verts urbains. Cette notion de **corridor biologique**, intégrée par les urbanistes et les services techniques des villes au sein des documents d'urbanisme (SCoT, PLU, PLUi), est en phase avec le concept de « ville apaisée ». Pouvoir marcher le long d'un itinéraire vert, « mi-promenade urbaine, mi-jardin public » est une vraie demande des citadins. La mise en place de corridors biologiques permet de lutter contre l'érosion de la biodiversité, et au-delà, de créer un réseau maillé de voies vertes pour stimuler les modes doux de déplacements. Le maillage vert peut s'appuyer sur les liaisons existantes : avenues bordées d'arbres, voies de chemin de fer, talus, terrains non bâtis, friches... Grâce à des circuits dédiés, cyclistes et piétons en bénéficient également. Formées par les cours d'eau et les masses d'eau végétalisés, les trames bleues complètent le dispositif. En 2009, le CNRS a lancé un programme de recherche appelé « Trame Verte Urbaine » qui a mobilisé 11 équipes de chercheurs et 7 villes intéressées. À Nantes, par exemple, la ville tire parti des cours d'eau qui traversent l'agglomération.

Dans les années 1970, apparaissent aux États-Unis et au Canada, des jardins collectifs en milieu urbain (*Community Gardens*). À New York, on en compte aujourd'hui près de 600. En France, depuis le début des années 1990, héritiers des jardins ouvriers du XIXe siècle, les jardins familiaux se regroupent en deux catégories : les jardins partagés et les jardins d'insertion. Les **jardins partagés** sont majoritairement situés en pleine ville ou en proche banlieue et ont pour vocation de créer du lien social au sein d'un même quartier. Ils sont ouverts aux passants, non cloisonnés en parcelles individuelles, fréquentés par un public intergénérationnel et multiethnique qui y pratique un jardinage respectueux de l'environnement. Les **jardins d'insertion**, ayant besoin de terrains plus vastes, sont situés en zone périurbaine. Leur objectif est de réinsérer par le jardinage des personnes en difficulté sociale ou professionnelle travaillant sous l'égide d'un animateur. Ces jardins ont été inventés à la fin des années 1980 pour répondre à la montée du chômage et de la pauvreté. En France, on estime leur nombre à quelques milliers regroupés en association. En 2010, à Montréal, une première **ferme urbaine** est construite sur le toit d'un immeuble. Lufa Farm est une vaste serre de 2 900 m² qui produit plus de 25 variétés cultivées sans pesticides et en réutilisant l'eau de pluie. Elle vend à plus de 3 000 personnes du quartier à travers une coopérative réduisant au minimum le transport des vivres. Une deuxième serre a été construite en 2013 à Laval (3 700 m²). En France, un programme de recherche « Agriculture urbaine » a été initié par l'École nationale supérieure du paysage depuis 1997. En 2000, Réseau Terres en Villes encourage les politiques agricoles d'agglomérations. Les Marais de Bourges forment une enclave d'agriculture urbaine de 135 ha. Le Mittelfeld à Wittenheim est une zone d'agriculture urbaine de 90 ha dans la banlieue de Mulhouse. À Lyon, la FUL (Ferme urbaine lyonnaise) est un projet qui consiste en la superposition de plateaux techniques pour une production hydroponique (hors-sol, en climat artificiel) de salades.

4.3 Gérer les déchets : quels enjeux locaux et nationaux ?

La réduction des déchets est un enjeu sanitaire, environnemental et financier. La lutte contre l'augmentation de la production des déchets ménagers s'effectue par deux moyens : limiter cette augmentation et traiter ces déchets pour limiter leurs nuisances.

L'augmentation des déchets

La production d'ordures ménagères en France a doublé en 50 ans. Elle est passée de 170 kg/hab/an en 1960 à 374 kg/hab/an en 2010. Depuis cette date, on remarque une stagnation voire une légère baisse. La croissance démographique, l'évolution des modes de vie et des habitudes alimentaires ont des conséquences immédiates sur la production des déchets : les sociétés sont plus mobiles, moins de temps est consacré à la préparation des repas, on préfère remplacer un objet plutôt que le réparer. 20 % des déchets ménagers sont constitués par les emballages. Cette part a eu tendance à diminuer depuis 1997 de 1 % par an. Pour la première fois en 2006, on a mesuré une diminution du nombre de produits emballés mis sur le marché. En 2009, 770 millions de tonnes de déchets ont été produites. Les déchets ménagers ne représentent que 3,5 % de l'ensemble (31 millions de tonnes). L'agriculture et la sylviculture (43 %) ainsi que les mines, carrières et travaux publics (41 %) sont les deux principaux producteurs de déchets en France.

Un enjeu national

L'élimination des déchets devient une préoccupation nationale depuis la loi de juillet 1975, qui définit la notion de « déchet », précise les responsabilités et les obligations auxquelles sont soumis les producteurs, et réglemente le transport, le stockage et l'élimination des déchets. La loi de juillet 1992 fait du problème des déchets une priorité nationale. Le recyclage est préféré à l'incinération et à l'enfouissement car moins onéreux et plus respectueux de l'environnement.

Un enjeu local

La loi de programmation relative à la mise en œuvre du Grenelle de l'Environnement en août 2009 fixe des objectifs nationaux chiffrés concernant la gestion des déchets : réduire la production d'ordures ménagères de 7 % par habitant d'ici 2014, augmenter le recyclage de façon à atteindre un taux de 35 % en 2012 et 45 % en 2015, contre 24 % en 2004. Il faut attendre le XIXe siècle pour que l'hygiène publique et la lutte contre la prolifération des détritus deviennent de véritables préoccupations. En 1884, le préfet de la Seine, Eugène Poubelle, oblige les Parisiens à utiliser un récipient spécial pour déposer leurs ordures ménagères devant leurs portes avant d'être ramassées par les services municipaux. En 1896, Paris se dotera de centres de broyage et d'incinération des déchets. Dans les années 1920, on a créé en marge des villes des espaces de décharges à ordures. Ces espaces se multiplient dans les années 1960. Ce fut longtemps une solution pratique et peu coûteuse. Les nuisances pour le voisinage, les risques de fuite dans les sols et les cours d'eau, la condamnation de grands espaces dégradés pour de longues années sont des inconvénients sérieux. Depuis 1992, les communes essaient de privilégier la collecte sélective et aménagent, souvent en intercommunalité, des déchetteries ou écocentres qui recyclent, valorisent ou éliminent les déchets.

Deux exemples de **mise en œuvre**

Une étude de cas : l'écoquartier de la ZAC de Bonne à Grenoble

L'écoquartier de la ZAC de Bonne à Grenoble est le tout premier écoquartier de France. Il a été aménagé sur le site de l'ancienne caserne militaire de Bonne, construite en 1884, dans le quartier de Championnet. La ville a souhaité y développer un quartier unique qui soit une extension du centre-ville vers la troisième ligne de tramway. L'ambition était d'y créer un quartier respectueux du patrimoine bâti, social, diversifié et écologique.

Le projet est lancé en 2000 et confié en 2002 à l'urbaniste Christian Devillers et à la paysagiste Jacqueline Osty. Il est clôturé en 2016. Il occupe 14 hectares et aura coûté 39 millions d'euros. Labellisé en 2012, le quartier de Bonne est devenu une référence en matière de gestion écologique : utilisation d'énergies renouvelables, gestion parcimonieuse de l'eau, récupération des matériaux de chantier…

Le quartier comprend 1 100 logements, 53 magasins, un groupe scolaire de 16 classes, un cinéma, un EHPAD, une piscine municipale, un hôtel 4 étoiles, 6 400m² de bureaux, un parc urbain de 3,5 ha et un parking de 480 places de stationnement en sous-sol.

Document 1 Plan de l'écoquartier de la ZAC de Bonne à Grenoble

Document 2	**Vidéo de présentation de la ZAC de Bonne à Grenoble réalisée par Vincent Douet, pour l'Institut de formation de l'environnement et le ministère de l'Écologie, de l'Énergie, du Développement durable et de la Mer, en 2009 – 7 mn 27 s**

1. Où est situé l'écoquartier de Bonne à Grenoble ?

2. Qu'est-ce qu'un logement social ? Quelle est la part de logements sociaux dans le quartier de Bonne ?

3. En quoi les bâtiments de l'écoquartier sont-ils écologiques ? Donnez plusieurs exemples.

4. Comment les habitants ont-ils participé à l'aménagement de ce quartier ?

Étudier une image virtuelle : « Réinventer Paris »

Le projet « Mille arbres », des architectes Sou Fujimoto et Manal Rachdi fait partie des 22 projets lauréats du concours lancé fin 2014 par la ville de Paris, « Réinventer Paris ». Ce site aurait dû être au cœur de l'opération de renouveau de la porte Maillot, lieu stratégique du Grand Paris, reliant le quartier central des affaires à La Défense.

Le quartier devait accueillir 127 logements, des bureaux, un hôtel 4 étoiles, une gare routière et un restaurant panoramique. Il devait représenter un investissement de 550 millions d'euros et sa livraison était prévue pour mars 2022. Mais, le 2 juillet 2021, le tribunal administratif de Paris a annulé le permis de construire au motif que l'opération était « susceptible de porter atteinte à la santé publique ». En effet, le quartier devait être suspendu au-dessus d'une autoroute urbaine, à un endroit où la pollution automobile est donc particulièrement importante.

Cet exercice a pour but d'analyser une image virtuelle d'architecte et d'en décrypter le message. Il s'agit d'une image qui a pour but de présenter aux futurs habitants ce qui s'élèvera dans le paysage prochainement et donc d'habituer leur regard.

Document **Le projet « Mille Arbres », porte Maillot à Paris, 2014**

Exercice

1. Interroger les élèves sur la nature du document iconographique, son mode de réalisation, son but, son aspect.

2. Demander aux élèves de relever les éléments de l'image qui permettent de rassurer le spectateur et futur habitant.

3. Quel est le projet porté par cette image d'après le texte ?

Un exemple de **séquence pédagogique** dans une classe

Le thème 3 de CM2 peut être traité sur une ou deux périodes de l'année. Nous donnons ici un exemple de programmation pour une seule séquence sur les trois possibles (La ville durable, Recycler, la nature en ville).

Séquence 5 de l'année : Réduire et recycler les déchets

Séance	Titre	Connaissances	Capacités/attitudes
1	**Les hommes produisent de plus en plus de déchets**	À partir de données statistiques et d'affiche publicitaire, les élèves constatent que les Français produisent de plus en plus de déchets et notamment ménagers.	• Analyse de texte. • Analyse d'image. • Analyse d'un graphique.
2	**Que faire des déchets ?**	L'ADEME et le Syctom de Paris proposent un jeu, « Tomville », téléchargeable, qui permet aux élèves de comprendre le trajet des déchets et la spatialisation de la collecte dans une ville. https://www.syctom-paris.fr/fileadmin/mediatheque/documentation/Kit/kitTOM.pdf	• Analyse de texte. • Analyse d'image.
3	**Les acteurs du recyclage des déchets**	À partir d'une déchetterie locale, interroger les élèves sur le parcours des déchets récupérés entre la déchetterie et le lieu de recyclage. Production d'une carte.	• Analyse de données. • Construction d'une carte.
4	**La gestion des déchets a un coût**	À partir d'une information municipale sur le coût des déchets et d'articles de journaux, montrer aux élèves que la gestion des déchets est une préoccupation des élus et de leurs administrés.	• Analyse de texte. • Analyse d'image. • Analyse d'un graphique.

4

Enseigner l'enseignement moral et civique (EMC)

22 L'EMC dans le quotidien de la classe – les gestes professionnels[1]

Plan du chapitre

1 Principes invariants de l'EMC

1.1 Définition

L'enseignement moral et civique renvoie à **l'éthique professionnelle de l'enseignant**. Les valeurs sont au cœur de chaque séance d'apprentissage, elles sont engagées dans tous les gestes professionnels, elles se manifestent dans les **actes**, les **démarches** et la **posture enseignante**, **elles se partagent**. Elles **ne s'apprennent pas par le discours, elles se construisent, s'expérimentent et trouvent leur sens dans l'action et l'interaction**. La bienveillance et la rigueur sont au fondement de toute démarche d'enseignement.

1.2 Enjeux pour l'EMC

Point n° 1 des principes généraux des programmes : « Ce cadre impose de la part des personnels de l'éducation nationale une évidente obligation de neutralité, mais celle-ci ne doit pas conduire à une réticence, voire une abstention, dans l'affirmation des valeurs transmises. Les enseignants et les personnels d'éducation sont au contraire tenus de promouvoir ces valeurs dans tous les enseignements et dans toutes les dimensions de la vie scolaire ».

Point n° 5 des principes généraux des programmes : « L'enseignement moral et civique privilégie la mise en activité des élèves. Il suppose une cohérence entre ses contenus et ses méthodes ».

1. Les ressources pour l'enseignement moral et civique L'EMC sur les gestes professionnels dans le quotidien de la classe sont nombreuses sur le site du ministère de l'Éducation nationale, de l'Enseignement supérieur et de la Recherche. Deux références pour aller plus loin : les deux guides publiés sur éduscol « *Agir sur le climat scolaire à l'école primaire* » et « *Agir sur le climat scolaire au collège et au lycée* ».

1.3 Finalités de l'EMC

L'EMC doit permettre la **construction d'une culture morale et civique** et **véhiculer un socle de valeurs communes**. Dans les valeurs communes, on comprend : la fraternité, la dignité, la liberté, l'égalité, la solidarité, la laïcité, l'esprit de justice, le respect de la personne, l'égalité entre les femmes et les hommes, la tolérance et l'absence de toute forme de discrimination. Ces principes et ses valeurs sont inscrits dans les grandes *déclarations des droits de l'Homme* et dans la *Constitution* de la Ve République. Cet enseignement doit favoriser le **sens moral** et l'esprit critique et permettre à l'élève d'apprendre à adopter un comportement réfléchi. Il **prépare à l'exercice de la citoyenneté** et **sensibilise à la responsabilité individuelle et collective.**

L'objectif n'est pas un enseignement de moralisation. L'EMC est un enseignement pour permettre de se construire dans la confrontation à l'autre, de penser par soi-même et contre soi. Il favorise la conquête de l'autonomie intellectuelle et donne des outils sans imposer. Déjà chez Condorcet, dans « mémoire de l'instruction publique, 1792 » on retrouve là le rôle du maître : « Son devoir est d'armer contre l'erreur, qui est toujours un mal public, toute la force de la vérité, mais [elle] n'a pas le droit de décider où réside la vérité, où se trouve l'erreur ».

L'EMC prépare à la citoyenneté par l'apprentissage de la morale commune, des valeurs et des principes qui sont le ciment de notre projet de société. Il approfondit la formation du citoyen qui constituait la vocation de l'éducation civique, de l'instruction civique et morale et de l'ECJS dans les Instructions Officielles passées, par la **considération également de l'individu**.

La morale doit être considérée dans son sens de philosophie morale à vocation universelle : la confrontation aux dilemmes moraux, l'éducation aux choix, la capacité à distinguer le bien et le mal... La morale répondant ici à la question « que dois-je faire ? » et ne se réduit pas à une énonciation de règles et de prescriptions. L'EMC ne dit pas la morale, il confronte l'élève, dans des situations d'apprentissage, à des choix pour construire et comprendre les valeurs et acquérir son autonomie intellectuelle.

À RETENIR !

Valeurs, savoirs et pratiques : aider les élèves à acquérir peu à peu une autonomie de jugement respectueuse de ces valeurs qui garantissent à la fois leur liberté de conscience et celle des autres, dans le cadre d'une citoyenneté comprise et partagée.

1.4 Objectifs professionnels

Des **gestes professionnels spécifiques** sont requis pour mettre en place une pédagogie soucieuse des valeurs républicaines et de leur mise en acte au cœur des apprentissages et de la vie dans la classe. Afin d'articuler les quatre dimensions constitutives de l'EMC, une **réflexion des équipes** (conseil de cycle et de maîtres pour le primaire, conseil pédagogique pour le secondaire) est nécessaire pour clarifier ce qui relève du travail d'organisation des enseignants et ce que cela implique pour les élèves.

a. Rapport aux savoirs et aux apprentissages

La démarche didactique et pédagogique de l'enseignant vise **la réflexion des élèves**. Pour qu'ils soient actifs : il s'agit de faire réfléchir et non seulement de faire appliquer. Pour cela, l'équipe enseignante doit penser la cohérence de ses pratiques : quelle tâche pour quels attendus ? Quels critères de réussite ? Quels outils à disposition des élèves ? Quel dispositif ? Quelle prise en compte de l'erreur dans les apprentissages ? Quelles conceptions de l'évaluation ?

b. Rapport à la loi et aux autres

L'enseignant est **garant du cadre sécurisant de la classe** et de l'apprentissage d'un rapport positif à la loi commune qui d'abord autorise. Pour cela, l'équipe doit réfléchir à son propre rapport à la loi et au climat scolaire qu'elle instaure à travers la posture éthique de chacun. Cette réflexion sert de base pour questionner les fonctionnements de classe ainsi que la notion de sanction.

1.5 Compétences travaillées du cycle 2 au cycle 4

a. Culture de la sensibilité

- Identifier et exprimer en les régulant ses émotions et ses sentiments.
- S'estimer et être capable d'écoute et d'empathie.
- Exprimer son opinion et respecter l'opinion des autres.
- Accepter les différences.
- Être capable de coopérer.
- Se sentir membre d'une collectivité.

b. Culture de la règle et du droit

- Respecter les règles communes.
- Comprendre les raisons de l'obéissance aux règles et à la loi dans une société démocratique.
- Comprendre les principes et les valeurs de la République française et des sociétés démocratiques.
- Comprendre le rapport entre les règles et les valeurs.

c. Culture du jugement

- Développer les aptitudes au discernement et à la réflexion critique.
- Confronter ses jugements à ceux d'autrui dans une discussion ou un débat argumenté et réglé.
- S'informer de manière rigoureuse.
- Différencier son intérêt particulier de l'intérêt général.
- Avoir le sens de l'intérêt général.

d. Culture de l'engagement

- Être responsable de ses propres engagements.
- Être responsable envers autrui.
- S'engager et assumer des responsabilités dans l'école et dans l'établissement.
- Prendre en charge des aspects de la vie collective et de l'environnement et développer une conscience civique.
- Savoir s'intégrer dans une démarche collaborative et enrichir son travail ou sa réflexion grâce à cette démarche.

2 Pratiques de l'EMC

2.1 Trame didactique

Le rapport aux autres et à la loi doit être au cœur des pratiques didactiques de l'EMC. L'institution scolaire est le lieu de formation du futur citoyen. Afin d'apprendre à chaque enfant et élève à articuler les liens qui existent entre liberté personnelle et vie collective, il est nécessaire que l'équipe enseignante montre l'exemple et pratique, dans le quotidien de la classe, les valeurs développées dans le cadre de l'enseignement de l'EMC.

Plusieurs axes constituent les points d'ancrage d'une posture éthique[1] :

- **La connaissance de l'institution** : elle est essentielle pour clarifier le statut de chacun : enseignant-élève-famille-partenaire… L'enseignant étant un fonctionnaire d'État, il représente et met en œuvre le projet de la nation. Dans ce cadre, il est important qu'il connaisse le fonctionnement de l'institution pour pouvoir en expliquer les valeurs aux élèves comme aux partenaires et être ainsi en mesure de se positionner dans le respect des missions de l'école.
- **L'instauration d'un climat scolaire serein** : l'unité d'enseignement articule un lieu d'apprentissage et un lieu de vie. Chaque enseignant s'inscrivant dans une équipe, il est nécessaire de mettre en place des modalités de fonctionnements cohérents :
  - un cadre protecteur à partir de règles explicites qui définissent quelques repères en termes de droits, de devoirs et d'interdits assurant la protection et l'affirmation des élèves à travers des comportements attendus et valorisés. une organisation des espaces et des temps qui garantissent cette sécurité ;
  - une dynamique d'équipe qui offre des espaces de régulation interne et/ou avec médiation (de l'institution quand c'est possible) et qui met en place des procédures de gestion des conflits au niveau des élèves en prenant en compte leurs émotions grâce à une écoute active et bienveillante ;
  - une autorité et des responsabilités assumées par l'ensemble des membres de l'équipe avec une approche de la notion de sanction réparatrice et éducative ;

EMC

1. Cf. référentiel de compétences de l'enseignant : https://www.education.gouv.fr/le-referentiel-de-competences-des-metiers-du-professorat-et-de-l-education-5753.

- des outils de communication pertinents en fonction des destinataires au sein de l'institution comme des partenaires extérieurs.

- **Une relation de coéducation avec les familles** : analyse objective des difficultés des élèves sans jugement sur la parentalité afin de travailler avec les familles à la réussite de leurs enfants et de nos élèves.

2.2 Trame pédagogique d'une séance

a. L'amorce

L'enseignant veille à tout ce qui doit faire l'objet d'une explicitation : ses attentes, le sens des activités proposées, les consignes de travail, les critères de réussite et d'évaluation. Pour cela, le projet d'apprentissage de la période doit être connu des élèves afin de situer les apprentissages de chaque séquence dans la perspective plus large des compétences visées.

b. La mise au travail

La tâche complexe permet aux élèves d'élaborer eux-mêmes une démarche intellectuelle, de développer leurs propres méthodes, de laisser une véritable place à l'erreur et au tâtonnement, d'installer une flexibilité et des réflexes de vérification, de confrontation et d'échanges.

c. La mise en commun

Elle fait partie de l'apprentissage et doit être différenciée en fonction des capacités et des besoins des élèves. Différents dispositifs peuvent être exploités simultanément (travail en groupe, binôme et/ou tutorat pour les uns pendant que l'enseignant est avec un groupe de besoin, etc.). L'étayage se fait dans un dialogue pédagogique en partant des erreurs des élèves, sans jugement, pour leur permettre d'entrer dans une réflexion grâce à la reformulation, à la recherche d'informations ou à l'apport de savoirs pour consolider les apprentissages.

d. La trace écrite finale ou mise en mémoire

Suivant l'apprentissage en jeu, et à partir du cycle 3, elle peut se faire en deux étapes : l'une personnelle ou en binôme, rédigée par les élèves, pour formuler ce qu'ils ont compris, retenu de la séance (« ce que j'ai compris », « ce que je retiens ») ; l'autre collective, co-construite avec les élèves à partir de leurs écrits de travail et des échanges qu'ils engagent, c'est-à-dire une trace écrite du groupe qui reprend et explicite les éléments de savoir rencontrés (« ce que nous retenons »).

3 Les clefs de réussite de l'EMC

3.1 La posture de l'enseignant.e

- **du point de vue didactique** : l'enseignant anticipe les difficultés d'apprentissage des élèves, s'efforce d'analyser le déroulement de ses séances, de poser un regard objectif sur sa pratique afin de mesurer l'écart entre ses attendus et la réalité dans la classe. Il se questionne, se met lui-même en recherche et envisage toujours la part de « l'effet maître » dans les difficultés rencontrées par des élèves. Il peut avoir recours à un autre collègue, organiser des co-visites ou des co-animations afin de croiser les regards
- **du point de vue pédagogique** : l'enseignant propose des situations de travail qui mettent en jeu l'objectif d'apprendre ensemble pour vivre ensemble, qui font travailler le rapport à soi et aux autres. Il veille aux besoins psychologiques fondamentaux de chaque élève, notamment ceux des plus vulnérables : estime, sécurité, justice, écoute, soutien. Il porte un regard positif sur le travail de chacun : où en est-il ? Quelle est la nature de ses erreurs ? Cette attitude s'inscrit dans une conception positive de l'évaluation.

3.2 Le rapport de l'enseignant.e à la loi et aux autres

L'enseignant s'empare de toutes les situations qui permettent de transmettre et de vivre les valeurs, que ce soit des situations relevant de l'apprentissage ou du vécu des élèves.

- **du point de vue éthique** : l'enseignant doit rechercher et maintenir la cohérence entre ce qu'il dit et ce qu'il fait : exiger de lui-même ce qu'il exige de ses élèves et ce qui est décidé doit être appliqué.
- **du point de vue pédagogique** : l'école étant un lieu d'apprentissage, avec de multiples outils[1] à disposition de l'enseignant. Toute sanction doit être réparatrice et éducative en cohérence avec les valeurs de référence.

EMC

1. Céline Sala-Christophe Meunier, *L'enseignement moral et civique à l'école primaire*, Dunod, coll. La boîte à outils, 2017.

23 Respecter autrui

Plan du chapitre

1 Ce que dit le programme[1]

Finalités	Modalités pratiques et méthodes de l'enseignement moral et civique
• La morale enseignée à l'école est une **morale laïque** et **civique** en lien étroit avec les principes et les valeurs de la citoyenneté républicaine et démocratique qui vise à **respecter autrui**. • L'adjectif « moral » de l'enseignement moral et civique renvoie au projet d'une appropriation par l'élève de principes garantissant le respect d'autrui. • Cette morale repose sur la conscience de la **dignité et de l'intégrité de la personne humaine**, qu'il s'agisse de soi ou des autres, et nécessite l'existence d'un cadre définissant les droits et devoirs de chacun. • Respecter autrui, c'est respecter sa **liberté**, le considérer comme **égal à soi** en dignité, développer avec lui des relations de **fraternité**. C'est aussi respecter ses convictions philosophiques et religieuses, ce que permet la laïcité.	• L'enseignement moral et civique articule des valeurs, des savoirs (littéraires, scientifiques, historiques, juridiques, etc.) et des pratiques. • Il requiert l'acquisition de connaissances et de compétences dans les quatre domaines de la culture civique et donne lieu à des traces écrites et à une évaluation. • L'enseignement moral et civique s'effectue, chaque fois que possible, à partir de l'analyse de situations concrètes. • La **discussion réglée**, les **« messages clairs »** pour exprimer ses émotions vis-à-vis de ses pairs et le **débat argumenté** ont une place de premier choix pour permettre aux élèves de comprendre, d'éprouver et de mettre en perspective les valeurs qui régissent notre société démocratique. • Ils comportent une prise d'informations selon les modalités choisies par le professeur, un échange d'arguments dans un cadre défini et un retour sur les acquis permettant une trace écrite ou une formalisation. • L'enseignement moral et civique se prête particulièrement aux travaux qui placent les élèves en situation de coopération et de mutualisation favorisant les échanges d'arguments et la confrontation des idées. • L'enseignant exerce sa responsabilité pédagogique dans les choix de mise en œuvre en les adaptant à ses objectifs et à ses élèves. • L'enseignement moral et civique dispose réglementairement d'un horaire dédié permettant une mise en œuvre pédagogique au service de ses finalités.

1. Une synthèse est ici présentée à nos lecteurs à partir des documents riches et nombreux mis à disposition par le Ministère de l'Éducation nationale sur son site éduscol.

1.1 Place du thème dans la scolarité

Tout au long des cycles 2, 3 et 4, le respect par les élèves des adultes et des pairs fait l'objet d'une attention particulière, notamment pour lutter contre toute atteinte à la personne d'autrui. Les élèves doivent adapter leur tenue, leur attitude, leur langage et leur comportement au contexte scolaire. Ils respectent les biens personnels et collectifs dans la classe et dans l'école. Ils sont sensibilisés à la notion de bien commun. Ils adoptent un comportement responsable envers eux-mêmes, envers autrui et envers l'environnement immédiat et plus lointain. Dans des situations concrètes, ils sont invités à prendre et à respecter des engagements moraux et même en cycle 3 à comprendre la valeur de l'engagement moral. Dès lors qu'ils disposent d'un accès individuel aux outils numériques de l'école et l'établissement, les élèves sont invités à utiliser le numérique de manière responsable, conformément au cadre donné par la charte d'usage du numérique. Ils sont sensibilisés aux enjeux et aux dangers relatifs à l'usage des réseaux sociaux.

a. REPÈRES ANNUELS DE PROGRESSION POUR CYCLE 2 RESPECTER AUTRUI

CP	CE1	CE2
• Les élèves savent écouter l'autre dans la classe et respectent les tours de parole. Ils connaissent les formules de politesse et s'adressent aux adultes dans des termes adéquats. Ils adoptent un comportement approprié en classe et dans l'école. • Les élèves sont sensibilisés aux droits de l'enfant. • Les élèves connaissent les règles élémentaires d'hygiène personnelle et collective : se laver, se laver les mains avec du savon, se brosser les dents. Ils comprennent la nécessité d'une activité physique régulière et d'une alimentation équilibrée. • Les élèves sont sensibilisés aux risques et aux dangers de leur environnement immédiat.	• Les élèves utilisent les niveaux de langue appropriés permettant de s'adresser de manière adéquate à des interlocuteurs différents. • Les élèves identifient les droits de l'enfant au travers d'exemples simples. • En lien avec les compétences développées en éducation physique et sportive et avec la découverte du monde vivant développée dans le programme *Questionner le monde*, les élèves apprennent à identifier les principales règles d'hygiène et comprennent l'importance de leur respect dans une collectivité. Ils sont capables de reconnaître des comportements favorables à leur santé. • Les élèves connaissent les différents services d'urgence : le Samu, la police et les pompiers.	• Les élèves abordent, en lien avec les droits de l'enfant, la notion de discrimination au travers d'exemples. • Les élèves sont sensibilisés aux gestes de premiers secours

EMC

b. REPÈRES ANNUELS DE PROGRESSION POUR CYCLE 3 RESPECTER AUTRUI

CM1	CM2	6e
• Les élèves identifient des situations dans lesquelles la liberté et l'égalité ne sont pas respectées. • Dans le cadre de la sensibilisation aux premiers secours, les élèves sont amenés à reconnaître les situations de danger. Ils sont capables d'alerter un adulte et de se mettre en sécurité. • Les élèves sont sensibilisés aux règles élémentaires de sécurité routière.	• Les élèves identifient des situations de discrimination et les valeurs de la République (liberté, égalité, fraternité, laïcité) en jeu. • Dans le cadre de la sensibilisation aux premiers secours, les élèves sont amenés à identifier quelques mesures de prévention. Ils apprennent à alerter le Samu de manière structurée et comprennent l'importance de cette structuration. Ils comprennent et appliquent les consignes qui leur sont données. • En lien avec l'éducation aux médias et à l'information, les élèves sont sensibilisés aux enjeux et aux dangers relatifs à l'usage des réseaux sociaux. Ils apprennent à faire la différence entre sphère privée et publique et se familiarisent avec les notions d'identité numérique et de données personnelles. Ils sont sensibilisés aux effets du numérique sur la santé physique et psychique et sur l'environnement.	• La prise de conscience de ce qu'est une morale civique s'approfondit dans son rapport à l'autre et à l'altérité afin de respecter autrui. • Les élèves travaillent sur les préjugés et les différences. Cette réflexion sur les représentations permet d'aborder l'autre dans son rapport à soi. Les situations choisies doivent permettre de mobiliser la notion d'intégrité de la personne, de rapport à la différence. Les élèves sont capables d'identifier des attitudes, des gestes ou des mots qui conduisent à la discrimination. La réflexion construite permet d'aborder en creux ce à quoi conduit l'absence de respect des différences. • Les élèves travaillent particulièrement sur le thème du harcèlement identifié comme un processus portant atteinte à l'intégrité de la personne qui en est victime, et mettant en jeu une mécanique de groupe. • Les élèves travaillent sur l'écoute de l'autre, sur l'argumentation. Ils s'exercent à nuancer leur point de vue en tenant compte du point de vue des autres dans le cadre de discussions et de débats réglés. Ils sont capables d'identifier les points d'accord et de désaccord et abordent la notion de tolérance. • Travailler à la construction d'une morale civique conduit à mobiliser le registre des sentiments et des émotions comme de leurs expressions. Les élèves sont capables de les identifier, de les nommer et de les exprimer en situation d'enseignement avec un vocabulaire adapté à partir de supports ou d'objets d'étude.

1.2 Principaux objectifs didactiques

a. Respecter autrui, accepter et respecter les différences

- Le respect des adultes et des pairs.
- Le respect des autres dans leur diversité :
  - la conscience de la diversité des croyances et des convictions
  - les atteintes à la personne d'autrui (racisme, antisémitisme, sexisme, xénophobie, homophobie, handicap, harcèlement, etc.)

b. Respecter les engagements pris envers soi-même et envers les autres

- L'engagement moral : la notion de promesse.

c. Adopter un comportement responsable par rapport à soi et à autrui

- Le soin des biens personnels et collectifs Le respect de sa sécurité et celle des autres par la conformité aux règles de prudence.
- Le secours à autrui, en lien avec le dispositif et l'attestation « apprendre à porter secours » (APS).

d. Adapter sa tenue, son langage et son attitude au contexte scolaire ;

- Se situer et s'exprimer en respectant les codes de la communication orale, les règles de l'échange et le statut de l'interlocuteur.
- Le soin du corps, de l'environnement immédiat et plus lointain.
- Le soin du langage : langage de la politesse Initiation à la distinction des niveaux de langue.

e. S'estimer et être capable d'écoute et d'empathie

- Construction du point de vue et capacité à reconnaître celui de l'autre dans le cadre de chaque discussion réglée.

1.3 Connaissances, capacités et attitudes à privilégier

- Respecter autrui et accepter les différences.
- Respect des différences.
- Les préjugés et les stéréotypes.
- L'intégrité de la personne.
- Respecter les engagements pris envers soi-même et envers les autres.
- Manifester le respect des autres dans son langage et son attitude.
- Prendre conscience des enjeux civiques de l'usage du numérique et des réseaux sociaux.
- La notion de bien commun.
- Avoir conscience de sa responsabilité individuelle.

Quels objets d'enseignement sont recommandés par le ministère ?
Des fiches EDUSCOL, outils de travail pour les enseignants, ont été produites sur :

- **Le respect des autres dans leur diversité** : les atteintes à la personne d'autrui (racisme, antisémitisme, sexisme, xénophobie, homophobie, harcèlement, etc.) Le respect de la diversité des croyances et des convictions.
- **Le secours à autrui**, en lien avec l'attestation « apprendre à porter secours » (APS) ; Le respect par le langage : les règles de civilité et de la politesse ; Le respect du corps, de l'environnement immédiat et plus lointain Le respect des biens personnels et collectifs Le respect de sa sécurité et celle des autres par la conformité aux règles de prudence.
- **L'usage responsable du numérique** en lien avec la charte d'usage du numérique.
- **La notion de bien commun** dans la classe, l'école, l'établissement et la société.

- Nuancer son point de vue en tenant compte du point de vue des autres.
- Savoir identifier les points d'accord et les points de désaccord.
- Respecter le droit des autres à exprimer leur opinion.
- Aborder la notion de tolérance.

Quelle mise en œuvre pédagogique à privilégier ?
Identifier points d'accord et de désaccord dans le cadre de chaque discussion réglée.

1.4 Quelles finalités et quelles compétences ?

Aborder le « respect d'autrui », c'est aussi se placer au centre des programmes d'enseignement moral et civique : au cœur de l'égalité, des diversités ou encore des discriminations. Ces éléments contribuent à travailler sur « **respecter autrui** » comme savoir fondamental de la scolarité obligatoire, mais aussi comme finalité de l'enseignement moral et civique. Ainsi, les élèves identifient et comprennent ce que sont la diversité, son importance, ainsi que les agissements et violences à caractère discriminatoire. Ils sont en mesure d'adopter une attitude personnelle appropriée pour ne pas porter atteinte à autrui et respecter les différences.

La réflexion sur ces objets est également fondamentale pour « **acquérir et partager les valeurs de la République** » : les atteintes à autrui en lien avec la diversité fragilisent la cohésion nationale, car elles remettent en cause les principes d'égalité en droit des individus et de fraternité.

Enfin, l'étude de ces questions contribue à « **construire une culture civique** » en apprenant aux élèves comment se protéger et être protégés des atteintes à autrui en lien avec la diversité, mais aussi comment agir et lutter contre les discriminations et les autres agissements et violences à caractère discriminatoire. Elle permet également de connaître les politiques publiques dans ce domaine.

En engageant un travail sur l'égalité, les diversités et les discriminations, le professeur fait acquérir les compétences attendues de l'enseignement moral et civique :

- Par la **compétence « culture de la sensibilité »**, il fait travailler l'empathie, la capacité de considérer l'altérité en se mettant à la place de l'autre, l'acceptation des différences et de la diversité en exprimant son opinion tout en respectant celle des autres. En installant un climat de confiance, le professeur permet de donner les moyens d'exprimer plus facilement une situation de discrimination ou des agissements et violences à caractère discriminatoire, vécus ou ressentis comme tels, afin de mieux les comprendre.
- Par la **compétence « culture de la règle et du droit »**, le professeur fait comprendre le sens de la loi pour protéger les personnes discriminées ou victimes d'agissements et de violences à caractère discriminatoire. La nécessité de règles communes pour lutter pour le respect des droits de tous est mise en avant.
- Par la **compétence « culture du jugement »**, les élèves comprennent les ressorts individuels et collectifs des discriminations et des autres agissements et violences à caractère discriminatoire.
- Par la **compétence « culture de l'engagement »**, les élèves comprennent qu'ils sont responsables de leurs actes envers autrui. Le professeur leur donne les moyens de savoir agir contre les discriminations et les autres agissements et violences à caractère discriminatoire, en faisant connaître les démarches et les procédures, ainsi que l'ensemble des acteurs et des structures engagés sur ces sujets.

2 Combattre les idées reçues, maîtriser le vocabulaire et les principaux concepts

2.1 Qu'est-ce que le respect ?

Cette notion est polysémique. Le respect peut prendre une dimension admirative conduisant à saluer des actes ou des personnes, et ainsi se réduire à la civilité, la politesse. Il peut également signifier la compréhension et l'acceptation des différences mais aussi des règles d'une société ou d'un débat démocratique : le respect est alors un vecteur de la vie en société qui permet de cohabiter avec l'autre en apprenant de lui. Cette dimension s'impose par le sentiment qu'on éprouve et la valeur que l'on donne à la personne physique ou morale considérée. Le respect appliqué aux personnes a également une dimension juridique qui se définit dans différents textes internationaux. Le respect de la personne humaine repose sur l'acceptation du principe d'égalité et sur une forme de réciprocité. Chaque individu a les mêmes droits, mais également les mêmes devoirs.

Plusieurs formes de respect peuvent être distinguées :

- **Le respect de soi** est lié au soin du corps, à la qualité des relations vécues, notamment à la satisfaction de ses besoins psychosociaux (écoute, expression, justice, confiance…) et affectifs, comme à l'activité physique. Il est à considérer comme inhérent à l'estime de soi.
- **Le respect des autres** passe par la pratique de la civilité, à considérer comme une qualité individuelle qui engage le collectif, la vie en groupe, et qui concerne aussi bien

l'espace public que la sphère privée. Elle est une pratique au quotidien qui exprime la manifestation du vouloir vivre ensemble et démontre une attitude face à la règle collective. Le respect d'autrui participe aussi du respect de soi. *Droits associés ou attitudes – La politesse, la déférence, le savoir-vivre, le civisme, l'honnêteté, la courtoisie, la bienséance… Valeurs associées et principes – Égalité ; refus de toutes discriminations.*

- **Le respect de la personne humaine** se définit par une conception de la personne humaine qui affirme l'égale dignité de chacun, l'égalité juridique contre toute discrimination, et considère la liberté comme première. Cette conception est fondée sur les droits de l'homme dans une vision démocratique et citoyenne. Droits associés ou attitudes - Les droits civils et politiques ; les droits économiques et sociaux ; les droits spécifiques ou catégoriels (droits des femmes, droits de l'enfant, droits du travailleur…), la définition de droits nouveaux (droit à l'environnement, au développement durable, à la paix…). *Valeurs associées et principes – Liberté ; égalité ; fraternité ; solidarité.*

2.2 « Respect » est-il synonyme de « dignité » ?

Dans le langage courant, la dignité est le respect dû à une personne car cette personne est un être humain. Cette acception fait référence à la définition de Kant (1724-1804), pour qui la dignité désigne le fait que la personne humaine ne doit jamais être considérée comme un moyen mais comme une force et une fin en soi. Juridiquement, la dignité définit la valeur des êtres humains et la manière dont ils doivent ou non être traités. En France, la sauvegarde de la dignité est déclarée principe à valeur constitutionnelle en 1994, en lien avec la première phrase du préambule de la Constitution de 1946 : pour le Conseil constitutionnel, le principe de dignité exige de « sauvegarder la personne humaine de toute forme d'asservissement ou de dégradation ». En 1995, un arrêt du Conseil d'État donnait raison au maire de Morsang-sur-Orge, opposé au lancer de nain même si la personne est volontaire, au motif qu'une « telle attraction porte atteinte à la dignité de la personne humaine »

Cette notion complexe peut être mobilisée en Enseignement moral et civique pour rendre compte des discriminations et des agissements et violences à caractère discriminatoire.

2.3 Qu'entend-on par « discriminations » ?

Le programme républicain en matière d'égalité se traduit notamment aujourd'hui par la mise en œuvre des principes d'égalité de traitement et de non-discrimination. Elle trouve son origine dans l'article 6 de la *Déclaration des droits de l'homme et du citoyen*, qui énonce que « tous les Citoyens étant égaux à ses yeux [ceux de la loi] sont également admissibles à toutes dignités, places et emplois publics, selon leur capacité, et sans autre distinction que celle de leurs vertus et de leurs talents ».

Les discriminations peuvent être définies comme des inégalités de traitement d'un individu ou d'un groupe d'individus par rapport à d'autres personnes placées dans une situation comparable. Les discriminations sont précisément définies par la loi. Juridiquement, trois conditions cumulatives doivent être réunies pour qu'une discrimination soit avérée :

– un traitement moins favorable d'une personne placée dans une situation comparable à une autre ;
– ce traitement défavorable doit être fondé sur au moins un motif prohibé par la loi, en lien avec un des 25 critères de discrimination qu'elle reconnaît ;
– il doit enfin relever d'un des champs d'application de la loi (l'emploi, le logement, l'éducation, ou encore l'accès aux biens et aux services...). Il peut avoir pour objet, par exemple, le refus de la fourniture d'un bien ou d'un service : dans le domaine scolaire, la discrimination peut notamment intervenir dans l'accès à l'éducation, à un stage ou dans l'orientation. Contrairement à d'autres agissements, les actes discriminatoires peuvent être discrets et difficiles à percevoir et à mettre en évidence.

2.4 Que suppose la notion de « diversité » en EMC ?

Chaque femme, chaque homme est une personne différente de toutes les autres personnes. La diversité est la réalité objective qui reconnaît les différences, la variété, la pluralité et la complexité chez les individus et au sein des sociétés. Articuler l'égalité, la diversité et les discriminations dans les pratiques de l'EMC permet de conduire, à partir de la notion d'égalité, une réflexion autour des enjeux de la diversité : sa prise en compte et celle de la complexité des identités dans un cadre républicain, la reconnaissance de l'ensemble des discriminations et autres agissements et violences à caractère discriminatoire, la compréhension des mécanismes qui les sous-tendent, et la garantie de la protection des individus ou des groupes qui en sont les victimes.

2.5 Est-ce que « diversité » est nécessairement synonyme de différence ?

Il existe plusieurs manières de classer les différences. Le Défenseur des droits propose un classement à partir des différents motifs discriminatoires prohibés par la loi :

- Les caractéristiques personnelles intangibles comme l'origine réelle ou supposée, qui comprend l'origine, le patronyme, l'appartenance vraie ou supposée à une ethnie ou à une prétendue race, le sexe, l'orientation sexuelle, l'identité de genre, le handicap, l'âge, l'apparence physique, les caractéristiques génétiques.
- L'exercice des libertés individuelles et collectives comme l'opinion politique, les activités syndicales, les mœurs
- Les autres critères qui peuvent être moins figés dans le temps que les caractéristiques personnelles intangibles, comme l'état de santé, la grossesse, la situation de famille, la nationalité, le lieu de résidence, la vulnérabilité économique, la capacité à s'exprimer dans une langue autre que le français, la domiciliation bancaire ou la perte d'autonomie.

Ce classement évite l'essentialisation, c'est-à-dire la réduction à une seule dimension des personnes caractérisées par une diversité visible (couleur de la peau, sexe, handicap visible...). Il permet de mieux articuler la notion de diversité à la promotion du principe d'égalité à travers la protection des individus ou des groupes d'individus rendus vulnérables du fait de leurs différences telles qu'elles sont reconnues dans la loi.

2.6 Quels sont les agissements et violences à caractère discriminatoire que l'on doit aborder dans les séquences pédagogiques à l'École ?

Cette liste n'est pas exhaustive.

a. Sexisme

Selon le haut conseil à l'égalité entre les femmes et les hommes (HCE), le sexisme est, d'une part, une idéologie qui repose sur le postulat de l'infériorité des femmes par rapport aux hommes et, d'autre part, un ensemble de manifestations : gestes, propos, pratiques et comportements, des plus anodins en apparence (remarques…) sur 4 aux plus graves (coups, viols, meurtres…). Ces manifestations ont pour objet de délégitimer, stigmatiser, humilier ou violenter les femmes et ont des effets sur elles en termes d'estime de soi, de santé psychique et physique et de modification des comportements. Le sexisme est une **manifestation des rapports de force historiquement inégaux entre femmes et hommes**. Il s'appuie sur des stéréotypes de sexe, représentations schématiques et globalisantes qui attribuent des qualités et caractéristiques supposées « naturelles » aux filles/femmes, aux garçons/hommes, et légitiment des rôles de sexe hiérarchisés. Le sexisme établit ainsi un rapport hiérarchique entre les sexes qui permet de justifier des différences de comportements, de droits et d'obligations entre les filles/femmes et les garçons/hommes.

b. Comportements sexistes et violences à caractère sexuel

Sexisme et **violence envers les femmes et les filles** sont liés, puisque le sexisme « ordinaire » fait partie d'un *continuum* de violences créant un climat d'intimidation, de peur, de discrimination, d'exclusion et d'insécurité. Les **violences à caractère sexuel** recouvrent toutes les situations où une personne cherche à imposer à autrui un comportement ou des propos de nature sexuelle. Ces violences peuvent prendre diverses formes : propos sexistes, harcèlement sexuel, exhibitionnisme, outrage sexiste, messages ou images pornographiques et même utilisation de la force, du baiser forcé aux attouchements, jusqu'aux agressions sexuelles et au viol. Ces comportements sont sévèrement réprimés par la loi. Ils résultent de rapports de domination et nient les droits fondamentaux de la personne humaine, en particulier la liberté et le respect de l'intégrité physique et psychique.

c. Le harcèlement

Défini comme une **violence répétée** pouvant être verbale, physique ou psychologique et qui a pour but de dégrader les conditions de vie d'une personne. Cette violence se retrouve aussi au sein de l'école à travers des propos et des agissements (insultes, menaces, appels malveillants, brimades, coups…). Elle est le fait d'un ou de plusieurs élèves à l'encontre d'une victime qui ne peut généralement pas se défendre. **Cette atteinte à autrui se distingue donc d'une discrimination** même si elle peut avoir des motifs discriminatoires.

d. L'homophobie

Attitude, sentiment, malaise ou aversion envers les personnes homosexuelles ou envers l'homosexualité en général. Cette attitude se traduit souvent par des réactions de rejet, d'exclusion et d'hostilité. Les victimes peuvent être les personnes homosexuelles, ou plus largement les personnes dont l'apparence ou le comportement dérogent aux représentations traditionnelles de la féminité et de la masculinité.

e. La transphobie

Ensemble des préjugés et des attitudes ou manifestations de **mépris, de rejet, de discrimination, ou de haine dont sont victimes les personnes trans**, dont le sentiment intime et personnel d'être un homme, une femme, est distinct du sexe déterminé à la naissance.

f. L'handiphobie

Discrimination à l'égard des personnes en situation de handicap. Selon la Convention internationale relative aux droits des personnes handicapées, « par personnes handicapées, on entend des personnes qui présentent des incapacités physiques, mentales, intellectuelles ou sensorielles durables dont l'interaction avec diverses barrières peut faire obstacle à leur pleine et effective participation à la société sur la base de l'égalité avec les autres. » **La loi du 11 février 2005 pour l'égalité des droits et des chances, la participation de la citoyenneté des personnes handicapées** et la loi d'orientation et de programmation pour la refondation de l'École de la république du 8 juillet 2013 ont permis des avancées majeures afin de favoriser la scolarisation des élèves en situation de handicap. L'objectif est d'aller vers une école toujours plus inclusive sachant s'adapter aux besoins spécifiques. Les différents dispositifs de scolarisation, les parcours de formation individualisés et les aménagements personnalisés en fonction des besoins des élèves sont autant de mesures participant à **l'inclusion scolaire**.

La loi de 2005 pour l'égalité des droits et des chances, la participation et la citoyenneté des personnes handicapées réaffirme que leurs incapacités ne doivent pas entraver la participation et l'accès aux droits des personnes handicapées. Dans les faits, une situation de handicap ou des troubles de santé peuvent engendrer des inégalités pour les personnes concernées, notamment dans le déroulement de la scolarité, l'« accès à », et le maintien dans l'emploi ainsi que dans l'accès aux biens et services.

Tout enfant en situation de handicap est de droit un élève et il bénéficie d'un parcours personnalisé. Des outils tels que le GEVA-Sco[1] permettent de faciliter la transmission des informations entre les acteurs et la mise en place de parcours cohérents des élèves. **Le droit à l'éducation est pour tous les élèves.**

1. Le GEVA-Sco est l'outil d'aide à l'évaluation des besoins de scolarisation des élèves en situation de handicap.

g. Le racisme

Désigne communément une **attitude d'hostilité, allant du mépris à la haine, à l'égard d'un groupe humain défini sur la base d'une identité « raciale » ou ethnique, réelle ou supposée**. Il se manifeste par des discours idéologiques, voire doctrinaires, justifiant la domination de certains groupes humains sur d'autres, tout comme les formes de violences exercées, de celles aux apparences les plus bénignes jusqu'à l'anéantissement de populations. Ces discours génèrent des comportements (propos, injures, menaces, violences…) fondés sur des stéréotypes et des préjugés ; des pratiques sociales allant de l'évitement à la persécution ; des pratiques institutionnelles d'exclusion, de ségrégation, de discrimination (persécution d'État, apartheid…).

h. L'antisémitisme

Forme particulière de racisme dirigé contre les personnes juives ou supposées telles. Il s'inscrit dans un temps long, souvent depuis l'Antiquité, qui lui est propre et explique sa permanence, sa diffusion et les différentes formes qu'il a pu prendre dans l'histoire. Alors que le racisme repose sur la hiérarchisation de l'humanité en races (dans sa version biologique) et en cultures (dans sa version culturelle) par un groupe qui se définit comme supérieur, l'antisémitisme renvoie à une vision du monde dans laquelle les juifs incarnent le mal et l'ennemi absolus. L'antisémitisme repose le plus souvent sur un fantasme du complot et des discours diabolisants sur un supposé ennemi intérieur, invisible et vu comme dominateur. Il se caractérise aussi par la plasticité et l'adaptation aux différents contextes qu'il rencontre. La distinction entre racisme et antisémitisme ne doit pas aboutir à leur hiérarchisation.

i. La xénophobie

Attestée dans la langue française au début du XXe siècle, la notion désigne une peur à l'origine d'une hostilité, voire d'une **haine, de ce qui est ou vient de l'étranger**. Elle est liée à l'émergence de la figure de l'étranger dans le contexte de diffusion du modèle de l'État-nation et des progrès de l'immigration. Elle peut se distinguer du racisme dans la mesure où elle désigne davantage un rejet ethnocentrique de la différence que la volonté systématique de hiérarchiser les origines et les cultures.

3 Ce qu'il faut savoir pour comprendre les problématiques actuelles de l'enseignement moral et civique

3.1 Le Racisme, la xénophobie

Le **rejet de l'Autre**, du différent considéré comme inférieur ou dangereux et toutes ses conséquences constitue l'un des grands maux qui a marqué de son empreinte l'histoire des Hommes. Ce rejet a façonné des idéologies basées sur des arguments prétendument scientifiques affirmant l'existence de « races » inégales, qui ont servi à justifier tour à tour les persécutions, les violences de masse, les génocides, les crimes contre l'humanité.

Il a fallu des siècles de civilisation pour que soient reconnus la **dignité** de la personne humaine, le **respect** auquel chacun a droit, quels que soient son origine, la couleur de sa peau, son genre, son histoire… En affirmant que « Les hommes naissent et demeurent libres et égaux en droits », l'article premier de la *Déclaration des droits de l'homme et du citoyen* du 26 août 1789 marque symboliquement une avancée riche de sens pour l'humanité tout entière.

C'est au nom de la dignité, de la liberté, de l'égalité et de la fraternité qui valent pour tous les êtres humains, que le **combat contre le racisme et l'antisémitisme** s'est historiquement installé. La Constitution affirme le principe de l'égalité de tous ; un discours, un comportement, un acte raciste ou antisémite tombent en France sous le coup de la loi. Pourtant, les **manifestations de haine n'ont pas disparu**. Les tensions à l'œuvre dans le monde et dans notre pays ont ranimé les tentations de rejeter l'autre. La révolution numérique intensifie la propagation des préjugés hostiles. Au cours des vingt dernières années, les actes violents, racistes et antisémites, allant jusqu'au crime, n'ont cessé d'augmenter.

L'une des missions premières du service public de l'éducation est de former les citoyens. Il est le lieu où s'enseignent et s'incarnent les valeurs d'humanisme et d'universalisme. Il doit donc être l'instrument privilégié de la lutte contre les préjugés et les manifestations d'hostilité à l'égard de populations particulières. Il importe que la communauté éducative – enseignants, personnels, parents d'élèves, élèves, élus locaux – sache identifier les germes du racisme et de l'antisémitisme quand ils se manifestent en son sein ; qu'elle sache prévenir, expliquer l'origine des préjugés et imposer le respect d'autrui dans l'égalité des droits. Le racisme et l'antisémitisme ne sont pas des opinions comme les autres et leur manifestation tombe sous le coup de la loi pénale. L'ensemble des personnels de l'Éducation nationale doit être formé à en prémunir les élèves et à réagir en en sanctionnant toutes les manifestations.

La sensibilisation aux phénomènes de racisme et d'antisémitisme est ainsi inscrite dans les contenus disciplinaires d'enseignement, par le biais des programmes officiels, notamment ceux d'enseignement moral et civique. La problématique des discriminations, des préjugés et des stéréotypes est placée au cœur de tous les enseignements, dans le but de développer chez les élèves l'acceptation des différences et le respect d'autrui. Dans sa mission de transmission des *Valeurs de la République*, l'École conduit une politique de prévention du racisme et de l'antisémitisme qui repose sur l'inscription de ces thématiques dans les contenus d'enseignement, la promotion d'actions éducatives dédiées, la mise en place de coopérations spécifiques avec des partenaires associatifs ou institutionnels et la formation des personnels. Leurs missions sont à la fois de prévenir et de lutter contre les manifestations de racisme et d'antisémitisme, par des interventions et des réponses concrètes aux établissements et aux équipes pédagogiques. D'ailleurs, un *vademecum* « Agir contre le racisme et l'antisémitisme », rédigé en 2020 conjointement par le Conseil des sages de la laïcité et la direction générale de l'enseignement scolaire, constitue un ensemble de fiches permettant de comprendre, analyser, répondre et prévenir les actes racistes et antisémites à l'école. Centré sur la reconnaissance et la prise en charge des victimes d'actes racistes et antisémites, il apporte des réponses concrètes en termes de droit, de procédures, d'accompagnement éducatif et de prévention.

Dans un contexte marqué par la recrudescence des actes racistes antisémites, le Plan national de lutte contre le racisme et l'antisémitisme 2018-2020, piloté par la Délégation interministérielle à la lutte contre le racisme, l'antisémitisme et la haine anti-LGBT (DILCRAH), prolonge et renforce la mobilisation de l'éducation nationale engagée avec le plan interministériel 2015-2017, notamment dans le champ de l'éducation et de la formation :

- **L'axe 1**, « Lutter contre la haine sur internet », met en avant l'importance de l'éducation et de la responsabilisation face à la haine en ligne, avec pour objectif de forger une véritable « cyber citoyenneté ».
- **L'axe 2**, « Éduquer contre les préjugés », poursuit notamment l'objectif d'améliorer les réponses de l'institution et l'accompagnement des équipes éducatives et de développer les ressources consacrées à l'éducation contre le racisme et l'antisémitisme.

3.2 Le harcèlement

Le harcèlement est une violence, peu visible, qui peut prendre la forme de violences physiques répétées, souvent accompagnées de violences verbales et psychologiques (insultes, moqueries, etc.), destinées à blesser et à nuire à la cible des attaques. Avec le développement des nouvelles technologies et des réseaux sociaux, il dépasse le cadre scolaire et affecte aussi les jeunes à travers le cyberharcèlement. Les victimes sont souvent seules face à cette menace diffuse. On peut considérer qu'il y a harcèlement quand un rapport de force et de domination s'installe entre un ou plusieurs élèves et une ou plusieurs victimes ; il y a répétitivité : différentes formes d'agressions se répètent régulièrement durant une longue période ; il y a volonté délibérée de nuire à la victime, avec une absence d'empathie de la part des auteurs. Les conséquences du harcèlement en milieu scolaire peuvent être graves et multiples. Le ministère en charge de l'Éducation nationale a arrêté un plan d'actions de prévention qui se décline tout au long de l'année sur l'ensemble des territoires afin de combattre toutes les formes de harcèlement entre élèves. Cette violence sournoise peut avoir des conséquences lourdes sur l'épanouissement personnel et la réussite scolaire des enfants et des adolescents.

Les conséquences sont nombreuses : décrochage scolaire voire déscolarisation (des études montrent que la peur des agressions expliquerait 25 % de l'absentéisme des collégiens et lycéens), désocialisation, anxiété, dépression, somatisation (maux de tête, de ventre, maladies), conduites autodestructrices, voire suicidaires. Outre les effets à court terme, le harcèlement peut avoir des conséquences importantes sur le développement psychologique et social de l'enfant et de l'adolescent : sentiment de honte, perte d'estime de soi, difficulté à aller vers les autres et développement de conduites d'évitement. S'ils ne sont pas pris en compte, ces effets peuvent se prolonger à l'âge adulte.

a. Le cyberharcèlement

Cette forme de cyberviolence est une violence de proximité qui se diffuse le plus souvent entre les élèves ; elle s'inscrit dans la continuité de ce qui se passe dans la vie quotidienne, notamment dans l'établissement, et sur la Toile. Cet aspect du harcèlement se développe aussi avec l'avènement des nouvelles technologies de l'information et de la communication (NTIC) mais surtout, depuis peu, avec la proposition de nouvelles applications qui peuvent créer, en raison de leur viralité, des ravages au sein des populations adolescentes. Comme le harcèlement, les conséquences du cyberharcèlement peuvent être très graves. Des conséquences sur leur santé mais également sur leur scolarité. Les élèves victimes rencontrent également plus de difficulté à se concentrer et à suivre leurs études. Ils décrochent plus rapidement car certaines formes d'agressions, telles que le sexting non consenti, peuvent être dévastatrices.

b. Le cybersexisme[1]

D'après une étude réalisée par l'Observatoire universitaire international éducation et prévention (OUIEP-Université Paris-Est) et coordonnée par le Centre Hubertine Auclert auprès de 1 200 élèves de collège et lycée en Île-de-France en 2016, les filles sont davantage exposées à des formes spécifiques de cyberviolences, à caractère sexiste et sexuel. On parle alors de cybersexisme.

c. Le sexting non consenti / *revenge porn*

Le *revenge porn* ou vengeance pornographique se caractérise par un contenu sexuellement explicite qui est publiquement partagé en ligne sans le consentement de la personne apparaissant sur le contenu, dans le but de se venger.

3.3 Porter secours et secours à autrui

La promotion de la culture de la sécurité civile et l'éducation à la responsabilité constituent des mesures indispensables pour mieux anticiper une éventuelle crise et pour améliorer les capacités de réaction de la communauté éducative en cas de survenue d'une crise. La formation aux premiers secours et la sensibilisation aux gestes qui sauvent visent donc à donner aux élèves les moyens d'être des acteurs à part entière de la sécurité des écoles et établissements scolaires.

À l'école, les comportements adaptés et les gestes élémentaires de premiers secours sont enseignés dans le cadre du dispositif « Apprendre à porter secours » (APS) du cycle 1 au cycle 3. L'apprentissage des gestes élémentaires de secours favorise la prise d'initiatives et l'engagement de chacun. Il est ainsi essentiel d'enseigner aux élèves, dès la maternelle et tout au long de leur scolarité, les gestes et les comportements adaptés à une situation de la vie courante. La circulaire n° 2006-085 du 24 mai 2006 précise le cadre de la sensibilisation à la prévention des risques, aux missions des services de secours, formation aux premiers secours et enseignement des règles générales de sécurité, à l'école primaire.

1. Site à consulter : vous pouvez visionner la vidéo d'Aurélie Latourès expliquant ce qu'est le cybersexisme.

a. Apprendre à porter secours, un geste citoyen

Le dispositif « Apprendre à porter secours » (APS) constitue la première pierre du continuum éducatif aux premiers secours. Cet apprentissage soutient le développement du sens civique de l'élève en favorisant la connaissance et la maîtrise des règles de prévention et de sécurité. Il tient compte du développement cognitif et psychomoteur de l'élève ainsi que de son rythme d'accès à l'autonomie en proposant des activités de découvertes et des principes simples pour porter secours. En rendant les élèves, acteurs de leur sécurité et de celle des autres, cet enseignement développe, par ailleurs, leurs compétences psychosociales.

b. L'élève, acteur de prévention

Apprendre à porter secours contribue à développer une connaissance du corps que l'enfant pourra s'approprier et qui trouvera des échos dans sa vie quotidienne ; construire une véritable éducation à la responsabilité, appliquée à la santé et à la sécurité, dans une démarche transversale mobilisant savoirs fondamentaux, structurés et évalués, ainsi qu'un savoir-faire spécifique ; devenir une personne responsable capable de se maintenir en sûreté et de porter secours à l'autre par quelques actions simples. Du cycle 1 au cycle 3, *Apprendre à porter secours* développe les compétences de l'élève qui adopte une attitude de prévention se protège et protège autrui ; alerte et intervient.

c. APS, un enjeu de formation transversale

Enfin, *Apprendre à porter secours* ne constitue pas une discipline spécifique mais s'inscrit dans les enseignements disciplinaires du *socle commun de connaissances, de compétences et de culture* et les programmes de l'école maternelle et élémentaire. Seul l'enseignant est garant du contenu pédagogique des interventions dispensées dans le cadre d'APS. Pour mettre en œuvre APS dans sa classe, l'enseignant doit être détenteur du certificat de prévention et secours civiques de niveau 1 (PSC1).

3.4 L'usage raisonné du numérique

Cette dernière décennie a connu une évolution exponentielle de nouveaux outils de communication appelés « réseaux sociaux ». Ces outils ont apporté à ses utilisateurs une interactivité, une rapidité, une facilité, une réactivité et une diffusion massive de l'information. Les jeunes, amateurs des nouvelles technologies, se sont plus particulièrement emparés de ces nouveaux moyens de communication. Cette situation entraîne des dérives aux débordements inévitables sans connaissances précises des limites à ne pas dépasser. Les programmes d'enseignement moral et civique le ministère de l'Éducation nationale, de l'Enseignement supérieur et de la Recherche, joue un rôle déterminant en mettant en place une réelle politique volontariste d'Éducation aux médias et à l'information (ÉMI). Les nouveaux programmes scolaires et textes officiels précisent de manière plus explicite la possibilité d'utiliser ces nouveaux outils dans le cadre scolaire. C'est en accompagnant les élèves au sein des établissements scolaires lors de l'utilisation des réseaux sociaux, qu'ils vont pouvoir acquérir les savoirs et les savoir-faire nécessaires à un usage raisonné de ces outils.

Le développement des compétences numériques, l'éducation aux médias et à l'information pour un usage raisonnable du numérique est au cœur des pratiques pédagogiques à l'École en général et de l'enseignement moral et civique, en particulier. Dans le socle commun de connaissances, de compétences et de culture, comme dans les programmes de l'école, du collège et du lycée, les connaissances et compétences numériques sont renforcées :

- L'éducation aux médias et à l'information fait l'objet d'un programme spécifique pour le cycle 4 (décliné en 27 compétences).
- Les compétences numériques sont présentes dans tous les domaines du socle et dans les programmes des disciplines.
- L'enseignement de l'informatique (codage, algorithmique) est introduit au collège, une sensibilisation au code est proposée à l'école primaire.
- Les enseignements numériques sont également renforcés au lycée avec la mise en place depuis la rentrée 2019 en classe de seconde générale et technologique de l'enseignement de sciences numériques et technologie (SNT) de 1 h 30 par semaine. **Cet enseignement permet d'acquérir les principaux concepts des sciences numériques, pour comprendre le poids croissant du numérique et ses enjeux.** En classes de première et de terminale générales, les élèves peuvent choisir un enseignement de spécialité numérique et sciences informatiques (NSI), à raison de 4 h (première) puis de 6 h (terminale) par semaine. Cet enseignement permet d'acquérir les concepts et les méthodes qui fondent l'informatique, dans ses dimensions scientifiques et techniques.

a. Le cadre de référence des compétences numériques (CRCN)

C'est un référentiel à destination des élèves de l'école primaire, du collège et du lycée ainsi que des étudiants de l'enseignement supérieur et des adultes en formation professionnelle. Il est entré en vigueur à la rentrée scolaire 2019. Il est inspiré du cadre européen (DIGCOMP) et valable de l'école primaire à l'université.

Il définit seize compétences numériques attendues dans cinq domaines d'activité. Il propose huit niveaux de maîtrise progressive de ces compétences pour les élèves de l'enseignement scolaire, pour les étudiants de l'enseignement supérieur et dans un contexte de formation d'adultes. Les niveaux de maîtrise de 1 à 5 sont proposés plus particulièrement pour les élèves de l'école élémentaire, du collège et du lycée.

b. Pix, plateforme d'évaluation et de certification des compétences numériques

Les compétences numériques définies par le cadre de référence et acquises par les élèves des établissements d'enseignement publics et privés sous contrat et les étudiants des formations dispensées en lycée font l'objet d'une certification nationale délivrée via une plateforme en ligne par le groupement d'intérêt public « Pix ». **La plateforme** est accessible gratuitement à titre individuel. Elle permet à chaque élève de mesurer son niveau de maîtrise des compétences numériques. Cette plateforme délivre aux élèves, en fin de cycle 4 et en fin de cycle terminal, une certification de leur niveau de maîtrise des compétences numériques.

c. Favoriser un usage raisonnable des outils et des services numériques

Les enjeux de la maîtrise du numérique et des technologies doivent être perçus et compris par les élèves et futurs citoyens. Il est indispensable de les accompagner vers une véritable maîtrise des concepts leur permettant d'être des utilisateurs avisés des outils, services et ressources dans une société de l'information et de la communication en rapide évolution.

La maîtrise des compétences numériques est indispensable pour permettre **un usage raisonnable et responsable des outils et des services numériques** et pour garantir une insertion professionnelle réussie. Le ministère renforce donc la présence du numérique dans les enseignements (initiation au codage pour le premier degré, apprentissage du code au collège, nouvel enseignement obligatoire en seconde, nouvel enseignement de spécialité en première et terminale dans le cadre de la réforme du baccalauréat) et propose la généralisation progressive de la certification des compétences numériques pour les élèves de troisième et les lycéens du cycle terminal.

L'acquisition de compétences dans le domaine du numérique, et plus particulièrement de l'informatique, passe souvent par des expériences concrètes que les élèves peuvent vivre et poursuivre, dans un cadre scolaire ou hors temps scolaire d'où l'importance des relations avec les acteurs des activités hors temps scolaires et des lieux associés. Dans une société marquée par l'abondance des informations, l'éducation aux médias et à l'information permet aux élèves d'apprendre à devenir des usagers des médias et d'Internet conscients de leurs droits et devoirs et maîtrisant leur identité numérique. L'EMI vise à permettre aux élèves « un accès à un usage sûr, légal et éthique des possibilités de publication et de diffusion » et à les rendre capables de « se référer aux règles de base du droit d'expression et de publication en particulier sur les réseaux ». Elle permet de prévenir les cyberviolences.

d. La protection et la sécurité sur internet

L'usage de l'internet dans le cadre pédagogique doit pouvoir se dérouler dans des conditions optimales pour les élèves et les enseignants, notamment en assurant la protection des mineurs vis-à-vis des contenus choquants ou inappropriés, ou encore en leur fournissant la culture nécessaire à la protection de leurs données personnelles.

Des mesures ont été mises en œuvre dans les établissements scolaires et les écoles pour former et informer les usagers et pour mettre en place des dispositifs de filtrage :

- **Informer et former les usagers** : chaque école et chaque établissement doit élaborer une **charte d'usage du numérique et d'internet.** Cette charte est annexée au règlement intérieur et signée par les élèves et leurs parents.

- **Mettre en place des dispositifs techniques de filtrage :** chaque école et chaque établissement doit être équipés d'un dispositif de filtrage des sites consultés sur internet pour permettre aux équipes pédagogiques de travailler sereinement et assurer une protection des élèves vis-à-vis des contenus inappropriés.

e. La formation des enseignants au numérique

L'équipement des écoles, collèges et lycées a progressé au cours de ces dernières années. Tous les enseignants sont concernés par l'usage des outils propres au numérique et son intégration dans les pratiques pédagogiques.

Les compétences du C2i2e (certificat informatique et Internet niveau 2 « enseignant ») sont développées dans le cadre même des masters dédiés aux métiers de l'enseignement. Cette intégration dans les enseignements de base des masters MEEF est le signe du caractère indispensable et nécessaire de ces compétences pour exercer aujourd'hui le métier d'enseignant.

Le ministère de l'Éducation nationale, de la Jeunesse et des Sports et le ministère de l'Enseignement supérieur, de la Recherche et de l'Innovation conduisent actuellement des travaux pour établir un dispositif certifiant la maîtrise des compétences numériques des professeurs.

Depuis 2016, de nombreuses actions de formation au numérique ont été proposées, au titre du plan national de formation piloté par la direction générale de l'enseignement scolaire, ou au titre des plans académiques de formation. Dans le cadre du « plan collège », visant 171 000 enseignants, sur les 8 journées de formation prévues, 3 jours ont été dédiés exclusivement au numérique.

M@gistère est un dispositif de formation en ligne accessible à tous les personnels de l'Éducation nationale :

- les enseignants du premier et du second degré public et privé sous contrat ;
- les personnels d'encadrement ;
- les personnels administratifs, techniques, de santé et sociaux de l'éducation nationale ;
- les étudiants et les professeurs des INSPÉ et des universités ;
- les personnels de Canopé, du CNED et de l'ONISEP ;
- les personnels de l'enseignement agricole ;
- les enseignants français à l'étranger (AEFE et Mission Laïque Française).

Une offre de parcours de plus de 350 formations est mise à la disposition des formateurs et des pilotes pour une exploitation locale. **M@gistère** propose aussi un catalogue d'autoformation de 450 parcours qui permet de renforcer le développement professionnel de tous les acteurs de l'éducation en complément des plans académiques et départementaux de formation. Cette offre est constituée d'une part, de formations à inscription immédiate réalisées en autonomie et d'autre part, de formations accompagnées par un formateur où sont organisés des échanges entre pairs.

Depuis janvier 2014, 800 000 personnels se sont formés grâce à **M@gistère**.

Deux exemples de **mise en œuvre**

À l'école primaire, au cycle 2 (CP, CE1 et CE2) et au cycle 3 (CM1 et CM2), les pistes pédagogiques sont riches et stimulantes. Dès le cycle 2, les élèves sont sensibilisés au **respect des autres dans leur diversité**, à la construction du point de vue et à la capacité de reconnaître celui de l'autre. Ils travaillent également sur l'égalité, en particulier celle entre filles et garçons. Ils identifient en CM1 des situations où la liberté et l'égalité ne sont pas respectées, et en CM2 des situations de discrimination où les valeurs de la République sont en jeu. Ils sont également sensibilisés aux dangers des réseaux sociaux et à la question de l'identité numérique. Dans le cadre de discussions réglées, ils sont invités à argumenter sur des exemples de préjugés et de stéréotypes.

Voici comme exemples, deux séquences pédagogiques, l'une sur **Apprendre à porter secours** (cycle 1) et l'autre sur **le harcèlement à l'école** (cycle 3).

Séquence pédagogique en cycle 1 : Identifier le danger pour prévenir le risque[1]

Un **danger** est une propriété ou une capacité d'un objet, d'une personne, d'un processus… pouvant entraîner des conséquences néfastes, aussi appelées dommages.

Un **danger** est donc une source possible d'accident.

Le **risque** n'est pas un **danger** : il en est la conséquence s'il y a exposition au **danger**.

Niveau(x) conseillé(s) : cycle 1

Objectifs	Identifier un danger pour prévenir un risque.	Socle commun de connaissances, de compétences et de culture	**Domaine 4 : les systèmes naturels et les systèmes techniques :** L'élève… « observe les règles élémentaires de sécurité liées aux techniques et produits rencontrés dans la vie quotidienne. »
Situations d'apprentissage	Mises en scène dans différents environnements familiers proches (maison, école, cour) vers des environnements plus lointains (rue).	Enseignements transversaux (éducation à la sécurité routière (ESR), éducation à la santé et à la sécurité)	Mobiliser le langage dans toutes ses dimensions. Agir, s'exprimer, comprendre à travers l'activité physique. Explorer le monde du vivant, des objets et de la matière.

1. Direction générale de l'enseignement scolaire (DGESCO).

Organisation du travail	Atelier de langage : un petit groupe d'élèves.	**Dispositifs (plan particulier de mise en sûreté (PPMS) face aux risques majeurs…)**	Scénarisation au cours des exercices PPMS.
Support	**Supports Prévention MAIF :** Album Riskou, 70 cartes Riskou de Prévention MAIF. Malle aux dangers, Exposition « *Prudent contre les accidents* », https://www.riskou.fr **Autres supports (albums de littérature de jeunesse) :** Attention dans la maison de C. Dolto, Les dangers du Docteur F. Rastoin-Faugeron.	**Intervenants concernés**	Professeur des écoles, ATSEM, Intervenants.
Durée envisagée	Séances de 10 à 30 minutes selon l'âge des élèves.	**Articles scientifiques et vidéos d'animation**	

Domaines d'enseignements	Compétences travaillées	Connaissances et compétences associées
Mobiliser le langage dans toutes ses dimensions	• Communiquer avec les adultes et avec les autres enfants par le langage, en se faisant comprendre. • Pratiquer divers usages du langage oral : raconter, décrire, évoquer, questionner, proposer des solutions, discuter un point de vue.	
Explorer le monde du vivant, des objets et de la matière	Prendre en compte les risques de l'environnement familier proche (objets et comportements dangereux, produits toxiques).	

Agir, s'exprimer, comprendre à travers l'activité physique	• Attirer l'attention des enfants sur leur propre sécurité et celle des autres, dans des situations pédagogiques dont le niveau de risque objectif est contrôlé par l'adulte. • Contribuer à la construction d'un enfant actif et désireux de découvrir le monde qui l'entoure tout en faisant en sorte que son action ne soit jamais irréversible, qu'il soit à même d'anticiper, d'éviter les risques « réels ».	Éducation à la sécurité : amener l'enfant à prendre conscience des facteurs de dangerosité et de prendre des risques mesurés, de construire deux types de stratégies qui sont en quelque sorte antagonistes : certaines qui incitent à la prudence et à la prévention et d'autres qui encouragent l'engagement dans l'action.

Description de l'activité

Temps 1 – Prévenir : les dangers de la classe

La chasse aux risques dans la classe

- **Objectif principal :** reconnaître des objets dangereux, des situations dangereuses.
- **Activité « ateliers de langage ». Proposition de progressivité** dans l'espace jeux symboliques (espace cuisine, espace garage, espace bricolage...), mise en scène :
  - l'enseignant joue des scènes et commente son action en parallèle,
  - les élèves « imitent » à leur tour en rejouant les saynètes,
  - l'enseignant anime des peluches, marionnettes, marottes... les élèves décrivent et commentent des scènes,
  - les élèves identifient des objets dangereux et les nomment,
  - les élèves associent des images à des objets réels déjà connus et manipulés,
  - les élèves reconstituent l'histoire à partir de maquettes, de figurines et d'objets miniatures.
- **Autres activités « jeux » en autonomie :**
  - jeux de tris, de classements de cartes « objets dangereux/sans danger » (cartes/images représentant le réel, possibilité d'utiliser les 70 cartes proposées par Prévention MAIF dans le dispositif ludo-educatif de Riskou) ;
  - jeux d'intrus.
- **Activités en groupe classe et lien avec les familles :**
  - utilisation de la Malle aux dangers (outil prévention MAIF) : à partir de documents divers (images, photos, films, expositions...) reconnaître des objets dangereux ;
  - voyage de la malle dans les familles et enrichissement avec des objets personnels (élève et sa famille acteurs).

Temps 2 – Prévenir : les dangers au-delà de la classe

- **Objectif principal :** reconnaître des situations dangereuses.
  - transfert des situations vécues dans l'espace de la classe à l'espace maison (travail en relation avec les familles) ;

- d'un espace proche à un espace plus lointain : la cour, la salle de motricité, la rue, le domicile… ;
- utilisation de saynètes, jeux de rôles, films, supports de langage oral entre PE/élèves, élèves/élèves, élèves/famille.

Temps 3 – Prévenir : les dangers écartés, les risques évités

- **Objectif principal :** savoir agir à bon escient.

Dans un coin jeu, en utilisant dînette, poupées, jouets :

- aménager un espace qui présente des dangers et demander aux enfants de les trouver, filmer les enfants en situation et analyser ensemble,
- modifier l'espace scénarisé (« intrus » dans la classe, dans la cour, dans la maison, dans la rue… photos et relation aux familles) pour qu'il n'y ait plus de risques,
- introduire progressivement le pictogramme du triangle comme symbole du danger,
- apprendre à signaler un danger (pictogramme), apprendre à reconnaître un danger signalé, mettre en mots le danger,
- chaque semaine, proposer à deux ou trois élèves de signaler un objet, un lieu qui leur paraisse dangereux dans la classe, dans l'école, dans un espace plus lointain à l'aide d'un pictogramme (autocollant, panneau adhésif…) et proposer une conduite adéquate.

Suite possible à l'activité

Pour approfondir : bibliographie, webographie…

- **Dispositif ludo éducatif de Riskou** avec le module de « réalité augmentée » qui permet de marquer, avec des stickers, leurs environnements de vie réels pour reconnaître et signaler les points de vigilance, les zones à risques, les dangers de leurs propres univers…
- **Apprendre à porter secours à l'école maternelle** (CRDP Champagne Ardennes, Scéren, MAIF) : mallette et livret proposant un module complet de huit séances. Photos de grand format présentant des situations à risque dans les différents lieux de l'école.
- **Apprendre à porter secours à la maternelle** (DESDEN 94) : ressources internet.
- **Badaboum et Garatoi** – Coffret pédagogique sur la prévention des accidents d'enfants de 4 6 ans (INPES, ministère de la Santé et des Sports) : Mallette proposant une participation active des élèves dans la compréhension des situations risque grâce un théâtre de marionnettes.
- **Les bons conseils de Célestin : la maison en toute sécurité** (Citel Vidéo) : pour les 2/5 ans.

Évaluation(s) envisageable(s)s

À partir de saynètes :

- Observer et décrire un lieu.
- Identifier des dangers pour prévenir des risques à partir de documents divers (images, photos, films,
- expositions…).
- Agir sur l'espace et le modifier pour qu'il n'y ait plus de dangers.

Séquence pédagogique en cycle 3 : Le harcèlement scolaire[1]

RESPECTER AUTRUI : « considérer l'autre »et « partager, exprimer et réguler ses émotions et sentiments » (IO)

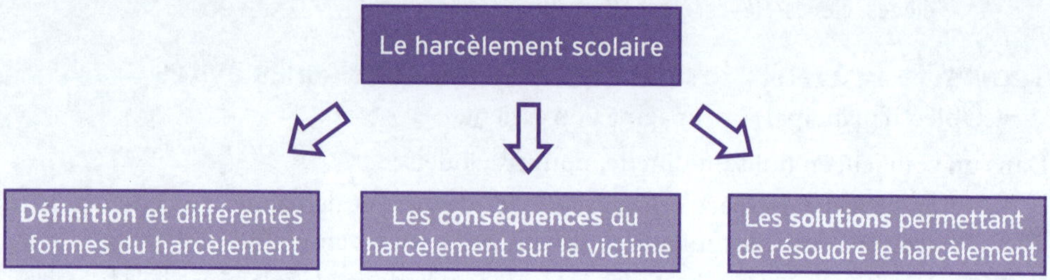

Finalement, tout en étant en conformité avec les instructions officielles, le choix de cette **séquence pédagogique** a le mérite d'apporter aux élèves tous les éléments permettant d'identifier et de résoudre une situation de harcèlement à l'école. Et ceci en leur faisant prendre conscience de leur responsabilité individuelle, en éveillant leur empathie, et en les mettant en position d'acteurs essentiels.

Présentation de la séquence pédagogique envisagée

❑ **Niveaux** Cycle 3, CM2	❑ **Discipline** Enseignement moral et civique	**Le harcèlement à l'école** Savoir définir le harcèlement scolaire et savoir agir lorsqu'on s'y trouve confronté.	
Séance et problématique		***Objectifs***	***Durée***
SÉANCE 1 : Le harcèlement scolaire Comment définir le harcèlement scolaire ?		• Être capable de définir le harcèlement et de l'identifier. • Connaître le rôle des différents protagonistes dans le harcèlement. • Prendre conscience que le harcèlement peut prendre différentes formes. • Exercer une aptitude à la réflexion critique pour construire son jugement.	1 h
SÉANCE 2 : Distinction harcèlement et conflit Quels sont les éléments qui permettent de distinguer une situation de harcèlement d'un conflit ponctuel ?		• Savoir distinguer un conflit ponctuel d'une situation de harcèlement. • Savoir repérer les comportements harcelants. • Consolider la définition du harcèlement et les perceptions de l'élève à ce sujet.	45'
SÉANCE 3 : De l'empathie pour comprendre les conséquences du harcèlement scolaire Comment appréhender les conséquences du harcèlement scolaire à travers l'empathie ?		• Identifier et partager des émotions, des sentiments. • S'estimer et être capable d'écoute et d'empathie. Savoir se mettre à la place des autres. • Avoir conscience des conséquences du harcèlement sur la victime.	1 h

1. Travail réalisé par N. Manon, Académie Montpellier, 2021-22.

SÉANCE 4 : Les solutions du harcèlement Comment résoudre une situation de harcèlement ? Quelles sont les solutions ?	• Avoir conscience de ses responsabilités envers autrui. • Savoir agir face à une situation de harcèlement selon les différentes postures qui peuvent intervenir. • Différencier son intérêt particulier de l'intérêt général.	1 h
SÉANCE 5 : Luttons ensemble contre le harcèlement à l'école Comment lutter contre le harcèlement à l'école ? Quelles sont les solutions face à de telles situations ?	• Savoir trouver des stratégies qu'une victime / témoin(s) pourraient adopter pour prévenir le harcèlement et y mettre fin. • Volonté de résoudre pacifiquement des conflits. • Adopter un comportement responsable par rapport à soi et à autrui. • Reconnaître que les protagonistes peuvent changer de rôle.	45 '

Proposition d'une situation d'apprentissage : la séance 1

Séance 1 : Qu'est-ce que le harcèlement ? Définir le harcèlement scolaire et identifier différentes formes de harcèlement		
B.O. La sensibilité : Soi et les autres : connaître les mécanismes et les conséquences du harcèlement scolaire.		
Connaissances • Savoir définir la notion de harcèlement scolaire. • Acquérir le vocabulaire adapté pour décrire une situation de harcèlement. • Savoir que le harcèlement peut prendre différentes formes.	**Capacités** • Être capable d'identifier et de reconnaître une situation de harcèlement. • Savoir analyser un document pour en dégager le thème. • Savoir croiser des informations.	**Attitudes** • Faire preuve d'empathie et de bienveillance. Développer un esprit critique. • Coopérer. • Savoir participer et prendre sa place dans un groupe. • Respecter l'autre.

Déroulement	Dispositif	Objectifs	Matériel
Phase d'accroche : évaluation diagnostique (10') • Projeter l'affiche et demander « Que pouvez-vous me dire de cette affiche ? À votre avis quel en est le thème ? » • Réactions libres des élèves • « Qu'est-ce que, pour vous, le harcèlement ? » • Noter les réponses au tableau **Problématisation** Notre problématique de séance est donc « Comment définir le harcèlement scolaire ? »	Classe entière	• Découvrir et identifier le thème de la séance à travers une affiche. • Savoir analyser un document pour en dégager le thème. • Appréhender une situation problème.	• **Une affiche** du prix « Non au harcèlement » 2014 de l'académie de Toulouse (dont le titre et le slogan auront été préalablement effacés). 

Phase de recherche (15') • Distribuer à chaque élève les cinq situations de harcèlement. • Laisser aux élèves un temps pour se les approprier individuellement. • « Vous allez, en groupe, devoir discuter d'une de ces situations, et remplir le tableau d'analyse à la ligne correspondante. » • Organiser les groupes avec un secrétaire, un maître du temps et un rapporteur, en distribuant à chacun le tableau de comparaison à compléter et en leur attribuant la situation sur laquelle ils vont devoir travailler.	En groupe : 5 groupes hétérogènes de 5 élèves	• Analyser des documents. • Mobiliser et utiliser ses connaissances. • Savoir croiser des informations (image et texte). • Travailler en groupe : prendre la parole au bon moment, écouter les autres, respecter leur point de vue et rester dans le thème.	• **Un corpus** de cinq situations : texte + illustration (cyber harcèlement, harcèlement physique, verbal, psychologique, et racket) créées par le PE. • **Un tableau d'analyse et de comparaison** par groupe.
Différenciation : Formation de groupes hétérogènes, pensée à l'avance par le PE. Il repère ensuite les groupes les plus en difficulté, et étayera plus particulièrement ceux-ci. Il s'assurera de la participation de chacun. Concernant les groupes en avance, il leur sera proposé d'étudier une autre situation au choix présente dans le corpus.			
Mise en commun : correction collective (20') • Chaque groupe par le biais de son rapporteur expose sa situation et ses réponses en les argumentant. Et le secrétaire rempli la partie correspondante du tableau figurant sur le TBI. Suivra une critique collective. **Questionnement** « Quels points communs pouvez-vous constater entre ces cinq situations ? »	Classe entière	• Rendre compte de son travail avec un vocabulaire adapté, en argumentant ses choix. • Justifier ses réponses en s'appuyant sur des documents. • Analyser des supports, identifier les points communs, argumenter.	• Tableau à compléter projeté au TBI.
Trace écrite : temps métacognitif (15') • « Nous allons maintenant résumer ce que nous avons appris aujourd'hui en construisant ensemble une carte mentale. Le but étant d'y retrouver les idées principales. Nous pouvons nous aider du tableau que nous venons de compléter ». • Élaboration individuelle de la première partie de la carte mentale par les élèves dans un premier temps dans leur cahier, puis collective sur une affiche grand format visible de tous, qui sera complétée dans les séances suivantes.	Classe entière	• Développer un esprit de synthèse en résumant les notions abordées avec des mots clés.	• **Feuille blanche A4** à coller dans le cahier d'EMC (pour la phase individuelle). • **Affiche grand format** sur laquelle est construite la carte mentale (pour la phase collective).

Présentation abrégée des autres séances

Séance 2 : Distinguer le harcèlement du conflit Quels sont les éléments qui permettent de distinguer une situation de harcèlement d'un conflit ponctuel ?		
Déroulement	**Dispositif**	**Matériel**
Phase d'accroche : pont cognitif (5') « Qu'a-t-on appris la dernière fois ? »	Classe entière	Carte mentale.
Phase de recherche (35') « Par groupe de 2, vous allez devoir analyser les situations suivantes et trouver, pour chacune d'elles, s'il s'agit de harcèlement ou non, vous argumenterez (à reformuler) vos réponses ». **Mise en commun** Correction collective progressive étant donné que le corpus compte des vidéos.	Binômes hétérogènes	Corpus de situations.
Différenciation : Étayer les plus en difficulté, permettre aux élèves de s'appuyer sur la carte mentale, pour les plus rapide proposer de trouver des titres à chaque document		
Trace écrite et temps métacognitif (10') • L'exercice sera collé dans le cahier afin de laisser une trace de leur réflexion, et des erreurs qu'ils ont pu commettre. • « Qu'a-t-on appris aujourd'hui ? Compléter la carte mentale de façon à mettre en évidence la distinction entre harcèlement et conflit ponctuel ».	Classe entière	Feuille blanche A4 dans le cahier d'EMC.
Évaluation formative : Une grille de notation est distribuée aux élèves en début de séance : les élèves sont libres de s'auto-évaluer. Et le PE, muni de sa propre grille, observe chaque binôme durant la phase de recherche et la mise en commun. De plus le cahier est relevé en fin de séance afin de vérifier la bonne compréhension de chacun.		

Séance 3 : les conséquences du harcèlement scolaire. Comment appréhender les conséquences du harcèlement en passant par l'étude des émotions ?		
Déroulement	**Dispositif**	**Matériel**
Phase d'accroche : pont cognitif et mise en route (15') • Réinvestissement rapide : « Qu'avons-nous vu la dernière fois ? » • Visionnage d'un clip vidéo : « Que vous inspire cette vidéo ? » • Distribuer les paroles de la chanson – Lecture collective : Faire une pause à la fin de chaque paragraphe pour clarifier le lexique incompris et faire émerger toutes les formes de violence présentes dans le texte (physique, verbale, psychologique, cyber-harcèlement) et les surligner.	Classe entière	• Vidéo : Keen'V « Petite Émilie ». • Paroles de la chanson.

Phase de recherche (sur les émotions) **(15')** • Distribuer une liste de sentiments. • « Par groupe de 2, vous allez devoir vous mettre d'accord sur deux sentiments susceptibles d'être ressentis par Émilie, vous devrez justifier à l'aide du texte ou de vos connaissances ».	Binômes hétérogènes	• Tableau des sentiments. • Dictionnaires.
Différenciation : Étayer, et encourager les élèves à avoir recours aux dictionnaires mis à leur disposition pour les difficultés liées au vocabulaire. Pour les plus avancés, leur permettre de choisir plus de sentiments et / ou proposer une lecture autonome d'un témoignage provenant du Figaro.		
Mise en commun (20') • Les élèves sur une base de volontariat exposent leurs choix en argumentant, les autres commentent et critiquent. Le PE peut de cette façon s'assurer de la bonne compréhension des sentiments exposés. • Constater ensemble que les sentiments choisis sont tous négatifs et témoignent du malheur de la victime. **Questionnement en classe entière** (sur les conséquences) • Visionnage d'une vidéo : « Après tout ce que l'on a pu voir aujourd'hui, quelles peuvent être d'après vous les conséquences du harcèlement sur l'élève harcelé ? » Les noter au tableau et les classer selon leur gravité. • Si besoin lecture d'un article venant valider ou invalider les propositions.	Classeentière	**Documents pour le questionnement :** • Une vidéo : « Un jour une question : c'est quoi le harcèlement à l'école » jusqu'à 1 min 29 • Un extrait d'article de *Passeport santé* : « Le harcèlement : des conséquences graves »
Trace écrite : temps métacognitif (10') Compléter la carte mentale dans le cahier (laisser un temps de production individuel puis poursuivre la collective).	Individuel	Carte mentale
Évaluation formative : Une grille de notation est distribuée aux élèves en début de séance : les élèves sont libres de s'auto-évaluer. Et le PE, muni de sa propre grille, observe chaque binôme durant la phase de recherche et la mise en commun.		
Séance 4 : : Les solutions du harcèlement **Comment résoudre une situation de harcèlement ?** **Quelles sont les solutions ?**		
Déroulement	**Dispositif**	**Matériel**
Phase d'accroche : réinvestissement (10') Visionnage de la vidéo (coupée avant que les solutions n'émergent) : « Dans cette vidéo quels sont tous les éléments qui prouvent bien que nous sommes face à du harcèlement ? » ; « Pourquoi avoir montré l'heure qui défile ? »	Classe entière	• La carte mentale sous forme d'affiche. • Une vidéo de la campagne non au harcèlement.
Phase de recherche (sur la peur) **(10')** • Distribuer la fiche questionnaire.	Individuel	

• Revisionnage de la première partie de la vidéo faisant allusion à la peur d'en parler « Vous allez, cette fois, devoir répondre à la question de la première partie du questionnaire » **Mise en commun (10')** • Correction collective de la première partie du questionnaire. • Échange collectif autour d'une planche de BD sur la position du harceleur : « À votre avis pourquoi est-ce qu'un enfant harcèle ? Est-il réellement supérieur ? » Le but ici, étant de faire comprendre aux élèves que le harceleur n'est pas nécessairement quelqu'un de plus fort ou de réellement mauvais, c'est un enfant comme un autre, qui peut aussi avoir des problèmes **Phase de recherche** (sur les solutions) **(15')** • À partir de la question : « À ton avis comment le harcèlement aurait-il pu être stoppé ? » laisser les élèves émettre leurs hypothèses. • Visionnage de la deuxième partie de la vidéo amenant les solutions et demander aux élèves de finir de répondre au questionnaire : « Cite les 3 différentes manières de résoudre la situation mobilisée ici ». **Mise en commun (5')** Correction collective de la deuxième partie du questionnaire.	Classe entière Individuel Classe entière	• Une vidéo : Prix « Non au harcèlement » 2016, catégorie meilleure vidéo cycle 3. • Un questionnaire sur la vidéo (annexe). • Une planche de BD issue de « Seule à la récré » Ana et Bloz.
Différenciation : Conserver le même support, étayer les plus en difficulté, voire proposer des binômes hétérogènes pour certains favorisant le « tutorat »		
Trace écrite : temps métacognitif (10') • « Qu'avons-nous appris aujourd'hui ? » • Compléter la troisième et dernière partie de la carte mentale : « les solutions » (laisser un temps de production individuel puis terminer la collective et l'afficher dans la classe)	Classe entière	Carte mentale

Séance 5 : Luttons ensemble contre le harcèlement à l'école Comment lutter contre le harcèlement à l'école ? Quelles sont les solutions face à de telles situations ?		
Déroulement	**Dispositif**	**Matériel**
Réinvestissement : saynètes (5 x 5') « Vous allez maintenant vous mettre en groupe et mettre en scène les situations que vous avez rédigées en français la dernière fois ».	5 groupes hétérogènes de 5	Scénarios réalisés par les élèves dans une séance décrochée de français

EMC

Mise en commun (5 x 5') Entre chaque saynète : questionnement en classe entière (« Est-ce bien du harcèlement ? Comment le voit-on ? Pourquoi avoir fait ces choix ? Quels autres choix possibles ?...»).	Classe entière	Grille d'évaluation
Évaluation formative : grille de notation prévue pour la saynète, mise à disposition des élèves : co-évaluation en binôme et autoévaluation. Le PE a sa propre grille et observe attentivement chaque comportement à chaque passage.		

Évaluation

Concernant l'évaluation, la première séance lors de sa phase d'accroche permet de **recueillir les conceptions des élèves**, et de savoir sur quelles connaissances il sera possible de construire. Cela permet d'identifier pour chaque élève les points forts sur lesquels ancrer les nouveaux apprentissages et les points à travailler encore, témoins des difficultés rencontrées.

Ainsi l'évaluation diagnostique est un outil pertinent dans la mesure où il fournit aux enseignants des repères pédagogiques pour organiser les apprentissages. Les autres séances favorisent ensuite avec leur phase de recherche des évaluations formatives, ces évaluations s'appuient sur des observations et des travaux écrits qui seront relevés.

Ainsi une grille d'évaluation est prévue à cet effet, celle-ci se verra complétée au fil des séances par de nouvelles compétences attendues, liées à la progression de la séquence. Il s'agit donc d'une **évaluation continue et positive**. De plus les élèves, dans cette démarche, vont avoir un rôle à jouer, puisque les grilles leur seront distribuées en début d'activité. Ainsi ils seront informés sur les critères d'évaluation, et seront en mesure de s'autoévaluer, voire de **se co-évaluer**. En ce sens, **l'évaluation formative** est intéressante à exploiter ici, autant pour le professeur des écoles que pour les élèves. Concernant l'enseignant, l'observation des élèves, et ce suivi continu l'amène à réguler les rythmes individuels et collectifs, et à moduler les exigences du travail personnel donné en classe. Cela constitue une aide au repérage des réussites et des erreurs. Puis du côté des élèves, cela les encourage à prendre des risques, à s'engager, étant eux-mêmes acteurs de leurs évaluations, leurs erreurs, analysées et traitées, deviennent constructives. Elles ne sont pas considérées comme des « fautes » mais bien des sources de progrès.

ANNEXE

Séance 1 : Définir le harcèlement en étudiant un corpus crée par l'enseignante

Séance 3 : Les conséquences du harcèlement scolaire

KEEN'V – PETITE ÉMILIE

Petite Émilie a 10 ans était
devenue une petite fille comblée
on peut dire que l'école lui plaisait
bonne élève pour maman elle en était une fierté
un peu rondelette, de bonnes petite joues
elle essuie les critiques de quelques jaloux
devant les profs, ils l'appelaient « bouffe-tout »
mais ce n'sont que des enfants après tout.

Petite Émilie a 12 ans maintenant
adolescente renfermée au grand dam de maman
fini le joli visage souriant
c'est une petite fille maussade qu'elle est devenue à présent
faut dire qu'au collège tout avait changé
trop d'élèves ne faisaient que de se moquer
partout elle se sentait rejetée
tantôt frappée et tantôt injuriée

elle se demandait comment faire face
elle était devenue le souffre-douleur de la classe
sur les réseaux sociaux ils l'appelaient « la dégueulasse »
des photos d'elle tournaient montrant son ventre qui dépasse
ne sachant pas comment faire
ni comment réagir à cet enfer
par honte et ne voulant pas affoler sa mère
petite Émilie décida de se taire.

Mais un soir de décembre
petite Émilie rentra chez elle dénudée
Ses camarades, tous ensemble
l'avaient enfermée dans le vestiaire pour la doucher
s'en était trop pour elle
trop qu'elle ne puisse encore supporter
alors elle étendit ses ailes
et prit son envol vers la paix.

Clip vidéo Keen V' « Petite Émilie » :
https://www.youtube.com/watch?v=9JaVW9u-zrE

Sentiment de joie	Sentiment de colère	Sentiment de tristesse	Sentiment de crainte	Sentiment de honte
Excitation	Colère	Tristesse	Crainte	Honte
Joie	Cruauté	Pitié	Nervosité	Regret
Gaieté	Maussade	Défaite	Anxiété	Remords
Amusant	Bougon	Dépression	Secousse	Embarras
Bonheur	Haine	Accablement	Effroi	Culpabilité
Plaisir	Mépris	Découragement	Appréhension	Confusion
Jouissance	Destruction	Négligence	Souci	Humiliation
Contentement	Rage	Désarroi	Terreur	Pénitence
Triomphe	Outrage	Douleur	Méfiance	
Fier	Mécontentement	Rejet	Hystérie	
Optimiste	Répugnance	Misère	Panique	
Satisfaction	Frustration	Chagrin	Inquiétude	
Triomphe	Irritation	Anxiété	Détresse	
Jubilation	Rancune	Solitude	Tension	
Délectation	Férocité	Agonie		
Enchanté		Désespoir		

Séance 4 : Les solutions face au harcèlement

Planche de BD *Seule à la récré*, n°1 d'Ana et Bloz (Bamboo, 2001)

QUESTIONNAIRE SUR LA VIDÉO : Prix « Non au harcèlement » 2016 - catégorie meilleure vidéo cycle 3	
PARTIE 1 : jusqu'à 1min	
À votre avis pourquoi la fillette ne dit-elle rien à sa mère ?	Pourquoi sa mère ne s'inquiète pas. Elle à peur des conséquences.
Selon vous, de quelle façon aurait-on pu mettre fin au harcèlement dans cette situation?	Il fallait en parler aux adultes.
PARTIE 2 : de 1 min jusqu'à 2min18	
Citez les 3 moyens mobilisés pour mettre fin au harcèlement ici :	La fillette en parle à sa mère. un témoin intervient et la défend. Le harcelé doit le dire à ses parents. Il faut aider le harcelé. Les temoins peuvent aussi le dire. un temoin rapporte à la maitresse.

Questionnaire sur la vidéo

EMC

Carte mentale

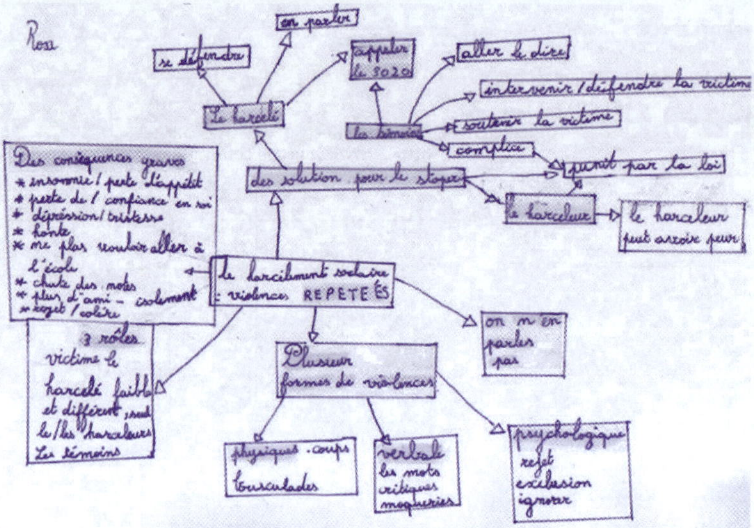

Exemples de grille d'évaluation et de remarques

Grille d'évaluation			
Progression	**Attendus en fin de séance**	**Auto-évaluation**	**Évaluation enseignant**
Séance 2 : Distinguer le harcèlement d'un conflit ponctuel	Je sais définir le harcèlement avec le vocabulaire adapté	MS	MTS
	Je sais l'identifier et le distinguer d'un conflit ponctuel *(dispute, chamaillerie)*	MF	MS
	Je sais argumenter mes réponses et défendre mes idées	MS	MS

Remarques personnelles sur ton travail / Ce que ce cours t'a apporté / progrès à faire ? :

Il faut que je reusie à distingues le harcèlement et le conflit ponctuel.

Les différents échelons pour t'évaluer :

MTS : Maîtrise très satisfaisante : je maîtrise parfaitement cette compétence
MS : Maîtrise satisfaisante : Je maîtrise cette compétence mais certains points peuvent encore être améliorés
MF : Maîtrise fragile : Je maîtrise certains points mais je dois encore fournir du travail
MI : Maîtrise insuffisante : Je ne maîtrise pas cette compétence, je dois y travailler.

Remarques personnelles / Ce que ce cours t'a apporté / progrès à faire ? :

Ces cours m'a montré qu'il ne faut pas avoir peur du harcèlement.

Remarques personnelles / Ce que ce cours t'a apporté / progrès à faire ? :

J'ai appris plen de chose et que le harcèlement ses sans fois plus grave q'une dispute

24 Acquérir et partager les valeurs de la République

Plan du chapitre

1 Ce que dit le programme

Finalités	Modalités pratiques et méthodes de l'enseignement moral et civique
• Le Code de l'éducation affirme « qu'outre la transmission des connaissances, la Nation fixe comme mission première à l'école de faire partager aux élèves les valeurs de la République » (article L 111-1). Cette mission est réaffirmée dans le socle commun de connaissances, de compétences et de culture : « L'École a une responsabilité particulière dans la formation de l'élève en tant que personne et futur citoyen. Dans une démarche de coéducation, elle ne se substitue pas aux familles, mais elle a pour tâche de transmettre aux jeunes les valeurs fondamentales et les principes inscrits dans la Constitution de notre pays ». • Les **valeurs et principes** de la République fondent le **pacte républicain garant de la cohésion nationale,** en même temps qu'ils protègent la liberté de chaque citoyen. Les transmettre et **les faire partager est une œuvre d'intégration républicaine** ; ces valeurs et principes relient la France à la communauté des nations démocratiques, à l'échelle européenne comme à l'échelle mondiale.	• L'enseignement moral et civique porte sur ces **principes** et **valeurs**, qui sont nécessaires à la vie commune dans une société démocratique et constituent un bien commun s'actualisant au fil des débats dont se nourrit la République. • L'enseignement moral et civique articule des valeurs, des savoirs (littéraires, scientifiques, historiques, juridiques, etc.) et des pratiques. **La place de l'oral** y est prépondérante dans les activités. Il requiert l'acquisition de **connaissances** (savoirs), de **capacités** (savoir-faire) et d'**attitudes** (savoir-être) dans les quatre domaines de la culture civique et donne lieu à des *traces écrites* et à une <u>évaluation positive et bienveillante</u>. L'enseignement moral et civique s'effectue, chaque fois que possible, à partir de <u>l'analyse de situations concrètes</u>. • Les **discussions à visée philosophique, les conseils d'élèves** et le **débat argumenté** sont autant d'outils en EMC à disposition des enseignants pour permettre aux élèves de comprendre, de « vivre » et de mettre en perspective les valeurs qui régissent notre société démocratique. Ces dispositifs comportent une prise d'informations par le professeur, un échange d'arguments entre élèves dans un cadre défini et un retour sur les acquis permettant une trace écrite ou une formalisation. <u>Les conseils d'élèves</u> permettent, par exemple, de percevoir le sens des règles, des droits et des obligations, le sens des punitions et des sanctions. Les <u>discussions à visée philosophiques</u> (égalité de tous – élèves ou citoyens – devant la loi constituent un outil efficace). L'enseignement moral et civique se prête particulièrement aux travaux qui <u>placent les élèves en situation de coopération et de mutualisation</u> favorisant les échanges d'arguments et la

• Les quatre valeurs et principes majeurs de la République française sont la **liberté**, **l'égalité**, **la fraternité** et la **laïcité**. S'en déduisent la solidarité, l'égalité entre les hommes et les femmes, ainsi que le refus de toutes les formes de discriminations.	confrontation des idées (droits égaux des garçons et des filles dans toutes les situations). L'enseignant exerce sa responsabilité pédagogique dans les choix de mise en œuvre en les adaptant à ses objectifs et à ses élèves. L'enseignement moral et civique dispose réglementairement d'un horaire dédié (1 h par semaine dont 3 min d'oral) permettant une mise en œuvre pédagogique au service de ses finalités.

1.1 Place du thème dans la scolarité

Tout au long du cycle 2, dans la continuité du cycle 1, les élèves sont amenés à respecter et appliquer les règles communes. Ils doivent connaître le **règlement intérieur de l'école** et les sanctions qu'il prévoit. La **connaissance des droits et des devoirs** s'applique également à la charte d'usage du numérique. Ils accèdent à une première connaissance du **vocabulaire** de **la règle et du droit**.

Une **initiation au Code de la route** est engagée dès le début du cycle.

Les **valeurs, principes et symboles de la République française sont enseignés tout au long du cycle** : les élèves doivent aborder régulièrement ces notions afin d'accéder à une première connaissance des cadres d'une société démocratique, fondée sur les droits de l'Homme, du citoyen et de l'enfant. Les élèves devront donc avoir abordé à la fin du cycle la *Convention internationale des droits de l'enfant* et la *Déclaration des droits de l'homme et du citoyen de 1789*. On portera particulièrement attention à l'égalité fille-garçon.

Tout au long du cycle 3, les élèves sont conduits **à respecter, appliquer et comprendre les règles communes**. Ils connaissent le **règlement intérieur de l'école**, des établissements et les sanctions qui sont appliquées. Cette connaissance des **droits et des devoirs** s'applique également à la charte du numérique. Ils approfondissent leur première connaissance du vocabulaire de la règle et du droit à partir d'exemples concrets. Une **initiation au Code de la route est poursuivie** dans la continuité du cycle 2. Les valeurs, principes et symboles de la République française sont enseignés tout au long du cycle : les élèves doivent aborder régulièrement ces notions afin d'accéder à une **connaissance des cadres d'une société démocratique, aux fondements de la Ve République et de l'Union européenne**. On portera particulièrement attention à l'égalité fille-garçon.

a. REPÈRES ANNUELS DE PROGRESSION POUR CYCLE 2 ACQUÉRIR ET PARTAGER LES VALEURS DE LA RÉPUBLIQUE

CP	CE1	CE2
• Les élèves expérimentent la prise de décision à la majorité dans la classe et l'école. Les principes et valeurs de l'école sont identifiés. • Les élèves apprennent à identifier le	• Les élèves identifient les responsables et élus au niveau de la commune : le maire et les conseillers municipaux. • Les élèves connaissent le fonctionnement de la commune, la fonction de maire et celle de conseiller municipal.	• Les élèves savent que voter est un droit, ils connaissent le principe du suffrage universel. Ils accèdent à une première connaissance de l'organisation du territoire national : le département et la région. Ils savent que la France est dirigée par le président de la République et par le Premier ministre qui est à la tête du gouvernement. • Les élèves savent chanter par cœur le premier couplet de la Marseillaise.

drapeau français. Ils savent reconnaître la Marseillaise. Ils savent que le 14 juillet est le jour de la fête nationale.	• Les élèves connaissent la devise « Liberté, Égalité, Fraternité » et les monuments à proximité de l'école. Ils apprennent à chanter le premier couplet de la Marseillaise. Les élèves savent que la langue de la République est le français.	Ils identifient l'effigie de Marianne comme un symbole de la République française. Ils connaissent des monuments emblématiques de la République française. Les élèves savent que le français, langue de la République, est aussi une langue internationale ; ils connaissent des États où l'on parle français.

b. REPÈRES ANNUELS DE PROGRESSION POUR CYCLE 3 ACQUÉRIR ET PARTAGER LES VALEURS DE LA RÉPUBLIQUE

CM1	CM2	6e
• L'article 1er de la Déclaration des droits de l'Homme et du citoyen de 1789 et le contexte de son écriture font l'objet d'une première étude. Les élèves découvrent la Convention internationale des droits de l'enfant et sont capables de classer ces droits en différentes catégories. • Les élèves commencent à comprendre la signification du terme démocratie et l'importance du suffrage universel qui permet de confier le pouvoir à différentes personnes. Ils découvrent le fonctionnement de la démocratie représentative et l'existence de différents types de suffrages ; le suffrage direct et le suffrage indirect. Ils savent quels sont les élus nationaux désignés au suffrage universel direct (président de la République, députés, conseillers municipaux) et indirect (sénateurs). • Les élèves découvrent le contexte historique de la création du drapeau tricolore et de la Marseillaise. Ils savent chanter par cœur un ou plusieurs couplets de la Marseillaise en public. Ils reconnaissent le drapeau européen et l'hymne à la joie.	• Les élèves découvrent les libertés (liberté d'expression, liberté de culte...) et les droits (droit de vote, droits des femmes) en vigueur à partir de quelques exemples concrets. Ils apprennent quels sont certains devoirs des citoyens (respecter les lois, payer les impôts, les devoirs envers les autres citoyens). Ils découvrent les grands principes de la Constitution de 1958 (la France est une république indivisible, laïque, démocratique et sociale). • Les élèves connaissent de manière simple le fonctionnement de l'Assemblée nationale et du Sénat, les principes de l'élaboration de la Loi et de son exécution. Le rôle de la justice, des forces de sécurité et des armées est abordé. • Les élèves comprennent la signification du 11 novembre et du 8 mai, notamment dans le cadre de la participation aux cérémonies. Ils identifient les monuments comme la mémoire de la Nation. Les grands enjeux de la solidarité nationale et internationale font l'objet d'une sensibilisation, le rôle des associations est abordé.	• L'apprentissage de la notion de règle et du droit passe par l'apprentissage d'un vocabulaire juridique simple (loi, norme, charte, code, convention) étudié en situation. Le travail sur le règlement intérieur et sur la charte numérique doit viser à faire comprendre la place de ces textes dans la hiérarchie des normes, le lien avec les valeurs et leur bien-fondé comme moyen de protection. • L'étude sur les valeurs et principes de la République s'appuie sur des définitions. Cependant, l'objectif est de comprendre comment ils se traduisent en action, comment ils permettent de faire société et de construire une cohésion sociale. Ainsi, la solidarité est reliée au rôle de l'État et des acteurs associatifs, ainsi qu'aux moyens mobilisés (impôts, collecte). Cela s'inscrit dans la continuité d'une réflexion sur ce qui permet de construire une cohésion dans un groupe social. • Le travail sur la citoyenneté se porte plus particulièrement sur l'échelle communale et intercommunale. La découverte des textes internationaux montre que la République française s'inscrit elle-même dans un cadre juridique plus vaste.

• Les élèves savent que les langues régionales existent à côté de la langue nationale et que la communauté de langue et de culture françaises s'appelle la francophonie.	• Les élèves appréhendent le sens de la construction européenne. Ils abordent la notion de citoyenneté européenne et les principes et les libertés qui en découlent. Ils identifient quelques pays membres et approfondissent leur connaissance des symboles de l'Union européenne : le drapeau, le nombre d'étoiles, l'hymne européen (dont la musique est extraite de la 9e symphonie de Beethoven).	• L'identification des valeurs et des principes dans une société démocratique passe par des thématiques autour des libertés, de l'égalité et de la protection. L'étude de la Convention internationale des droits de l'enfant ou la convention sur l'élimination de toutes les formes de discrimination à l'égard des femmes permet ce travail.

1.2 Principaux objectifs didactiques

a. Connaître les valeurs, les principes et les symboles de la République française et de l'Union européenne

- Identifier les symboles de la République - le drapeau, l'hymne national, les monuments, la fête nationale.
- Aborder la laïcité comme liberté de croire ou de ne pas croire.

b. Identifier et connaître les cadres d'une société démocratique

- Identifier des droits de l'Homme et du citoyen.
- Commencer à comprendre l'organisation de la République.

c. Respecter les règles de la vie collective

- Accepter et respecter les règles communes.
- Comprendre qu'il existe une gradation des sanctions et que la sanction est éducative (accompagnement, réparation).
- Comprendre que la règle commune peut interdire, obliger, mais aussi autoriser.

Quels supports d'enseignement choisir ?

- Les règles de vie de la classe et de l'école (le règlement intérieur, la charte d'usage du numérique à l'école) ; les sanctions.
- Initiation au vocabulaire de la règle et du droit (règle, règlement, loi) Les droits de l'enfant : première approche de la Convention internationale des droits de l'enfant Initiation au Code de la route, en lien avec l'attestation de première éducation à la route (Aper).

1.3 Connaissances, capacités et attitudes à privilégier

a. Comprendre que la vie collective implique le respect de règles

- Comprendre les notions de droits, de devoirs, et de règles, pour les appliquer et les accepter la Cité. Aborder les droits et les devoirs : de la personne, de l'élève, de l'enfant et du citoyen.
- Aborder le vocabulaire de la règle et du droit (droit, devoir, règle, règlement, loi).

Quels supports d'enseignement sont recommandés aujourd'hui par le ministère ?

- La notion de collectivité (classe, école ou établissement, commune).
- Les différents contextes d'obéissance aux règles, le règlement intérieur, la charte numérique, le sens des sanctions.
- Les droits des enfants : la Convention internationale des droits des enfants.
- Les codes : initiation au code de la route, en lien avec l'attestation de première éducation à la route (APER) ; code civil, code pénal.

b. Connaître les valeurs, principes et symboles de la République française, de l'Union Européenne et des sociétés démocratiques

- Comprendre le sens des symboles de la République.
- Identifier et comprendre les principes et les valeurs de la République et de l'Union européenne :
  - Définir la liberté individuelle.
  - Définir l'égalité en droit
  - Expliquer par des mots simples la fraternité et la solidarité.
- Comprendre que la laïcité accorde à chacun un droit égal à exercer librement son jugement et exige le respect de ce droit chez autrui.

Quels supports d'enseignement sont recommandés aujourd'hui par le ministère ?

- Les valeurs et symboles de la République française et de l'Union européenne.
- La devise de la République (Liberté, Égalité, fraternité), l'hymne national, le drapeau, la fête nationale.
- Les valeurs et principes : la liberté, l'égalité, fraternité, la laïcité.
- Les libertés fondamentales.
- L'égalité des droits et la notion de discrimination.
- Le droit à l'éducation.
- L'égalité entre les filles et les garçons.
- La fraternité dans la devise républicaine comme idéal de cohésion sociale.
- La solidarité individuelle et collective. Le rôle de l'impôt, de l'État et des associations dans la solidarité.
- La laïcité comme liberté de penser et de croire ou de ne pas croire à travers la Charte de la laïcité à l'école.

c. Identifier et connaître les cadres d'une société démocratique

- Connaître le fondement de la loi et les grandes déclarations des droits.
- Avoir une première approche des institutions.
- Aborder la notion de citoyenneté par des mots simples à différentes échelles.

Quels supports d'enseignement sont recommandés aujourd'hui par le ministère ?

- La Déclaration des droits de l'homme et du citoyen de 1789 et la Déclaration universelle des droits de l'homme.
- La Convention européenne des droits de l'homme.
- La Convention sur l'élimination de toutes les formes de discrimination envers les femmes.
- La Convention internationale des droits de l'enfant.
- La Charte de l'environnement de 2004.
- Les institutions travers leurs textes fondateurs et leur histoire.
- Le vocabulaire des institutions.
- La notion de citoyenneté nationale et européenne.
- La citoyenneté municipale : comprendre les différents domaines d'action de la commune.
- Les principes de la démocratie représentative en France et en Europe.
- Le vote et la notion de représentation dans la classe ou l'établissement.

1.4 Quelles finalités et quelles compétences ?

« C'est dans le gouvernement républicain que l'on a besoin de la toute-puissance de l'éducation. »Montesquieu, *De l'Esprit des lois*, L.IV, C.5.

La finalité est **civique** comme le rappelle la structure du programme d'enseignement moral et civique de la scolarité obligatoire qui décline cette priorité : acquérir et partager les valeurs de la République, (BO n° 31 du 30 juillet 2020 ainsi que le préambule du programme d'enseignement moral et civique de lycée, *BO spécial* n° 1 du 22 janvier 2019) :

« Introduit en 2015 à tous les niveaux de l'enseignement primaire et secondaire, l'enseignement moral et civique aide les élèves à devenir des citoyens responsables et libres, conscients de leurs droits mais aussi de leurs devoirs. Il contribue à forger leur sens critique et à adopter un comportement éthique. Il prépare à l'exercice de la citoyenneté et sensibilise à la responsabilité individuelle et collective. Cet enseignement contribue à transmettre les valeurs de la République à tous les élèves ».

Il s'agit donc **d'un projet politique** que l'on retrouve énoncé dans **le Code de l'éducation, article L111-1.** « Outre la transmission des connaissances, la Nation fixe comme mission première à l'école de faire partager aux élèves les valeurs de la République. Le service public de l'éducation fait acquérir à tous les élèves le respect de l'égale dignité des êtres humains, de la liberté de conscience et de la laïcité. Par son organisation et ses méthodes, comme par la formation des maîtres qui y enseignent, il favorise la coopération entre les élèves. Dans l'exercice de leurs fonctions, les personnels mettent en œuvre ces valeurs. »

Il s'agit d'enseigner les valeurs de la République pour les faire connaître, comprendre et faire partager.

Alain Beitone et Estelle Hemdane identifient le cadre et les enjeux de la transmission des savoirs et valeurs. « Le défi de la transmission des valeurs à l'école est donc majeur. Il ne peut être relevé qu'à la condition de refuser à la fois le dogmatisme, le militantisme et le relativisme cognitif. À ces conditions et à ces conditions seulement, les élèves apprendront à articuler vérité et justification, à distinguer enjeux épistémiques et enjeux axiologiques. À défaut, le risque est grand d'aller à l'encontre du but affiché : la contribution de l'école à la formation de citoyens éclairés »[1].

2 Combattre les idées reçues, maîtriser le vocabulaire et les principaux concepts

2.1 La vie collective implique le respect des règles

a. Droits et devoirs

C'est une problématique au cœur des programmes d'EMC. Les **droits et devoirs** constituent la **transmission et construction de valeurs communes.**

Dans nos sociétés démocratiques, le **droit** est énoncé et appliqué selon certaines normes, respectueux de certains principes essentiellement présents dans les droits de l'homme. Le droit est ainsi sous-tendu par une véritable conception de l'homme qui repose sur les valeurs d'égalité et de liberté, elles-mêmes ouvrant aux principes acquis des droits de l'homme, « aux principes-valeurs » à partir desquels se développe le débat démocratique.

Le devoir est la conséquence personnelle que l'on tire de son adhésion à un droit : si on est titulaire d'un droit, il est de sa responsabilité de permettre à tous d'en être également bénéficiaires.

Trois thématiques sont centrales du cycle 2 au cycle 4 avec comme fil conducteur « droits et devoirs » :

- Le respect déjà évoqué dans le chapitre précédent.
- La loi/la règle/la justice.
- Les droits de l'homme/les droits de l'enfant.

b. La loi, règle, règlement, sanction et justice scolaire

La vie en société est harmonisée par des règles qui précisent les conditions du respect de la liberté de chacun. À partir d'un socle de valeurs républicaines, démocratiques, humaines, sociales et à travers des conventions, des déclarations, des chartes, des constitutions, des lois, des règlements, les **hommes ont progressivement codifié les rapports entre les personnes ainsi qu'entre l'État et les personnes ou les groupes constitués.**

L'étude de la règle, des règlements, de la loi, sous toutes ses formes, **constitue le socle de toute éducation à la citoyenneté**. Selon Montesquieu, les lois sont les rapports nécessaires qui dérivent de la nature des choses. C'est un projet, une action qui se propose d'anticiper sur le futur et par là de changer la société. **Elle unit la nécessité et la liberté et se situe au point de rencontre entre la volonté individuelle et la volonté générale.** Étant

1. Alain Beitone, Estelle Hemdane, « École, savoir et valeurs : une tentative d'éclaircissement », *Éducation et Socialisation*, juin 2018.

EMC

la source du droit, la loi énonce les principes auxquels les individus doivent se soumettre. Cette conception correspond à celle d'un État de droit.

Rappels historiques

Depuis qu'ils vivent en société, les hommes ont établi des règles, ont codifié les rapports entre les individus. Le recueil de lois le plus ancien de l'histoire de l'humanité connu à ce jour est le Code d'Hammourabi.

La Déclaration des droits de l'homme et du citoyen de 1789 définit la loi dans sa conception moderne, c'est-à-dire proclame les principes de souveraineté nationale et d'égalité. Elle énonce que la loi s'applique à tous et met en évidence les notions de protection et de sanction. L'article 16 insiste sur l'idée que la loi permet de mieux garantir les droits en définissant la liberté, l'égalité et en permettant le recours. Tous les actes illégaux, c'est-à-dire contraires à la loi, doivent être sanctionnés, que leurs auteurs soient des individus, des entreprises ou l'État. En 1800, Napoléon Bonaparte, s'inspirant d'un travail décidé par l'Assemblée Constituante, charge un groupe de juristes de rédiger un projet de code unifiant le droit pour tout le pays. Ce recueil, qui comprend 36 lois, est promulgué le 21 mars 1804 sous le nom de Code civil des Français. Il est resté, tout au long du XIXe et de la première moitié du XXe siècle, la base de nos lois en matière de droit civil. Il a été modifié sur bien des points.

Hiérarchie des normes et contours de la loi

La démocratie établit un certain nombre de principes pour que le pouvoir que possède chacun d'instituer la loi soit compatible avec celui des autres et respecte les valeurs jugées essentielles pour et dans la vie sociale. Les règles de vie collective, celles de la classe et plus encore celles de l'école (c'est-à-dire le règlement intérieur) ne jaillissent pas spontanément de la tête des élèves.

Personne ne peut élaborer la loi de lui-même, en dehors de toute référence culturelle ou éthique et personne n'arrive dans un monde qui n'est régi par aucune règle, aucune norme, aucun principe ou aucune valeur. L'acceptation ou l'interdiction de certains comportements relèvent de choix qui dépendent des conceptions du vivre ensemble dans une institution particulière. Tout travail avec les élèves sur les chartes, règles de vie doit être situé dans un cadre déterminé par les lois et des règlements propres à l'institution scolaire.

L'initiative des lois, c'est-à-dire la faculté de pouvoir proposer un texte de loi, appartient conjointement au gouvernement et au Parlement. S'il s'agit du gouvernement, c'est un projet de loi. S'il s'agit des députés ou des sénateurs, c'est une proposition de loi.

La loi, les règles, les règlements sont souvent critiqués, détournés. On les trouve quelquefois incomplets, injustes. On parle aussi très souvent de « vide juridique » ou au contraire on dénonce la dérive du juridisme. **En fait, la loi est le résultat de compromis, elle doit convenir à tous, envisager tous les cas de figure. La société évolue et la loi doit également évoluer sous peine de ne plus être appliquée. Elle doit répondre aux besoins de la société, à la demande sociale.**

Malgré ses limites, la loi est inséparable de l'idée d'État de droit. Les différents aspects de la loi :

- la loi est un texte officiel ;
- la loi est un acte politique proposé par le gouvernement ou par le Parlement ;
- la loi est votée par le Parlement et promulguée par le président de la République ;
- la loi est une règle faite par les hommes, qui organise les rapports en société, protège et punit dans l'intérêt général ;

- la loi repose sur des valeurs exprimées dans la Déclaration des droits de l'homme et du citoyen et rappelées dans la Constitution ;
- la loi est la source du droit ;
- la loi s'adapte à l'évolution de la société ;
- la loi a des limites, peut être incomplète, injuste, détournée, peu ou mal appliquée.

c. Les sanctions

À l'origine, le mot *sanction* désigne une confirmation faite par une autorité et s'applique plus particulièrement aux conséquences d'un comportement.
C'est donc une peine donnée à ceux qui n'appliquent pas la loi, mais cela peut être aussi une récompense accordée à ceux qui s'y conforment. La sanction a également des significations juridiques (sanction pénale ou sanction disciplinaire, sanction administrative, sanction civile).
Aujourd'hui, la réflexion sur la sanction s'inscrit dans une approche plus large liée au climat scolaire et s'applique à rechercher et à favoriser la mise en place de sanctions réellement éducatives. Le BOEN du 29 mai 2014 précise ainsi que « la mesure de responsabilisation et la sanction avec sursis doivent permettre de donner tout son contenu au caractère éducatif des sanctions et de développer, dans la communauté scolaire, une « approche restaurative ». La solution collectivement consentie doit à la fois rétablir l'estime de soi de la victime, réinsérer l'auteur du manquement par sa capacité à redresser la situation, restaurer les liens entre les personnes et apaiser toute la communauté éducative ». Face aux actes d'indiscipline, il convient de prendre les mesures appropriées afin de sanctionner les comportements contraires au règlement intérieur et au bon climat scolaire. Mais il est nécessaire aussi de mettre en œuvre une politique de prévention qui permette de limiter le recours à la sanction.
Le travail sur le **climat scolaire** permet d'améliorer les résultats scolaires, d'améliorer le bien-être des élèves et des personnels, de diminuer les inégalités scolaires, de diminuer l'absentéisme, les violences et le harcèlement. La sanction a une valeur éducative lorsqu'elle participe à la construction de la personnalité de l'enfant et lorsqu'elle vise à le responsabiliser, à instaurer ou à rappeler l'importance de la loi qui permet le vivre ensemble. **Pour être éducative, la sanction doit répondre à des principes et à des règles.** À l'école, les sanctions sont rares, au collège, elles sont plus codifiées.
La justice est un principe fondamental en vertu duquel les actions humaines doivent être sanctionnées ou récompensées en fonction de leur mérite au regard du droit (ensemble des textes juridiques établi par le bloc constitutionnel, la loi et la jurisprudence). **Dans les sociétés démocratiques, elle est constituée en institution indépendante (principe de séparation des pouvoirs exécutif, législatif et judiciaire), ce qui garantit à tous les citoyens le fonctionnement d'un État de droit** (respect des droits de la défense, respect et transparence des procédures…). La justice punit les infractions à la loi par des sanctions à visée éducative (comprendre le bienfondé de la loi et apprendre à la respecter) et/ou réparatrice (la réparation des torts faits à autrui, au patrimoine privé ou commun ou encore à l'environnement).

d. Les droits de la personne/les droits de l'enfant

Les droits de la personne

Les droits de la personne (appelés plus fréquemment droits de l'homme) sont l'une des grandes idées de notre époque dont chacun peut comprendre les différents aspects : tous les êtres humains, quels que soient leur religion, leur pays d'origine, ont des droits qui doivent être respectés par tous et protégés. Cette conception est récente et s'inscrit dans un combat qui commence au XVIIe siècle et se poursuit encore de nos jours.

On distingue les droits individuels, c'est-à-dire ceux que l'individu peut utiliser personnellement comme il le souhaite (par exemple, la liberté de se déplacer, de pensée, d'opinion) et que chacun peut exiger d'autrui qu'il les respecte, à condition qu'il respecte lui-même ceux d'autrui (Déclaration des droits de l'homme et du citoyen de 1789) et les droits collectifs, c'est-à-dire ceux qui ne peuvent s'exercer que si plusieurs personnes sont d'accord pour les mettre en œuvre ensemble (par exemple, le droit syndical, le droit de grève, le droit d'association). Ils sont collectifs aussi en ce sens que la collectivité a le devoir de les garantir (Préambule de la Constitution de 1946, Déclaration Universelle de 1948). Les droits collectifs, comme le droit à la paix ou au développement, sont présents dans les textes internationaux les plus récents (depuis les années 2000).

L'histoire des droits de la personne commence en Angleterre au XVIIe siècle avec l'*Habeas Corpus* (qui, étymologiquement signifie « Que tu possèdes ton corps » c'est-à-dire « Que tu aies la liberté d'aller et venir »). Les **philosophes français du XVIIIe siècle proposent d'établir les règles de la vie politique et sociale sur des principes nouveaux comme la liberté, l'égalité. Ces principes sont à l'origine de la Constitution américaine de 1787 et de la Déclaration des droits de l'homme et du citoyen de 1789.** Au XIXe siècle et au début du XXe siècle, en Europe et aux États-Unis notamment, les hommes et les femmes se battent d'une part pour prolonger, élargir leurs droits politiques et pour faire reconnaître des droits de nature différente comme le droit au travail ou le droit de grève.

Dans les années 1930, l'installation des totalitarismes constitue une négation des droits de la personne humaine. La Seconde Guerre mondiale, par les bombardements de populations civiles, par l'emploi généralisé de la torture, par la volonté d'extermination de tout un peuple, par l'utilisation de bombes atomiques est une **période de recul considérable en matière de droits de l'homme.** Après la victoire des alliés, le monde est traumatisé par l'ampleur de ces violations et une série de textes voient le jour, qui réaffirment solennellement ces droits et les étendent.

L'Organisation des Nations Unies, créée en 1945 sur initiative américaine, affirme dans sa charte et notamment dans l'article premier vouloir encourager le respect des Droits de l'Homme et des libertés fondamentales pour tous, sans distinction de race, de sexe, de langue ou de religion. **La Déclaration universelle de 1948, rédigée dans le cadre de l'ONU, proclame à nouveau les droits civils et politiques et les étend aux droits économiques et sociaux.** Dans le cadre du Conseil de l'Europe, est mise au point, en 1950, la Convention européenne de sauvegarde des droits de l'homme et des libertés fondamentales qui entre en vigueur en 1953, texte unique au monde car il institue un organisme de recours individuel.

En France, enfin, en 1944-45, de nouveaux droits sont proclamés : droit de vote accordé aux femmes, droit à une protection sociale pour tous par la création de la Sécurité Sociale. Le préambule de la Constitution de 1946 précise aussi les devoirs de la collectivité nationale. L'État devient un État social. D'autres avancées sociales sont acquises par la suite jusqu'à l'instauration de la semaine de 39 heures par le gouvernement Mauroy en 1982, puis de 35 heures par les lois Aubry de 1997. À la fin du xxe siècle, d'autres textes précisent les droits : pour les femmes la Convention sur l'Élimination de toutes les formes de discrimination à l'égard des femmes (1980) et pour les enfants, la Convention internationale des Droits de l'enfant (1989) rédigées dans le cadre de l'ONU.

Les droits de l'enfant

Les **droits de l'enfant** sont reconnus par la **Convention internationale des droits de l'enfant (CIDE)** qui a été adoptée à l'unanimité par l'ONU le 20 novembre 1989. Après sa ratification par 20 États, nombre nécessaire à son entrée en vigueur, la Convention est devenue un traité international le 2 septembre 1990. La Convention relative aux droits de l'enfant est le texte sur les droits de l'homme qui a été le plus rapidement accepté dans l'histoire. Aujourd'hui, 196 États ont ratifié la Convention. Les apports de la Convention sont importants. **En reconnaissant que tout enfant a des besoins spécifiques pour son développement et son épanouissement, elle donne une légitimité pleine et entière à la notion de droits de l'enfant. Elle a proclamé des droits civils** comme le droit à une filiation, à un nom, à une nationalité, le droit à une famille, des **droits économiques** comme le droit à la sécurité sociale, à la protection contre l'exploitation par le travail, des **droits sociaux** comme le droit à des soins particuliers pour les enfants présentant un handicap, des **droits culturels** comme le droit à l'éducation, au loisir et au jeu, le droit à la liberté d'expression. De plus, des droits nouveaux comme la prise en compte de la parole de l'enfant en justice pour les affaires le concernant, le droit à la protection contre l'exploitation sexuelle apparaissent pour la première fois dans un texte de référence international. Elle a permis aussi la reconnaissance de la protection des enfants contre toutes les formes de violences, de la nécessité de son développement et de sa survie dans son intérêt supérieur, de la participation c'est-à-dire du droit pour l'enfant d'agir par lui-même.

Réaliser un projet collectif est à la fois un droit et un devoir dans une société démocratique. C'est une des manifestations de la démocratie participative. **Le droit de participation démocratique est reconnu par la Convention internationale des droits de l'enfant (article 12). En fait, il s'agit d'apprendre aux enfants à participer et pas seulement à se faire représenter**. Dans cet objectif, on a mis en place depuis 1979, dans certaines communes, des Conseils municipaux d'enfants et depuis 1994 un Parlement des enfants pour les élèves élus de CM2 qui représente l'ensemble des circonscriptions législatives de métropole et d'outre-mer et siège chaque année dans l'hémicycle du Palais-Bourbon. Dans chaque département, ont été créés un conseil général des jeunes (élèves de collèges) et un conseil départemental de la jeunesse placé auprès du préfet et composé de membres âgés de 16 à 26 ans, nommés pour deux ans par le préfet.

Le droit d'expression des enfants et des adolescents s'est considérablement élargi au sein de l'école primaire, du collège et du lycée par l'élection de délégués de classe et de représentants des élèves au Conseil d'administration. À l'école élémentaire, on peut aussi mettre en place un **Conseil d'élèves** ou « Conseil de la classe ». Dans les lycées, en application de la Convention internationale des Droits de l'enfant et de l'article 10 de la loi d'orientation de juillet 1989 ont été créés les Conseils de la vie lycéenne (CVL) qui visent à améliorer le dialogue dans les établissements et par conséquent les conditions de la vie des lycéens, il en est désormais de même au collège, avec la création des Conseils de la vie collégienne.

2.2 Valeurs et principes et symboles de la République française

NE PAS CONFONDRE !

VALEURS : Une valeur est un sens donné à l'existence, un idéal qui motive à agir de telle manière plutôt que telle autre, faisant qu'il vaut « la peine », de vivre, de travailler, de souffrir, de sacrifier peu ou beaucoup de ses intérêts. La **liberté**, **l'égalité, la fraternité** constituent les valeurs de la République française, mais la justice, la paix, la solidarité, la laïcité, etc. sont également des valeurs.

PRINCIPES : La République repose sur des principes. Ces principes sont des règles absolues qui doivent être respectées au-dessus de toutes les autres règles, non seulement par les citoyens, mais également, et peut-être surtout par les hommes et les femmes et par les institutions qui occupent des situations de pouvoir. Les principes se traduisent eux par des **droits intangibles**, à la fois politiques et sociaux, qui ont été reconnus aux citoyens par les différents régimes républicains. Les principes de la République française sont l'indivisibilité, la laïcité, la République sociale, la démocratie ; ils sont inscrits dans la constitution.

e. Les valeurs républicaines

La connaissance de la République et son approfondissement à l'école mettent en évidence deux enjeux qui enrichissent le contenu et la pédagogie de l'Enseignement moral et civique (EMC), notamment en relation avec les quatre « cultures » définies (la sensibilité, le droit et la règle, le jugement, l'engagement).

- Le premier enjeu insiste sur les différentes facettes de la République. Abordée dans son épaisseur historique, géographique, sociale, symbolique, philosophique, etc., la République ne se présente pas seulement comme un mode d'organisation des pouvoirs et de gouvernement (défini par la Constitution). Elle introduit aussi un **projet démocratique en construction permanente**, un **espace public de politisation**, *un socle de valeurs*, de principes et de légalité, ou une **philosophie politique**, autant d'acceptions qui témoignent de sa vocation civique et morale.
- Le deuxième enjeu porte plus précisément sur cette dimension morale de la République, à savoir le corpus de valeurs qui s'y rattache et qui résulte de l'importance reconnue aux droits civiques fondamentaux aussi bien qu'aux exigences intellectuelles dans la construction de la personne.

Portrait de la République

La République en France n'est pas seulement un régime politique défini par une constitution, celle de 1958 (plusieurs fois révisée). Sa définition appelle d'autres approches pour lesquelles on dispose de ressources variées aux fins de les éclairer et de les incarner. Elle repose sur un volet moral d'autant plus présent qu'il est articulé sur la formation civique de la personne.

- Un régime de souveraineté et d'institutions

Le suffrage universel d'une part, des institutions d'État de l'autre apporte à la République ses fondements autant que ses modes de fonctionnement.

- Des fondements juridiques, des droits fondamentaux

La République se fonde également sur des libertés et droits fondamentaux qui ont été codifiés même si leur inscription dans la Constitution demeure plus limitée que pour d'autres régimes républicains (États-Unis, Allemagne).

- Une construction historique, une projection dans l'avenir

La République s'est construite dans une histoire longue qui commence bien avant la proclamation de la Ire République. Ce processus évolutif fait de la République un régime d'avenir. L'histoire de ce processus est donc constitutive de la République elle-même, à condition de pratiquer une histoire critique.

- Une philosophie politique, une culture civique

Le développement de la République s'est accompagné d'un investissement théorique formant une philosophie politique. Dans le même temps, elle s'est exprimée dans des symboles, des représentations, des mémoires qui continuent de fournir des imaginaires démocratiques à une société.

- Un ensemble de valeurs et de principes

À commencer par sa devise, la République s'inscrit dans les registres des valeurs et des principes qui prolongent sa visée rationnelle par une dimension spirituelle voire religieuse. Elle se définit ainsi par une constitution morale.

- Une appropriation sociale, individuelle et collective

La République est l'objet d'appropriations individuelles et collectives. Elle constitue l'une des sources principales de la politisation de la société, de sa reconnaissance de la politique comme progrès de civilisation.

- Un devoir d'enseignement et d'information

Le devenir de la République passe par la diffusion de la connaissance, l'élaboration des savoirs, la responsabilité de l'enseignement, l'éducation des citoyens, la garantie de l'information à la société.

- Un projet démocratique à interroger

En dépit des limites qu'on lui reconnaît où qu'elle révèle, la République représente dans cette pluralité d'approches un projet démocratique qu'il convient d'interroger, c'est-à-dire de connaître dans ses principes et ses fondements, et de confronter aux enjeux présents (sociaux, politiques, nationaux, internationaux).

Les valeurs de la République

Les valeurs de la République se rattachent pour commencer aux *valeurs humanistes* qui définissent le cadre civilisationnel d'émergence de la République, telles l'éthique de

vérité, l'exigence de raison, le bien public, l'esprit des lois, la tolérance ou la quête de la paix. Elles découlent fortement du choix des républicains d'associer à la République **une devise** qui renvoie à la dimension des valeurs.
Une autre voie pour aborder les valeurs de la République réside dans l'approche de la philosophie morale et politique qui se rapporte à la République, que de nombreux penseurs ont voulu identifier à l'idée républicaine.
Les valeurs de la République se fondent également sur le lien reconnu entre le développement de la personne humaine (à travers ses dimensions sensibles, intellectuelles, culturelles…) et la **formation du citoyen républicain** (à travers les dimensions de droit, d'engagement…). L'affirmation de la raison critique, l'expression de la pensée réflexive leur sont, par exemple, communes.
Les valeurs de la République renvoient aussi à l'élaboration et à la promotion de principes nouveaux comme liberté d'union et de mariage, l'égalité filles-garçons ou la parité dans le monde politique ou professionnel.

À RETENIR

La République française n'est pas réductible à un seul régime politique, c'est aussi un idéal de société –fondé sur la **communauté des citoyens** – qui suppose que chacun adhère aux valeurs et principes communs car ils sont les fondements du « pacte républicain » et assurent la légitimité des nouvelles lois. Il s'agit de ne pas se limiter à une simple énumération des valeurs et principes de la République française. Les élèves doivent en comprendre le sens à partir d'une réflexion sur **l'universalité des valeurs et la nécessité de les faire vivre**.
La République française est **indivisible, laïque, démocratique et sociale**. Questionner ces principes, c'est amener les élèves à comprendre qu'ils sont le fondement de la République (la *Res publica*, la chose commune), garantis par la Constitution. Ainsi la langue française a été ajoutée dans les principes républicains car elle constitue un des liens qui renforce le sentiment d'appartenance à une communauté. De même **la loi est la même pour tous**, sur l'ensemble du territoire national. À l'exception toutefois de certaines collectivités d'outre-mer (COM)
La frontière entre valeurs et principes est ténue, parfois perméable. Ainsi **la laïcité** est à la fois un principe et une valeur. C'est un principe qui caractérise un **État** dans lequel le pouvoir politique et administratif est indépendant de toute confession, et donc « **neutre** » (article 1 de la Constitution) ; mais c'est également une valeur, une éthique du vivre ensemble qui vise à assurer une égalité des citoyens sans aucune distinction entre eux. Elle garantit la **liberté de conscience**, de chacun : athée, agnostique ou croyant a les mêmes droits.
Au nom des valeurs et principes de la République, et pour répondre aux nouveaux enjeux économiques et sociétaux, la Constitution a été modifiée : **la langue** de la République est le français (1992), l'organisation du territoire est **décentralisée** (2003), la **Charte de l'environnement** (2004) est intégrée, la **parité** en politique des femmes et des hommes, dans l'accès aux mandats électoraux et fonctions électives est garantie, ainsi qu'aux responsabilités professionnelles et sociales (2008).

f. Les symboles de la République

Les **symboles de la République** ont en commun une origine révolutionnaire. La devise nationale, la fête nationale, *La Marseillaise*, le drapeau tricolore, la Déclaration des droits de l'homme et du citoyen de 1789 et Marianne sont symboliquement nés lors de la Révolution française, en rupture avec l'Ancien régime et ses symboles (la fleur de lys, le drapeau blanc et or…).
Ces symboles sont inscrits dans l'article 2 de la Constitution de 1958 : le drapeau, l'hymne et la devise. Cependant, Marianne, le 14 juillet, le coq, le sceau sont autant de symboles dans lesquels s'incarnent également la République française. La devise est à la fois symbole et principe. Elle devient symbole de la république quand elle est inscrite sur le fronton des mairies, les pièces de monnaie, les timbres…

Siffler publiquement *La Marseillaise* est un outrage

Pendant très longtemps, l'outrage aux symboles nationaux n'a pas été considéré comme délictueux par la loi française pour l'ensemble de la population française. Ce n'est qu'à la suite de la *Marseillaise* sifflée lors du match amical de football France-Algérie au Stade de France le 6 octobre 2001 que des sénateurs déposent un projet de loi visant à punir « les paroles, gestes, écrits ou images de nature à porter volontairement atteinte au respect dû aux symboles de la République que sont le drapeau et l'hymne national ». En mars 2003, un amendement à la loi pour la sécurité intérieure créé le délit d'outrage au drapeau et à l'hymne national.

1. Le drapeau

- **Emblème national de la Ve République, le drapeau tricolore est né de la réunion, sous la Révolution française, des couleurs du roi (blanc) et de la ville de Paris (bleu et rouge).**
- Avant d'être drapeau, le tricolore fut cocarde. La Fayette, raconte dans ses *Mémoires* que, trois jours après la prise de la Bastille, il obligea Louis XVI se rendant à l'hôtel de ville de Paris, à porter la cocarde tricolore.
- À l'automne 1790, l'Assemblée constituante décide que tous les vaisseaux de guerre et navires de commerce français porteront un pavillon aux trois bandes verticales : « rouge près de la hampe, blanc au centre et cette bande sera plus large que les autres, bleu enfin ». Le sens vertical des couleurs s'impose. En effet, depuis un siècle déjà, le pavillon néerlandais aux couleurs rouge, blanc, bleu disposées à l'horizontal flotte sur toutes les mers.
- Le drapeau tricolore ne prend sa forme définitive que le 15 février 1794 (27 pluviôse an II) lorsque la Convention décrète que le pavillon national « sera formé des trois couleurs nationales, disposées en bandes verticalement, de manière que le bleu soit attaché à la gaule du pavillon, le blanc au milieu et le rouge flottant dans les airs ». La légende voudrait que ce soit le peintre Jacques-Louis David qui ait choisi l'ordre des couleurs.
- Le drapeau tricolore disparaît avec le retour de la monarchie de 1814 à 1830. Lors des « Trois glorieuses », les 27, 28 et 29 juillet 1830, les républicains arborent sur les barricades comme signe d'insurrection et de ralliement contre Charles X, le drapeau

EMC

tricolore. Louis-Philippe réaffirme que le drapeau de la France est le drapeau bleu, blanc, rouge et peut ainsi proclamer : « La nation reprend ses couleurs ».

DÉFINITION

L'emblème est une couleur ou une forme conventionnelle de valeur symbolique destiné à représenter un être physique ou moral, un pays.

2. L'hymne national

- À l'origine, chant de guerre révolutionnaire et hymne à la liberté, *La Marseillaise* s'est imposée progressivement comme un hymne national. En 1792, à la suite de la déclaration de guerre du Roi à l'Autriche, un officier français en poste à Strasbourg, Rouget de Lisle compose, dans la nuit du 25 au 26 avril, chez Dietrich, le maire de la ville, le *Chant de guerre pour l'armée du Rhin*. Ce chant est repris par les fédérés de Marseille participant à l'insurrection des Tuileries le 10 août 1792. Son succès est tel qu'il est déclaré chant national le 14 juillet 1795.
- Interdite sous l'Empire et la Restauration, *la Marseillaise* est remise à l'honneur lors de la Révolution de 1830 et Berlioz en élabore une orchestration qu'il dédie à Rouget de Lisle.
- La IIIe République (1879) en fait un hymne national et, en 1887, une version officielle est adoptée par le ministère de la guerre. C'est également sous la IIIe République, le 14 juillet 1915, que les cendres de Rouget de Lisle sont transférées aux Invalides.
- En septembre 1944, une circulaire du ministère de l'Éducation nationale préconise de faire chanter *la Marseillaise* dans les écoles pour « célébrer notre libération et nos martyrs ». Le caractère d'hymne national est à nouveau affirmé dans les constitutions de 1946 et de 1958 (article 2).

DÉFINITION

Un **hymne** national est un chant patriotique à la gloire d'un pays.

3. La devise « LIBERTÉ, ÉGALITÉ, FRATERNITÉ »

- Associées par Fénelon à la fin du XVIIe siècle, les notions de liberté, d'égalité et de fraternité sont plus largement répandues au siècle des Lumières.
- Lors de la Révolution française, « Liberté, Égalité, Fraternité » fait partie des nombreuses devises invoquées. Dans un discours sur l'organisation des gardes nationales, Robespierre préconise, en décembre 1790, que les mots « Le Peuple Français » et « Liberté, Égalité, Fraternité » soient inscrits sur les uniformes et sur les drapeaux, mais son projet n'est pas adopté.
- Comme beaucoup de symboles révolutionnaires, la devise tombe en désuétude sous l'Empire. Elle réapparaît lors de la Révolution de 1848, empreinte d'une dimension religieuse : les prêtres célèbrent le Christ-Fraternité et bénissent les arbres de la liberté qui sont alors plantés. Lorsqu'est rédigée la constitution de 1848, la devise « Liberté, Égalité, Fraternité » est définie comme un *principe* de la République.
- Elle finit par s'imposer sous la IIIe République. On observe toutefois encore quelques résistances, y compris chez les partisans de la République : la solidarité est parfois

préférée à l'égalité qui implique un nivellement social et la connotation chrétienne de la fraternité ne fait pas l'unanimité. La devise est réinscrite sur le fronton des édifices publics à l'occasion de la célébration du 14 juillet 1880. Elle figure dans les constitutions de 1946 et 1958.

4. La Marianne

- Les premières représentations d'une femme à bonnet phrygien, allégorie de la Liberté et de la République, apparaissent sous la Révolution française.
- Symbole de liberté, le bonnet phrygien était porté par les esclaves affranchis en Grèce et à Rome. Un bonnet de ce type coiffait aussi les marins et les galériens de la Méditerranée et aurait été repris par les révolutionnaires venus du Midi.
- L'origine de l'appellation de *Marianne* n'est pas connue avec certitude. Prénom très répandu au XVIIIe siècle, Marie-Anne représentait le peuple. Mais les contre-révolutionnaires ont également appelé ainsi, par dérision, la République.
- Sous la IIIe République, les statues et surtout les bustes de *Marianne* se multiplient, en particulier dans les mairies. Plusieurs types de représentation se développent, selon que l'on privilégie le caractère révolutionnaire ou le caractère sage de la Marianne : le bonnet phrygien est parfois jugé trop séditieux et remplacé par un diadème ou une couronne.
- Aujourd'hui, Marianne a pu prendre le visage d'actrices célèbres. Elle figure également sur des objets de très large diffusion comme les timbres-poste.

5. La fête nationale

- Le **14 juillet** est institué « **fête nationale française** » par la loi en 1880, en référence au 14 juillet 1789, date de la prise de la Bastille, jour symbolique de la fin de l'absolutisme, de la société d'ordres et des privilèges, ainsi qu'au 14 juillet 1790, jour d'union nationale lors de la Fête de la Fédération.
- Ce n'est qu'à partir de 1879 que les Républicains contrôlent l'ensemble des institutions. L'enracinement de la République s'affirme par un ensemble de symboles, la mise en place de rituels et de pratiques collectives. Ainsi, en 1880, les députés républicains sont-ils confrontés à la nécessité d'offrir à la Nation, une fête collective dont il faut fixer la date, organiser le contenu. Les événements révolutionnaires se transforment en mythes fondateurs. Alors quelle date choisir ?
- La place du peuple dans l'événement choisi doit être centrale pour les députés. Entre 1789 et 1880 les dates possibles sont nombreuses. Si la révolution de 1830 offre les 27, 28 et 29 juillet, est-il possible de fêter la Nation par une date qui favorise l'arrivée au pouvoir des Orléanistes ? La Révolution de 1848 apparaît comme une évidence au socialiste Louis Blanc qui propose le 24 février, début des événements qui conduisent au suffrage universel, à l'abolition de l'esclavage, aux ateliers nationaux… Cependant l'élan généreux du printemps 1848, est stoppé par le passage au Second Empire.
- Les Républicains de 1880 voient d'un œil favorable le serment du Jeu de Paume, le 20 juin. Cependant le Tiers-État prêtant serment ce jour, dans un élan fixé dans les mémoires collectives par le peintre David, est en fait composé essentiellement de bourgeois, élus lors des élections pour une assemblée qui s'inscrivait bel et bien dans les outils de gouvernement de la monarchie.

- Alors le 14 juillet s'impose dans le débat. Certes, il devient date de fête nationale par élimination des autres dates possibles. Le 14 juillet remplit nombre de critères imposés : il s'agit bien d'une journée d'intervention du peuple français, en l'occurrence parisien dans le cadre de son émancipation, de la conquête de la liberté. Le peuple devient acteur de sa propre histoire. La Bastille symbolise au réel l'ensemble des formes d'arbitraire et de domination.
- Le 21 mai 1880, un député de Paris, Benjamin Raspail dépose un projet de loi adopté par la chambre des députés le 8 juin, puis par le Sénat le 29 du même mois. La loi est promulguée le 6 juillet, quelques jours avant la première célébration avec un programme au réel déjà préparé. Le jour de la fête est déclaré chômé, comme le sont certaines fêtes religieuses, mais aussi pour en faire une journée identique sur l'ensemble du territoire national.

6. Le coq

- Le coq apparaît dès l'Antiquité sur des monnaies gauloises. Il devient symbole de la Gaule et des Gaulois à la suite d'un jeu de mots : le terme latin *gallus* signifiant à la fois coq et gaulois.
- Disparu au haut Moyen Âge, on le retrouve en Allemagne dès le XIVe siècle pour évoquer la France. À partir du XVIe siècle, le Roi de France est parfois accompagné de cet oiseau sur les gravures, les monnaies etc.
- La Révolution française en a fait un plus large usage. On le trouve notamment représenté sur des assiettes et sur le sceau du Directoire. Proposé comme emblème à Napoléon Ier par une commission de conseillers d'État, il fut refusé pour la raison suivante : « le coq n'a point de force, il ne peut être l'image d'un empire tel que la France ».
- Par une ordonnance du 30 juillet 1830, le coq gaulois doit figurer sur les boutons d'habit et doit surmonter les drapeaux de la Garde nationale.
- Naturellement dédaigné par Napoléon III, il devient un symbole quasi officiel sous la IIIe République : la grille du parc du Palais de l'Élysée construite à la fin du XIXe siècle est ornée d'un coq et la pièce d'or frappée en 1899 également.

g. L'égalité des droits

La valeur de l'égalité se comprend d'abord comme **égalité des droits**, mais aussi comme acceptation des différences, avec un travail sur la **lutte contre les discriminations** et la **reconnaissance de l'altérité**.

Il s'agit de considérer que :

- La reconnaissance de la **dignité** inhérente à tous les membres de la famille humaine et de leurs droits égaux et inaliénables constitue le fondement de la liberté, de la justice et de la paix dans le monde.
- La prise de conscience collective que la méconnaissance et le mépris des droits de l'homme ont conduit à des actes de barbarie qui révoltent la **conscience de l'humanité** et que l'avènement d'un monde où les êtres humains seront libres de parler et de croire, libérés de la terreur et de la misère, a été proclamé comme la plus haute aspiration de l'homme. (*Déclaration universelle des droits de l'homme*, 10 décembre1948).

- La reconnaissance dans les **droits fondamentaux** de l'homme, dans la dignité et la **valeur de la personne humaine**, dans **l'égalité des droits des hommes et des femmes**, à favoriser le **progrès social** et à instaurer de meilleures conditions de vie dans une liberté plus grande.

h. L'égalité filles-garçons

GLOSSAIRE DE L'ÉGALITÉ FILLES-GARCONS

GENRE

Construction sociale qui différencie ce qui est féminin de ce qui est masculin et qui sert à évoquer les rôles attribués aux femmes et aux hommes.

Exemple : Le genre est en évolution constante en fonction de l'environnement socioculturel et des normes d'une société.

STÉRÉOTYPE

Idée préconçue, généralisation simplifiée appliquée à un groupe entier de personnes, sans tenir compte des caractéristiques individuelles.

Exemple : « Les filles n'ont pas le sens de l'orientation alors que les garçons savent se repérer dans l'espace » est un stéréotype.

PRÉJUGÉ

Attitude défavorable sans fondement envers une personne ou un groupe de personnes, souvent imposée par le milieu social, l'époque ou l'éducation.

Exemple : En classe, les garçons ont des préjugés sur les filles qui n'auraient pas l'esprit de compétition, ils les choisissent ainsi en dernier pour constituer leurs équipes lors des séances d'EPS.

MIXITÉ

Caractère de ce qui comprend la présence de personnes des deux sexes. Bien que les classes soient mixtes, les filles ou les garçons peuvent se retrouver en minorité dans certaines sections ce qui peut rendre l'intégration difficile.

Exemple : La mixité des établissements scolaires. La mixité n'est pas la parité, cf. définition de la parité.

PARITÉ

Présence des hommes et des femmes en égalité numérique.

Exemple : La parité hommes-femmes en politique.

Source : ONISEP.

Si l'identité sexuée est biologique, en revanche, **le genre** est culturel, social, historique et historicisé. Le genre c'est féminin et masculin alors que le sexe c'est femelle et mâle. **Le genre est donc un construit social** – contrairement au sexe – qui est une différentiation naturelle (ou en interaction avec le milieu) liée à la procréation. Le genre est donc une distinction entre les femelles et les mâles construite culturellement.

L'égalité des filles et des garçons est la première dimension de l'égalité des chances que l'École doit garantir aux élèves : il s'agit d'une obligation légale et d'une mission fondamentale.

Cependant, l'école rajoute des stéréotypes de genre spécifiquement scolaires sur ceux déjà construits par la famille. Par exemple, les interactions des enseignants avec les garçons dans les classes sont deux fois plus importantes que les interactions avec les filles. Les questions posées aux filles sont souvent moins complexes notamment en mathématiques et en calcul que celles posées aux garçons.
Les filles pourtant réussissent mieux partout aujourd'hui sauf en mathématiques et en technologie. Les filles ont en moyenne un an d'avance en lecture par rapport aux garçons. Les garçons ont, eux, trois mois d'avance par rapport aux filles en mathématiques... mais seulement à partir de 15 ans.
En fait, les attentes des enseignants sont très fortes concernant la réussite des garçons en mathématiques et celle des filles en lecture. Alors qu'aucune différence de niveau n'est constatée avant l'âge de huit ans les enseignants croient généralement que les filles sont moins bonnes que les garçons en mathématiques et meilleures que les garçons en lecture. Les garçons qui sont en réussite en mathématiques choisissent à 80 % d'aller vers des études supérieures dans le domaine contre 60 % des filles.
Enfin, il faut préciser que ce qui s'oppose à l'égalité filles-garçons, c'est l'inégalité filles-garçons. Ce qui s'oppose à la différence entre les filles et les garçons c'est la similitude, l'uniformité. Il peut donc y avoir « différence et égalité » comme il peut y avoir « différence et inégalité ». Il s'agit bien, en effet, d'inégalités en droits, devoirs et dignités entre les filles et les garçons.

Une obligation légale

L'École compte parmi ses missions fondamentales celle de garantir l'égalité des chances des filles et des garçons. C'est le sens des articles L. 121-1 et L. 312-17-1 du Code de l'éducation qui disposent que l'École contribue, à tous les niveaux, à **favoriser la mixité et l'égalité entre les femmes et les hommes**, notamment en matière d'orientation, ainsi qu'à **la prévention des préjugés sexistes et des violences faites aux femmes.**
La loi du 8 juillet 2013 est venue rappeler que la transmission du respect de l'égalité entre les femmes et les hommes se fait dès la formation dans les écoles élémentaires. Elle a en outre introduit ce nouvel enseignement moral et civique, qui « fait acquérir aux élèves le respect de la personne, de ses origines et de ses différences, de l'égalité entre les femmes et les hommes, ainsi que de la laïcité » (article L. 311-4 du Code de l'éducation). Elle a enfin inscrit dans les missions des écoles supérieures du professorat et de l'éducation celle de « sensibiliser l'ensemble des personnels enseignants et d'éducation à l'égalité entre les femmes et les hommes et à la lutte contre les discriminations » (article L. 721-2 du Code de l'éducation)
Concrètement, l'action du ministère en matière d'égalité s'inscrit dans le cadre de la convention interministérielle pour l'égalité entre les filles et les garçons, les femmes et les hommes dans le système éducatif (2019-2024). Au sein de la DGESCO, une mission « prévention des discriminations et égalité filles-garçons » est chargée du suivi de la mise en œuvre de cette convention, des relations interministérielles et interinstitutionnelles, des relations avec les associations ainsi que de l'animation d'un réseau national de chargé-e-s de mission académiques.

La convention interministérielle pour l'égalité entre les filles et les garçons, les femmes et les hommes dans le système éducatif (2019-2024)

La présente convention désigne comme **objectif prioritaire** une approche globale de l'éducation à l'égalité et est porteuse d'une vision partagée : la réussite de tous et toutes – élèves, apprentis ou étudiants – qui est au cœur de la mission du service public, suppose que l'École porte à tous niveaux le message de l'égalité entre les filles et les garçons et participe à modifier la division sexuée des rôles dans la société.

La convention interministérielle 2019-2024 dégage cinq grands axes d'intervention :

- Un pilotage de la politique de l'égalité au plus près des élèves et des étudiants.
- La formation de l'ensemble des personnels.
- La transmission d'une culture de l'égalité et du respect mutuel.
- La lutte contre les violences et cyberviolences sexistes et sexuelles.
- Une politique d'orientation en faveur d'une plus grande mixité des filières et métiers.

Le texte a vocation à être décliné dans tous les territoires, sous la responsabilité des recteurs et rectrices, en offrant un cadre aux différents réseaux territoriaux, notamment celui des chargés de mission académiques pour l'égalité filles-garçons. Il s'agit de favoriser la mise en œuvre et le déploiement d'actions partenariales au plan local et, suivant les spécificités des territoires, avec les collectivités locales, le monde de l'entreprise, le secteur de la santé et du social ou encore les associations (*Femmes et mathématiques*, *Femmes et sciences*, *Femmes ingénieurs*...).

i. La laïcité

La laïcité au cœur des valeurs de la République et de l'école

La laïcité occupe une place singulière au sein des valeurs qui sont au fondement de la République française et de l'école : elle fait en effet partie du contrat social, du contrat scolaire et du contrat pédagogique qui lie enseignants et élèves.

- **La laïcité fait partie du contrat social depuis la loi de séparation des Églises et de l'État du 9 décembre 1905** faisant de la République française un État laïque. Le préambule de la Constitution de 1946 ainsi que la Constitution de la Ve République (1958) l'ont consacrée « principe constitutionnel de la République française ». La laïcité de l'État a pour conséquence sa neutralité à l'égard des religions, des convictions et des options spirituelles. Pour le citoyen, elle signifie le découplage de la citoyenneté et de l'appartenance confessionnelle assorti de la garantie de la liberté de conscience comme droit fondamental.
- **La laïcité fait partie du contrat scolaire depuis la fin du XIXe siècle pour l'école primaire** : elle est l'un des trois piliers de l'école républicaine avec la gratuité et l'obligation. La loi du 15 mars 2004, interdisant aux élèves le port de signes religieux ostensibles dans les premier et second degrés, a renforcé ce principe en protégeant ainsi les élèves de tout prosélytisme au sein des écoles et des établissements scolaires.
- **La laïcité fait aussi partie du contrat pédagogique implicite qui lie enseignants et élèves**, ce que rappelle la Charte de la laïcité à l'école, tout particulièrement

les articles 6, 7, 8, 9, 11, 12 et 13 : par ses contenus, ses méthodes et ses objectifs, l'école est laïque. Les enseignants se font une obligation de l'objectivité et de l'impartialité ; ils s'engagent à transmettre à tous les élèves une culture commune et partagée (art. 7 de la Charte de la laïcité à l'école).

Que ce soit au niveau de la classe, de l'école ou de l'établissement, les conseils d'élèves permettent ainsi à un groupe d'élèves de se responsabiliser collectivement et à chacun d'eux de s'y intégrer, favorisant ainsi le développement de la solidarité, tout en contribuant à l'amélioration du climat scolaire

La laïcité dans les programmes de l'enseignement moral et civique

Dans les programmes de l'enseignement moral et civique, la laïcité est à la fois un cadre, une méthode, une éthique et un contenu d'enseignement.

- **Un cadre.** Ainsi que le rappellent les principes de l'Enseignement moral et civique, « L'éducation morale n'est pas du seul fait ni de la seule responsabilité de l'école ; elle commence dans la famille. L'enseignement moral et civique se fait quant à lui dans le cadre laïque qui est celui de la République. Ce cadre impose de la part des personnels de l'Éducation nationale une évidente obligation de neutralité, mais celle-ci ne doit pas conduire à une réticence, voire une abstention, dans l'affirmation des valeurs transmises. Les enseignants et les personnels d'éducation sont au contraire tenus de promouvoir ces valeurs dans tous les enseignements et dans toutes les dimensions de la vie scolaire ». Comme cadre, la laïcité doit être comprise comme garante de la séparation et du respect réciproque des principes de l'éducation dans la sphère publique et la sphère privée.
- **Une méthode.** Comme méthode, la laïcité doit être comprise comme condition de l'exercice du jugement critique et d'une pensée affranchie des préjugés. La laïcité suppose des valeurs : la liberté de pensée, la liberté de croyance et de conviction, le refus des dogmes, le droit au doute, le droit à l'erreur, le goût de la démonstration et la recherche de la preuve, l'objectivité, la tolérance, le goût de la recherche de la vérité, l'acceptation des désaccords. S'appuyant sur ces valeurs, la liberté d'expression s'exerce toujours, à l'école comme dans la société, dans le respect des règles et des lois communes.
- **Une éthique.** Quel que soit le domaine d'enseignement, enseigner à l'école de la République suppose toujours la mise en œuvre d'une **éthique laïque enseignante** : elle se traduit dans l'interdiction de tout prosélytisme, de toute propagande et de toute pression exercés sur les élèves, mais aussi dans le refus de l'endoctrinement, dans la vigilance à l'égard des préjugés, des stéréotypes et des vérités toutes faites. Ce que formule l'art. 12 de la Charte de la laïcité à l'école : « Afin de garantir aux élèves l'ouverture la plus objective possible à la diversité des visions du monde ainsi qu'à l'étendue et à la précision des savoirs, aucun sujet n'est a priori exclu du questionnement scientifique et pédagogique ». Ce principe est électivement mis en œuvre dans le cadre de l'enseignement moral et civique où sont questionnées et discutées les valeurs, où la parole de l'élève est placée au cœur des séances, où l'élève est mis en situation d'exprimer et d'argumenter son point de vue, où les désaccords peuvent surgir au sein de la classe témoignant de la « diversité des visions du monde ».

- **Un objet d'enseignement et d'apprentissage.** Dans les programmes de l'enseignement moral et civique, la laïcité est aussi un objet d'enseignement : l'élève apprend **comment et pourquoi la laïcité est un principe organisateur du vivre ensemble dans la République française**, notamment à travers l'étude de la **Charte de la laïcité à l'école**, qui peut faire l'objet d'une approche à tout âge, pourvu que ses contenus soient adaptés à la maturité des élèves. Elle fait également l'objet d'une **approche nourrie par l'histoire** dans le cadre d'un travail sur la conquête des droits fondamentaux, autour de la Déclaration des droits de l'Homme et du Citoyen de 1789, par exemple. Elle a aussi toute sa place, à l'école primaire notamment, dans le cadre du travail sur les **règles de vie de la classe et de l'école**. C'est là le moyen de **redynamiser l'apprentissage des règles de vie** en montrant leur lien intrinsèque avec les valeurs communes. Un principe guide l'apprentissage de la laïcité comme contenu d'enseignement : une approche conceptuelle n'est pas souhaitable, la laïcité étant un concept trop abstrait et trop difficile pour les élèves, notamment les plus jeunes ; **un support concret** (Charte de la laïcité à l'école, textes fondateurs de la République et de la démocratie, règles de vie, situations de classe…) **est toujours préférable.**

2.3 Connaître les cadres de d'une société démocratique

a. La citoyenneté

Quelques idées reçues : La citoyenneté, c'est posséder le droit de vote ?
Tout citoyen a effectivement le droit de vote, mais la citoyenneté ne doit pas se résumer simplement à l'exercice de ce droit, c'est aussi un **idéal**. Si la *Déclaration universelle des droits de l'homme* affirme (article 2) que « chacun peut se prévaloir de tous les droits et de toutes les libertés proclamées dans la présente Déclaration », elle précise également (article 29) que « l'individu a des devoirs envers la communauté dans laquelle seul le libre et plein développement de sa personnalité est possible ».

La citoyenneté est intimement liée à la démocratie. Être citoyen implique que l'on fasse partie d'un corps politique, d'un État. En France, la Constitution de la Ve République définit comme citoyens, donc électeurs, « tous les nationaux français majeurs des deux sexes, jouissant de leurs droits civils et politiques » (article 3).

Aux origines de la citoyenneté

- La Grèce antique est à l'origine de la citoyenneté moderne grâce à l'invention de la cité grecque (*polis*). La **politique** alors se développe comme un domaine autonome de la vie collective. La *polis* est fondée sur l'égalité de tous les citoyens masculins, mais tout le monde ne peut pas devenir citoyen, la cité est fermée ethniquement.
- À Athènes, les citoyens étaient ceux qui participaient aux décisions de la cité (lois, guerres, justice, administration), aux débats à l'*agora* et étaient les seuls à pouvoir posséder la terre par opposition aux métèques et aux esclaves. Pour être citoyen athénien, il fallait être de sexe masculin, avoir plus de dix-huit ans, être libre, être né de père citoyen et, sous Périclès, à partir de 451 av. J.-C., être de mère elle-même fille

EMC

de citoyen. Tout citoyen athénien était dans l'obligation de faire son service militaire (l'éphébie), après quoi il devenait réellement citoyen.

• La démocratie athénienne, instaurée au VIe siècle par Solon, était une démocratie directe. La hiérarchie entre les hommes était abolie ; l'activité politique restait réservée aux membres les plus favorisés de la cité qui pouvaient se rendre aux différentes assemblées sur leur temps de travail. Vers 454 av. J.-C., Périclès accorde une rétribution (*misthos*) à tous ceux qui occupent une fonction publique afin d'encourager la participation des citoyens les plus modestes à la vie publique. Le *misthos* fut aboli vers 411 av. J.-C., pendant la guerre du Péloponnèse qui opposait Athènes à Sparte.

DÉFINITION

Un **citoyen** est une personne qui relève de l'autorité et de la protection d'un État et qui jouit de droits civiques et qui possède des devoirs envers cet État.

Quid de la citoyenneté ?

C'est un concept qui se décline à trois niveaux : les relations interindividuelles (**civilité**), les relations avec l'ensemble du groupe social (**civisme**), les relations avec tout homme en tant que membre d'une unité politique et sujet de droit (**citoyenneté**).

Citoyenneté

La citoyenneté est la **condition juridique et politique du citoyen**, c'est-à-dire celle de l'individu partageant les droits et les obligations d'autres individus au sein d'une unité politique. La notion est à la fois un principe de légitimité politique, puisque le citoyen est « détenteur d'une part de la souveraineté », et une notion juridique. Il y a en effet des conditions juridiques à la citoyenneté et à son exercice, des droits et des obligations.

Civilité

La notion de civilité, proche de la politesse, appartient au champ lexical de la civilisation ou de l'urbanité. Le centre de gravité de la notion réside dans les qualités de sociabilité : renvoyant aux rituels et aux valeurs partagées dans un espace social.

Civisme

La notion de civisme est intermédiaire entre citoyenneté et civilité : entre vertu personnelle et obligation juridique. Elle désigne « un dévouement particulier à la chose publique », un « sens des devoirs collectifs au sein d'une société donnée » (B. Valade). Ces devoirs s'expriment dans des actions positives, historiquement et socialement déterminées, par exemple le vote, mais ces devoirs s'expriment plus généralement dans le respect des lois et par toute action individuelle dont le sens repose sur la relation de l'individu à l'unité politique.

b. La démocratie

La **démocratie** (pouvoir du peuple) désigne un **régime politique**, et donc **la forme de la souveraineté, qui s'oppose à la monarchie** (pouvoir d'un seul) **et à l'oligarchie** (pouvoir de quelques-uns).

Elle peut être **directe** (référendum ou suffrage universel direct) ou **indirecte**. Elle implique ou présuppose que le citoyen se considère comme une partie de la souveraineté et qu'il exerce cette souveraineté (en participant aux suffrages, aux mandats, etc.).
En ce sens, elle repose sur l'égalité des droits politiques des citoyens.

c. La république

La république désigne, en un sens littéral, la « chose publique », c'est-à-dire l'ensemble des activités et des biens que des citoyens ont choisi de mettre en commun.
En son sens constitutionnel, la République désigne non pas un régime politique, mais une **forme de l'État**.
Elle renvoie à deux dimensions distinctes : d'abord, le **caractère public et ouvert du pouvoir politique**, qui pourra être exercé par les citoyens — au contraire des formes monarchique ou impériale ; ensuite, une **séparation des pouvoirs**, permettant de garantir l'efficacité et la finalité de chacun.

d. Les grands textes juridiques fondateurs

Les textes ci-dessous sont proposés à titre indicatif, la liste n'en est pas exhaustive. Sont indiqués entre parenthèses la date et le lieu de l'adoption officielle du texte ou de son ouverture à la signature lorsqu'il s'agit d'un traité international.

Textes français

- La **Déclaration des droits de l'Homme et du citoyen** (Versailles, 26 août 1789).
- La **loi du 8 juillet 2013** précise que la Déclaration des droits de l'homme et du citoyen de 1789 doit être affichée de manière lisible au sein de tous les établissements scolaires publics ou privés (une affiche imprimable est disponible sur éduscol).
- Le **Préambule de la constitution du 27 octobre 1946.**
- La **Constitution du 4 octobre 1958.**

NB : D'autres pays que la France ont adopté, dans leur histoire, des textes ayant eu une portée importante dans le domaine de la reconnaissance des droits de l'homme (la Magna Carta de 1215, l'acte d'Habeas Corpus de 1679 ou le Bill of Rights de 1689 en Angleterre, la Déclaration d'Indépendance des États-Unis du 4 juillet 1776, etc.)

Textes européens

On pourra se référer principalement à trois textes fondamentaux :

- La **Convention de sauvegarde des droits de l'homme et des libertés fondamentales** (Rome, 4 novembre 1950), ce texte est communément appelé **Convention européenne des droits de l'homme** (**CEDH**). Il a de nombreux protocoles additionnels, le site du Conseil de l'Europe propose des ressources pédagogiques sur la convention.
- La **Charte sociale européenne révisée** (Strasbourg, 3 mai 1996). Ce texte actualise et renforce les droits garantis initialement par la **Charte sociale européenne** (Turin, 18 octobre 1961) qui reste toujours en vigueur pour certains pays.
- La **Charte des droits fondamentaux de l'Union européenne** (Nice, 7 décembre 2000), déclaration résumant l'ensemble des droits civiques et sociaux des citoyens

EMC

européens ainsi que de toutes personnes vivant sur le territoire de l'Union européenne, le **traité de Lisbonne** du 13 décembre 2007 lui confère une valeur contraignante (pour la plupart des États membres).

On pourra également se référer aux textes suivants, portant sur des thèmes plus spécifiques :

- La **Convention européenne sur l'exercice des droits des enfants** (Strasbourg, 25 janvier 1996).
- La **Convention pour la protection des enfants contre l'exploitation et les abus sexuels** (Lanzarote, 25 octobre 2007).

Textes internationaux

À la base du système international des droits de l'homme se trouve **la Charte internationale des droits de l'homme** de l'ONU. Elle comprend trois grands textes :

- La **Déclaration universelle des droits de l'homme** (Paris, 10 décembre 1948). Des ressources pédagogiques (en français) ainsi qu'une affiche de la déclaration à télécharger sont proposés sur le site de l'ONU.
- Le **Pacte international relatif aux droits civils et politiques** (New York, 16 décembre 1966), son 1er protocole facultatif (New York, 16 décembre 1966) et son 2nd protocole facultatif visant à abolir la peine de mort (New York, 15 décembre 1989).
- Le **Pacte international relatif aux droits économiques, sociaux et culturels** (New York, 16 décembre 1966) et son protocole facultatif (New York, 10 décembre 2008).

On pourra également se référer aux textes suivants, portant sur des thèmes plus spécifiques :

- La **Convention pour la prévention et la répression du crime de génocide** (Paris, 9 décembre 1948).
- La **Convention internationale sur l'élimination de toutes les formes de discrimination raciale** (New York, 21 décembre 1965).
- La **Convention sur l'élimination de toutes les formes de discrimination à l'égard des femmes** (New York, 18 décembre 1979) et son protocole facultatif (New York, 10 décembre 1999).
- La **Convention relative aux droits de l'enfant** (New York, 20 novembre 1989), ce texte est communément appelé **Convention internationale des droits de l'enfant (CIDE)**. Son 1er protocole facultatif concernant l'implication d'enfants dans les conflits armés (New York, 25 mai 2000) et son 2nd protocole facultatif concernant la vente d'enfants, la prostitution des enfants et la pornographie mettant en scène des enfants (New York, 25 mai 2000). Le site de UNICEF-France propose un dossier présentant cette convention. On pourra également télécharger une affiche de la convention sur le site du CLEMI.
- La **Convention internationale sur la protection des droits de tous les travailleurs migrants et des membres de leur famille** (New York, 18 décembre 1990).
- La **Convention relative aux droits des personnes handicapées** (New York, 13 décembre 2006)

Deux exemples de **mise en œuvre**

L'égalité garçons/filles en cycle 2 : « Les garçons et les filles, nous sommes pareils, différents, égaux ? »

Discussion à visée philosophique à partir de l'album *Rose Bonbon* d'Adela Turin (Actes Sud Junior).

Mots-clés

- Égalité entre les hommes et les femmes.
- Esprit critique et débat démocratique.

Référence au programme

- Disciplines : Enseignement moral et civique et Français
- Outil de l'EMC : Discussion à visée philosophique : *L'égalité de tous, élèves ou citoyens, devant la loi.*
- Les droits égaux des garçons et des filles dans toutes les situations de la vie scolaire.

La discussion à visée philosophique (DVP) ?

La discussion à visée philosophique (DVP) appartient à la catégorie des débats réglés. Cette approche, tant dans sa démarche que dans les apprentissages qu'elle met en jeu, relève d'un type particulier d'oral réflexif (qui n'exclut aucunement le recours à l'écrit).

La DVP ou oral réflexif a pour objet de réfléchir au sens des choses, en dehors de toute prise de décision et sans viser l'action. De façon générale, cette réflexion implique de sortir de soi-même, de partager les questions existentielles dans le temps et l'espace pour penser notre condition humaine dans ce qui fonde notre rapport au monde, aux autres… Elle a pour moyen ce qui nous est commun et nous relie à tous les autres : l'universel de la raison.

La DVP se distingue donc, par ses objectifs, d'autres formes de débats réglés, notamment :

- **le conseil de vie de classe ou conseil d'élèves** dans lequel les élèves vont apprendre à gérer l'espace commun de façon démocratique : fonctionnement de la classe (élaboration des règles de vie, règlement des conflits) ; dont l'enjeu est l'action, la prise de décision et l'engagement dans une collectivité ;
- **l'espace de parole pour se dire** (souvent effectué dans le cadre des Rased avec le psychologue scolaire) car la psychologie s'adresse à chacun de nous en ce qui nous différencie de tous les autres, en visant ce que nous avons d'unique à travers une histoire particulière, déterminée dans le temps et l'espace, des préoccupations et des désirs personnels (l'affect). **Cela implique que la DVP n'est ni un apprentissage de la démocratie, ni un lieu de parole.** L'exigence visée, la règle implicite qui régit l'échange, est **l'accès à la pensée en ce qu'elle ouvre vers l'universel** : ce qui vaut pour tout autre que moi. Cela exclut donc la simple juxtaposition des opinions comme la simple expression du « moi je ».

Connaissances, Capacités et attitudes

- **Connaissances** : Approche des préjugés et des stéréotypes à partir de situations de la vie de la classe ou de situations imaginaires tirées de récits, de contes ou d'albums de littérature de jeunesse.
- **Capacités** : Organisation de débats réglés sur ces situations.
- **Attitudes** : Exposer une courte argumentation pour exprimer et justifier un point de vue et un choix personnels ; S'affirmer dans un débat sans imposer son point de vue aux autres et accepter le point de vue des autres.

Matériel et support pédagogique

Album de littérature de jeunesse : Adela Turin, *Rose bonbon*, Actes Sud Junior.
Pâquerette, une jeune éléphante rebelle, refuse obstinément de se plier aux normes d'une société très patriarcale qui impose aux filles de manger des « anémones qui rendent roses » et les empêche de sortir de leur enclos. **Refusant d'obéir à ces ordres injustes**, Pâquerette reste grise, joue dehors et **s'émancipe**. D'abord choquées et effrayées par cette conduite, toutes les autres éléphantes finissent par suivre son exemple. Filles et garçons construisent alors une société basée sur l'égalité entre les sexes.
Cet album illustre à sa façon la célèbre phrase de Simone de Beauvoir : « On ne naît pas femme, on le devient » : en choisissant de ne pas reproduire les **préjugés** et **stéréotypes sexistes et inégalitaires,** Pâquerette va changer la société et imposer **l'égalité et la liberté** entre tous les membres de la Cité.

Description de la séance

- **Déroulement de la séance** : 45 min. maximum (la durée de la séance doit être adaptée en fonction de l'intérêt et de l'investissement des élèves).
- **Matériel** : l'album, Rose bonbon.
- **Règle du débat** : on demande la parole, on écoute les autres sans se moquer, on réfléchit avant de parler, on donne des arguments pour justifier ce que l'on dit (cf. le débat réglé et la DVP).
- **Rôle du maître** : il préside la séance. Il répartit démocratiquement la parole dans le groupe. Il favorise la qualité de l'argumentation (« Pourquoi dis-tu cela ? », « Peux-tu donner un exemple ? », « Est-ce que c'est toujours vrai ? »). Il reformule et fait la synthèse des échanges.

Déroulement

Phase 1. Le professeur lit l'intégralité de l'album à voix haute. Puis, il demande aux élèves : « Les garçons et les filles, nous sommes pareils ? Différents ? Égaux ? ».
Phase 2. Laisser 10 minutes aux élèves – <u>seuls</u> ou en <u>petits groupes</u> – pour <u>réfléchir à la question</u>. Ils peuvent écrire leurs idées.
Phase 3. <u>Reprise du débat en grand groupe</u>. Relancer la discussion avec les questions suivantes :

- Pourquoi les éléphantes et les éléphants n'ont-ils pas la même couleur au début de l'histoire ?
- Est-ce qu'ils naissent différents ou est-ce qu'ils le deviennent ?
- Pourquoi ne vivent-ils pas ensemble ? Pourquoi n'ont-ils pas les mêmes droits ?

- Pourquoi Pâquerette ne veut-elle pas devenir comme les autres éléphantes ? Que pensez-vous de sa réaction ? Que pensez-vous de la réaction du père de Pâquerette ?
- Selon vous, Pâquerette a-t-elle raison de désobéir ?
- Que pensent les autres éléphantes de l'attitude de Pâquerette ? Que pensez-vous de leurs réactions ?
- Pourquoi à la fin les éléphants et les éléphantes ont-ils toute la même couleur ?
- Qu'est-ce que cette histoire nous apprend sur la différence garçons / filles ?

Phase 4. Faire une synthèse écrite de la discussion. Quelques exemples d'autres questions que peut poser le professeur pendant la discussion pour permettre aux élèves d'approfondir leurs réflexions :

- Quelles sont les différences entre les garçons et les filles ?
- Qu'avons-nous de vraiment différent ?
- Qu'avons-nous de commun ?
- Avons-nous plus de différences ou de points communs ?
- D'où viennent nos différences ?
- Y a-t-il des « jeux de filles » et des « jeux de garçons » ?
- Qu'est-ce que les filles ne peuvent pas faire comme les garçons ? Qu'est-ce que les garçons ne peuvent pas faire comme les filles ? Trouvez-vous ça normal, juste, injuste ?
- Peut-on être à la fois différents et égaux ?

Cette séance peut s'intégrer à une séquence **plus globale** où il est possible de travailler en réseau avec **d'autres supports traitant de l'égalité garçons / filles**.

On peut ainsi visionner avec les élèves le film de S. Daldry, *Billy Elliot* et lire d'autres albums sur ce thème, comme par exemple :

- Brigitte Labbé et Michel Puech, *Les garçons et les filles*, Paris, Milan, coll. « Les goûters philo », 2005.
- Kitty Crowther, *Poka et Mine : Le football*, Pastel, 2012.
- Nathalie Hense, *Marre du rose*, Albin Michel Jeunesse, 2009.

Évaluations possibles

- Compréhension du récit
- Évaluation entre pairs (participer au débat, rester dans le sujet, donner des arguments)/ auto-évaluation.

Ressources pour aller plus loin sur l'égalité filles-garçons

- Edwige Chirouter, *Aborder la philosophie en classe à partir d'albums de jeunesse*, Paris, Hachette Éducation, 2011.
- Le site de *Canopé* qui contient de nombreux liens vers d'autres sites.

Droits/devoirs – Les droits de l'enfant au cycle 3 (CM2) : L'étude de la *Convention internationale des droits de l'enfant* de 1989 (articles 2, 6 et 9)

Objectifs

- Faire connaître les droits de l'enfant.
- Faire comprendre que la Convention internationale des droits de l'enfant (CIDE) est le résultat d'un processus historique qui a commencé au XIXe siècle en France par la loi de 1841.
- Étudier les articles 2, 6 et 9 (refus des discriminations ; droit à la vie ; droit à une protection particulière).

Supports

- Articles 2, 6 et 9 de la CIDE simplifiés :
  - Article 2 – Tous les droits doivent être accordés à tous les enfants sans distinction, indépendamment de toute considération de race, de sexe, de couleur, de langue, de religion, d'opinion publique ou autre de l'enfant ou de ses parents.
  - Article 6 – Tout enfant a droit à la vie, les États assurent sa survie et son développement dans la mesure du possible.
  - Articles 9, 10 – L'État prévoit la protection juridique de l'enfant dans ses rapports avec sa famille naturelle ou adoptive, sa protection en l'absence de milieu familial.
- 2 affiches et une photographie :

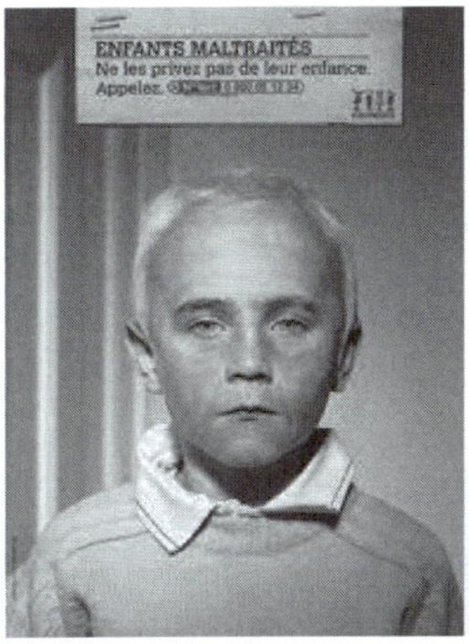

Square Bousicaut interdit aux enfants juifs sous l'occupation allemande

Déroulement de la séance

1. **Observation de l'affiche de l'UNICEF et questionnement** : que représente cette affiche ? Nomme les droits de l'enfant qui figurent sur cette affiche et classe les droits de l'enfant en trois colonnes : droit à la protection, droit au développement, droit à la participation.

2. **Observation de l'affiche de « Enfance et partage » et questionnement** : que représente cette affiche ? Décris les photographies des enfants. Recherche dans un dictionnaire ce qu'est la maltraitance. Que dois-tu faire si tu connais un enfant maltraité ?

3. **Observation de la photographie et questionnement** : que représente cette photographie ? Lis la légende et recherche dans ton livre d'histoire le chapitre consacré à

l'occupation allemande de la France. Quand a-t-elle eu lieu ? Qu'est-il arrivé aux Juifs pendant cette période ? Quel droit de l'enfant n'est pas appliqué ici ?
4. **Trace écrite possible** : la France applique la Convention internationale des droits de l'enfant de 1989 au nom de l'intérêt de l'enfant. Tout enfant a droit à la vie, à la protection de sa santé, a le droit de vivre dans sa famille. Il doit être protégé contre toutes les formes de discrimination et de violence. S'il se sent en danger, il peut appeler le 119 « allô enfance en danger ». L'enfant a aussi des devoirs. Il doit respecter les autres (ses parents, les adultes, ses camarades) et il doit aussi respecter la loi (le règlement intérieur de l'école).

Évaluation

Quelle(s) forme(s) ?

À la lecture des programmes 2015 et du document d'accompagnement sur l'évaluation en EMC[1], l'évaluation apparaît désormais **positive**, **progressive**, **coopérative** (co-évaluation des élèves, modalités de l'évaluation dans l'esprit des nouveaux programmes)[2]. L'EMC est, par la nature de ses programmes d'enseignement, la discipline qui porte cet esprit. Cela laisse beaucoup de **liberté d'adaptation pédagogique** et confère en même temps une responsabilité importante à chacun.

Il appartient désormais aux enseignants d'**évaluer les élèves en situation**(s) **à l'oral** à travers des **grilles d'évaluation** ; à travers **des productions écrites**, **portfolio** (pour les connaissances) même si les connaissances peuvent faire l'objet, selon la compétence du socle, d'une évaluation dite « sommative », elle peut aussi s'évaluer à travers des attitudes adaptées en situation (Émotions : EPS ; Débat : respect…).

Il s'agira donc plutôt de **construire des dispositifs d**'évaluation et/ou d'**utiliser l'interdisciplinarité au besoin**.

Les grilles peuvent être un outil qui peut être précisé, adapté, transféré, selon les cas. Cela donne surtout à voir un **nouveau traitement de l'évaluation en permettant un transfert efficace à un livret de compétences** trimestriel, par exemple.

L'auto-évaluation pourrait être ici utilisée en guise d'**évaluation initiale** ou **formative** (dans ce cas elle devient d'ailleurs formatrice). Mais elle peut tout aussi bien compléter l'évaluation du maître lors de **l'évaluation sommative**. Dans l'acquisition d'une compétence précise, ici les droits des enfants, elle permet à l'élève de vérifier que son travail en autonomie est complet.

1. http://eduscol.education.fr/ressources-emc.
2. Cf. chapitre sur Évaluer.

25 Construire une culture civique

Plan du chapitre

1 Ce que dit le programme

Finalités	Modalités pratiques et méthodes de l'enseignement moral et civique
• La **conception républicaine de la citoyenneté** insiste à la fois sur l'autonomie du citoyen et sur son appartenance à la communauté politique formée autour des valeurs et principes de la République. Elle signale **l'importance de la loi et du droit**, tout en étant ouverte à l'éthique de la discussion qui caractérise **l'espace démocratique**. • Elle trouve son expression dans le socle commun de connaissances, de compétences et de culture, selon lequel l'École « permet à l'élève d'acquérir la capacité à juger par lui-même, en même temps que le sentiment d'appartenance à la société. Ce faisant, elle permet à l'élève de développer dans les situations concrètes de la vie scolaire son aptitude à vivre de manière autonome, à participer activement à l'amélioration de la vie commune et à préparer son engagement en tant que citoyen ». • La **culture civique** portée par l'enseignement moral et civique articule quatre domaines : la sensibilité, la règle et le droit, le jugement, l'engagement.	• L'enseignement moral et civique à l'école participe de cette **culture civique** qui repose sur ces **principes** et **valeurs**, qui sont nécessaires à la vie commune dans une société démocratique et constituent un bien commun s'actualisant au fil des débats dont se nourrit la République. La **participation démocratique** avec le principe du vote démocratique dans les conseils d'élèves doit être au cœur des pratiques pédagogiques. • L'enseignement moral et civique articule des valeurs, des savoirs (littéraires, scientifiques, historiques, juridiques, etc.) et des pratiques. **La place de l'oral** y est prépondérante dans les activités. Il requiert l'acquisition de **connaissances** (savoirs), de **capacités** (savoir-faire) et d'**attitudes** (savoir-être) dans les quatre domaines de la culture civique et donne lieu à des *traces écrites* et à une évaluation positive et bienveillante. L'enseignement moral et civique s'effectue, chaque fois que possible, à partir de l'analyse de situations concrètes. • **Le débat réglé, le tutorat entre pairs, la coopération,** sont autant d'outils en EMC à disposition des enseignants pour permettre d'encourager les conduites d'entraide.

– La **culture de la sensibilité** permet d'identifier et d'exprimer ce que l'on ressent, comme de comprendre ce que ressentent les autres. Elle permet de se mettre à la place de l'autre. – **La culture de la règle et du droit** unit le respect des règles de la vie commune et la compréhension du sens de ces règles. Elle conduit progressivement à une culture juridique et suppose la connaissance de la loi. – **La culture du jugement** est une culture du discernement. Sur le plan éthique, le jugement s'exerce à partir d'une compréhension des enjeux et des éventuels conflits de valeurs ; sur le plan intellectuel, il s'agit de développer l'esprit critique des élèves, et en particulier de leur apprendre à s'informer de manière éclairée. – **La culture de l'engagement** favorise l'action collective, la prise de responsabilités et l'initiative. Elle développe chez l'élève le sens de la responsabilité par rapport à lui-même et par rapport aux autres et à la nation. • Cette **culture civique nourrit l'ensemble des enseignements**, elle est au cœur de la vie de l'école et de l'établissement, elle est portée par certaines des actions qui mettent les élèves au contact de la société.	**L'engagement de sa classe dans des actions de solidarité ou en faveur de l'environnement proposées par l'Éducation nationale** sont des projets qui associent les élèves à l'élaboration et à la mise en œuvre de projets en encourageant et en valorisant l'**autonomie** et la **prise de responsabilité** dans la classe, l'école. Il s'agit également de **sensibiliser les élèves à quelques figures féminines et masculines de l'engagement** (scientifique, humanitaire...). Participation à la semaine de la presse et des médias (CLéMI) pour accompagner les élèves à **décrypter l'information.** L'enseignant exerce sa responsabilité pédagogique dans les choix de mise en œuvre en les adaptant à ses objectifs et à ses élèves. L'enseignement moral et civique dispose réglementairement d'un horaire dédié permettant une mise en œuvre pédagogique au service de ses finalités.

1.1 Place du thème dans la scolarité

Tout au long du cycle 2, l'engagement des élèves dans la classe et dans l'école prend appui sur la coopération dans l'objectif de **réaliser un projet collectif**, sur leur implication dans la vie scolaire et leur participation à des actions éducatives et à des journées mémorielles. Les élèves apprennent progressivement à différencier l'intérêt particulier de l'intérêt général dans des situations concrètes.

Le développement des aptitudes au discernement et à la **réflexion critique** prend appui sur l'éducation aux médias et à l'information (Émi) et sur la discussion réglée. Dans le cadre de la discussion réglée, les élèves sont invités à argumenter, notamment autour des notions de préjugé et de stéréotype.

Tout au long du cycle 3, dans la continuité du cycle 2, se poursuit l'engagement des élèves dans la classe, dans l'école ou dans l'établissement basé sur la coopération en vue de **réaliser un projet collectif**, qui démontre leur implication dans la vie de l'école et leur participation à des actions.

Il revient à l'enseignant de créer les conditions de l'expérimentation de l'engagement dans la classe, dans l'école et dans l'établissement. L'articulation entre l'enseignement moral et civique et les journées éducatives, les semaines d'actions, les journées mémorielles, les concours scolaires, offre des possibilités aux enseignants de proposer des situations pratiques aux élèves.

Les élèves apprennent progressivement à distinguer l'intérêt particulier de l'intérêt général dans des situations concrètes. Le développement des **aptitudes au discernement** et à la **réflexion critique** prend appui sur l'éducation aux médias et à l'information (Émi) et sur la discussion réglée.

a. REPÈRES ANNUELS DE PROGRESSION POUR CYCLE 2 CONSTRUIRE UNE CULTURE CIVIQUE

CP	CE1	CE2
• Les élèves découvrent les différents supports qui permettent d'accéder à l'information : presse écrite, radio, télévision, sites internet et réseaux sociaux.	• Les élèves apprennent à lire et identifier des éléments d'informations sur des supports choisis et adaptés à leur âge.	• Les élèves remobilisent de manière simple des éléments d'information d'après des supports choisis et adaptés.

b. REPÈRES ANNUELS DE PROGRESSION POUR CYCLE 3 CONSTRUIRE UNE CULTURE CIVIQUE

CM1	CM2	6e
• Les élèves font l'expérience de l'engagement dans la classe et dans l'école. • Dans le cadre de la discussion réglée, les élèves sont invités à argumenter à partir d'exemples mettant en jeu les notions de préjugé et de stéréotype	• En lien avec l'EMI, les élèves apprennent à trouver des indices avant d'accorder leur confiance aux informations et propositions fournies sur l'internet. Ils savent qu'il existe des droits qui limitent les conditions d'utilisation des documents trouvés en ligne (textes, images, sons, films). • Les élèves sont amenés à comprendre le sens de l'intérêt général en travaillant sur des exemples concrets de solidarité individuelle et collective à différentes échelles (locale, nationale, internationale). • Cette réflexion peut prendre appui sur les études de cas menées dans le cadre des programmes de géographie et de sciences et technologie, sur le thème des catastrophes naturelles et des différents risques.	• Au collège, les élèves sont confrontés à un nouveau groupe, une nouvelle communauté avec un élargissement de leur champ d'action. Il convient de consolider leur approche du jugement critique, des choix et des responsabilités individuels et collectifs afin qu'ils soient capables d'expliquer leurs choix et leurs actes. • La coopération et la mutualisation sont à favoriser pour construire en situation la culture civique. • Pour préparer les débats et les discussions, les élèves mobilisent différents médias. Ils travaillent sur les sources et prennent conscience des mécanismes de la prise d'information dans un monde numérique. Ils comprennent la notion de responsabilité de l'utilisateur d'internet qui peut être à la fois consommateur, validateur, diffuseur et producteur d'informations. • Les modalités de discussion permettent de faire prendre conscience de la distinction entre savoirs vérifiés, faits établis et opinions personnelles.

		Les jeux de rôles et les situations fictionnelles aident également les élèves à mettre à distance leurs opinions. Les élèves apprennent l'exercice du jugement et se forment, dans ce cadre, à l'esprit critique. • La notion d'intérêt général est distinguée de la somme des intérêts particuliers. Cette distinction est un point de départ de la progressive initiation des élèves à la complexité de la vie démocratique : les pouvoirs publics ont vocation à servir l'intérêt général, la délibération à le définir au milieu des opinions contradictoires, tandis que les intérêts particuliers se défendent. • L'étude de cas concrets mettant en évidence le rôle des groupes de pression dans les décisions (par exemple environnementales ou de réglementation) peut faire saisir cette distinction.

1.2 Principaux objectifs didactiques

a. S'engager dans la classe, dans l'école et dans l'établissement

- Coopérer en vue d'un objectif commun.
- S'impliquer dans la vie scolaire (actions, projets, instances).

b. Développer le sens de l'intérêt général

- Différencier son intérêt particulier de l'intérêt général.

c. Construire l'esprit critique

- Apprendre à s'informer.
- Prendre part à une discussion, un débat ou un dialogue : prendre la parole devant les autres, écouter autrui et accepter le point de vue des autres, formuler un point de vue.
- Développer les aptitudes au discernement et à la réflexion critique.

Quels supports d'enseignement choisir ?

- Réalisation d'un projet collectif.
- Le rôle et le fonctionnement du conseil d'élèves.
- La notion de bien commun dans la classe et dans l'école.
- Initiation au développement durable.
- Observer, lire, identifier des éléments d'informations sur des supports variés.
- Connaissance de quelques structures simples de l'argumentation (connecteurs et lexique).
- Les règles de la discussion en groupe (écoute, respect du point de vue de l'autre, recherche d'un accord) Les préjugés et les stéréotypes.

1.3 Connaissances, capacités et attitudes à privilégier

d. Comprendre et expérimenter l'engagement dans la classe, dans l'école et dans l'établissement

- S'engager dans la réalisation d'un projet collectif (projet de classe, d'école, communal, national, etc.).
- Pouvoir expliquer ses choix et ses actes.
- Savoir participer et prendre sa place dans un groupe.
- Coopérer dans le cadre des projets et des travaux de groupes.

Quels supports d'enseignement sont recommandés aujourd'hui par le Ministère ?

- L'engagement moral (la confiance, la promesse, la loyauté, l'entraide, la solidarité).
- Prendre des initiatives, élaborer et présenter des propositions dans les instances de l'école ou de l'établissement.
- La participation démocratique.
- Le vote.
- Les acteurs locaux et la citoyenneté.
- Savoir travailler en respectant les règles de la coopération.

e. Comprendre le sens de l'intérêt général

- Comprendre la notion de bien commun dans la classe, l'école, l'établissement et la société.
- Distinguer son intérêt personnel de l'intérêt collectif.
- Exercer sa capacité à choisir de manière responsable.

Quels supports d'enseignement sont recommandés aujourd'hui par le Ministère ?

- Les valeurs personnelles et collectives.
- Le sens républicain de la nation La nation et l'intérêt général comme distinct de la somme des intérêts particuliers.
- La solidarité individuelle et collective nationale ou internationale (catastrophes naturelles, risques, intergénérationnel).
- La responsabilité de l'individu et du citoyen dans le domaine de l'environnement, de la santé.

f. Exercer son jugement, construire l'esprit critique

- S'informer de manière rigoureuse.
- Réfléchir à la confiance à accorder à une source, un émetteur d'informations.
- Collecter l'information.
- Distinguer ce qui relève de l'exposé des faits de ce qui relève de l'expression d'un point de vue.
- Prendre part à une discussion, un débat ou un dialogue : prendre la parole devant les autres, écouter autrui, formuler et apprendre à justifier un point de vue Développer le discernement éthique.

Quels supports d'enseignement sont recommandés aujourd'hui par le Ministère ?

- Observer, lire, identifier des éléments d'informations sur des supports variés (images fixes ou animées, textes, documents sonores, accessibles en ligne et hors ligne) et s'interroger sur la confiance à accorder à des sources différentes.
- Le jugement critique : traitement de l'information et éducation aux médias.
- Les règles de la discussion en groupe (écoute, respect du point de vue de l'autre, recherche d'un accord, etc.)
- La justification d'un choix personnel dans le cadre d'une argumentation.
- Approche de l'argumentation.
- La distinction entre savoirs vérifiés et opinions personnelles.
- Réflexion à partir de situations fictionnelles : identification des valeurs en tension et discussion réglée sur les choix.

1.4 Quelles finalités et quelles compétences pour construire une culture civique ?

L'objectif de l'EMC est d'associer dans un même mouvement la **formation du futur citoyen** et la **formation de sa raison critique**. Ainsi l'élève acquiert-il une conscience morale lui permettant de comprendre, de respecter et de partager des valeurs humanistes, de solidarité, de respect et de responsabilité.

La morale enseignée est une **morale civique** en ce qu'elle est en lien étroit avec les valeurs de la citoyenneté (connaissance de la République, appropriation de ses valeurs, respect des règles, de l'autre, de ses droits et de ses biens). Il s'agit aussi d'une **morale laïque** fondée sur la raison critique, respectueuse des croyances confessionnelles et du pluralisme des pensées, affirmant la liberté de conscience. En cela, cette morale laïque se confond avec la morale civique.

L'EMC s'inscrit dans un ensemble plus large qui rassemble, au sein des établissements scolaires, une **éducation à la laïcité et aux valeurs de la République**, une **éducation aux médias et à l'information**, un **enseignement laïque des faits religieux** et le **parcours citoyen** (ainsi que les deux autres parcours : parcours éducation artistique et culturelle et parcours avenir). L'EMC peut prendre appui sur « la réserve citoyenne », ainsi que sur les différentes actions associant les écoles et établissements avec d'autres institutions publiques.

Pour rendre les valeurs désirables par tous, la méthode est essentielle et conditionne la réussite, car les compétences visées concernent des **savoir-être** et des **savoir-faire** qui s'acquièrent progressivement et réclament de conjuguer différentes démarches pédagogiques. C'est pourquoi trois types de pratiques doivent être privilégiés :

- **·Des gestes professionnels quotidiens des enseignants**, des personnels de vie scolaire et de l'équipe de direction qui incarnent les valeurs morales et civiques : la justice, la responsabilité, la liberté, l'égalité, la solidarité, la tolérance, le refus des discriminations, la laïcité, le respect, la dignité et la fraternité.
- **Des activités pédagogiques spécifiques** : débat réglé, dilemme moral, conseil d'élèves, méthode de clarification des valeurs, jeu de rôles, etc. Elles s'appuient sur

des situations réelles ou fictives conduisant à traiter de questions et de dilemmes qui donnent aux élèves la possibilité de construire leur jugement moral.
- **Des projets coopératifs** (artistiques, culturels, etc.) qui suscitent la démocratie, la prise de responsabilité et l'engagement personnel et collectif dans des pratiques participatives (conseils d'élèves, CESC, CVC, CVL, MDL), et mobilisent l'empathie, la coopération et l'entraide.

L'EMC se fonde sur l'acquisition de savoirs, de savoir-être et de savoir-faire par les élèves. Ceux-ci relèvent aussi bien de l'exercice de la citoyenneté républicaine que de l'appropriation des principes de la laïcité et de la compréhension de la dimension morale de l'homme moderne. Les professeurs, pour enseigner ces programmes, peuvent ainsi mobiliser de nombreuses ressources émanant de leur champ disciplinaire, de leur culture savante, des situations de la vie quotidienne et de leurs engagements pédagogiques.

En engageant tous les enseignants, les personnels de la vie scolaire et l'équipe de direction, l'EMC participe d'un **projet éducatif commun**. Pour être efficace, il doit être porté par une **politique éducative d'école** qui établit un cadre pédagogique, rassemble de manière cohérente les attentes d'une communauté éducative, et fournit une base de prises de décisions et d'actions stratégiques coordonnées.

2 Combattre les idées reçues, maîtriser le vocabulaire et les principaux concepts

2.1 Comprendre et expérimenter l'engagement dans le sens de l'intérêt général

a. La coopération

Quelques idées reçues : Coopérer et mutualiser : est-ce la même chose ?
- **Coopération** : ensemble d'actions visant à apporter une aide au développement. Elle peut être économique, sociale et culturelle des pays ou des populations en difficulté. À l'École, il s'agit de s'entraider pour « apprendre ensemble ».
- **Mutualisation :** correspond à l'École à une mise en commun des compétences et des ressources des élèves, de la réflexion menée et des résultats obtenus et ce, à l'échelle du groupe et/ou de la classe.

« Coopérer, c'est aider, coopérer, c'est s'entraider, coopérer, c'est travailler en groupe, coopérer, c'est rentrer dans des logiques tutorielles ».
Sylvain Connac[1]

1. Sylvain Connac, enseignant chercheur en sciences de l'éducation à l'Université Paul Valéry de Montpellier, propose cette définition de la coopération dans le contexte scolaire.

Les pratiques de la coopération renvoient à « une définition actualisée de l'école de la République »[1] selon laquelle ce qui compte en classe, **c'est non seulement « apprendre » mais aussi « apprendre ensemble »**. Les pédagogies coopératives **favorisent les apprentissages de tous les élèves** et **enrichissent leur rapport aux savoirs.**

Par la coopération, l'élève atteint des objectifs d'apprentissage qu'il ne pourrait atteindre seul. L'interdépendance est indissociable des pratiques coopératives, qui installent en quelque sorte un « jeu gagnant-gagnant », qui profite à tous : à l'élève en difficulté, qui sans la coopération serait laissé seul face à un blocage cognitif, mais aussi au « bon élève » qui renforce alors ses compétences et ses connaissances en explicitant ses démarches et ses stratégies d'apprentissage.

Les pratiques de la coopération partent du postulat que **le groupe permet d'apprendre** et constituent ainsi un **outil au service des apprentissages individuels.**

Ces pratiques modifient le rapport aux savoirs : d'une part, au sein du groupe coopératif, le travail sur l'erreur peut être facilité et, d'autre part, dans le cadre de la coopération, chaque élève peut trouver sa place en fonction des tâches demandées et de ses progrès. D'ailleurs, la principale dérive des pratiques qui se veulent coopératives serait d'assigner à chacun un rôle définitif et d'organiser une sorte de division du travail, c'est bien **la co-construction du savoir qui est ici visée.**

La coopération peut prendre plusieurs formes :

- **L'échange informel**, la mutualisation, l'argumentation et la délibération collective qui permettent d'élaborer collectivement une compréhension commune de la situation historique étudiée.
- **L'aide** : situation dans laquelle un élève qui maîtrise une compétence apporte spontanément et de manière ponctuelle ses connaissances à un tiers qui en a fait la demande.
- **L'entraide** : interaction entre plusieurs élèves de même niveau de compétence, bloqués face à une même difficulté. Ces élèves se réunissent de manière informelle pour tenter de la résoudre ensemble.
- **Le tutorat** (ou « enseignement par les pairs ») : aide apportée par un élève volontaire à un autre, de manière organisée, codifiée et liée à un contrat d'engagements. Le tutorat ne peut se mettre en place sans une formation préalable de l'élève tuteur.
- **Le travail en groupe** : il correspond à une entraide dans une situation didactique organisée par le professeur, dans l'objectif de réaliser une tâche identifiée. Au-delà, il permet la **confrontation des idées** et peut donc permettre à des élèves de travailler **l'échange, l'argumentation** ou **le raisonnement**.

NE PAS CONFONDRE !

Le **travail de groupe, le travail en groupe** qui est également à distinguer du **travail en îlots**, qui renvoie davantage à une configuration particulière de la salle de classe. Un travail en îlots n'aboutit pas toujours à une production collective, les élèves pouvant mener des activités individuelles.

1. Philippe Meirieu écrit ainsi à propos de la pédagogique coopérative : « En tant que "projet", on peut la considérer comme une définition actualisée de l'École de la République » : « En classe, l'important n'est pas seulement d'apprendre, c'est d'apprendre ensemble. » C'est-à-dire d'apprendre sans s'être choisis, dans un regroupement largement aléatoire, mais qui doit « faire société ».

À RETENIR

Du cycle 2 au cycle 4 : une approche progressive de la compétence

Les repères de progressivité indiqués ci-dessous, du cycle 3 au cycle 4, donnent des indications de complexification des attendus. Ils montrent notamment que la progression des apprentissages porte surtout sur un fonctionnement de plus en plus autonome des élèves dans la définition des stratégies à mettre en œuvre pour une coopération efficace. Ces repères ne visent pas à figer ce qui est attendu à tel ou tel niveau, mais à identifier des dynamiques dans les apprentissages.

Au cycle 2

Les élèves poursuivent l'apprentissage de la coopération, initié à la maternelle, dans le cadre de la pédagogie de projet. Afin de construire les catégories du temps et de l'espace, ils apprennent en groupe à partager leur raisonnement et à développer des arguments dans différentes situations pour aboutir à des objectifs communs comme par exemple le classement de paysages selon des critères choisis ou l'élaboration d'une suite ordonnée d'événements.

Au cycle 3

Les élèves comprennent et appliquent les règles de fonctionnement du groupe. Ils sont capables de réaliser la production attendue dans les temps avec les outils collaboratifs proposés, de travailler en commun pour s'aider et s'entraider dans leurs apprentissages individuels.

Au cycle 4

Tout en consolidant les démarches travaillées au cours du cycle 3, les élèves enrichissent l'acquisition de la compétence par des situations d'apprentissage qui leur permettent :

- d'élaborer des règles et une stratégie qui permettent d'atteindre les objectifs assignés au groupe et de maîtriser l'ensemble des tâches constitutives d'un travail coopératif ;
- de mobiliser à bon escient les outils collaboratifs pour réaliser une production collective ;
- de prendre conscience de leurs besoins et de savoir solliciter une aide ou d'être en mesure d'expliciter leurs stratégies d'apprentissage pour venir en aide à un pair.

Des exemples de pratiques coopératives et d'évaluation au cycle 3

Des élèves ressources pour aider à comprendre des textes longs et complexes

- Au sein d'une classe de 6e hétérogène, caractérisée par la présence de plusieurs élèves dyslexiques, une coopération fondée sur l'aide entre élèves est établie pour étudier des textes longs et complexes de l'Iliade et de l'Énéide. La vidéo permet de voir la relation qui s'installe sereinement entre élèves aidant et élèves aidés.

Discuter et négocier des choix au sein d'un groupe

- Dans la mise en œuvre du thème 1 du CM1 en géographie « Découvrir le (s) lieu(x) où j'habite », les élèves, répartis en groupes, doivent se mettre d'accord pour prendre en photo les repères caractéristiques de leur espace familier à l'aide de tablettes.
- À l'occasion de l'étude du thème 1 de l'année de CM2, en géographie, « se déplacer », l'enseignant collecte dans un premier temps les représentations des élèves. En groupes, ils sont amenés à mutualiser leurs connaissances autour de la question de leurs déplacements personnels au cours d'une semaine : la nature des déplacements

effectués et le type de transport utilisé. Ultérieurement, ils seront amenés à comparer ces déplacements avec ceux réalisés par des enfants habitant un pays en voie de développement. La mutualisation des travaux permet l'enrichissement des connaissances géographiques à différentes échelles et la compréhension de quelques enjeux liés au développement durable.

- La mise en œuvre d'une démarche prospective dans le cadre de l'étude de « la ville de demain » en classe de 6e est l'occasion pour les élèves de coopérer pour réaliser un projet collectif. Les scénarios prospectifs, qui imaginent « Valenciennes en 2040 », sont négociés, débattus, et font émerger le rôle majeur de la géographie dans la formation du citoyen.

Élaborer des stratégies pour réaliser une production collective

- Les séquences proposées ci-dessus en classes de CM1 et de CM2 offrent la possibilité d'aborder, lors de la synthèse des travaux de groupes, la démarche comparative. Dans l'exemple donné pour le CM1 autour du thème « Découvrir le (s) lieu(x) où j'habite », la production finale permet la réalisation d'un diaporama dans lequel les photographies sont légendées par une phrase. Cette étude permet ainsi la mise en place d'un projet pluridisciplinaire, associant des compétences relevant à la fois du français, de l'histoire et de l'enseignement moral et civique.
- L'expérience menée en classe de 6e permet d'observer comment des élèves organisent leur travail dans le cadre d'un groupe et apprennent à utiliser des outils numériques pour proposer leur vision de la ville de demain.

À RETENIR

L'enseignement moral et civique tout comme l'histoire et la géographie contribuent pleinement, par la mise en œuvre dans les programmes de la compétence « **Coopérer et mutualiser** », à l'acquisition du socle commun de connaissances, de compétences et de culture (domaines 2, 3 et 5).

En effet, ce dernier insiste sur la nécessité de **développer les capacités des élèves à s'impliquer dans un travail commun, à s'entraider**, à **travailler en équipe** ou encore à **coopérer pour réaliser un projet collectif**. Coopérer, c'est travailler conjointement et mutualiser, c'est mettre en commun : ce sont donc des actions permettant de créer du lien.

b. La solidarité

Quelques idées reçues : La France est-elle un pays d'assistés ?

25 % des richesses de l'État sont consacrées aux prestations sociales (RSA, RMI, allocations familiales, etc.). La France compte aujourd'hui 30 millions de personnes qui ont du mal à vivre de leurs revenus. En 2021, 9,3 millions de personnes vivent en dessous du seuil de pauvreté **contre** 8,9 **millions** en 2017. Le taux de pauvreté grimpe ainsi à 14,8 % de la population de France métropolitaine, contre 14,1 % en 2017. Le système de solidarité nationale mis en place par l'État demeure d'une importance vitale. Les prestations sociales sont également essentielles pour relancer la consommation et l'activité économique. Les détracteurs de ce système qui parlent volontiers d'assistanat visent les profiteurs du système, les fraudeurs qui ne représenteraient que 4 % des allocataires.

La **solidarité nationale** est affichée dans la **devise de la France** (Fraternité) et précisée dans le préambule de la Constitution de la IVe République en 1946 : « La Nation assure à l'individu et à la famille les conditions nécessaires à leur développement. [...] Elle garantit à tous, notamment à l'enfant, à la mère et aux vieux travailleurs, la protection de la santé, la sécurité matérielle, le repos et les loisirs. Tout être humain qui, en raison de son âge, de son état physique ou mental, de la situation économique, se trouve dans l'incapacité de travailler a le droit d'obtenir de la collectivité des moyens convenables d'existence. [...] La Nation proclame la solidarité et l'égalité de tous les Français devant les charges qui résultent des calamités nationales ».

DÉFINITION

La **solidarité** est une obligation morale d'aider une autre personne. En politique, ce mot apparaît sous la IIIe République pour répondre à la question sociale et aux inégalités. La question de l'intervention de l'État est alors soulevée et l'idée de solidarité nationale est avancée. **La solidarité peut s'exprimer à l'échelle individuelle et à l'échelle collective au sein de la société.** En France, l'égalité garantit les droits aux citoyens. Pour ce faire, il met en place des systèmes de solidarité garantissant un égal accès aux soins, à l'assurance chômage ou à la retraite.

Les enjeux de la solidarité nationale

Ce principe de solidarité prolonge le principe de charité chrétienne issu du Moyen-Âge, des chartes de corporations en faveur des ouvriers victimes d'accident du travail. Ces institutions disparaissent en 1791 avec **la loi Le Chapelier** et l'interdiction des corporations ouvrières. Cependant, le droit d'assistance est reconnu.

Progressivement, des programmes de lutte contre l'exclusion vont se mettre en place, se laïciser, évitant tout désordre public que pourraient entraîner famines, misères. Les bureaux de bienfaisance sont créés en 1796. En 1893, les bureaux d'assistance fournissent une aide médicale gratuite. Ces différents bureaux fusionnent en 1953 sous l'appellation bureaux d'Aide Sociale qui deviendront en 1986 le Centre Communal d'Action Social (CCAS).

En 2019, la **France** comptait 9,1 millions de personnes dites « **pauvres** », c'est-à-dire avec moins de 1 070 euros nets par mois, un chiffre en recul de 0,3 % par rapport à 2018 mais qui pourrait fortement augmenter pour 2020. Ces derniers mois, les associations ont alerté sur une explosion des demandes, notamment alimentaires, le nombre d'allocataires du RSA a passé la barre des deux millions (+4,8 % en un an), et le chômage a augmenté de 6,3 % sur un an, selon les derniers chiffres officiels.

DÉFINITION

Comment définir la **pauvreté** ? Un individu est considéré comme **pauvre** quand son niveau de vie est inférieur au seuil de pauvreté. Le seuil habituellement utilisé était de 50 % du niveau de vie médian en France, tandis qu'Eurostat (organisme européen) privilégie le seuil à 60 % qui est désormais le plus fréquemment publié.

Un rapport du Conseil national de lutte contre la pauvreté et l'exclusion sociale alerte en 2021 contre l'augmentation de la pauvreté en France, « démultipliée » depuis le début de l'épidémie de coronavirus. Les auteurs du texte mettent en garde contre une probable « bombe à retardement ».

Lutter contre l'exclusion

Les aides de l'État en matière de solidarité nationale sont nombreuses et ont pour objectif principal de lutter contre l'exclusion.

- Le **revenu minimum d'insertion** (RMI) est une allocation en vigueur depuis 1988. Financée par l'État et les conseils généraux, elle est versée aux personnes sans ressources ou ayant des ressources inférieures à un plafond fixé par décret. Le 1er avril **2021**, le montant de base a été augmenté de 0,1 % pour passer de 564,78 à 565,34 euros par mois. Une hausse qui entraîne celle des autres montants.
- Avec **la loi relative à la solidarité et au renouvellement urbain** (**SRU**) de décembre 2000, les logements sociaux doivent représenter un pourcentage de 20 % dans les communes de plus de 3 500 habitants. Ces logements sociaux sont des logements dont les loyers sont maintenus bas par les pouvoirs publics qui fournissent une aide indirecte non aux locataires mais aux bailleurs.
- La **couverture maladie universelle** (**CMU**) est une prestation sociale permettant l'accès au soin à toute personne résidant en France et qui n'est pas déjà couverte par un autre régime obligatoire d'assurance maladie. Voté en 1999, ce dispositif est géré par l'URSSAF (Union de recouvrement des cotisations de sécurité sociale et d'allocations familiales).
- Le **revenu de solidarité active** (**RSA**) est une allocation qui garantit les bénéficiaires d'un revenu minimum avec en contrepartie une obligation de chercher un travail ou de définir un projet professionnel visant à améliorer sa situation financière. Au 1er avril **2021**, le **montant** forfaitaire mensuel du RSA est revalorisé de 0,1 % par rapport à 2020. Il est de 565,34 pour une personne seule vivant en métropole et dans les Dom (559,74 en 2020). Le régime de solidarité nationale est un régime spécifique géré par l'État. Ce régime permet de verser des allocations particulières à des travailleurs privés de leur emploi et qui ne peuvent pas, en raison de leur situation personnelle, bénéficier du régime d'assurance chômage. Les allocations sont attribuées en fonction des ressources du demandeur d'emploi ou du couple et sont forfaitaires. À l'été 2020, 1,9 million de foyers touchaient cette prestation, soit 2 % de plus que l'année précédente.

Pour faire face à la pandémie de la COVID-19, la France a investi massivement dans les solidarités

Le Plan de relance concerne tous les territoires à toutes les échelles : les Outre-mer, les territoires ruraux, les quartiers prioritaires de la politique de la ville, les petites, moyennes et grandes villes, les métropoles, les territoires insulaires comme la Corse, les départements, les régions… Les quartiers de la politique de la ville pourront par exemple bénéficier des moyens consacrés à la rénovation des écoles et des équipements publics, à la réhabilitation du parc social et aux projets de mobilité du quotidien.

- **La cantine à 1 € maximum.** Depuis le 1er avril 2019, en application de l'une des mesures de la stratégie nationale de prévention et de lutte contre la pauvreté, l'État soutient les communes et intercommunalités rurales fragiles pour permettre aux enfants des familles les plus modestes de manger à la cantine pour 1 maximum.
- **Petits-déjeuners gratuits en l'école.** Lancée en septembre 2018, la stratégie de prévention et de lutte contre la pauvreté compte parmi ses engagements celui d'agir pour l'égalité des chances dès le plus jeune âge et conforter les droits fondamentaux des enfants.

c. Engagement, Éducation au développement durable (EDD) et citoyenneté

« *Soyez le changement que vous voulez voir dans le monde* » Mohandas Karamchand Gandhi, l'une des figures les plus célèbres de l'engagement.

Les élèves sont quotidiennement témoins de **l'engagement environnemental de figures célèbres** dont celle du prince Charles, fervent défenseur de l'agriculture biologique, récompensé en 2006 du 10e prix mondial de l'écocitoyen, ou dont celles des comédiennes Marion Cotillard et Mélanie Laurent qui militent activement pour l'ONG Greenpeace. Cette dernière a d'ailleurs coréalisé le documentaire « Demain »[1] mettant en évidence des initiatives novatrices et durables qui ont été initiées dans le monde en matière d'éducation, d'écologie, et de démocratie.

L'engagement environnement mobilise de plus en plus la société civile

En septembre 2019, quelques jours avant le sommet mondial pour l'action climatique à San Francisco, se tenait la journée d'action mondiale pour le climat. Ce mouvement citoyen d'inspiration écologique reposant sur des marches pacifiques, visait à faire pression sur les dirigeants politiques afin qu'ils prennent des mesures concrètes contre le dérèglement climatique. Cet événement a eu un écho exacerbé en France, car il fit suite au discours fédérateur de Nicolas Hulot, affirmant que sa démission du Ministère de la transition écologique était « le signal d'une nouvelle mobilisation ».

Par ailleurs, l'actualité récente montre que l'engagement environnemental des enfants existe, **Greta Thunberg** militante contre le réchauffement climatique est d'ailleurs une figure incontournable de cet engagement précoce. Mondialement connue pour sa prise de parole saisissante lors de la COP 24 en 2018, elle a également entrepris en septembre 2018 une grève scolaire pour le climat chaque vendredi (« *Fridays Future* »), en se tenant devant le Parlement suédois pour dénoncer l'inaction de son gouvernement. Sa médiatisation a conduit à la propagation de cette grève dans plusieurs pays : Pays-bas, Allemagne, Finlande, Espagne, Australie, France.

Ces mobilisations récentes corroborent le fait que la **protection de l'environnement constitue un enjeu majeur du XXIe siècle**, qui nécessite une action forte et immédiate de l'Homme, sans distinction d'âge ou de statut. Francine Pellaud rappelle en effet que « nous entrons dans une période de crise, voire de finitude, des ressources en énergie, des matières premières, d'une grande partie de la biodiversité »[2].

L'engagement environnemental pour construire la citoyenneté des élèves ?

La qualité de « citoyen », venant du terme latin *civis*, a été inventée durant l'Antiquité par les Grecs : il s'agit de la faculté des hommes libres, à participer et à administrer la cité. La citoyenneté s'entend alors comme la condition d'un citoyen en tant que membre d'une unité politique et en tant que sujet de droits.

La définition du développement durable établit le lien entre les actions de l'Homme et la qualité environnementale, au même titre la Charte de l'environnement, qui rappelle que

1. « Demain », documentaire réalisé par Cyril Dion et Mélanie Laurent, 2 décembre 2015.
2. Francine Pellaud, *Pour une éducation au développement durable*, édition QUAE, 2011, page 8.

EMC

la diversité biologique est affectée « par certains modes de consommation ou de production, et par l'exploitation excessive des ressources naturelles ». Dans cette perspective, il ressort de ce texte à valeur constitutionnelle depuis 2005, que **l'engagement environnemental est reconnu juridiquement comme un devoir de citoyen** puisqu'il dispose que « toute personne a le devoir de prendre part à la préservation et à l'amélioration de l'environnement ».

Afin qu'un développement durable soit possible, il semble donc nécessaire de faire preuve **d'écocitoyenneté** : adopter un comportement individuel ou collectif conforme aux règles et principes destinés à préserver l'environnement. Il existe à la portée de tous, des actions s'inscrivant dans cet objectif, c'est-à-dire des « **écogestes** » : tri sélectif, consommation durable, gestion raisonnée de l'eau et de l'énergie, réduction des déchets plastiques, et divers autres.

La construction de la citoyenneté au moyen de l'engagement environnemental

En 1977, la conférence internationale de Tbilisi sur l'éducation relative à l'environnement, recommandait aux États membres de revoir leur politique nationale afin de promouvoir l'éducation à l'environnement. De manière plus concrète, il est décidé en 2002, lors du **sommet mondial du développement durable**, qu'une décennie serait consacrée à l'éducation au développement durable (EDD). C'est ainsi qu'en 2003, le ministre de l'Éducation propose en France une **stratégie d'action** intitulée « **l'éducation relative à l'environnement et au développement durable ».**

Désormais, **l'article L.312-19 du Code de l'éducation** (issu de la loi d'orientation et de programmation pour la refondation de l'école et de la République de 2013), dispose que l'éducation au développement durable (EDD) est une **mission de l'école dès le primaire**. Il précise qu'elle « a pour objectif d'éveiller les enfants aux enjeux environnementaux », en les sensibilisant à la nature, et à l'impact de l'Homme sur les ressources naturelles.

Le programme d'enseignement moral et civique de l'école (issu du BO du 30 juillet 2020), intègre cette EDD puisqu'il précise que la discipline vise l'acquisition d'une culture morale civique permettant à l'élève d'« exercer sa capacité à choisir de manière responsable » dans le domaine environnemental. Le **socle commun de connaissances, de compétences et de culture** (issu du BO du 23 avril 2016), s'inscrit dans la même perspective en favorisant l'engagement « dans les différents aspects de la vie collective et de l'environnement ».

Quant à la circulaire publiée au BO du 29 août 2019, elle dispose que **les écoles « doivent devenir, de manière systématique, des lieux exemplaires en matière de protection de l'environnement »**. Afin d'y parvenir, elle précise notamment que chacune d'elle doit mener au cours de l'année scolaire 2019/2020 une action pérenne favorable à la biodiversité, doit s'assurer du caractère systématique du tri déchets en son sein, et lutter contre le gaspillage alimentaire à la cantine. Cette circulaire précise la mise en place d'un concours annuel « **école verte** » visant à récompenser les meilleures initiatives en matière de protection de l'environnement, mais aussi **du labe école ou établissement en démarche globale de développement durable** (E3D) attribué à ceux qui entrent dans une démarche globale de développement durable.

Un enjeu citoyen de l'éducation au développement durable (EDD)

« On ne naît pas citoyen, on le devient ». Il incombe alors à l'école de former « le citoyen de demain », puisque sur ses bancs, il est déjà consommateur, éducateur en puissance (vis-à-vis de ses proches), et bientôt acteur politique.

L'EDD est un moyen pour lui d'appréhender la complexité du monde contemporain en tenant compte de l'interaction existant entre la société, l'économie, la culture et l'environnement. Cette éducation est d'autant plus indispensable que les enjeux du XXIe siècle sont saisissants : épuisement des ressources naturelles, réchauffement climatique, croissance démographique et urbaine, extinction des espèces, cohésion sociale, solidarité internationale… Conduire les élèves à s'engager en faveur de l'environnement revient donc à leur donner en tant que futur citoyen, les outils pour les préparer aux choix complexes mettant en jeu le développement durable, mais aussi pour comprendre le monde et agir sur lui. Conformément à l'idée selon laquelle la liberté individuelle s'arrête où commence celle de l'autre, l'EDD l'amène à se responsabiliser face à l'enjeu futur de ses actes présents.

L'agenda 21 consacre la nécessité de cette éducation, précisant qu'elle est « essentielle pour susciter une conscience des questions écologiques et éthiques, ainsi que des valeurs et attitudes, des compétences et un comportement compatible avec le développement durable ». Si cette éducation intervient tardivement, le réseau d'attitudes et d'habitudes de l'élève est déjà avancé et il est beaucoup plus complexe d'y remédier, d'où l'importance de l'intégrer dès l'école primaire.

Enseigner l'engagement environnemental est donc enrichissant en ce que celui-ci repose sur des **principes éthiques** bénéfiques aux élèves : la **responsabilité** (envers la nature), le **partenariat** (avec autrui), mais aussi la **solidarité** et **l'équité** (puisqu'il implique de prendre en compte l'ensemble des peuples et des générations).

La problématique environnementale à laquelle le XXIe siècle est confronté est complexe, mais n'est pas sans retour possible car l'intervention de l'Homme peut permettre d'y remédier. Ainsi, accéder à un développement durable est possible si nous **formons dès aujourd'hui les élèves aux écogestes nécessaires pour vivre ensemble dans un monde aux ressources limitées**. *A contrario*, cet engagement environnemental précoce ne leur est que favorable, puisqu'il leur permet de disposer de connaissances et de compétences qui les guideront tout au long de leur existence afin de décider et d'agir en tant que bon citoyen.

2.2 Exercer son jugement et construire son esprit critique

a. L'éducation aux médias et internet et à la stratégie numérique

L'ESSENTIEL

Inscrite dans la loi de refondation de l'École de 2013, l'éducation aux médias et à l'information contribue à préparer les élèves d'aujourd'hui à **devenir les citoyens de demain**. Apprendre à chercher une information et à en identifier la source, comprendre les mécanismes de fabrication de l'information et de l'image, émettre soi-même de l'information, doivent permettre à chacun d'apprendre à **aiguiser son esprit critique** et **exercer librement son jugement**. L'éducation aux médias et à l'information est une composante du **parcours citoyen** qui se met en place à l'École dès la rentrée 2015.

Émergence d'une société de l'information

Antérieurement, l'information circulait majoritairement par le biais de médias traditionnels : la radio, la télévision et la presse écrite. *A contrario*, le XXIe siècle est marqué par **l'apparition de nouvelles technologies de l'information et de la communication**, qui traitent et transmettent l'information. Elles sont une combinaison d'informatique et de télécommunications particulièrement diversifiée en raison du développement d'internet et du multimédia (images et sons). Cette diversification des médias, entraîna inévitablement une massification d'informations, qu'Éric Sutter nomme : « **l'info pollution** ». La société est en présence d'une « surabondance » de l'information sur l'internet, les données diffusées ne cessent d'augmenter par conséquent les résultats des moteurs de recherche aussi. Certes, la quantité augmente mais pas nécessairement la qualité. De nombreux jeunes usagers vont avoir le réflexe de chercher une information *via* les moteurs de recherche pour des résultats instantanés, à défaut d'une consultation de ressources fiables. De plus, une « désinformation » règne en maître, les critères de pertinence ne sont pas les mêmes pour les moteurs de recherche que pour des professionnels, le processus est beaucoup moins rigoureux. Par conséquent, les élèves sont face à des informations superficielles, inutiles voire inappropriées pour eux. Sans oublier que le fait d'accéder systématiquement et facilement à un résultat engendre de mauvaises pratiques de la recherche d'informations. Ce qui amène une négligence de la vérification de la source, même de la part de journalistes professionnels. C'est en ce sens que la notion de « ***fake news*** » s'est installée dans la société.

Une nécessité de sensibiliser aux risques informationnels

Dans cet environnement informationnel fluctuant deux grands dangers apparaissent : les ***fakes news*** et les **théories du complot**. Du fait de cette grande quantité d'informations mais aussi d'un relais incontrôlable en ligne, la notion de *fake news* prit toute son ampleur, amplifiée par la vulgarisation de logiciel de retouche de photos. À tel point qu'une fausse information transmise par une source inconnue peut apparaître dans la presse reconnue, et être au cœur de grands débats publics. Quant aux théories du complot, elles sont tout autant dangereuses. Celles-ci ont des rapports plus horizontaux avec les médiateurs et des interfaces de plus en plus crédibles qui ouvrent une argumentation collective exponentielle entre les usagers. L'une des théories complotistes françaises est l'attribution des attentats du 13 novembre 2015 au gouvernement. Il s'agit d'un sujet sensible : un attentat vécu par la République française. Et pourtant, sur l'internet on peut lire que : le responsable de l'attentat, Daech, serait en réalité une organisation créée par l'État Français. Le réel danger est le fait que ces vidéos ou sites qui prônent de telles idées atteignent des milliers de vues. C'est en ce point qu'il faut nécessairement une **éducation à la pensée critique** tant pour les *fakes news* que pour les théories du complot. Il est impossible de laisser des élèves face à de tels propos, sans les avoir armés à **prendre du recul** et à **vérifier les informations**. Le but est que les élèves gagnent en autonomie dans leurs recherches, leurs démarches et leurs choix. Plus simplement, il faut enseigner aux élèves à être des **citoyens** dans la vie de tous les jours, comme sur l'internet. D'autant plus, avec des élèves où ils sont dans une phase du développement où l'enfant est encore trop crédule.

L'éducation aux médias et à l'information à l'ère du numérique : une éducation renforcée

L'éducation aux médias et à l'information (EMI) est un élément indispensable pour préparer à l'exercice de la citoyenneté en démocratie. Inscrite dans la loi d'orientation du 8 juillet 2013, elle doit répondre aux nouveaux besoins liés à la multiplication des usages de supports et réseaux numériques par les élèves. Elle comporte en particulier une éducation aux droits et devoirs associés à ces pratiques culturelles et sociales.

Une priorité au cœur de la mobilisation de l'École pour les valeurs de la République

À la suite des attentats, depuis janvier 2015 jusqu'à aujourd'hui, l'éducation aux médias et à l'information ne cesse d'être renforcer, avec pour objectifs l'éducation à la citoyenneté et la transmission, à l'École, d'une culture de la presse et de la liberté d'expression.
Les démarches éducatives visant à permettre aux élèves de comprendre et d'apprécier les représentations et les messages issus de différents médias, et en particulier de l'Internet, seront développées et encouragées.
Ces démarches doivent faciliter leur participation et leur engagement dans un parcours citoyen. Elles impliquent non seulement l'acquisition de connaissances mais aussi la mise en place de méthodes actives, leur permettant de rechercher, de produire eux-mêmes et de publier avec les outils numériques. Le Conseil supérieur des programmes est saisi pour décliner cet objectif dans les programmes scolaires de chaque cycle.

Le développement des médias scolaires et des partenariats avec les médias professionnels

La création de médias scolaires et d'outils d'information citoyens dans chaque école et établissement est fortement encouragée. Pour cela, le **Centre de liaison de l'enseignement et des médias d'information** (Clemi) apportera son soutien et ses compétences dans l'accompagnement de la mise en place de ces projets. Dans chaque académie, un coordonnateur Clemi sera affecté à cette mission à plein temps. Le partenariat avec des professionnels jouera un rôle essentiel. À travers de nouvelles conventions, les médias s'engagent aux côtés du ministère de l'Éducation nationale, de l'Enseignement supérieur et de la Recherche pour développer des programmes et des outils pédagogiques, et multiplier les interventions de professionnels de la presse et des médias dans l'École.

Quelles pratiques pédagogiques pour l'éducation aux médias et à l'internet en cycle 3 ?

L'élève de CM1, CM2 ou 6e a besoin d'une sensibilisation à l'esprit critique et à l'utilisation responsable de la prise d'informations, puisqu'il est dans une phase de développement psycho-moteur où son esprit s'ouvre au monde, il accepte les points de vue des autres. À ce moment précis, l'enfant découvre une grande quantité d'informations et s'enrichit chaque jour davantage. Mais un problème survient pour l'enseignant : *Avec quelles informations s'enrichit-il ? Que signifie une recherche d'informations responsable ? Comment faire ?*

- **Une méthode rigoureuse** : le fait de développer des « méthodes de recherche lui permettant d'identifier des informations pertinentes pour répondre à ses interrogations et résoudre des problèmes » ou de se questionner sur le lieu de circulation des informations, de réfléchir sur le fondement des arguments, etc. Cette recherche doit être systématique, pour éviter d'adhérer spontanément à tout ce que l'on peut voir ou lire sur l'internet. En effet, de par sa grande crédulité – et innocence – l'élève peut être face à des informations totalement erronées, infondées, truquées sans même s'en rendre compte. C'est ici que l'école doit jouer un rôle.
- **L'élève doit apprendre à aiguiser son esprit critique où vigilance et prise de recul doivent être les maîtres mots pour pouvoir filtrer ces informations.** Cet apprentissage est également une manière de les préparer à l'entrée au collège et au lycée, où la recherche d'informations est une nécessité, et où les réseaux sociaux sont omniprésents. En CM1, CM2 et 6e, les élèves sont dans un âge où leur esprit et leurs pensées commencent à prendre sens, les premiers sentiments de justice morale paraissent puissants. C'est pourquoi il est important de les aider à construire leur esprit critique afin d'éviter toute manipulation et faire en sorte que la multitude d'informations soit un point fort de leur apprentissage plutôt qu'un point faible.

À RETENIR

L'objectif d'une éducation aux médias et à l'information est de permettre aux élèves d'exercer leur citoyenneté dans une société de l'information et de la communication, former des « *cybercitoyens* » actifs, éclairés et responsables de demain.

Deux exemples de **mise en œuvre**

L'Éducation aux médias et Internet en cycle 3 : Comment s'informer de façon responsable et réfléchie, à l'heure du numérique ?

Cette séquence s'inscrit dans une **démarche de projet**[1]. En effet, il est indiqué dans les programmes que l'EMI « s'actualise aussi dans le cadre de **projets** menés avec d'autres **acteurs éducatifs** ». C'est pourquoi cette séquence s'inscrit dans un **projet d'école** où chaque classe de l'école réalise des capsules vidéo dans un domaine choisi. La classe de CM2 va donc créer des capsules à partir de cette séquence d'EMC, fond et forme seront donc liés par l'aspect numérique. La conception des capsules vidéo se réalise de préférence à l'aide d'un ERUN tout au long de la période.

	Objectifs	Déroulement	Support
SÉANCE 1 : Qu'est-ce qu'une fake news ? **Temps** : 40 min **Matériel :** • Grande affiche • Ordinateur • Vidéoprojecteur	• Mobiliser des démarches d'analyse déjà connues. • Commencer à se poser des questions sur la manière de s'informer. • Connaître les attendus de la séquence.	**1. Phase de découverte** • Exposition d'une fausse information au tableau. • Laisser les élèves me dire ce qu'ils voient sans donner aucune consigne. **2. Évaluation diagnostique**, à partir des remarques des élèves • Faire un recueil de leurs représentations et de leur façon d'analyser l'info. **3. Phase de recherche**, activité en ligne en classe entière • Lecture des réponses ensemble. **4. Institutionnalisation** • Affichage dans la classe des idées des élèves à partir de la fausse information du départ. • Trace écrite dans leurs cahiers. **5. Bilan** • Explicitation des objectifs	• Fausse information créée de toutes pièces avec des indicateurs *(Annexe1)*. • Site internet le pet'it libé de la jungle (Activité interactive avec des informations fiables ou pas, et des explications). • Grande affiche. • Grille d'évaluation élève *(Annexe 12)*.

1. Travail réalisé par V.S. Marie, Académie de Montpellier, 2020-2021.

EMC

SÉANCE 2 : Comment vais-je vérifier une information ? **Temps :** 1 h **Matériel :** • Dossiers papiers • Ordinateur • Vidéoprojecteur	• Approfondir et découvrir de nouvelles méthodes d'analyse. • Comprendre que la source est un élément primordial dans la recherche. • Découvrir la notion de fiabilité de l'information.	**1. Rappel** • Discussion + ***vidéo*** (FranceInfo). **2. Phase de recherche** • Distribuer aux élèves la fiche aide • Analyse de dossiers imprimés par groupe. • Par groupe formuler des hypothèses. **3. Mise en commun** • Vérification des hypothèses en classe entière avec justifications. **4. Institutionnalisation :** • Présentation de l'outil Décodex avec les articles. • Coller la fiche d'aide pour l'utiliser comme ***trace écrite***.	• Vidéo France Info (*webographie*). • Fiche aide (*Annexe3*). • Dossier composé de 3 articles dont un divulguant une fausse information. • Outil Décodex (*webographie*).
SÉANCE 3 : Pourquoi fait-on des fakes news ? **Temps :** 30 min **Matériel :** • Ordinateur • Vidéoprojecteur	• Être capable de donner les principaux éléments d'une analyse d'info. • Découvrir les outils utilisés pour vérifier une information. • Développer son esprit critique. • Se questionner sur la différence entre influencer et manipuler.	**1. Évaluation formative** • Détails dans évaluations. **2. Phase de recherche** • Question posée à toute la classe : ***Pourquoi fait-on des fakes news ?*** • Réponse par groupe, ils cherchent ensemble des arguments écrits. **3. Mise en commun** • Chaque groupe donne ses arguments et fabrique ensemble d'une affiche. **4. Institutionnalisation** • Discussion collective sur la différence entre influencer et manipuler.	• Quiz Kahoot (*Annexe 4*). • Affiche (*Annexe 5*).

SÉANCE 4 : Comment circule l'information sur les réseaux sociaux ? **Temps :** 1 h **Matériel :** • Ordinateur • Vidéoprojecteur • Bandes de papier	• Comprendre la différence entre influencer et manipuler • Se poser des questions sur la fiabilité des RS en termes de transmission d'infos. • Prendre part à un débat. • Travailler son esprit critique. • Prendre conscience du comportement à adopter face aux informations sur les RS.	**1. Réinvestissement** • Revoir les définitions d'influencer et manipuler ensemble. • Aller chercher les définitions dans le dictionnaire par binôme et l'écrire. • Discuter sur des exemples pour ***concrétiser*** les notions. **2. Phase de découverte** • Afficher au tableau différentes informations apportées par les réseaux sociaux. • Courte discussion sur ce que l'on voit. **3. Phase de recherche** ***Préparation de la joute orale*** • Réponse par groupe, certains doivent trouver des arguments écrits pour le oui d'autres pour le non. **4. Mise en commun** • ***Joute orale*** entre les élèves (Affiche support à mettre dans la classe + distribuer aux élèves). **5. Institutionnalisation** • Visionnage d'une vidéo sur l'attitude à avoir sur les RS face aux infos. • Faire émerger à l'oral les différentes idées.	• Une grande page avec plusieurs infos (*Annexe* 6). • Tableau récapitulatif à faire pendant la joute (*Annexe* 7). • Vidéo YouTube (*webographie*).
SÉANCE 5	**Quel est le rôle des images dans les fakes news ?** ***voir séance détaillée ci-dessous***		
SÉANCE 6 : Comment bien s'informer ? **Temps :** 2 h **Matériel :** • Toutes les affiches • Caméra • Ordinateur	• Être capable d'expliquer comment bien s'informer. • Connaître les outils de vérification. • Savoir expliquer comment se comporter face aux RS et aux images.	**1. Réinvestissement** • Affichage au tableau des différentes traces écrites (affichages, carte heuristique). **2. Évaluation sommative** • Détails sur les évaluations.	• Différents affichages créés durant la séquence.

SÉANCE 5 DÉTAILLÉE

Quel est le rôle des images dans les fake news ?

Objectifs

- Avoir conscience du pouvoir de manipulation de l'image.
- Aiguiser son regard et apprendre à remettre en question.

Compétences

Connaissances	• Connaître les différentes méthodes pour manipuler/retoucher une image. • Comprendre que l'image n'est pas une preuve.
Capacités	• Être capable d'aller plus loin que le sens premier d'une image. • Être capable de faire des recherches pour vérifier l'originalité de l'image.
Attitudes	• Remettre en question l'image et sa légende. • Réinvestir les apprentissages précédents pour collecter des informations sur l'image.

Matériel

Ordinateur / Vidéoprojecteur / Photos imprimés / Cadre.

Phase 1 : Rappel (5 min)

Discussion sur les souvenirs de la vidéo de la séance 3 pour faire émerger les idées les plus importantes.

- Surtout l'abondance d'images truquées.

Phase 2 : Accroche (10/15 min)

Afficher au tableau différentes images truquées par des logiciels ou avec des prises de vues et des plans particuliers (Annexe 8) et discuter avec les élèves sur ce qu'ils sont en train de voir.

- Faire de la description pure.
- Attendre de voir si les élèves se posent des questions sur les images ou pas.
- Montrer ensuite les images réelles pour faire réfléchir les élèves sur le pouvoir de l'image.

Phase 3 : Recherche (15/20 min)

Activités par binômes :

- Imprimer des photos en grand format (Annexe 9).
- Par groupes de 2 les élèves devront donner deux points de vue de la photo qu'ils devront expliciter avec des légendes (Annexe 10).
- Le but étant de faire comprendre aux élèves que selon le point de vue on peut faire dire ce que l'on veut à une photo.

Phase 4 : Synthèse (10/15 min)

Faire une mise en commun : les élèves pourront montrer à leurs camarades ce qu'ils ont choisi de raconter avec l'image : cela va permettre de montrer qu'avec la même photo on peut raconter énormément de choses différentes, selon le point de vue. Mais également que les élèves découvrent les photos sur lesquelles ils n'ont pas travaillé.

Différenciation
Pour les élèves rapides qui maîtrisent l'activité, la différenciation se fera en amont par le choix des binômes. En effet il pourrait être judicieux de mettre des élèves avec des difficultés et des facilités différentes afin qu'il y ait coopération entre pairs. Si certains binômes restent très rapides il est possible de leur donner une seconde image sur laquelle travailler

Lien interdisciplinaire
Arts visuels : faire une séquence sur les notions théoriques : cadrage, prise de vue et photomontage. Celle-ci devra être faite en amont ce qui permettra aux élèves d'être davantage focalisés sur les manipulations et les intentions plutôt que sur l'aspect théorique.

Évaluation sommative

L'évaluation sommative se fera sous forme de capsule vidéo. En effet, lors de la séance 6 les élèves devront se répartir par groupes. Chaque groupe devra répondre à une problématique :

- Comment je vérifie une information sur un site internet ?
- De quel outil je dispose pour vérifier ?
- À quoi dois-je faire attention avec les images ?
- Comment dois-je me comporter avec l'information sur les réseaux sociaux ?

Les questions proposées ici ne sont pas attendues telles quelles. Il est intéressant de demander aux élèves de trouver eux-mêmes les problématiques auxquelles ils peuvent répondre. L'ensemble des réponses formera une **charte** qui répond à la question générale : « Comment s'informer sur internet ? ». Bien entendu les élèves auront accès à toutes les affiches et traces écrites qui auront été faites à chaque institutionnalisation. La réalisation de ces capsules se fera en deux temps : Premièrement, les élèves discuteront ensemble de la réponse et l'écriront sur leurs storyboard (Annexe 11). Une fois les réponses validées, nous passerons aux capsules. Une fois l'enregistrement terminé, nous aurons une seule vidéo qui formera la charte créée entièrement par les élèves.

Différenciation

Cette évaluation prend déjà en compte **l'hétérogénéité des élèves**, et les difficultés qu'ils peuvent rencontrer. En effet le choix de cette modalité n'est pas anodin : la réaliser sous forme de capsules vidéo et donc de manière orale est pensé afin de prendre un compte l'élève dyslexique qui a atteint tous les attendus pour cette séquence mais qui pourrait trouver des difficultés à le retranscrire par écrit. Bien qu'il y ait une partie écrite elle se fait en groupes, qui auront été choisis en amont, ce qui permettra une **coopération** et une **entraide entre pairs** afin de réaliser le travail demandé. Le rôle de l'enseignant sera donc d'observer les discussions durant le travail en groupe, et de poser des questions au moment de la vérification afin de remplir la grille d'évaluation afin de mesurer si tous les élèves ont acquis les compétences.

ANNEXES

Bibliographie

- CLEMI, Éducation aux médias et à l'information, école primaire – Édition Canopé 2018 (63 pages).
- CLEMI, Éducation aux médias et à l'information, École Collège Lycée – Édition Canopé 2020-2021

Webographie

- https://primabord.eduscol.education.fr/pour-un-usage-responsable-d-internet-un- projet-entre-emc-et-emi
- https://www.lesechos.fr/2016/02/lecole-a-lepreuve-des-theories-du-complot-202646
- https://cache.media.eduscol.education.fr/file/EMI/41/0/EMI_et_strategie_numerique_c ycles_1_2_3_546410.pdf
- https://www.reseau-canope.fr/notice/la-methode-pour-demonter-une-theorie-du- complot.html
- http://www.ac-grenoble.fr/ien.cluses/IMG/pdf/feuille_de_route_du_projet_2_janv_2016.pdf
- https://eduscol.education.fr/cid98344/l-emi-et-le-socle-commun-de-connaissances- de-competences-et-de-culture.html
- https://www.liberation.fr/apps/2017/03/le-ptit-libe-semaine-de-la-presse/
- https://www.lumni.fr/video/info-vs-intox
- https://www.lumni.fr/video/cadrage-et-point-de-vue
- https://www.youtube.com/watch?v=jDhtXrHGU4A (vidéo Réseaux Sociaux)

EDD, engagement et citoyenneté : La gestion des déchets : un engagement environnemental à l'origine d'une construction citoyenne

À l'aune des bouleversements actuels, la compréhension par les élèves des enjeux environnementaux n'est pas à négliger dans leur construction de futur citoyen éclairé, responsable et autonome. Cette séquence vise à ce qu'ils perçoivent l'intérêt de s'engager quotidiennement en faveur de l'environnement en adoptant des comportements tenant compte de l'interdépendance entre la société humaine et le système Terre.

Cette séquence est réalisée pour une classe de CM1 et/ou CM2 de 24 élèves[1]. Elle est amorcée début novembre afin de pouvoir mener un projet collectif de sensibilisation à la réduction des déchets au sein de la commune à l'occasion de la Semaine Européenne de la réduction des déchets (du 16 au 24 novembre). Cette séquence permet également de sensibiliser les élèves aux problématiques liées à la mauvaise gestion des déchets, et vise à ce qu'ils prennent en charge tout au long de l'année le tri sélectif en classe.

1. Travail réalisé par L. Laurie, Académie de Montpellier, 2019-2020.

Problématique

Comment construire la citoyenneté des élèves à travers la gestion des déchets ?

Objectifs visés dans la séquence (cf. attendus de fin de cycle 3).

- Développer une conscience civique.
- Se positionner comme membre de la collectivité : un futur citoyen français ayant des responsabilités vis-à-vis de l'environnement.
- Prendre en charge un aspect de la vie collective et de l'environnement.
- Exercer une aptitude à la réflexion critique pour construire son jugement.
- Comprendre et expérimenter l'engagement au sein de sa commune.

Trame de la séquence

SÉANCE 1 : Sensibilisation à l'impact environnemental des déchets

- Connaissances : définir un déchet et connaître les principales problématiques qu'il crée.
- Capacités : prendre conscience de l'impact de l'Homme sur l'environnement.
- Attitudes : participer et prendre sa place dans un groupe sans négliger celle des autres

SÉANCE 2 : S'engager pour l'environnement : un devoir du citoyen français

- Connaissances : définir l'environnement et savoir que la Charte de l'environnement dispose que sa protection est un devoir de tout citoyen
- Capacités : avoir conscience que l'engagement environnemental revêt plusieurs formes. Attitudes : écouter autrui et justifier un point de vue au cours d'un débat

SÉANCE 3 : Initiation au tri sélectif

- Connaissances : connaître les principaux types de déchets affectés au composteur, à la poubelle ménagère, au conteneur à verre et à la poubelle recyclable.
- Capacités : comprendre et expérimenter l'engagement au sein de la classe.
- Attitudes : participer, coopérer, expliquer ses choix dans le cadre de travaux de groupes

SÉANCE 4 : Visite d'un site industriel : l'usine d'incinération de Calce (PO-66)

- Connaissances : réinvestir les savoirs acquis en séance 3
- Capacités : manifester de la curiosité en posant des questions.
- Attitudes : respect des lieux et des consignes, adopter un comportement propice à une visite.

SÉANCE 5 : Produire moins de déchets

- Connaissances : mobiliser certaines connaissances pertinentes acquises lors des séances précédentes
- Capacités : s'engager dans la réalisation d'un projet collectif d'ampleur communale.
- Attitudes : prendre des initiatives, respecter celles des autres

SÉANCE 6 : **Évaluation sommative** : s'engager dans une campagne de sensibilisation

Liens avec les instructions officielles

Programmes d'éducation morale et civique (BO n° 31 du 30 juillet 2020)

- Troisième finalité de l'éducation morale et civique : La construction d'une culture civique qui s'articule autour de la culture de l'engagement, qui favorise l'action collective et le sens de la responsabilité vis-à-vis de soi-même, des autres, et de la nation.

- Objectifs généraux de la séquence en lien avec les attendus de fin de cycle en EMC :
  - « Se positionner en tant que membre de la collectivité ».
  - « Prendre en charge des aspects de la vie collective et de l'environnement et développer une culture civique ».

Socle commun de connaissances, de compétences, et de culture (BO n° 17 du 23 avril 2015)

- Domaine 1 : Des langages pour penser et communiquer
  - « L'élève parle, communique, argumente à l'oral de façon claire et organisée ».
- Domaine 2 : Les méthodes et outils pour apprendre
  - « Coopération et réalisation de projets ».
- Domaine 3 : La formation de la personne et du citoyen
  - « L'élève comprend l'importance de s'engager aux côtés des autres dans les différents aspects de la vie quotidienne et de l'environnement ».
  - « L'élève sait prendre des initiatives, entreprendre, et mettre en œuvre des projets ».
- Domaine 5 : Les représentations du monde et l'activité humaine
  - « L'élève est capable d'appréhender les problématiques mondiales liées à l'environnement ».

Liens interdisciplinaires

- **Arts visuels** : créer une fresque à l'aide de matériaux de récupération pour représenter la pollution des fonds marins.
- **Histoire des arts** : étudier l'œuvre engagée de Julie Nahon traitant de la pollution (annexée).
- **Éducation musicale** : chanter et analyser la chanson Aux arbres citoyen de Yannick Noah.
- **Mathématiques** : chaque élève dispose d'une boîte où il entrepose pendant 2 semaines les emballages de ses goûters pris à l'école. Ils sont pesés (lien avec « grandeur et mesure ») et la masse obtenue est utilisée dans l'apprentissage de la proportionnalité.
- **Sciences et technologie** : « Devenir de la matière » : que deviennent nos déchets grâce au recyclage ? Fabrication de papier recyclé.

5

Pour aller plus loin

26 Programmer

Plan du chapitre

L'enseignant est soumis à trois contraintes majeures : une contrainte institutionnelle, une contrainte temporelle et une contrainte déontologique. En effet, il s'agit pour lui de faire entrer dans un temps imparti le contenu d'un programme adopté par la représentation nationale et de le faire acquérir aux élèves. Ces trois contraintes ne devraient pas être antinomiques dans la mesure où programme et action de l'enseignant œuvrent pour le bien de l'élève. On comprendra aisément que programmer est un enjeu fondamental de tout enseignement.

1 Programmer son année

Le métier d'enseignant est avant tout un métier qui requiert de l'organisation. Il s'agit d'ailleurs d'une des compétences du référentiel professionnel paru au *BOEN* n° 30 du 25 juillet 2013 (compétence P3 : Construire, mettre en œuvre et animer des situations d'enseignement et d'apprentissage prenant en compte la diversité des élèves). En effet, le fonctionnaire de l'Éducation nationale doit mettre en application les programmes qui lui sont imposés par décret-loi et qui paraissent au Bulletin Officiel. Dans cette programmation annuelle, on tiendra compte de trois facteurs :

- Les grandes entrées du programme officiel.
- Le volume hebdomadaire imparti à la discipline et défini par les programmes
- Le calendrier scolaire.

Programmation. La programmation planifie sur l'année (ou sur l'ensemble d'un cycle) les connaissances à acquérir par les élèves et prévues par les programmes.

Séquence. Une séquence de travail correspond à une période plus ou moins longue au cours de laquelle l'enseignant organise l'acquisition d'un certain nombre des compétences à acquérir sur l'année. Une séquence est découpée en séances qui durent entre 15 min (en cycle 1) à 45/50 min (en cycle 3).

Progression. La progression planifie l'acquisition progressive de capacités et d'attitudes que les élèves doivent acquérir sur l'année (ou sur le cycle).

- **Étape 1 :** À partir d'un calendrier scolaire (septembre à septembre), griser tous les jours correspondant aux vacances scolaires ainsi qu'aux jours non ouvrés. Pour l'année scolaire 2015-2016, l'année d'un élève est constituée de 36 semaines. S'il est en cycle 3, l'enseignant dispose d'une heure d'histoire et d'une heure de géographie par semaine. Le programme de chacune des disciplines sera donc à ventiler sur 36 heures pour l'une et 36 heures pour l'autre.
- **Étape 2 :** Généralement, l'année se découpe en 5 périodes séparées par les congés scolaires. Chaque période doit correspondre à une séquence ou chapitre d'histoire et de géographie. Pour un élève de cycle 3 de l'académie de Lyon, l'année se décomposera de la manière suivante : Période 1 (7 semaines), Période 2 (7 semaines), Période 3 (6 semaines), Période 4 (6 semaines), Période 5 (10 semaines). Pour un élève de cycle 3 de l'académie Orléans-Tours, nous aurons la répartition suivante : Période 1 (7 semaines), Période 2 (7 semaines), Période 3 (5 semaines), Période 4 (6 semaines), Période 5 (11 semaines).
- **Étape 3 :** Compte tenu du volume horaire de chaque période, il ne reste plus qu'à distribuer le programme correspondant au niveau considéré sur les 5 périodes dessinées.

1re année de cycle 3 [CM1]				
Période 1	**Période 2**	**Période 3**	**Période 4**	**Période 5**
7 heures	7 heures	6 heures	6 heures	10 heures
Th.1 : Et avant la France ?	Th.1 : Et avant la France ?	Th.2 : Le temps des rois	Th.2 : Le temps de rois	Th.3 : Le temps de la Révolution et...
Th.1 : Découvrir le(s) lieu(x) où j'habite	Th.1 : Découvrir le(s) lieu(x) où j'habite	Th.2 : Se loger, travailler...	Th.2 : Se loger, travailler...	Th.3 : Consommer en France

2 Programmer une séquence

À l'école primaire, une séquence d'histoire ou de géographie correspond à une période entre deux congés scolaires. La durée de chaque période, comme on a pu le voir (outil 15), est variable d'une période à l'autre. Construire une séquence revient donc encore une fois à programmer son enseignement sur la durée d'une période en un certain nombre de séances (de 5 à 10). La dernière séance est toujours consacrée à l'évaluation à l'exception de la période 5 où l'évaluation doit se situer en milieu de séquence. Construire une séquence demande donc de :

- Fixer un objectif didactique général à l'ensemble de la séquence
- Programmer les séances
- Fixer des objectifs didactiques pour chaque séance
- Fixer des objectifs pédagogiques spécifiques pour chacune des séances

C'est Benjamin Bloom qui, en 1956, pose le premier les principes de la **pédagogie par objectifs** (PPO) en proposant une liste de comportements cognitifs, affectifs et psychomoteurs qui facilitent la maîtrise des concepts (taxonomie). Les objectifs pédagogiques permettent de définir une activité précise de l'élève (être capable de situer les zones peuplées…) et de préciser les critères qui serviront à l'évaluation. La PPO est centrée sur l'élève et orientée vers sa réussite.

Chaque leçon ou séquence d'histoire ou de géographie comporte une série d'objectifs didactiques qui annoncent les concepts que l'enseignant voudra aborder dans la leçon.

Pour chaque séance, il en va de même : définir un objectif didactique.

Définir ensuite, pour chacune des séances des objectifs pédagogiques. Ces derniers expriment le résultat tangible qu'un élève doit atteindre, ce qu'il sera capable de faire au terme de l'apprentissage et que l'enseignant pourra évaluer de manière précise. Ces objectifs rendent concret et observable ce qui est attendu de l'élève. Le plus souvent, ces objectifs sont rédigés en employant un verbe d'action accompagnant l'expression : « Au terme de la séance, l'élève sera capable de… ».

a. CM1 / Histoire

Périodes	Thème	Objectifs didactiques généraux
P1 (7 semaines)	Et avant la France ?	Quelles sont les traces d'une occupation ancienne du territoire français ?
P2 (7 semaines)		Quels sont les héritages de l'Antiquité nationale (Celtes, Gaulois, Grecs et Romains) ?
P3 (6 semaines)	Le temps des rois	Quelles furent les caractéristiques de la société féodale ? Comment s'est construit le royaume de France ?
P4 (6 semaines)		Comment les rois ont-ils peu à peu affirmé leur pouvoir sur le territoire et sur un premier empire colonial ?
P5 (10 semaines)	Le temps de la Révolution et de l'Empire	Quelles furent les causes multiples de la Révolution française ? Quelles furent les étapes clés de la période révolutionnaire et quels furent les changements apportés ? En quoi Napoléon Bonaparte est-il à la fois une rupture mais également un continuateur de la Révolution ?

b. CM2 / Histoire

Périodes	Thème	Objectifs didactiques généraux
P1 (7 semaines)	Le temps de la République	Après une longue période de troubles postrévolutionnaire, comment la République est-elle restaurée en France ?
P2 (7 semaines)		Comment la République finit-elle par s'installer durablement en France ? Comment enclenche-t-elle un nouveau processus de colonisation ?
P3 (6 semaines)	L'âge industriel en France	En quoi l'industrialisation est-elle un processus qui entraîne des changements sociaux et économiques ?
P4 (6 semaines)		La ville industrielle : quelles formes ? quels principes fondateurs ? quelles réalités sociales ?

P5 (10 semaines)	La France, des guerres mondiales à l'Union européenne	Quelle fut l'ampleur des deux conflits mondiaux du xxe siècle ? Quelles réalités recouvre la période d'Occupation en France (résistance, collaboration, génocide des juifs et persécutions) ? Comment la construction européenne participe-t-elle de l'instauration d'une paix durable en Europe ?

c. CM1 / Géographie

Périodes	Thème	Objectifs didactiques généraux
P1 (7 semaines)	Découvrir le(s) lieu(x) où j'habite	Quelles sont les caractéristiques de mes lieux de vie ?
P2 (7 semaines)		Quelles sont les représentations et les pratiques que les élèves ont de leurs lieux de vie ?
P3 (6 semaines)	Se loger, travailler, avoir des loisirs en France…	dans des espaces urbains : quelles pratiques ? quelles organisations spatiales ? quels aménagements ?
P4 (6 semaines)		dans un espace touristique : quelles pratiques ? quelles organisations spatiales ? quels aménagements ?
P5 (10 semaines)	Consommer en France	Comment satisfaire les besoins en énergie et en eau ? Comment satisfaire les besoins alimentaires ?

d. CM2 / Géographie

Périodes	Thème	Objectifs didactiques généraux
P1 (7 semaines)	Se déplacer	au quotidien en France, dans une ville : quels aménagements ? quelles mobilités ? quels enjeux socio-spatiaux et économiques ?
P2 (7 semaines)		au quotidien dans un autre lieu du monde : quels aménagements ? quelles mobilités ? quels enjeux socio-spatiaux et économiques ?
P3 (6 semaines)		de ville en ville, en France, en Europe et dans le monde : quels aménagements ? quelles mobilités ? quels enjeux socio-spatiaux et économiques ?
P4 (6 semaines)	Communiquer d'un bout à l'autre du monde grâce à l'Internet	Quelles sont les infrastructures matérielles nécessaires au fonctionnement de l'Internet ? Quel nouveau rapport à l'espace est défini par les usages de l'Internet ? Quelles sont les inégalités d'accès à l'Internet en France et dans le monde ?
P5 (10 semaines)	Mieux habiter	Qu'est-ce qu'un éco-quartier ? Comment répond-il aux recommandations du développement durable ? Qu'est-ce qu'une « ville durable » ?

3 Définir des objectifs

Définir des objectifs pédagogiques permet de structurer l'apprentissage en fonction des compétences requises et attendues par l'enseignant. Les objectifs permettent de définir les différentes étapes du parcours de formation ainsi que leur durée ; de choisir les moyens pédagogiques adaptés ; d'articuler les différents apprentissages et d'élaborer des grilles d'évaluation.

Il existe deux types d'objectifs :

- Les objectifs didactiques.
- Les objectifs pédagogiques.

Une leçon ne se prépare pas seulement en fonction de ce que le maître va faire mais bien prioritairement par ce qu'il veut faire et par ce que les élèves auront l'occasion d'apprendre. Il y a donc un double niveau d'objectifs : un niveau **didactique** (ce que le maître veut faire comprendre) ; un niveau **pédagogique** (ce que le maître veut faire apprendre). Il est important que ces deux niveaux d'objectifs soient formulés de façon la plus précise possible. Ralph Tyler précise quatre principes de formulation des objectifs :

- Le contenu de l'objectif pédagogique doit être énoncé de la manière la moins équivoque possible ;
- L'objectif doit décrire une activité de l'élève identifiable par un comportement observable ;
- Il doit mentionner les conditions dans lesquelles le comportement escompté doit se manifester ;
- Il doit indiquer le niveau d'exigence attendu et les critères qui serviront d'évaluation de cet apprentissage.

Les **objectifs didactiques** : Les objectifs didactiques sont des objectifs généraux qui précisent les notions/concepts que l'enseignant veut aborder dans la leçon. Ce sont fondamentalement des objectifs mentalistes non observables qui sont souvent rédigés en ayant recours aux verbes suivant : se familiariser, connaître, comprendre, savoir, étudier, saisir le sens de…

Les **objectifs pédagogiques** : Les objectifs pédagogiques sont des objectifs comportementaux observables qui expriment le résultat visible qu'un élève doit atteindre, ce qu'il sera capable de faire au terme de l'apprentissage et que l'enseignant pourra évaluer.

- **Étape 1 :** Les objectifs didactiques propres à une leçon/séquence peuvent être rédigés au moyen d'un verbe comme il a été vu plus haut.
- **Étape 2 :** La formulation de l'objectif pédagogique est très importante. Le verbe utilisé traduit le niveau de l'intention et son domaine (cognitif, psychomoteur). Benjamin Bloom a classé dans les années 1950 ces verbes par niveau d'acquisition (taxinomie de Bloom). Cette taxinomie est proposée aux enseignants pour formuler les objectifs ou des questions d'évaluation.

Connaissance	Compréhension	Application	Analyse	Évaluation	Synthèse
Citer Copier Décrire Désigner Nommer	Démontrer Expliquer Préciser Trouver Résumer	Adapter Appliquer Employer Utiliser Représenter	Rechercher Identifier Extraire Décomposer	Justifier Vérifier Interpréter	Construire Créer Produire Rassembler Réorganiser

27 Construire une séance

Plan du chapitre

Séquence, séance ou leçon sont souvent des termes employés les uns pour les autres. La séquence est étymologiquement « une suite ordonnée de phases » ; la séance, évoquant le fait d'être assis renvoie à une activité continue ; enfin, la leçon est ce qui doit être appris et récité par un élève. Les séances sont donc des étapes, des phases de travail qui entrent dans la composition d'une séquence. Elles constituent les parties concrètes de la mise en œuvre en classe des apprentissages. Elles scénarisent les différents moments de la séquence en proposant des activités, des temps de synthèse et une organisation pédagogique générale.

Chaque séance vise un ou plusieurs objectifs d'apprentissage clairement défini qui répond à une progression générale vers la maîtrise de compétences que l'enseignant a fixées pour la séquence. Les enjeux d'une séance pour l'enseignant consistent donc à mettre en place des stratégies dans un temps imparti pour que l'élève acquière certaines connaissances, certaines capacités et certaines attitudes partielles de la séquence.

Chaque séance amène ainsi l'enseignant à prévoir des modalités de travail, des supports adaptés, des activités qui placent l'élève au cœur des apprentissages. Elle suggère une progression dans le temps, un enchaînement pertinent de phases de travail plus ou moins longues et de phases de structuration et d'évaluation formative (pour le maître) et formatrice (pour l'élève) judicieusement dosés. L'enjeu de la temporalité représente souvent une difficulté dans la planification de la séance et demande souvent, en début de carrière, la mise en place d'un timing précis.

1 Penser la mise en activité des élèves

La **pédagogie active** est l'une des bases de l'Éducation nouvelle telle qu'elle a pu être introduite et défendue par Adolphe Ferrière, Célestin Freinet ou Maria Montessori. Aujourd'hui, cette pédagogie active est devenue pratique courante dans les écoles et recouvre une grande variété de méthodes qui impliquent l'élève par des activités de découverte ou de sensibilisation et des mises en situation.

Si les nouveaux programmes n'indiquent pas de manière explicite la mise en activité des élèves attendue c'est que cette dernière est devenue, au fil des années, implicite. À travers les méthodes et outils pour apprendre (Domaine 2), « les enseignants doivent apprendre aux élèves à organiser leur travail pour améliorer l'efficacité des apprentissages ». Le « travail » de classe attendu est justement centré autour d'une mise en activité.

- **Qu'est-ce qu'apprendre ?** Philippe Perrenoud définit trois conditions essentielles pour que l'élève puisse entrer dans les apprentissages :
  - que l'élève s'implique personnellement et durablement
  - que l'activité proposée ne menace pas l'identité, la sécurité, la solidarité des élèves
  - que l'activité présente un certain niveau de difficulté mais reste toutefois accessible à l'élève.
- **Qu'entend-on par pédagogie active ?** Par le biais de la pédagogie active, l'élève participe à la construction de ses savoirs. L'activité s'organiserait alors de la façon suivante : confrontation à un cas concret (analyse d'un document-support par exemple) / recherche d'informations concernant ce cas / recherche d'une solution au cas posé. La synthèse intermédiaire de cette activité s'intéresserait à faire émerger les résultats ET la démarche.
- **Méthode inductive :** La méthode inductive, quant à elle, permettrait à l'élève d'élaborer progressivement des concepts à partir de l'analyse d'objets concrets ou d'expériences.
- **Méthode hypothético-déductive** : La méthode hypothético-déductive consiste à formuler des hypothèses en fonction d'une question ou d'un problème de départ puis procède à des tests pour confirmer ou infirmer les hypothèses.
- **Précautions à prendre :** Philippe Perrenoud insiste sur la part de réflexion métacognitive dans les activités proposées. La réussite des élèves ne peut être atteinte que si les élèves parviennent à exprimer leur démarche et à formuler certaines règles liées aux capacités.

2 Place du récit dans l'enseignement

Depuis les années 1970, les programmes ont placé l'élève au cœur de ses apprentissages. La **démarche inductive** a alors pris le pas sur le cours magistral et partout le cours dialogué s'est imposé. Le rapport sur l'image de la discipline et les pratiques d'enseignement en histoire-géographie et éducation civique réalisé par la Direction de l'Évaluation, de la Prospective et de la Performance (DEPP) en mars 2007 met l'accent sur les dérives de ces pratiques. Les élèves écrivent beaucoup mais peu de manière autonome, l'oral est réduit, les cours sont formatés : documents/questions/correction/résumé du maître. « Le **récit** a disparu de la salle de classe ». Les programmes 2008 réintroduisent la place du **récit** qui doit permettre d'apporter plus de sens à la leçon, de développer l'autonomie intellectuelle des élèves. Apprendre à reconnaître et à produire du **récit** est donc un des enjeux des nouveaux programmes. Cela se vérifie également avec la publication des dernières directives ministérielles datant de novembre 2015.

Les nouveaux programmes de cycle 3 ont intégré la dimension du récit historique dans différents domaines du socle commun des compétences. Il est par exemple demandé aux élèves de « reconnaître un récit historique », ou encore « d'écrire pour structurer sa pensée et son savoir, pour argumenter et écrire pour communiquer et échanger », « s'exprimer à l'oral pour penser, communiquer et échanger ». Le préambule au programme d'histoire insiste sur le « souci de distinguer histoire et fiction ». Le récit devient un instrument de cette distinction : « [les élèves] comprennent que les récits de l'histoire sont constamment nourris et modifiés par de nouvelles découvertes archéologiques et scientifiques et des lectures renouvelées du passé ».

Le premier modèle du récit est la construction de la séance elle-même. La problématique de la leçon est donnée par l'enseignant en début de séance. Tout récit se situe également dans un espace et dans un temps qui doivent être précisés. L'enseignant contextualise les documents qui vont permettre d'apporter des éléments de réponse à la problématique. Les élèves analysent les documents : repérage, hiérarchisation des informations, mise en relation. La mutualisation et la reprise permettent de généraliser, d'apporter des informations complémentaires et de formaliser des réponses à la problématique. Pour terminer, les élèves construisent un récit qui soit une réponse à la problématique et qui s'appuie sur les documents. Cette réponse peut être écrite ou orale, individuelle ou collective.

Précautions à prendre

Pour que les élèves puissent construire leur récit, l'enseignant doit veiller à faire identifier les acteurs et les lieux ; mobiliser les connaissances qui permettent de caractériser l'objet du récit ; respecter un ordre chronologique dans le traitement des faits ; insister sur la nouveauté ou la particularité d'un fait par rapport à une situation antérieure.

3 La fiche de préparation

Parmi les outils de l'enseignant, la **fiche de préparation** revêt une importance toute particulière dans l'élaboration d'une séance. Elle doit permettre de répondre à deux interrogations majeures : que veut-on que les élèves sachent à la fin de la séance ? (sens donné à son enseignement) et par quels moyens vais-je leur permettre d'acquérir ces compétences ? (démarche pédagogique choisie).

Ainsi, pour construire sa séance, l'enseignant a besoin de se donner une durée, de déterminer des objectifs didactiques et pédagogiques (cf. dossier 3), de trouver des activités adaptées et pertinentes puis de les organiser dans le temps imparti.

Trois documents apparaissent donc nécessaires à la bonne gestion pédagogique d'une classe : les **programmations** des séquences réalisées pour chacun des enseignements dispensés dans la classe ; le **cahier journal** qui organise les séances d'apprentissages de la journée et les **fiches de préparation** de séance qui viennent compléter le cahier journal et qui détaillent la mise en œuvre dans la classe.

Le déroulement de la **séance** et sa scénarisation sont des éléments essentiels à prévoir notamment en début de carrière. Cela est à programmer à partir d'un document que l'on appelle la « fiche de préparation de séance ». Ce document permet à la fois de sérier et de préciser les aspects notionnels (connaissances, capacités et attitudes visées lors de la séance), logistiques (matériel, documents à prévoir) et organisationnels nécessaires à la bonne marche de la séquence d'apprentissage et à la construction d'un enseignement qui revêt un sens pour l'enseignant et les élèves.

La fiche de préparation doit donner des informations explicites sur le dispositif choisi et mis en place par l'enseignant, sur les moyens mis en œuvre pour atteindre les objectifs visés. Elle comporte deux parties : l'une consacrée à l'énoncé des objectifs, l'autre à l'organisation des différentes phases de la séance. La fiche de préparation, indispensable en début de carrière, est un outil de travail personnel dont la forme est libre.

Déroulement de la séance :

- Prévoir les modalités de travail : individuel, collectif ou en groupes (de besoins, homogènes, hétérogènes…).
- La séance inclut différentes phases rituelles empruntées aux sciences de l'éducation anglo-saxonnes :

Warm-Ups Accroche	5 min	En début de séance, ce temps permet de faciliter la transition avec la séance précédente. Elle peut consister en une courte vidéo, une histoire, une image qui fait coupure et qui canalise l'attention des élèves.
Review Activities Rappel	5 min	Phase de rappel de ce qui a été vu à la séance précédente. Cette phase est dialoguée.
Learning Activities Activités d'apprentissage	20 à 30 min	Au cours de cette phase les élèves sont mis en activité : travail sur les documents, sur une vidéo, en groupe ou en individuel
Teaching Activities Restitution/synthèse	10 min	Il s'agit de la phase de conceptualisation. Les élèves mutualisent les résultats obtenus lors de la phase précédente et font la synthèse de ce qui a été vu avec l'aide de l'enseignant.
Recycle Activities Révision	5 min	Il s'agit d'une courte phase de mémorisation et d'évaluation formative de ce qui a été compris lors de la séance.

La fiche de préparation, comme son nom l'indique, est un préalable à l'action menée dans la classe mais reste un document à enrichir et à annoter pendant la séance.

La fiche de préparation prend en compte la configuration de la classe (ateliers, travail de groupe…), propose des prolongements éventuels ou des liens avec d'autres enseignements. Elle continue à vivre après la séance effectuée en prévoyant un espace pour les observations et les ajustements à faire (ce qui a été trop rapide ou trop long, trop difficile…).

Un exemple de **séance en cycle 3**

a. Fiche de préparation d'une séance de CM 1

Dans cette séance, il a été fait le choix de travailler sur l'aspect politique du règne de Louis XIV et de faire émerger la notion de pouvoir absolu. Cette séance pourra être complétée par une séance sur Versailles et les Arts au service du souverain puis d'une autre sur les pouvoirs du Roi en province en partant, par exemple, d'une étude de cas locale.

Séquence n° 2 Le temps des rois	Séance n° : 4 Louis XIV, un monarque absolu	Durée : 45 min

Objectifs didactiques de la séance : Qu'est-ce qu'une monarchie absolue ? Comment est-elle justifiée et par qui ? Quelles sont ses limites ?
Objectifs pédagogiques de la séance : L'élève est capable de définir ce qu'est la monarchie absolue. Il sait dater le règne personnel de Louis XIV. Il est capable d'expliquer comment l'absolutisme se justifie par le droit divin et s'impose par la guerre.
Objectifs du socle commun :
- **Connaissances :**
  – Vocabulaire : monarchie absolue
  – Repères chronologiques : règne personnel de Louis XIV (1661-1715)
  – Notions : monarchie absolue, pouvoirs, droit divin
- **Capacités :** Lecture d'images, lecture de texte
- **Attitudes :**

	Rôle de l'enseignant	Activités des élèves
Lancement de la séance (5 min)	L'enseignant demande aux élèves de rappeler ce qui a été fait à la séance précédente. Dans le cas présent, à la séance précédente, les élèves ont évoqué la Renaissance et le mécénat de François Ier.	
Acte 1 : (15 min)	L'enseignant projette au tableau le portrait en majesté de Louis XIV par le peintre de la Cour, Hyacinthe Rigaud (1707). L'enseignant distribue un croquis du tableau à compléter.	Les élèves expriment le sentiment qui se dégage de ce portait officiel. Ils complètent le croquis qui leur est distribué en soulignant que le roi réunit plusieurs pouvoirs autour de sa personne.
Acte 2 : (10 min)	L'enseignant demande aux élèves de lire le texte extrait du Testament politique de Richelieu.	Les élèves, individuellement, répondent par des phrases aux questions qui sont posées. Les réponses sont ensuite mutualisées pour faire ressortir ce qui justifie la concentration des pouvoirs dans les mains du Roi.
Acte 3 : (10 min)	L'enseignant distribue aux élèves une carte du royaume de France en 1715.	Les élèves appliquent les consignes qui accompagnent la carte. Au moment de la mutualisation, les élèves expliquent en quoi Louis XIV fut un souverain puissant en Europe.

Bilan Synthèse finale (5 minutes)	Montre que Louis XIV est un monarque absolu et qu'il a su imposer son pouvoir par les guerres. Louis XIV est un monarque absolu car il a tous les pouvoirs. Il prend les décisions seul, les fait appliquer et fait punir ceux qui ne les respectent pas. Les nombreuses guerres de son règne lui ont permis d'agrandir le royaume et d'affirmer sa puissance en Europe.

b. Fiche distribuée aux élèves

Exercice 1 : Louis XIV en costume de sacre par Hyacinthe Rigaud (1707)

1. Complète le croquis en identifiant les éléments du tableau pointés par des flèches.
2. Coloris certains éléments du croquis après avoir rempli la légende.

☐ Symbole du pouvoir de commandement sur ses sujets.

☐ Symbole du pouvoir de de défendre ses sujets.

☐ Symbole du pouvoir divin sur ses sujets.

☐ Couleurs de la famille royale de France

Exercice 2 : La monarchie absolue vue par le cardinal de Richelieu (1642)

La puissance est une des choses la plus nécessaire à la grandeur du Roi. Il doit être puissant par sa réputation, par une armée continuellement entretenue et par un revenu suffisant pour ses dépenses ordinaires.

La réputation est nécessaire car celui dont on a bonne opinion fait plus avec son seul nom que ceux qui ne sont pas estimés avec des armées.

D'après Richelieu, *Testament politique*, 1642.

1. Quelle est la nature du texte ? Sa date ? Son auteur ?
2. Souligne dans le texte les trois ingrédients qui font la puissance d'un Roi, d'après Richelieu ?
3. Comment Richelieu définit la « réputation » d'un Roi ?

Exercice 3 : Carte du royaume de France en 1715

1. Coloris en bleu les conquêtes (annexions) faites sous Louis XIV après des guerres contre les pays voisins.

2. Qui sont les pays voisins de la France avec qui Louis XIV a fait la guerre ?

28 Produire des traces écrites

Plan du chapitre

La maîtrise de l'écriture est présentée comme un objectif majeur de l'école primaire. C'est un objectif qui relève de l'enseignement du français mais aussi de toutes les disciplines parmi lesquelles figurent l'histoire et la géographie.

1 À quoi ça sert d'écrire ?

Lorsqu'on interroge des élèves de collège sur leurs représentations de l'écriture dans différentes disciplines1, les résultats sont assez intéressants. Pour eux, l'histoire et la géographie sont deux disciplines où l'écriture est importante. Dans ces deux disciplines, la conduite langagière la plus sollicitée est la justification, devant l'explication et la description. Pour 47 % d'entre eux, l'écrit sert à « fixer les choses à retenir » et pour 24 % à « aider à comprendre ».

Un élève qui réussit en histoire-géographie est un élève qui mémorise quelques localisations, des dates, quelques mots de vocabulaire mais surtout qui arrive à conceptualiser ce qu'il a compris dans une séance ou une séquence. Jack Goody2 a montré que l'écriture constituait un instrument cognitif et générait de nouvelles formes de pensées. Ainsi, écrire ne sert pas seulement à fixer des connaissances mais également à comprendre des phénomènes, des processus.

Dans *Pensée et langage*, écrit en 1933 et publié en France en 1985, Lev Vygotski affirme : « En se transformant en langage, la pensée se réorganise et se modifie. Elle ne s'exprime pas mais se réalise dans le mot ».

« Les travaux des élèves font l'objet d'écrits divers, par exemple des résumés et frises chronologiques, des cartes et croquis » dit le programme 2008 à propos de l'enseignement de l'histoire et de la géographie. Seulement cette phrase peut paraître laconique : quels

1. D. Lahanier-Reuter et Y. Reuter, « Discours de collégiens sur l'écriture et les disciplines scolaires », dans C. Barré-De Miniac et Y. Reuter (dir.), *Apprendre à écrire au collège dans les différentes disciplines*, INRP, 2006, p. 23-28.
2. J. Goody, *Pouvoirs et savoirs de l'écrit*, La Dispute, 2007.

travaux d'élèves ? est-il question de faire déboucher sur des traces écrites récapitulatives données par l'enseignant sous la forme de « résumés, cartes et croquis » ? Il est possible de trouver des éléments de réponse dans ce qui est attendu du programme de français au cycle 3 : « La rédaction de textes fait l'objet d'un apprentissage régulier et progressif : elle est une priorité du cycle des approfondissements. Les élèves apprennent à [...] décrire, à expliquer une démarche, à justifier une réponse [...] ». En histoire, en géographie, en EMC, les recommandations de l'Inspection générale vont dans le sens de traces écrites autonomes ou guidées.

Les nouveaux programmes des cycles 2 et 3 réaffirment l'importance de l'écrit dans l'apprentissage et la compréhension. Ils marquent la différence qu'il existe souvent entre ce qui est dit à l'oral et ce qui est écrit dans les cahiers des élèves. Il apparaît donc important d'identifier quelles sont les traces écrites qui ont cours dans les classes d'histoire et de géographie et d'en évaluer l'usage.

- **Mémorisation** : Les notes, les définitions, les repérages... sont des formes de la trace écrite qui permettent la mémorisation.
- **Compréhension** : Le croquis, les réponses aux questions portant sur un document-support aident à la compréhension du contenu de la leçon.
- **Construction de sa pensée** : Le résumé, le schéma, le brouillon sont des outils qui participent à la construction de la pensée de l'élève et à la conceptualisation.

Dans un ouvrage entièrement consacré à l'écrit à l'école, Rolande Hatem1 rappelle que « l'écrit est fait de tâtonnements, de re-création et réécriture ». Elle souligne par-là même l'importance que l'enseignant doit accorder au brouillon. Ainsi ces tâtonnements doivent toujours rester accessibles à l'élève et ne pas être effacés ou cachés. Le brouillon aurait donc sa place dans le cahier de l'élève.

2 Les différents types de trace écrite

La **trace-écrite** occupe une grande place dans le travail de l'élève en classe. Comme le montre le schéma ci-dessus, elle revêt à la fois plusieurs fonctions mais également plusieurs formes. La trace écrite, comme son nom l'indique, est l'ensemble des signes que l'élève laisse sur le chemin de son apprentissage. Elle prend la forme, de notes griffonnées au brouillon, de croquis complétés ou construits par l'élève, d'un résumé, de réponses à des questions posées à propos d'un document...

2.1 Le schéma

Le **schéma** est un outil visuel qui permet de synthétiser le fonctionnement d'un phénomène, d'un concept ou d'un processus. Il met en relation de manière graphique différents mots-clés qui sont connectés par des flèches indiquant une action précise entre ces deux mots-clés. La forme que prend le schéma est importante car c'est principalement cet

1. R. Hatem, *Écrire et réécrire dans toutes les disciplines*, CRDP, 2005p.10.

aspect visuel qui est utilisé comme symbolique et mnémotechnique. Ainsi la construction du schéma nécessite le bon usage de trois éléments :

- Une forme.
- Des mots-clés.
- Des liens.

Le **schéma de synthèse** nécessite le recours à trois éléments : une forme, des mots-étiquettes et des liens.

Le choix de la forme du schéma est important car c'est lui qui permet à l'élève de retenir l'ensemble. Ce choix doit être pertinent lorsque l'on tient compte du sens de chaque forme les plus usitées (le triangle, le carré, le cercle, l'étoile).

Formes	Sens
Triangle	Cette forme permet de mettre en interrelation trois facteurs dominants stables. Cette forme renvoie également à une structure pyramidale ou en entonnoir.
Carré	Si l'on y ajoute les diagonales, la forme met en interrelation quatre facteurs dominants stables.
Cercle	La forme circulaire renvoie à un phénomène cyclique.
Étoile	L'étoile centrée sur un phénomène dominant renvoie à la multiplicité des facteurs ou des effets liés à ce phénomène.

Les mots-clés sont ceux correspondant aux facteurs intervenant dans la construction du phénomène ou du processus explicité par le schéma. Pour des élèves de cycle 3, nous conseillons un maximum de 5 mots-étiquettes.

Les liens entre les mots-étiquettes épousent, pour les plus importants, la forme du schéma et sont matérialisés par des flèches. Chaque lien est accompagné d'une action explicitée par un verbe.

Le choix de la forme est important car il participe à la fois du caractère mnémotechnique du schéma et de son caractère signifiant.

Il ne nous semble pas utile d'accompagner le schéma d'une légende ou d'un commentaire écrit. Un bon schéma doit se suffire à lui-même.

2.2 Le résumé

Le résumé est plus qu'un simple devoir de synthèse imposé à l'enseignant. Il s'agit d'une activité intellectuelle qui entre dans les apprentissages de l'élève de Cycle 3. C'est par cette activité que l'élève parvient à donner du sens à ce qui a été fait dans la leçon d'histoire-géographie. Elle consiste en la rédaction d'un court paragraphe de 2 à 4 phrases répondant à une question posée en début de leçon.

C'est une activité difficile qui requiert la présence et l'aide du maître. C'est une activité transversale qui impose que les différentes pratiques langagières qui sont demandées aux élèves leur soient explicitées et toujours clairement sollicitées. Ces pratiques langagières sont les suivantes :

- La description : réponse à une énumération ;

- L'explication : réponse à la question « Pourquoi » ;
- L'argumentation : réponse à la question « Comment ».

Exposer aux élèves ce que le maître veut montrer dans la séance. L'élève est averti de ce qui l'attend et de ce qui attendu de lui. L'objectif peut être formulé sous la forme d'une question ou d'une phrase à l'infinitif.

Offrir un nombre limité d'activités qui permettent de répondre à l'objectif exposé. Il s'agit de proposer aux élèves deux ou trois études de documents de nature différente.

Proposer une correction aux différentes activités mises en place par le maître.

Écriture d'une réponse à l'objectif posé en début de séance. Les élèves, en se servant des réponses apportées aux activités de la séance, sont amenés à décrire, expliquer ou argumenter. Pendant cette étape, le maître aide les élèves à construire les phrases et à les organiser.

Argumentation	Principale pratique langagière en histoire-géographie, elle consiste à relier un ou plusieurs exemples à une réponse apportée (argument).
Explication	Elle consiste à réunir des éléments de causalité pour expliquer un phénomène.
Description	Il s'agit de lister de manière logique (par thèmes, par plans successifs) un objet historique ou géographique.
Trace écrite guidée ou autonome	La trace attendue en Primaire ne doit pas excéder 2 à 4 phrases, représentant 4 ou 5 lignes maximum. Elle peut être guidée par le maître et réalisée collectivement par la classe ou bien individuellement.

La trace écrite peut être facilitée en donnant aux élèves une liste de mots-clés croisés lors des activités préparatoires.

La trace écrite peut consister en un tableau qui se construit au fur et à mesure des activités. Il peut ensuite éventuellement faciliter la mise en forme d'une réponse rédigée.

Le maître doit faire savoir à l'élève que ce travail de rédaction est difficile est qu'il est là pour les aider. Ainsi, ce travail ne doit pas être fait à la maison mais en classe, en la présence du maître.

Le résumé qui consiste à donner un texte à trous que l'élève doit combler en retrouvant le vocabulaire adéquat est inapproprié et ne remplit aucune des fonctions que nous avons pu décrire ci-dessus.

29 Évaluer

Plan du chapitre

L'enseignant, en tant que formateur, est un évaluateur. Il fixe des objectifs à atteindre et doit construire les outils nécessaires pour mesurer si les objectifs sont atteints. L'élève, en tant qu'acteur de ses propres apprentissages, peut aussi être amené à évaluer sa progression, à mesurer ses acquis à différents moments de sa formation. Porter une interrogation sur l'évaluation en histoire-géographie c'est d'abord répondre à un certain nombre de questions :

- Évaluer quoi et pour quoi ?
- Évaluer par qui et pour qui ?
- Évaluer comment ?

1 Pourquoi et comment évaluer ?

Les divers chercheurs qui se sont questionnés sur l'évaluation depuis la fin des années 1960 (Scriven, Bloom, De Peretti, de Ketele et Rogiers) conviennent de l'importance des réponses apportées aux questions de notre sous-titre. En effet, la question du but que l'on donne à l'évaluation est primordiale. Soit on considère qu'elle vient valider des objectifs de maîtrise d'une compétence (Bloom, 1971) au bout d'un processus de formation, soit on considère qu'elle constitue un outil d'amélioration (Scriven, 1967) dans le processus de formation. Dans tous les cas, l'évaluation a une fonction de régulation dans l'apprentissage. Elle doit conduire, chez l'évaluateur, à une prise de décision (de Ketele, Roegiers, 1993).

- Lister les **connaissances** : Ce sont essentiellement des repères spatiaux et temporels, des définitions des termes importants du cours qui donnent du sens à la leçon et qui prennent sens dans cette leçon. Dans l'esprit, ces connaissances sélectionnées et réduites en quantité sont censées être reconvoquées à tout moment de l'année.
- Lister les **capacités** :

Capacités	CM1	CM2
Lire et comprendre une consigne	++	++
Répondre à une question en sélectionnant les informations d'un document (texte, photographie, carte, tableau statistique, graphique).	++	++

Répondre par une phrase complète à une question posée	++	++
Réaliser une carte simple	+	++
Réaliser un croquis de paysage avec sa légende	+	++
Répondre à une question en mettant en relation des informations d'un même document (explication)	+	++
Répondre à une question posée en croisant des informations de différents documents	-	+
Rédiger un court paragraphe en utilisant ses connaissances en vocabulaire.	-	+

2 Pour évaluer quoi ?

En Histoire, en Géographie et en EMC, on évalue des compétences précises qui ont été définies à partir des attendus de fin de cycle tels qu'ils apparaissent dans les programmes. Les deux grilles de référentiels qui sont proposées ci-dessous peuvent permettre une évaluation fine des capacités des élèves. Les capacités sont répertoriées par « types d'exercices » qui peuvent être soumis aux élèves. Ces grilles sont utilisables pour des évaluations formatives mais également pour des évaluations diagnostiques, au préalable de toute action de différenciation. Ces grilles ne sont pas exhaustives.

Lire et comprendre une image	• Comprendre une consigne. • Repérer une information dans le document. • Prélever la bonne information dans le document. • Répondre à la question par une phrase simple. • Croiser avec succès des informations dans le même document.
Lire et comprendre un texte	• Comprendre une consigne. • Repérer une information dans le document. • Prélever la bonne information dans le document. • Répondre à la question par une phrase simple. • Croiser avec succès des informations dans le même document.
Retenir des connaissances	• Localiser des grands repères géographiques. • Mémoriser des repères géographiques. • Mémoriser des repères chronologiques. • Situer chronologiquement des grandes périodes historiques. • Ordonner des faits les uns par rapport aux autres. • Situer des faits dans une période historique. • Placer des faits sur un axe chronologique.
Réaliser une production graphique	• Comprendre une consigne. • La production graphique comporte un titre. • La production graphique comporte une orientation. • La production graphique comporte une légende.
Lire et comprendre une image	• Comprendre une consigne. • Repérer une information dans le document. • Prélever la bonne information dans le document. • Répondre à la question par une phrase simple. • Croiser avec succès des informations dans le même document.

Lire et comprendre un graphique	• Comprendre une consigne. • Repérer une information dans le document. • Prélever la bonne information dans le document. • Répondre à la question par une phrase simple. • Croiser avec succès des informations dans le même document.
Lire et comprendre un texte	• Comprendre une consigne. • Repérer une information dans le document. • Prélever la bonne information dans le document. • Répondre à la question par une phrase simple. • Croiser avec succès des informations dans le même document.
Rédiger un court paragraphe	• Comprendre une consigne. • Croiser des informations dans différents documents. • Produire un paragraphe d'au moins quatre lignes. • Le paragraphe est cohérent. • La réponse est une description. • La réponse est une explication. • La réponse est une justification.
Retenir des connaissances	• Nommer des grands repères géographiques. • Localiser des grands repères géographiques. • Nommer un espace géographique. • Localiser un espace géographique. • Mémoriser des repères géographiques. • Mémoriser des repères chronologiques. • Situer chronologiquement des grandes périodes historiques. • Ordonner des faits les uns par rapport aux autres. • Situer des faits dans une époque ou une période historique. • Placer des faits sur un axe chronologique.
Réaliser une production graphique	• Comprendre une consigne. • La production graphique comporte un titre. • La production graphique comporte une orientation. • La production graphique comporte une légende. • Ÿ La production graphique comporte une échelle graphique.
Présenter un document	• Retrouver la date du document. • Retrouver l'auteur du document. • Retrouver la nature du document.

Un exemple de **séance en cycle 2**

Cette évaluation est à rapprocher de la séquence proposée de l'exemple 2, « Un exemple de séquence en cycle 2 : Le Moyen Âge ». Cette séquence avait conduit à faire acquérir à l'élève quelques connaissances (vocabulaire) et certaines capacités (rédaction, lecture d'image, repérage dans le temps). L'évaluation porte donc très logiquement sur les connaissances et les capacités travaillées lors de la séquence.

Exercice 1 : Connaissances

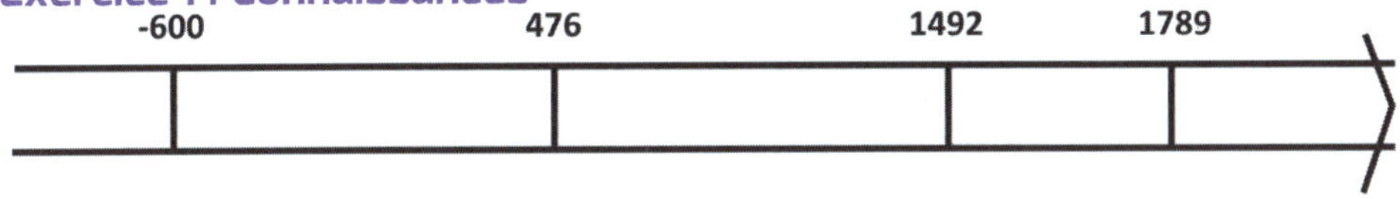

Sur la frise chronologique, coloris :

- En rouge la période correspondant au Moyen Âge
- En bleu la période correspondant à l'Antiquité
- En vert, la période correspondant à la Préhistoire

Exercice 2 : Connaissances

Sur la page de manuscrit :

- Place les mots suivants au bon endroit : lettrine, enluminure, texte.
- Sur quel matériau étaient le plus souvent réalisés les manuscrits de ce genre ?

Exercice 3 : Capacités – Lecture d'image et production écrite

Une enluminure extraite de J. Bocace, *Des cleres et nobles femmes*, 1401-1500
[BNF – domaine public]

- Décris en une phrase la scène qui est représentée dans cette image.

La grille d'évaluation

NOM : Prénom :				Date :					DS6	
Exercices	1.a	1.b	1.c	2.1	2.2	3.1				
Compétences										
Situer sur une frise chronologique										
Utiliser du vocabulaire										
Répondre par une phrase complète à une question posée										
Décrire une image										
Connaissances										
2.1. lettrine										
enluminure										
2.2 parchemin										

Les codes 1.a, 1.b font référence aux capacités définies dans le référentiel de cycle 2.

30 Différencier

Plan du chapitre

La différenciation n'est pas une interrogation nouvelle de la part des pédagogues, elle est même pourrait-on dire, aussi ancienne que la pédagogie elle-même. Les premières expériences dont s'inspirent les méthodes actuelles remontent à la première guerre mondiale (plan Dalton aux États-Unis en 1917, les fichiers Freinet dans les années 1920). Ces méthodes sont toutes actives et placent l'élève comme acteur de son savoir. L'élève travaille à son rythme à partir de supports variés. L'expression « pédagogie différenciée » est suggérée par Louis Legrand en 1971 et correspond à une période où l'École doit faire face à une très grande hétérogénéisation de son public. La réforme Haby de 1975 propose même la différenciation comme un remède à cette hétérogénéité. Différencier consiste donc à organiser des parcours différents selon les élèves pour leur faire atteindre des objectifs communs d'apprentissage.

- Différencier pourquoi et pour quoi ?
- Différencier comment ?

Différencier pourquoi, pour qui et comment ?

Différencier ce n'est pas fixer des objectifs d'apprentissage différents selon le niveau des élèves d'une même classe mais envisager des parcours différents pour atteindre ces mêmes objectifs.

Face à l'hétérogénéité des élèves (socio-culturelle, affective, cognitive…), l'enseignant doit diversifier sa pédagogie afin de permettre à tous les élèves d'acquérir un socle commun de compétences mais également à ceux qui en sont capables d'aller plus loin.

Pour André de Peretti, il existe trois types de diversification pédagogique (Peretti, 1998).

- La pédagogie variée propose de varier les formes de présentation ou les situations d'approches ; de varier les démarches (oral, écrit, image, gestes) ; de varier les organisations de classe (travail collectif, en groupes ou individuel).

- La pédagogie diversifiée consiste à diversifier les procédures mentales en fonction des motivations, des stratégies propres à chacun, à multiplier les itinéraires d'apprentissage et les voies d'accès à un savoir.
- La pédagogie différenciée se situe au niveau de l'élève et a pour but d'attribuer à chaque élève une tâche correspondant à ses besoins et à ses capacités.

En bref, un enseignant qui varie ses formules pédagogiques d'une séance à l'autre, d'un temps d'activité à l'autre au cours d'une séance, fait de la différenciation.

Cinq étapes dans la différenciation :

- Diagnostiquer la situation de départ du groupe classe et sérier les problèmes rencontrés par les élèves
- Définir la situation désirée sous la forme d'objectifs pédagogiques communs à tous les élèves
- Planifier l'action (quelles lectures complémentaires pour l'enseignant ? quelles méthodes envisager ? Quels outils penser ?)
- Organiser le travail donné en fonction des besoins des élèves sous la forme de « cliniques de remédiations » cadrées dans le temps et dans l'espace
- Évaluer le travail fourni par les élèves et en tirer les conclusions nécessaires

ATTENTION

Ne pas exclure certains élèves en optant davantage pour la multiplication des groupes de niveau et non pas pour des groupes de besoin dont la composition aurait plus la potentialité de changer.

Niveler par le bas en oubliant que la différenciation doit tirer vers le haut tous les élèves.

S'égarer vers une dérive activiste en réduisant le cours à une succession d'exercices et de corrigés sans phase de métacognition qui permette de mutualiser les méthodes, les expériences et les apprentissages de chacun.

Deux exemples de **différenciation successive**

Lire et comprendre un texte en cycle 3

Le Creusot : une ville industrielle au XIXe siècle

« "Il y a trois grandes usines distinctes dans l'établissement du Creusot [...] : fonderie, ateliers de construction et mines [...] chacune des parties de l'usine est reliée à l'autre par des chemins de fer [...]."

"En face de toi, ces hautes tours de quinze à vingt mètres, ce sont les hauts fourneaux. [...] C'est pour fondre le minerai de fer. [...] Pour avoir le fer le plus pur, il faut faire fondre le minerai."

Quand on eut bien admiré la fonderie, on passa dans les grandes forges. [...] Là, le fer rouge passait entre des rouleaux et sortait aplati en lames semblables à de longues bandes de feu [...].

"Voyons maintenant les mines de houille, dit M. Gertal. [...] Sous la terre où nous marchons, [...] il y en a une autre moins active, mais sombre comme la nuit. [...] Cette ville souterraine renferme des rues, des places, des rails où roulent des chariots de charbon que les mineurs ont arraché à coups de pic et de pioche. C'est ce charbon qui alimentera les grands fourneaux [...]." »

D'après G.Bruno, *Le Tour de la France par deux enfants*,1897.

Atelier 1 : Les « littéraires »

1. Présente le document (date, auteur, nature).

2. Quelles sont les trois usines du Creusot ?

3. Quelle est la fonction de chacune des usines ?

4. Comment sont reliées les différentes usines ?

Atelier 2 : Les « visuels »

1. Entoure en rouge le nom de l'auteur de ce texte. Encadre en vert la date à laquelle a été écrit ce texte.

2. Souligne en bleu tous les passages du texte où l'on parle des fonderies. Souligne en vert tous les passages du texte où l'on parle des grandes forges. Souligne en jaune tous les passages du texte où l'on parle des mines de charbon.

3. Complète le schéma ci-dessous en replaçant les mots-clés au bon endroit.

Atelier 3 : Les « kinesthésiques »

Dans cet atelier, l'enseignant a pris soin de mettre en couleur différents passages du texte : en bleu les passages évoquant la fonderie, en vert ceux évoquant les grandes forges et en jaune ceux évoquant les mines. Il place au centre de la table de travail des étiquettes portant les mots suivants : **FONDERIE, GRANDES FORGES, MINES, fer, charbon, lame de fer, fer rouge.**

1. Divisez-vous en trois binômes. Chaque binôme joue le rôle d'une usine du Creusot.

Aidez-vous du texte. Chaque binôme prend ensuite la matière qu'il produit. Aidez-vous du texte.

2. Comment chaque binôme parvient-il à produire ce qu'il produit ? Aidez-vous du texte.

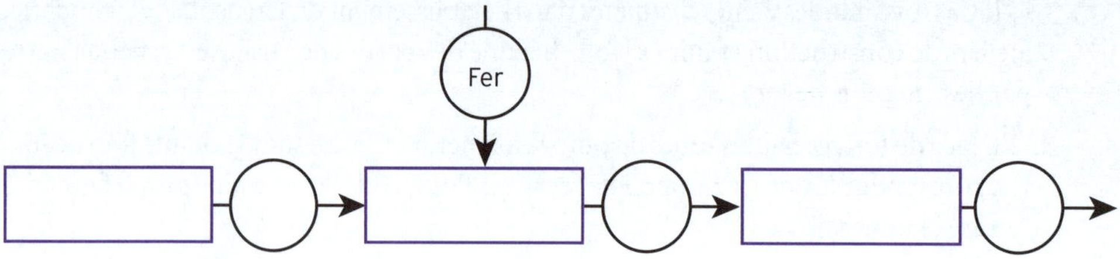

MINES HAUTS-FOURNEAU GRANDES FORGES Charbon Fer rouge Lames de fer

Réaliser une carte des activités autour de la place du village en cycle 2

Après avoir été sur le terrain et rempli une fiche signalétique pour chacune des boutiques présentes autour de la place du village, on a classé les activités en plusieurs catégories : commerce, service, administration. De retour en classe, on remet à chaque élève le même fond de carte suivant avec une fiche de procédure correspondant à leurs besoins identifiés par l'enseignant.

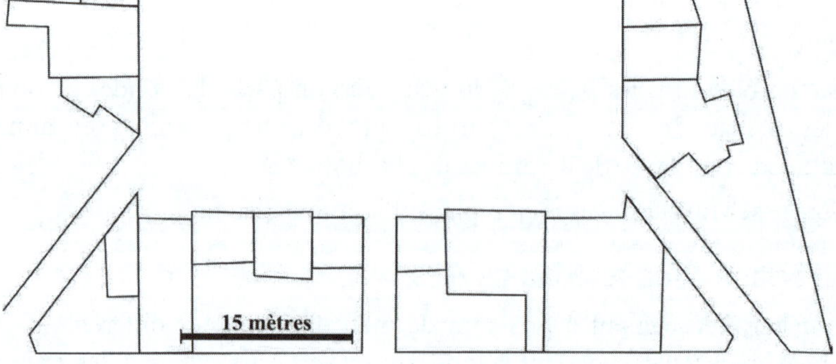

Mode 1 : « J'y vais sans filet. »

En utilisant les notes que nous avons prises lors de la sortie, réalise une carte des activités autour de la place du village.

N'oublie pas d'appliquer T.O.L. (Titre, Orientation, Légende)

Mode 2 : « Je prends un plan. »

1. Reprends les fiches que nous avons complétées lors de la sortie sur la place du village. Classe les fiches en trois catégories.

2. Construis une légende.

3. Colorie de la couleur correspondant à sa catégorie chacune des boutiques situées autour de la place du village.

4. Donne un titre à cette carte et inscris-le au-dessus.

5. Indique par une flèche la direction du Nord.

Mode 3 : « Je suis le guide. »

1. Reprends les fiches que nous avons complétées lors de la sortie sur la place du village. Classe les fiches en trois catégories : commerces, services, administrations.

2. En dessous du fond de carte qui t'a été remis, trace trois rectangles de légende identique et associe une couleur à chaque catégorie d'activités.

3. En t'aidant des fiches pour localiser chacune des boutiques, coloris de la couleur correspondant à sa catégorie chacune des boutiques situées autour de la place du village.

4. Donne un titre à cette carte et inscris-le au-dessus.

5. Indique par une flèche la direction du Nord. Aide-toi du plan du village que nous avons étudié lors de la première leçon.

31 Enseigner avec le numérique

Plan du chapitre

Les **différents sites** proposés dans le tableau ci-après permettent aux enseignants de faire travailler des compétences transdisciplinaires. Ces sites sont interactifs, ludiques, mettant souvent l'élève face à une situation-problème qu'il doit résoudre en naviguant sur le Net ou sur l'espace dédié au site sur le Net.

Pourquoi et comment utiliser le numérique ?

Le travail avec les Technologies Usuelles de l'Information et de la Communication (TUIC) nécessite de faire travailler les élèves en salle informatique ou à partir d'un Tableau Numérique Interactif (TNI) ou encore de tablettes distribuées aux élèves. Nous proposons un tableau fournissant un certain nombre d'adresses internet sur lesquelles les classes peuvent travailler. Nous les avons classées par thématiques du nouveau programme de géographie. Ajoutons que le thème 2 du CM2 est entièrement consacré aux usages de l'Internet qui définissent « un nouveau rapport à l'espace et au temps ».

La maîtrise des outils multimédia et de l'Internet (compétence 4 du Socle Commun des Compétences) est validée par le Brevet Informatique et Internet niveau école. Cette « attestation de compétences » compte 5 domaines de compétences : l'appropriation d'un environnement informatique, l'adoption d'une attitude responsable, la création, l'exploitation et le traitement des données, l'information et la communication. Comme le rappellent les instructions officielles, il ne s'agit pas d'un enseignement particulier mais d'une intégration dans l'enseignement disciplinaire, en histoire-géographie par exemple.

Thème 1 : Découvrir le(s) lieu(s) où j'habite	• sites Internet de la commune, du département et de la région • Google Earth • survoldefrance.fr propose un grand nombre de paysages vus d'avion
Thème 2 : Se loger, travailler, se cultiver, avoir des loisirs en France	• Edugéo, Géoportail permettent de proposer des cartes en ligne • territoires.gouv.fr propose des paysages et des animations sur les ruralités • site de stations touristiques

Thème 3 : Consommer en France	• site de l'ADEME [ademe.fr] propose des animations et des cartes sur la consommation d'énergie et les gestes éco-citoyens.
Thème 4 : Se déplacer	• metromobilite.fr est une interface qui montre la circulation multimodale dans l'agglomération grenobloise.
Thème 5 : Communiquer d'un bout à l'autre du monde grâce à Internet	• planteoscope.com propose des informations concernant les flux et les usages en temps réel.
Thème 6 : Mieux habiter	• Animation sur le site de la Cité des Sciences : « Ma maison, ma planète et moi » : http://www.cite-sciences.fr/au-programme/evenements/ma-maison-ma-planete/

Une exemple d'**utilisation du numérique en histoire**

Les TIC, et le web en particulier, ne constituent pas un outil de substitution à toute autre méthode pédagogique. Il s'agit bien d'un outil supplémentaire à la panoplie de l'enseignant.

Le site de la Banque des Savoirs est un site créé par le Conseil départemental de l'Essonne pour vulgariser la recherche scientifique. Il offre un certain nombre de jeux interactifs à destination d'un jeune public.

Dans le cadre du thème 1 de CM1 consacré aux traces du passé, nous avons choisi de proposer une exploitation pédagogique du jeu interactif : « L'archéologie : une enquête scientifique ».

Connexion à l'espace de jeu en ligne

L'enseignant a pris soin de créer un raccourci sur le bureau des élèves conduisant à l'adresse suivante : http://www.savoirs.essonne.fr/fileadmin/bds/MEDIA/animations/anim_archeo/Archeologie.html

Pour créer un raccourci sur le bureau : Clic droit dans l'écran du bureau / nouveau / raccourci

Dans la fenêtre qui s'affiche entrer l'adresse ci-dessus puis cliquer sur « Suivant » puis entrer le nom du raccourci (par exemple « ARCHEO ») et cliquer sur « Terminer ».

Arrivés sur la page d'accueil du site, les élèves lisent les instructions de l'introduction :

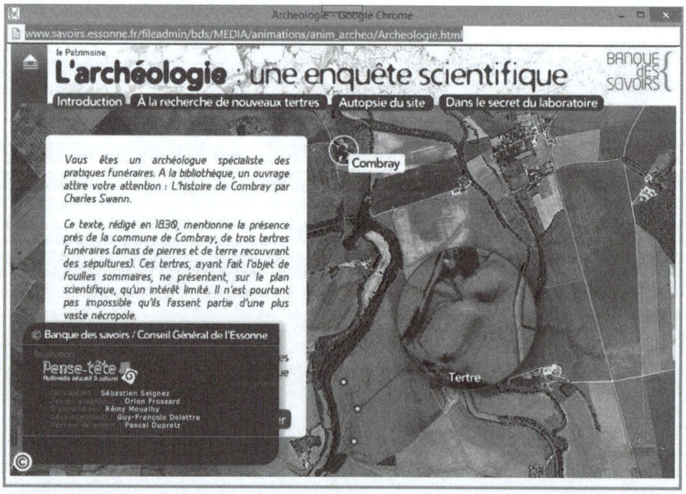

Exercice de repérages

L'élève joue le rôle d'un archéologue spécialiste des pratiques funéraires des civilisations du Néolithique en France (vers -3500) et notamment des tumulus (tertres funéraires).

On explique alors à l'élève que les premières recherches dans la région de Combray ont eu lieu vers 1830 et n'ont rien donné de véritablement concluants.

1. Qu'est-ce qu'un tertre funéraire ? Combien de tertres ont déjà été fouillés au milieu du XIXe siècle ?

2. Qu'est-ce qu'une nécropole ?

3. Quelle est la mission de l'élève-archéologue ?

À la recherche de nouveaux tertres

Mission 1 : En cliquant sur l'onglet supérieur « À la recherche de nouveaux tertres », le jeune archéologue est invité à lancer un mode de prospection en choisissant le plus approprié à la surface choisie.

4. Quels sont les trois modes de prospection proposés ? Quel est celui qui est le plus approprié ?

5. À quoi sert la prospection ?

Autopsie du site

Parmi, les nouveaux tertres funéraires révélés par la prospection, c'est le tertre 8 qui va être fouillé.

6. Si on fouille cadran A, quelle forme globale doit avoir le tertre funéraire ?

7. À quoi servent chacun des outils de l'archéologue ?

Outils	Usages
Pelle	
Scalpel	
Truelle	
Brosse	
Main	

8. Pourquoi est-il important de photographier ou de dessiner le site à certains moments ?

9. À quoi sert le relevé GPS ?

Dans le secret du laboratoire :

À l'issue des fouilles, il convient d'analyser en laboratoire les trouvailles prélevées sur le site.

10. Comment sont analysées les différentes trouvailles :

Trouvailles	Méthode d'analyse
Ossements humains	
Charbon de bois	
Agrafe de ceinture	
Tessons de céramiques	

32 Enseigner avec l'album pour enfants

Plan du chapitre

Le domaine 5 du nouveau socle commun, « Les représentations du monde et l'activité humaine » « invite les élèves à découvrir des traces, des éléments de l'histoire » à travers des expériences artistiques au nombre desquels on compte la « littérature enfantine ». L'album pour enfants est une production particulière de la littérature de jeunesse : il s'agit d'un récit qui met en interdépendance du texte et de l'image pour raconter une histoire censée se dérouler à une époque précise et dans un endroit particulier. Il constitue un produit culturel qui délivre des informations, des représentations dignes d'intéresser la culture humaniste à propos des sociétés qui les ont produites.

Pourquoi et comment utiliser l'album en classe ?

Les nouveaux programmes de cycle 2 et cycle 3 conseillent expressément le recours à la littérature de jeunesse pour aborder de grands thèmes de la culture humaniste. Les albums pour enfants, comme l'indique Barbara Bader, sont des produits culturels, images de leur temps et des sociétés qui les produisent, véhiculent également des représentations du temps et de l'espace qui vont nourrir le capital culturel des enfants à qui ils sont destinés.

Nous entendons ici par album enfant un objet-livre qui met en relation d'interdépendance du texte et des images pour raconter une histoire fictionnelle ou non. On parle souvent à leur égard d'albums iconotextuels. Ils s'éloignent ainsi des livres illustrés par le fait complexe que la narration verbale et la narration iconique qu'ils contiennent se croisent, s'interpénètrent. Alors que dans les illustrés, il n'existerait qu'une seule narration, la narration verbale soulignée (illustrée) parfois par une image.

Démarche :

- **L'iconotexte** : La définition même de l'album iconotextuel oblige les enseignants qui l'utilisent à entrer avec les élèves dans la double narration verbo-iconique. Quel est le récit livré par l'album ? Que dit l'image que le texte ne dit pas ? et réciproquement ? Qu'expriment également la mise en page choisie par l'auteur, le format et la taille de l'ouvrage ?
- **Le débat interprétatif** : La lecture d'un tel medium, offerte ou individuelle, est nécessairement suivie d'un débat interprétatif pour mettre sur table ce que les élèves ont compris de l'histoire, sur le ou les messages éventuels contenus dans l'ouvrage.
- **Les représentations culturelles** : Enfin, l'analyse historique ou géographique peut commencer. Elle s'appuie sur les représentations culturelles mises en espaces au sein de l'album qui seront révélées, discutées et critiquées.

Un exemple d'**utilisation en EMC** en cycle 2

Présentation de l'album

Le *Gentil petit livre rouge* est un ouvrage publié en 2012 par La Joie de Lire. Il s'agit d'un ouvrage réalisé par l'artiste chinoise Tang Zhifang. Elle est née à Shaoyang. Après avoir obtenu son premier diplôme à l'École des Beaux-Arts du Hubei, elle poursuit ses études en France. Elle est diplômée de l'Université de Toulouse II et de l'École nationale des arts appliqués de Paris-Cergy.

L'ouvrage présenté ici réunit « deux fables subversives » : *Trois amis dans un monde harmonieux* et *Les Oreilles du Roi Ours*. Nous proposons de travailler avec des élèves de CP ou de CE1 sur la première fable.

Lapin, Hibou et Canard sont trois amis. Chacun trouve qu'il a un gros défaut : des yeux trop gros, des oreilles trop longues, une voix horrible. Et chacun décide de faire appel à la chirurgie esthétique pour y remédier…

« Désormais, les trois amis ont une nouvelle vie bien tranquille. Comme tout le monde. Un monde calme, harmonieux et… heureux ? »

Le Gentil petit Livre rouge de Tang Zhifang

Proposition de séance

La séance qui pourrait être proposée à des élèves de CP ou de CE1 se compose de trois phases. Elles débutent par une première phase de lecture de l'album pour ensuite travailler sur le rapport texte/image puis sur l'image de fin.

- **Phase 1 :** Lecture de l'album

Objectif	Comprendre la structure du récit
Déroulement	• L'enseignant fait la lecture à voix haute de l'album avec les enfants et questionne sur la compréhension de l'histoire. • Les élèves sont en présence d'extraits de 5 images de l'album et doivent les replacer dans l'ordre puis de les classer en trois étapes dans le récit (le constat des différences / la décision de supprimer les différences / le résultat.

- **Phase 2 :** Tous pas pareils ?

Objectif	Comparer deux images tirées de l'album
Déroulement	• Les élèves doivent comparer l'image de la page 7 (« Lapin, Hibou et Canard sont amis. ») avec celle de la page 24 (« Désormais, les trois amis ont une nouvelle vie bien tranquille. »). Par le dessin, comment peut-on passer de l'image de la page 24 à celle de la page 7 ? • Comment expliquer la phrase de la page 24 ?

Phase 3 : Tous pareils ?

Objectif	Analyse de la double page 26-27.
Déroulement	• L'enseignant présente la double page 26-27 avec toutes ces têtes identiques. • Quelles impressions se dégagent de cette dernière double page ? • Pourquoi la phrase qui accompagne cette double page se termine-t-elle par un point d'interrogation ? Ne peut-on pas être heureux, si on est tous pareils ? • On pourrait répondre à l'auteure en réalisant une planche accumulant tous les visages souriant des élèves de la classe avec ceux d'inconnus pris dans des magazines. L'image serait accompagnée du texte suivant : « Un monde calme, harmonieux et heureux. »

Faire de l'enseignement moral et civique **à partir d'un album** en cycle 3

La Rédaction d'Antonio Skarmeta et Alfonso Ruano

Présentation de l'album

La Rédaction est un ouvrage publié aux éditions Syros en 2003. C'est une traduction d'un album réalisé en 2000 par les éditions vénézuéliennes Ekaré sous le titre *La Composicion*. Ce texte est à l'origine une nouvelle publiée par Antonio Skarmeta en 1998. En 2000, il est mis en images par l'illustrateur espagnol Alfonso Ruano.

Antonio Skarmeta est né en 1940 au Chili. Partisan de Salvador Allende, il doit fuir le Chili après le coup d'État du général Augusto Pinochet en 1973. Il se réfugie d'abord en Argentine, puis en Allemagne de l'Ouest où il enseigne à l'Académie du film et de la télévision. Auteur de scénarios pour le cinéma et la télévision. Défenseur des droits de l'homme, il devient ambassadeur du Chili à Berlin de 2000 à 2003. En 2002, il reçoit le Prix du livre de jeunesse sur la tolérance décerné par l'UNESCO pour *La Rédaction*.

Alfonso Ruano Martin est né en 1949 à Tolède. Il commence sa carrière d'illustrateur pour la jeunesse en 1976.

La Rédaction raconte l'histoire de Pedro, neuf ans, passionné de football, enfant d'une famille heureuse. Très vite ce bonheur est troublé par des bruits de bottes dont l'enfant ne perçoit pas tout de suite la gravité, pas plus qu'il ne saisit pourquoi son père écoute si souvent des nouvelles semblant venir de très loin. Un jour Pedro assiste à une scène qu'il n'oublie pas : le père de son ami Daniel est entraîné de force par des soldats armés de mitraillettes. Pedro s'efforce toujours de comprendre… Un matin, la maîtresse entre en classe accompagnée d'un militaire, le capitaine Romero, qui demande aux élèves de participer à un concours de rédaction dont il donne le sujet : « Ce que fait ma famille le soir ». La meilleure rédaction sera récompensée. Pedro va-t-il comprendre les enjeux qui se trament derrière cette rédaction apparemment anodine ?

Proposition de séance

L'album est une ode au libre arbitre des enfants, à leur force de résistance, à l'éducation du jugement citoyen à travers une évocation historique.

- **Étape 1 :** Lecture de l'album

Objectif	Prendre connaissance du texte de l'album par une oralisation devant la classe, accompagnée de la projection des images.
Déroulement	• L'enseignant fait la lecture à voix haute de l'album avec les enfants et questionne sur la compréhension de l'histoire. • Les images de l'album sont projetées au tableau ou les enfants suivent sur l'exemplaire qui leur a été distribué.

- **Étape 2 :** Le questionnement

Objectif	À partir d'extraits choisis de l'œuvre, l'enseignant propose aux élèves un questionnement en EMC
Déroulement	• Principes moraux : l'introduction aux notions de la morale (le vrai, le faux, la loyauté) ; les vertus individuelles (le courage, la prudence) ; les obligations sociales (le civisme, les droits individuels, les droits et les devoirs). • Maximes : « Le premier des droits de l'homme, c'est la liberté individuelle, la liberté de propriété, la liberté de pensée, la liberté de travail. » (Jean Jaurès). Autres maximes en lien… « Toute vérité n'est pas bonne à dire » (Joseph Joubert) ; « Un homme n'est pas le maître d'un autre homme » (Épicète) ; « Ô liberté ! Que de crimes on commet en ton nom ! » (Manon Roland).

- **Étape 3 :** La synthèse

Objectif	Proposer aux élèves un temps de synthèse à partir de questions et/ou de conflits éprouvés
Déroulement	• Exemples : la vérité et le mensonge ; l'obéissance et la désobéissance. • Le récit montre la prise de conscience progressive par Pedro de la situation politique de son pays, au gré des événements. Il s'agit de proposer et de justifier une interprétation du récit pour comprendre que l'esprit de résistance peut concentrer les élèves, et aider à construire leur esprit de résistance à l'oppression. • Il serait intéressant de percevoir si les élèves ont saisi qu'u fil de l'histoire, Pedro construit sa conscience civique au détriment de la vérité et de l'obéissance au pouvoir en place, face à un représentant de la dictature qui incite de manière pernicieuse à la délation et que les parents de Pedro qui résistent veulent maintenir leur fils en dehors des événements politiques.

- **Étape 4 :** Les prolongements possibles

Objectif	Même si des références historiques et culturelles ne sont pas indispensables pour comprendre le récit, elles peuvent aider à l'élargissement de la culture humaniste de l'élève
Déroulement	• À l'occasion de recherches documentaires, les élèves cerneront mieux le concept de dictature. • Des lectures en réseaux d'autres œuvres peuvent être proposées aux élèves et qui participeront de cet approfondissement : Le Tyran, le luthier et le Temps de Christian Grenier (2003) ; Une petite Flamme dans la nuit de David François (1996) ; Papa, pourquoi t'as voté Hitler ? par Didier Daeninckx et Pef (2016).

33 Enseigner avec la bande dessinée

Plan du chapitre

Comme l'écrivait en 1985 Will Eisner, dessinateur, scénariste et théoricien de la bande dessinée, la **BD** est un « art séquentiel ». Ce médium, qui a très longtemps appartenu à la littérature de jeunesse, est aujourd'hui et ce depuis l'apparition des romans graphiques au début des années 1980, un médium de littérature dessinée qui s'est ouvert plus largement à un public adulte. L'histoire et la géographie sont des sujets qui apparaissent de plus en plus comme des sujets qui intéressent les bédéastes soit comme toile de fond pour écrire leurs histoires soit comme des disciplines aux sujets à polémique qui permettent de prendre position, de s'engager.

Pourquoi et comment utiliser la bande dessinée ?

La bande dessinée est un medium qui, au même titre que l'album pour enfants, appartient à la production culturelle. Elle est à la fois l'émanation et une image de la société qui la produit. Elle constitue à la fois un élément relevant de l'histoire des arts mais également un langage qui séquentiel et spatio-temporel qui permet d'écrire autrement en découpant, en tressant et en mettant en page du texte et des mots pour faire sens.

En 1993, Pascal Ory1, décrivant l'intérêt croissant des bédéastes et des pédagogues pour l'histoire dans la bande dessinée depuis les années 1970, distingue deux types de production : les bandes dessinées qui utilisent l'Histoire comme décor de la narration (BD historique) et celles qui se veulent aujourd'hui des « instruments pédagogiques » (BD historienne). Le phénomène semble s'être élargi à la géographie depuis les années 2000.

D'autre part, Thierry Groensteen2, en analysant les mécaniques d'une planche de bande dessinée, en fait un « espace à parcourir et à maîtriser, une aire de jeu à s'approprier » par le lecteur. Cette analyse est également vraie pour le dessinateur et c'est cet axe là qu'il nous semble également intéressant d'investir par les élèves.

1. P. Ory, « Historique ou historienne ? », dans O. Mitterrand G. Ciment, *L'Histoire… par la bande. Bande dessinée, Histoire et pédagogie*, Syros, 1993, p. 94.
2. T. Groensteen, « La planche, un espace narratif », dans *ibid.*, p. 41-46.

Lecture : La lecture de la bande dessinée en classe renvoie à des usages qui nous paraissent construits sur les mêmes bases que ce que nous avons proposé pour l'album, autre iconotexte, dans l'outil précédent (outil 41).

Écriture : Se servir de la planche comme moyen d'expression d'une idée, comme outil de conceptualisation en histoire ou en géographie est sans doute l'originalité ici. La planche, en proposant de découper un discours, de « tresser » des images et du texte, de les disposer sur une planche dans un ordre, permet aux élèves de dire autrement, de raconter, d'exprimer parfois plus facilement que par des phrases et un paragraphe construit. Pour ce faire :

- Les élèves doivent avoir été sensibilisés et initiés au langage de la bande dessinée qui a recours à quelques stratégies (séquentialité) et quelques outils (case, bande, bulle, cartouche, onomatopées).
- Dans les principes de l'Oubapo, les élèves doivent être confrontés à quelques contraintes formelles qui les obligent à se concentrer sur le discours : texte, images, nombre de cases, format de la planche ou mise en page imposé.

Comme l'écrit Yves Frémion1, « une vignette seule ne fait pas narration ; elle ne devient "case" que mise en relation avec les autres vignettes de la planche ». Conclusion : il convient toujours de proposer aux élèves une planche entière ou au minimum une ou deux bandes mais jamais une vignette seule.

Les traites négrières

- **Thème 2 :** Le temps des rois.
- **Place dans l'année :** période 3 de l'année de CM1.
- **Extrait des programmes :** « On inscrit dans le déroulé de ce thème une présentation de la formation du premier empire colonial français, porté par le pouvoir royal, et dont le peuplement repose notamment sur le déplacement d'Africains réduits en esclavage ».

La planche ci-dessous est extraite d'un album de la collection historique « Loïs » qui se passe sous le règne de Louis XIV. Loïs est un jeune peintre qui travaille à Versailles. Il part au secours de son ami indien, Joseph, enlevé par Kris Morsan. Sa quête le conduit à se confronter au trafic triangulaire quittant le port de La Rochelle pour le pays Maya en passant par les côtes de l'Afrique occidentale.

1. Y. Fremiont, « Case, icône et vignette : la case n'existe pas » dans *ibid.*, p. 35.

Un exemple **en histoire**

Phase 1 : lecture de la bande 1

Où se déroulent les deux scènes des cases 1 et 2 ? Quelle est l'action de la case 1 puis de la case 2 ? Quel trajet s'apprête à suivre le brigantin « Louisiana » ? Où semble se situer l'observateur des deux scènes ?

Un **brigantin** est un petit navire léger et ouvert qui sert à combattre ou à donner la chasse. Le « Louisiana » tire son nom de la province française découverte par Cavelier de la Salle en 1682 en Amérique et qui l'a nommée ainsi en l'honneur du roi Louis XIV.

Phase 2 : lecture de la bande 3

Où se déroulent les scènes des cases 1, 2 et 3 ? Quelle est l'action de chacune des deux premières cases ? Où semble se situer l'observateur de ces deux scènes ? Où se situe l'œil de l'observateur dans la dernière case, dite « case de chute » ? Qu'apprend-on dans cette case à propos de l'esclavage ? Comment peut-on expliquer le changement de l'œil de l'observateur ?

Phase 3 : lecture de la bande 2

Comment sont organisées les cases de la bande ? Où se situe à chaque fois l'œil de l'observateur ? Quels sont les deux peuples qui sont évoqués dans cette bande ? À quel commerce se livre-t-elle ?

Phase 4 : synthèse

Quels sont les trois continents réunis par le commerce évoqué dans cette planche de bande dessinée ? En déduire un schéma qui expliquerait le « commerce triangulaire ».

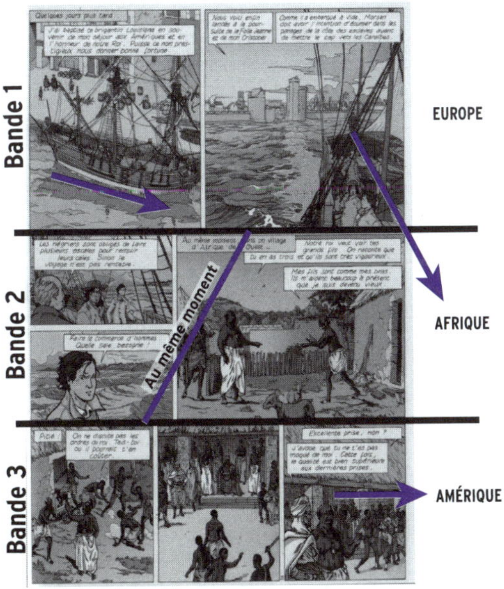

J. Martin, O. Pâques, P. Weber, *Le Code Noir*, Casterman, 2007, p.15.

Le commerce triangulaire et la « traite négrière » sont ici, de manière évidente, reliés à la production d'esclaves sur le continent africain par les peuples d'Afrique. En Europe, ce sont les Européens qui les premiers jouèrent le rôle d'intermédiaires entre les négriers occidentaux et les négriers africains à partir du XVIe siècle. On voit également dans la planche proposée le rôle des trafiquants arabes dans la traite.

34 Enseigner par le jeu

Plan du chapitre

La **pédagogie ludique**, si elle est assez peu pratiquée en histoire-géographie en France, existe depuis bien longtemps dans les pays anglo-saxons et en France dans d'autres disciplines, notamment scientifiques. Le jeu de simulation place l'élève devant des situations pour lesquelles il doit prendre des décisions, faire des choix sans risque personnel. Le jeu en classe lui permet de revenir sur ces décisions ou ces choix et de les comparer avec d'autres groupes, de les analyser et d'en tirer des enseignements. Dans le cas d'un jeu d'émulation, l'élève est invité à réinvestir ses connaissances dans un scénario sans enjeu pour son orientation future ou son évaluation institutionnelle.

Pourquoi et comment jouer en classe ?

Depuis le début des années 1990, s'est développé un courant pédagogique en histoire-géographie qui a réintroduit le jeu dans une dimension scolaire, c'est-à-dire « pour apprendre ». Le *réseau Ludus* de l'Académie de Caen a multiplié les stages de formation puis, par l'intermédiaire de leur site Internet[1] a contribué à développer une pratique de classe en mettant en ligne des jeux testés en classe.

Jouer en classe, dans un cadre scolaire, voire dans une discipline présente plusieurs atouts : stimuler la motivation, entrer dans l'histoire ou la géographie par la complexité en manipulant des concepts peu aisés, faire entrer le plaisir dans la classe. Fort développée et depuis longtemps dans les pays anglo-saxons, la pratique du jeu en classe est, en France, encore assez marginale.

a. Quelles étapes ?

- Déterminer le thème du jeu et ses objectifs didactiques et pédagogiques : quelles notions et concepts abordera le jeu ? qu'attend-on de l'élève-joueur à la fin du jeu ?
- Intégration dans la séquence : à quel moment le jeu va-t-il se placer ? comment formaliser les acquis des élèves après le jeu ?

1. http://lewebpedagogique.com/reseauludus/

• Déterminer le type de jeu : souhaite-t-on travailler sur les connaissances factuelles (jeu d'émulation) ou bien sur des capacités et sur les mécanismes des acteurs en géographie ou en histoire (jeu de simulation) ?

• Se documenter : il peut exister des jeux édités dans le commerce qui ont traité du thème souhaité ou bien des enseignants qui ont partagé sur le web des jeux de leur création (réseau Ludus).

• Jouer : la séance de jeu en classe demande que la disposition de la salle et que le matériel soient prêt au moment où les élèves arrivent. Les règles doivent être expliquées démonstration à l'appui. L'enseignant est le garant du bon déroulement du jeu.

• Exploiter : L'exploitation didactique du jeu fait en classe est une phase nécessaire pour entrer dans les apprentissages. Un temps de synthèse est donc indispensable. Le jeu en classe n'a de valeur que s'il permet d'atteindre des objectifs scolaires. Il est porteur de sens et ce sens doit être explicité par les élèves *a posteriori*.

b. Typologie des jeux

Il existe une typologie des jeux bâtie à partir de trois formes (le hasard, l'émulation et la simulation) et de trois intentions (le ludique, le pédagogique et l'éducatif).

• Dans un jeu de hasard, il n'y a pas beaucoup de place pour la stratégie ni la réflexion. Il semble peu intéressant pour la classe. Le jeu d'émulation met en jeu des connaissances factuelles pour gagner. Enfin, le jeu de simulation recréé une situation dans laquelle les élèves sont acteurs.

• La seule intention ludique ne présente que très peu d'intérêt pour jouer en classe. En revanche, lorsqu'il est pédagogique, il permet l'apprentissage de connaissances et de capacités. Le jeu éducatif, quant à lui, participe à la formation du savoir-être de l'élève (attitudes).

• Les séances de jeu en classe ne sont pas des récompenses que l'on peut faire en fin de séance s'il reste du temps et si les enfants ont été sages. Il s'agit de séances introductives à une séquence, de séances de problématisation d'une leçon. Nous conseillons d'accorder au jeu la durée d'une séance maximum, c'est-à-dire entre ½ heure et une heure.

c. Le jeu « Je construis ma ville »

But du jeu

Il s'agit pour les élèves d'imaginer une ville à partir d'un même site et d'éléments du paysage urbains (une église, centre commercial, château, zone industrielle, îlot de centre-ville, espace vert, grands ensembles, lotissement pavillonnaire).

Matériel

Un sous-jeu tiré sur un format A3 pour un groupe de 3 élèves. Une planche sur laquelle se trouvent les éléments de paysage urbain à découper par les élèves et à coller sur le sous-jeu.

Sous-jeu proposé à chaque groupe

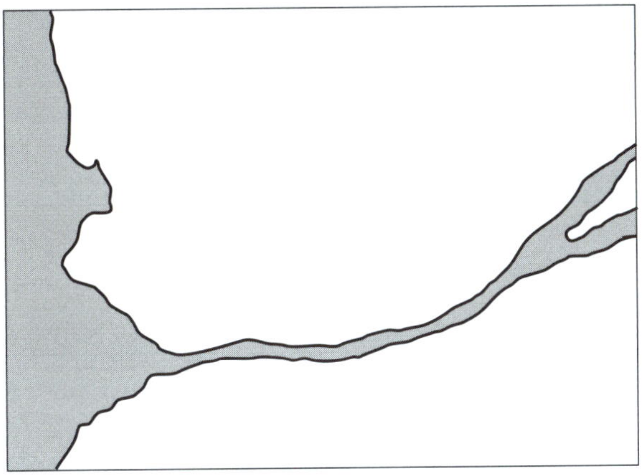

Pièces à découper et à coller représentant différents paysages urbains

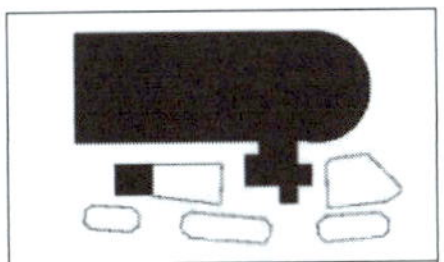

Une cathédrale

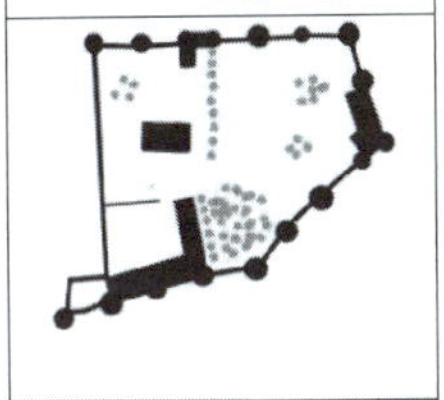

Un château

Un quartier centre-ville
100 habitants [x 20]

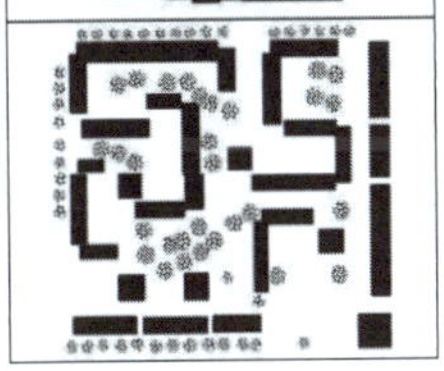

Des grands ensembles
5 000 habitants [x 8]

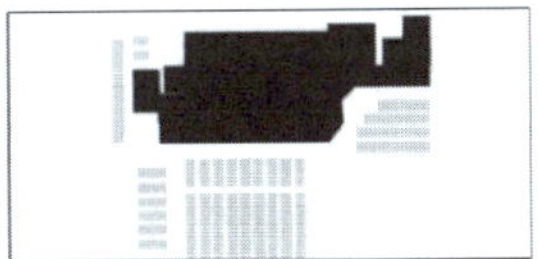

Un centre commercial

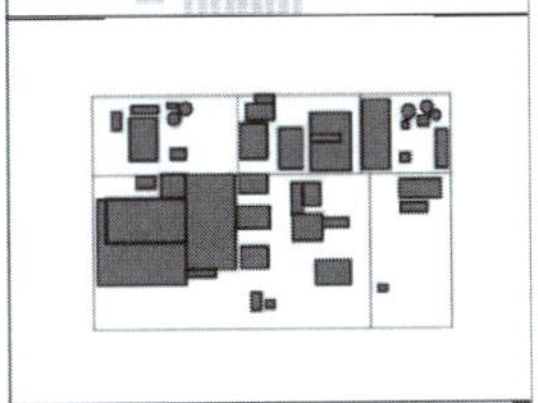

Une zone industrielle

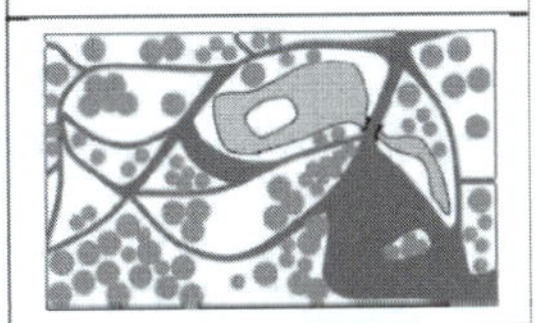

Espace vert

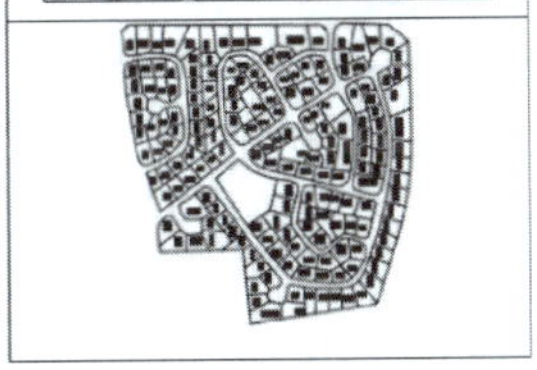

Un lotissement
pavillonnaire
500 habitants [x 10]

Déroulement

Précédemment, les élèves ont découvert les différents paysages urbains. Ils ont 45 minutes pour créer leur propre ville en prenant soin d'y ajouter la voirie.
Les élèves sont répartis en groupes de trois ou quatre.

Fin du jeu

Les plans sont ensuite présentés à l'ensemble de la classe et commentés par les « urbanistes en herbes ».

Exemple de réalisation par un groupe d'élèves

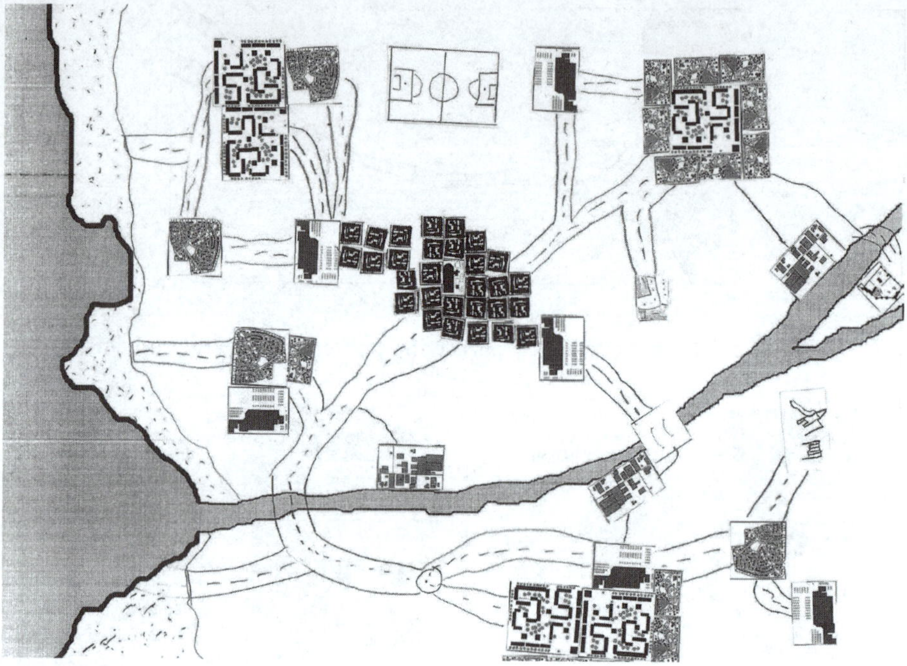

Une fois le jeu réalisé, il est nécessaire d'avoir prévu **l'exploitation pédagogique** que l'on en fera avec les élèves. C'est une étape incontournable car le jeu n'est pédagogique ou éducatif que par ce que les élèves en retireront. Il y a donc un indispensable passage à la synthèse.

L'évaluation fait partie du jeu : elle peut consister en une fiche que l'élève aura à remplir *a posteriori* et qui servira de matériel pour construire l'exploitation pédagogique. Parmi les questions, il est important de toujours demander quelle était l'ambiance ou comment l'élève a vécu cette séance de jeu, ce qui lui a paru difficile, ce qu'il fallait faire pour gagner ou pour perdre (dans le cas d'un jeu d'émulation).

Il faut prévoir un temps d'exploitation pédagogique. Le jeu en classe n'a de valeur que s'il permet effectivement d'atteindre des objectifs scolaires. Il doit être porteur de sens et la phase d'exploitation pédagogique a cette fonction de mettre en évidence le sens de ce qui vient de se passer.

35 Enseigner avec la chanson

Plan du chapitre

Les **chansons** font partie du paysage culturel des enfants. Elles restent dans l'esprit soit sous la forme de quelques notes ou mélodie, soit quelques paroles que l'on égrène longtemps après les avoir apprises ou entendues. Les chansons sont, à l'instar de la bande dessinée, des albums pour enfants, des produits culturels qui constituent de véritables objets d'intérêts pour l'histoire et la géographie culturelles.

Pourquoi et comment enseigner avec des chansons ?

La chanson est une œuvre culturelle qui met en interrelation un texte et une mélodie, l'un ne se dissociant pas de l'autre. Le répertoire va de la comptine enfantine à la chanson de geste, revêtant plusieurs formes, plusieurs genres musicaux. On peut aujourd'hui trouver sur le web quelques sites qui peuvent aider à analyser des chansons en histoire et en géographie allant du site personnel d'enseignants[1] au site plus institutionnel[2].

La chanson est encore un produit culturel, image de la société qui lui donne le jour. La chanson, texte chanté populaire, appartient également au domaine de l'histoire des arts. Beaucoup de chansons portent en elles une représentation des espaces et des temps contre lesquels elles sont souvent une réaction ou bien au contraire pour lesquels elles sont un soutien (propagande). L'étude en classe de chansons qui appartiennent au patrimoine national apparaît dès lors comme une approche intéressante.

a. Démarche

- **Premier contact :** quelles sont les émotions ressenties à la première écoute ? quelles images viennent d'emblée à l'imagination ?
- **Contexte** : quels furent les conditions et le contexte d'écriture de la chanson ? quels éléments historiques et/ou géographiques permettent de comprendre la chanson ?

1. http://lhistgeobox.blogspot.fr/
2. http://eduscol.education.fr/chansonsquifontlhistoire/

- **Paroles** : quel est le sujet de la chanson ? quel est le message ? est-ce une chanson de contestation ou de propagande ? quelle est la forme des paroles (strophes, couplet, rimes, allitérations) ? quel rôle est joué par le refrain ?
- **Musique** : existe-t-il une introduction musicale ? quel effet produit-elle ? la mélodie et/ou l'accompagnement musical nous fait-il penser à un contexte géographique ou culturel particulier ? quel rôle joue la mélodie dans la chanson ? le tempo est-il rapide ou lent ? quelles émotions la mélodie produit-elle ?
- **Réception et portée de la chanson** : quelles valeurs sont exprimées par la chanson ? quelle est la part de l'interprétation dans la transmission du message ?

Une chanson n'est pas un poème, même si certains poèmes ont été a posteriori mis en musique. Il s'agit donc de ne jamais étudier les paroles sans la mélodie. C'est bien l'ensemble qui présente un message.

Un exemple **de chanson** en EMC

Le texte-source

Voici un texte issu des paroles de la chanson *Les Chansons des Restos* écrit par l'artiste Jean-Jacques Goldman, en 1986. Il présente assez bien l'exclusion et pourrait s'avérer un support intéressant pour sensibiliser les élèves au sort des plus démunis, en CE2 par exemple, puisque les élèves connaissent souvent cette chanson car ils l'entendent régulièrement sur les ondes. Voici le texte intégral :

Moi, je file un rancard
À ceux qui n'ont plus rien
Sans idéologie, discours ou baratin
On vous promettra pas
Les toujours du grand soir
Mais juste pour l'hiver
À manger et à boire
À tous les recalés de l'âge et du chômage
Les privés du gâteau, les exclus du partage
Si nous pensons à vous, c'est en fait égoïste
Demain, nos noms, peut-être grossiront la liste

Aujourd'hui, on n'a plus le droit
Ni d'avoir faim, ni d'avoir froid
Dépassé le chacun pour soi
Quand je pense à toi, je pense à moi
Je te promets pas le grand soir
Mais juste à manger et à boire
Un peu de pain et de chaleur
Dans les restos, les restos du cœur

Autrefois on gardait toujours une place à table
Une soupe, une chaise, un coin dans l'étable
Aujourd'hui nos paupières et nos portes sont closes
Les autres sont toujours, toujours en overdose
J'ai pas mauvaise conscience
Ça m'empêche pas d'dormir
Mais pour tout dire, ça gâche un peu le goût d'mes plaisirs

C'est pas vraiment ma faute si y'en a qui ontfaim
Mais ça le deviendrait, si on n'y change rien

J'ai pas de solution pour te changer la vie
Mais si je peux t'aider quelques heures, allons-y
Y a bien d'autres misères, trop pour uninventaire
Mais ça se passe ici, ici et aujourd'hui

D'après J.-J. Goldman (paroles et musique), *Les Chansons des Restos*, 1986.

Outil

Le texte est très long pour un élève de CE2 et il faut cibler le propos pour sensibiliser les élèves à l'exclusion et les inciter à la compréhension et à la solidarité dans le cadre de la séance. Nous suggérons de ce fait l'adaptation suivante : Le texte a été raccourci, aménagé et adapté pour aider à la compréhension.

(…)

Refrain :

Aujourd'hui, on n'a plus le droit
Ni d'avoir faim, ni d'avoir froid
Dépassé le « chacun pour soi »
Quand je pense à toi, je pense à moi
Je te promets pas le grand soir
Mais juste à manger et à boire
Un peu de pain et de chaleur
Dans les restos, les restos du cœur (…)
J'ai pas mauvaise conscience
Ça m'empêche pas d'dormir
Mais pour tout dire, ça gâche un peu le goût d'mes plaisirs
C'est pas vraiment ma faute si y'en a qui ont faim
Mais ça le deviendrait, si on n'y change rien (…)

D'après J.-J. Goldman (paroles et musique), *Les Chansons des Restos*, 1986.

La source doit être « codée » simplement sous le texte pour que l'élève s'y retrouve. Le texte est ensuite accompagné d'une série de questions auxquelles l'élève va devoir répondre par des phrases courtes.

Questions

1. Quelle est la nature du texte ? De quand date-t-il ?

➔ Il s'agit d'une question-réflexe permettant à l'élève de repérer la source du document/texte.

2. Que trouve-t-on dans les restos du cœur ?

➔ Il s'agit d'une question de repérage d'information dans le texte.

3. Encadre de deux couleurs différentes les passages du texte qui font allusion à l'exclusion et à la pauvreté.

➔ Il s'agit d'une question de manipulation et d'appropriation du texte.

4. Quels problèmes de société pose cette chanson ?

➔ Cette dernière question est la plus complexe, elle demandera sans doute à être commentée aux élèves. Elle fait entrer l'élève dans la compréhension des éléments du texte qu'il a sélectionnés. Elle permettra d'engager un échange autour des causes de l'exclusion et les façons de venir en aide aux plus démunis., pour chaque individu et pour la société.

36 Enseigner à partir d'une œuvre cinématographique

Plan du chapitre

La valeur historique du **cinéma** avait déjà été relevée dès 1898 par Boleslaus Matuszewsli dans une brochure intitulée Une nouvelle source de l'Histoire. Dans les années 1970, c'est l'école qui s'intéresse au cinéma et notamment pour faire de l'histoire. On connaît depuis le nombre de films du cinéma français qui ont reçu l'aide ou l'agrément de l'Éducation nationale. En revanche, le recours à ce medium artistique est encore trop peu développé en géographie où on lui préfère sans doute davantage le documentaire. Somme toute, qu'il soit de fiction ou documentaire, le film est un support pertinent pour aborder des grands thèmes du programme de cycle 3 en classe et du même coup intégrer l'étude d'une œuvre en classe (histoire des arts).

Pourquoi et comment utiliser une œuvre cinématographique en classe ?

Le cinéma n'est plus un support nouveau dans l'enseignement de l'histoire puisque Marc Ferro en exprime les vertus dès le milieu des années 1970. Qu'il soit historique ou historien, le film de fiction ou documentaire raconte une histoire qu'il convient d'étudier, il adopte un point de vue qu'il appartient à l'enseignant d'expliciter. Marc Ferro écrivait en 1979 : « étudier le film et l'associer au monde qui le produit, [...] l'intégrer au monde qui l'entoure et avec lequel il communique nécessairement ».

Dernière production culturelle abordée dans cet ouvrage, le cinéma, qu'il soit documentaire ou de fiction, à l'instar des autres produits culturels que nous avons présentés constitue également un des nombreux objets de l'histoire des arts. Dans l'optique des programmes 2015, l'étude filmique implique la mise en œuvre de compétences qui sont clairement énoncées : identifier, analyser et situer.

a. Démarche

- **Identifier :** Le programme d'histoire des arts invite l'élève à s'exprimer sur ce que représente ou exprime une œuvre d'art. Le cinéma, comme toute œuvre artistique et esthétique, cherche avant tout à émouvoir (au sens étymologique de l'esthétique).

- **Analyser** : Il s'agit ici de dégager « les principales caractéristiques techniques et formelles », d'observer, de décrire, d'expliciter ce qui fait sens, ce qui fait émotion, de relever les différentes citations interculturelles.
- **Situer** : Ici commence le travail historique ou géographique en essayant de relier le film présenté avec des usages, des pratiques, un contexte historique et culturel (celui des événements relatés dans le film, celui de la création même du film).

Il ne faut jamais perdre de vue que le film historique ou historien, documentaire ou de fiction, est une construction intellectuelle et non la réalité. Le regard que le maître doit porter sur cette production en histoire-géographie ne doit jamais occulter la partie esthétique et représentative de l'œuvre.

Un exemple **en géographie**

Une exploitation agricole, un système productif

Consommer en France : Produire et satisfaire des besoins alimentaires.

L'œuvre-source

Une hirondelle a fait le printemps de Christian Carion (2001), 103 minutes – avec Michel Serrault et Mathilde Seigner.

L'histoire

Sandrine est parisienne, formatrice en informatique. Elle gagne très bien sa vie mais, à trente ans, lasse de la vie urbaine, elle veut changer d'air. Elle souhaite alors concrétiser un rêve d'enfance : devenir agricultrice. Après avoir alterné cours théoriques et stages en exploitations, Sandrine obtient son diplôme et décide d'acheter l'exploitation d'un vieux paysan du Vercors, Adrien. Muré dans ses rancœurs, ce dernier ne supporte pas l'arrogance de la jeune diplômée et lui mène la vie dure.

Le film est inspiré d'une histoire vraie, celle d'Angélique Doucet, ancienne adjointe de direction d'un commerce de luminaire de Grenoble partie créer un élevage de chèvres dans le Vercors, à Châtelus, où elle vit toujours.

L'extrait choisi

Minutage : 20 min 10 s à 23 min 54 s

Scène 1 : L'extrait fait à peine 4 minutes. Il commence par un plan où Adrien est assis dans l'herbe et regarde la ferme qu'il a vendue à Sandrine et qu'elle vient de finir de restaurer. Vue en contre-plongée sur la ferme et le massif du Vercors.

Scène 2 : Sandrine vient de terminer le site Internet de la ferme qui va lui permettre de proposer différents services : gîte rural, vente de produits de la ferme, activités de randonnées et de découvertes.

Scène 3 : Sandrine est dans les pâturages avec un groupe scolaire. Elle fait découvrir son élevage caprin.

Scène 4 : Adrien est dans le verger. Il reçoit la visite d'un ami. Tous les deux commentent les transformations récentes de la ferme.

Objectifs de la projection

Cet extrait permet d'aborder le visage actuel d'une exploitation agricole tournée vers la polyactivité et la nouvelle économie (Internet).

1. Localisation

Dans quelle région se passe l'action du film ? Décrire le paysage. Localiser sur la carte le Vercors et le village de Châtelus. Dans quelle région de France se trouve-t-on ?

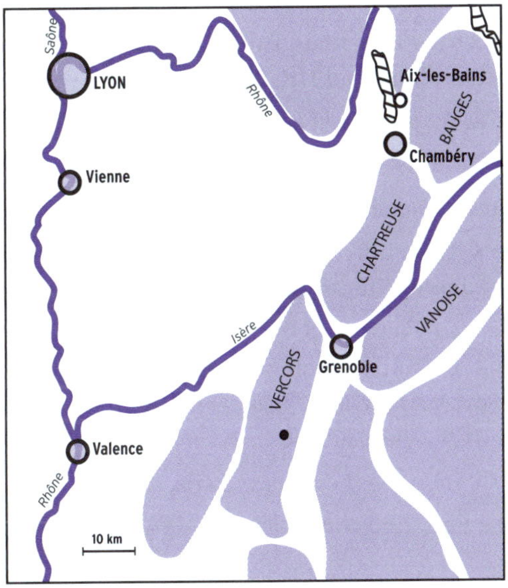

2. L'exploitation agricole selon Sandrine

Qui est Sandrine ? D'où vient-elle ? Quelles sont les activités qu'elle a développées dans la ferme ? Par quels moyens fait-elle connaître son activité ?

3. L'exploitation agricole selon Adrien

Qui est Adrien ? Que semble reprocher Adrien à Sandrine ?

4. Analyse filmique

Quelle est la logique qui fait que ces 4 scènes s'enchaînent ? Par quel procédé de montage comprend-on que c'est par le site Internet que le groupe scolaire arrive à la ferme ? Par quels procédés de mise en scène comprend-on que les rapports d'Adrien et Sandrine sont très distants ?

37 Bibliographie et sitographie

Il nous semblait judicieux, dans le cadre de cet ouvrage, de vous proposer également un outil de travail en matière de bibliographie/sitographie organisé selon certaines des entrées thématiques des programmes de l'École primaire.

1 Pour l'histoire

- Didier CARIOU, Écrire l'histoire scolaire. Quand les élèves écrivent en classe pour apprendre l'histoire, Rennes, PUR, 2012.
- Robert CHARTIER, *Au bord de la falaise*, Paris, Albin Michel, 1998.
- Laurence DE COCK (dir.), *La Fabrique scolaire de l'histoire*, Paris, Agone, 2009.
- Georges DUBY (dir.), *Histoire de la France des origines à nos jours*, Paris, Larousse, 1995.
- Éduscol, colloque « Apprendre l'histoire et la géographie à l'école », 16 avril 2011. À consulter sur eduscol.education.fr
- Benoît FALAIZE, Jean-Pierre LAUBY, « Quels repères chronologiques, spatiaux et patrimoniaux doit-on retenir à l'école primaire et au collège ? », dans M. Hagnerelle (dir.), *Apprendre l'histoire et la géographie à l'École*, Paris, Actes de la DESCO, SCEREN, 2002, p. 169.
- Lucien FEBVRE, *Combats pour l'histoire*, Paris, Armand Colin 1953.
- Marc FERRO, « Le film, une contre-analyse de la société ? », *Annales ESC*, vol. 28, n° 1, 1973.
- Gérard GRANIER, Françoise PICOT, « La place des documents dans l'enseignement de l'histoire et de la géographie », dans M. Hagnerelle (dir.), *Apprendre l'histoire et la géographie à l'École*, Paris, Actes de la DESCO, SCEREN, 2002.
- Anne-Marie GÉRIN-GRATALOUP, Michel SOLONEL, Nicole TUTIAUX-GUILLON, « Situations-problèmes et situations scolaires en histoire-géographie », *Revue française de pédagogie*, vol. 106, n° 1, 1994.
- Michel HUBER, *L'Histoire, indiscipline nouvelle*, Paris, Syros, 1988.
- Pierre NORA, *Les Lieux de mémoires. La République* (tome 1), Paris, Gallimard, 1984.
- Pierre NORA, « Mémoire collective », dans J. Le Goff (dir.), *La Nouvelle histoire*, Paris, Le Seuil, 1978.

- Pascal ORY, « Historique ou historienne ? », dans O. Mitterrand (dir.), *L'Histoire par la bande : Bande dessinée, Histoire et pédagogie*, Paris, Syros, 1993.
- Krzysztof POMIAN, *Sur l'histoire*, Paris, Gallimard, 1999.
- Antoine PROST, *Douze leçons sur l'histoire*, Paris, Le Seuil, 1996.
- Henri ROUSSO, « Réflexions sur l'émergence de la notion de mémoire », dans *Histoire et mémoire*, Grenoble, CRDP, 1998.

2 Pour la géographie

- Yves ANDRÉ *et alii*, *Modèles graphiques et représentations spatiales*, Paris-Montpellier, Anthropos-Reclus, 1990.
- Paul ARNOULD, Catherine BIAGGI, « Cartes et images dans l'enseignement de la géographie », in *Apprendre l'histoire et la géographie à l'École*, Versailles, Actes de la DESCO, 2004.
- Jean-Marc BESSE, *Habiter un monde à mon image*, Paris, Flammarion, 2013.
- Fedor N. SHEMYAKIN, « Orientation in Space », dans B.G. Ananiev *et alii*, *Psychological Science in the USSR*, vol. 1, Washington, Office of Technical Services, 1962.
- Philippe SIERRA, *La Géographie : concepts, savoirs et enseignements*, Paris, Armand Colin, 2017.
- Jean PIAGET, Barbe INHELDER, *La Représentation de l'espace chez l'enfant*, Paris, PUF, 1978.
- Jean-Pierre PAULET, *Les Représentations mentales en géographie*, Paris, Economica, 2002.
- Marie-Germaine PÊCHEUX, *Le développement des rapports des enfants à l'espace*, Paris, Nathan, 1990.
- Laurence LE GUERN, Jean-François THÉMINES, « Des enfants iconographes de l'espace urbain : la méthode du parcours iconographique », *Carnets de géographes*, n° 3, décembre 2011. Disponible sur : http://www.carnetsdegeographes.org/carnets_terrain/terrain_03_02_Leguern_Themines.php
- Jacques LÉVY, *Europe, une géographie. La fabrique d'un continent*, Paris, Hachette, 2011.
- Jacques LÉVY, Michel LUSSAULT, *Dictionnaire de la Géographie et de l'espace des sociétés*, Paris, Belin, 2013.
- Lynn S. LIBEN, « Spatial representation and behavior », dans L.S. Liben, A.H. Patterson, N. Newcombe (dir.), *Spatial representation and behavior over the life-span*, New York, Academic Press, 1981.
- Michel LUSSAULT, *L'Avènement du monde*, Paris, Le Seuil, 2013.
- Michel LUSSAULT, *De la lutte des classes à la lutte des places*, Paris, Grasset, 2009.

- Pierre GIOLITTO, *Enseigner la géographie à l'école*, Paris, Hachette, 2004.
- Gérard DOREL, « La Cartographie », dans *Cartes et images dans l'enseignement de la géographie*, Colloque IREHG, Clermont-Ferrand, CRDP d'Auvergne, 1998.
- Michel DIDIER, *Utilité et valeur de l'information géographique*, Paris, Economica, 1990.
- Sandrine DEPEAU, Thibaut RAMADIER, *Se déplacer pour se situer. Places en jeu, enjeux de classes*, Rennes, PUR, 2011.
- Aramand FREMONT, *La Région, espace vécu*, Paris, Flammarion, 1976.
- Béatrice COLLIGNON, « Les savoirs géographiques vernaculaires ont-ils une valeur ? », dans Y. Michaud (dir.), *Qu'est-ce que la société ?*, Paris, Odile Jacob, 2000.
- Stéphane CORDOBES, « Prospective territoriale », dans *Dictionnaire de la géographie et de l'espace des sociétés*, Paris, Belin, 2013.

3 Pour l'EMC

Le harcèlement

- Hélène ROMANO, *Harcèlement en milieu scolaire*, Paris, Dunod, 2015.
- Nicole CATHELINE, Véronique BEDIN, *Harcèlements à l'école*, Paris, Albin Michel, 2008.
- Eric DEBARBIEUX, « Refuser l'oppression quotidienne : la prévention du harcèlementàl'école»,http://www.education.gouv.fr/cid55897/refuser-l-oppression-quotidienne-la-prevention-du-harcelement-a-l-ecole-rapport-d-eric-debarbieux.html
- https://www.nonauharcelement.education.gouv.fr/
- www.education.gouv.fr/cid55689/assises-nationales-sur-le-harcelement-a-l'ecole.html

Les émotions

- Moïra MIKOLAJCZAK, *Les compétences émotionnelles*, Paris, Dunod, « Psycho Sup », 2014.
- David SANDER, *Traité de psychologie des émotions*, Paris, Dunod, « Psycho Sup », 2014
- Louise LAFORTUNE, Marie-France DANIEL, Pierre-André DOUDIN, Francisco PONS, Ottavia ALBANESE *et alii*, *Pédagogie et psychologie des émotions, vers la compétence émotionnelle*, Presses de l'Université du Québec, coll. « Éducation Recherche », 2009.
- Patricia PAPERMAN, *La question des émotions : du physique au social*, Paris CNRS, 1995. http://www.persee.fr/doc/homso_0018-4306_1995_num_116_2_3428
- Cléopâtre MONTANDON, *La socialisation des émotions : un champ nouveau pour la sociologie de l'éducation*, Université de Genève – Service de la recherche

sociologique et Département de l'instruction publique de Genève, http://www.persee.fr/doc/ rfp_0556-7807_1992_num_101_1_1313

- Isabelle PUOZZO, *Pédagogie de la créativité : de l'émotion à l'apprentissage*, Éducation et socialisation, Vaud, 2013 – http://edso.revues.org/174

La gestion des conflits

- Didier JOURDAN, *Apprendre à mieux vivre ensemble – Des écoles en santé pour la réussite de tous*, Lyon, Chronique sociale, 2012.
- Collectif, Graines de médiateurs II – *Accompagner les enfants dans l'apprentissage de la gestion positive des conflits*, Édition Université de Paix, Fondation Bernheim, 2010.
- Georges FOTINOS, *Le climat des écoles primaires*, MGEN, 2006 (ouvrage intégral en pdf sur https://pedagogie.ac-orleans-tours.fr/fileadmin/user_upload/vie-scol/politique_educative/colloque_2012/FotinosClimatlycees.pdf

La diversité, une richesse

- Tahar BEN JELLOUL, *Le Racisme expliqué à ma fille*, Paris, Le Seuil, 1998.
- Michel VANDERBROECK, *Éduquer nos enfants à la diversité sociale, culturelle, ethnique, familiale*, Toulouse, Éditions Érès, 2005.
- Joseph NDAYISABA, Nicole de GRANDMONT, *Les enfants différents. Les comprendre pour mieux les aider*, Montréal, Éditions Logiques, 1999.

La laïcité

- Abdennour BIDAR, *Pour une pédagogie de la laïcité à l'école*, Paris, La Documentation française, 2012.
- René NOUAILHAT, *Enseigner le fait religieux : un défi pour la laïcité*, Paris, Nathan, 2003.
- Véronique WESTERLOPPE, *Comment parler de religions aux enfants ?*, Issy-les-Moulineaux, Le Baron Perché, 2010.
- « Laïcité, principes et pédagogie » : http://eduscol.education.fr/cid73652/charte-de-la-laicite.html
- Rapport OBIN, *Les signes et les manifestations d'appartenance religieuse dans les établissements scolaires*, 2004
- Rapport DEBRAY, l'enseignement du fait religieux dans l'école laïque, 2002 : www.education.gouv.fr/cid2025/l-ebseignement-du-fait-religieux-dans-l-ecole-laique.html

Les discriminations

- Esther BENBASSA, *Dictionnaire des racismes, de l'exclusion et des discriminations*, Paris, Larousse, 2010.
- Gwénaële CALVES, *La discrimination positive*, Paris, PUF, coll. « Que sais-je ? », 2010.
- HALDE, *Abécédaire des discriminations. Six ans de délibération de la HALDE*, Paris, La Documentation française, 2011.
- Louis SCHWEITZER, *Les Discriminations en France*, Paris, Robert Laffont, 2009.
- Jean-Baptiste LEGAL, Sylvain DELOUYEE, *Stéréotypes, préjugés et discriminations*, Paris, Dunod, 2008
- Observatoire des discriminations : www.observatoiredesdiscriminations.fr/
- Prévenir les pratiques discriminatoires à l'école : https://eduscol.education.fr/1695/semaine-d-education-et-d-actions-contre-le-racisme-et-l-antisemitisme

Le secours à autrui

- *Apprendre à porter secours*, Sceren CNDP, coll. « Repères », 2007.
- Christine AMMIRATI, Rémi GAGNAYRE, *Porter secours : un apprentissage de la maternelle au collège (Guide de l'enseignant)*, Paris, Maloine, 2009.
- Christophe GUIGNE, *Incident, accident. Comment agir en toutes circonstances*, Canopé, CRDP de Grenoble, 2011.
- Document de suivi « Apprendre à porter secours » : https://www.education.gouv.fr/formation-aux-premiers-secours-et-gestes-qui-sauvent-11561
- www.apprendreaportersecours.fr/ (site Maif)

La solidarité

- Raymond CHAPPUIS, *La solidarité. L'éthique des relations humaines*, Paris, PUF, 1999.
- François DUBET, *La Préférence pour l'inégalité. Comprendre la crise des solidarités*, Paris, Le Seuil, 2014.
- François DUBET (Dir.), *Inégalités et justice sociale*, Paris, La Découverte, 2014.

La coopération

- Arlette MUCCHIELLI-BOURCIER, *Apprendre à coopérer. Repenser la formation*, Montrouge, ESF Éditeur, 1999.
- Sylvain CONNAC, Stéphanie FONTDECABA, « Mieux apprendre par la coopération », *Cahiers pédagogiques*, n° 505, mai 2013.
- François LE MENAHEZE, « Coopérer pour apprendre » (DVD), *Pratiques et recherches* n° 48, ICEM, 2005.

- « Apprendre en coopérant » (dossier) : http://www.occe.coop/~ad26/IMG/pdf/apprendre_en_cooperant.pdf
- L'apprentissage du philosophe : www.philotozzi.com/

Les droits de l'enfant

- Jean LE GAL, *Les droits de l'enfant à l'école. Pour une éducation à la citoyenneté*, De Boeck, coll. « Comprendre », 2008.
- Ségolène ROYAL, *Les droits des enfants*, Paris, Dalloz, 2007.
- Grégory DERVILLE, Guillemette RABIN-COSTY, *La protection de l'enfance*, Paris, Eyrolles, 2011.
- Pierre NAVES, *La réforme de la protection de l'enfance*, Paris, Dunod, 2007.
- Dominique YOUF, *Penser les droits de l'enfant*, Paris, PUF, 2002.
- www.unicef.org

Égalité filles/garçons : différents mais égaux !

- *Filles et garçons à l'école*, *Cahiers pédagogiques*, n° 487, février 2011
- Nicole MOSCONI, « Genre et pratiques scolaires : comment éduquer à l'égalité ? », *Actes du séminaire national du 28 mars 2008*, « Égalité filles-garçons à l'École : quelles réalités ? quelles perspectives ? ».
- Gwenaëlle BOULET, Martine FOURNIER, Charlotte RUFFAULT, *Vivre ensemble filles et garçons : guide pour un enfant citoyen*, Montrouge, Bayard jeunesse, 2002.
- Magali CLAUSENER-PETIT, *Garçons et filles : tous égaux ?*, Toulouse, Milan, 2002.
- Hélène MONTARDRE, *Filles et garçons, êtes-vous si différents ?*, Paris, La Martinière Jeunesse, 2001.
- Sophie DIEUAIDE, Bertrand DUBOIS, Béatrice VINCENT, *Filles et garçons ; l'égalité des sexes*, Paris, Autrement junior, 2001.

La citoyenneté

- Bernard BIER, Alain VULBEAU, *Jeunes mais citoyens, quelle éducation pour la citoyenneté ?*, Ministère de la Jeunesse et des sports et IDEF, 1995.
- Colette CREMIEUX, *La citoyenneté à l'école*, Paris, Syros, 1998.
- Georges ROCHE, *Quelle école pour quelle citoyenneté ?*, Montrouge, ESF éditeur, 1998.
- Qu'est-ce que la citoyenneté : https://www.vie-publique.fr/fiches/citoyennete

La République

- Pascal FONTAINE, Aymeric BOURDIN, *L'Union européenne : Histoire, institutions, politiques*, Le Seuil, coll. « Points », 2012.

- Bernard RICHARD, *Les emblèmes de la République*, Paris, CNRS Éditions, coll. « Biblis », 2015.
- Najat VALLAUD-BELKACEM, « Mobilisons l'École pour les valeurs de la République », www.education.gouv.fr. 13 janvier 2015.
- *Faire connaître, comprendre et respecter les valeurs et symboles de la République*, Paris, La Documentation française, 2009.
- Maurice AGULHON, Pierre BONTE. *Marianne. Les visages de la République*, Paris, Gallimard, 1992.
- Régis DEBRAY, *La République expliquée à ma fille*, Paris, Le Seuil, 1998.
- Charte de la laïcité à l'école : https://www.education.gouv.fr/bo/13/Hebdo33/MENE1322761C.htm
- Sur les principes de la République française : www.vie-publique.fr/decouverte-institutions/institutions/veme-republique/heritages/quels-sont-principes-fondamentaux-republique-francaise.html

Valeurs et fondements de l'Union européenne

- Pascal FONTAINE, Aymeric BOURDIN, *L'Union européenne : Histoire, institutions, politiques*, Paris, Points Seuil, 2012.
- *L'Europe*, La Doc par l'image, Nathan, septembre 2010.
- Jean-François MALTERRE, *L'Union Européenne en fiches*, Paris, Bréal, 2003.
- Ressources pour mieux connaître l'Europe : http://eduscol.education.fr/cid47429/ressources-pedagogiques.html
- Qu'est-ce qu'un citoyen européen ? : https://www.vie-publique.fr/fiches/20320-qui-est-citoyen-europeen

4 Pour la pédagogie

- Ralph W. TYLER, « Statistical Methods for Utilizing Personal Judgements to Evaluate Activities for Teacher-Training Curricula », *Abstracts of Theses*, University of Chicago, Humanistics Series, 1928.
- Bruno SUCHAUT, « Le rôle de l'école maternelle dans les apprentissages et la scolarité des élèves », *Conférence pour l'AGEEM*, Bourges, 30 janvier 2008.
- Robert MAGER, *Comment définir des objectifs pédagogiques ?*, 1962 (Paris, Dunod, 2005 pour l'édition française).
- Pascal MÉRIAUX, Sylvain GENEVOIS, « Usages et enjeux des TIC en histoire-géographie et éducation civique », *Éducation & formations*, n° 76, décembre 2007.
- Philippe MEIRIEU, *Apprendre… oui, mais comment ?*, Paris, ESF, 1987.

- Dominique LAHANIER-REUTER, Yves REUTER, « Discours de collégiens sur l'écriture et les disciplines scolaires », dans C. Barré-De Miniac, Y. Reuter (dir.), *Apprendre à écrire au collège dans les différentes disciplines*, Lyon, INRP, 2006.
- Bernard LAHIRE, *L'Homme pluriel. Les ressorts de l'action*, Paris, Nathan, 1998.
- Michel HUBER, *Apprendre en projets : la pédagogie du projet-élèves*, Paris, Chronique sociale, 1999.
- Rolande HATEM, *Écrire et réécrire dans toutes les disciplines*, Amiens, CRDP, 2005.
- Jack GOODY, *Pouvoirs et savoirs de l'écrit*, Paris, La Dispute, 2007.
- Nicole DE GRANDMONT, *La Pédagogie du jeu*, Montréal, Logiques, 1995.
- Howard GARDNER, *Les Intelligences multiples. Pour changer l'école : la prise en compte des différentes formes d'intelligence*, Paris, Retz, 1996.
- Célestin FREINET, *Les Invariants pédagogiques*, Cannes, Bibliothèque de l'école moderne, n° 25, 1964.
- Jean-Marie DE KETELE, *L'Évaluation : une approche descriptive ou prescriptive ?*, Bruxelles, De Boeck, 1986.
- Marc BRU, *Les Variations didactiques dans l'organisation des conditions d'apprentissage*, Toulouse, EUS, 1991.

82962 - (I) - OSB 80° - 267 - BPA - LGT

JOUVE-PRINT
733 rue Saint-Léonard, 53100 MAYENNE
Dépôt légal : octobre 2021
N° 2967270H

Imprimé en France